朱子学の時代

治者の〈主体〉形成の思想

田中秀樹　著

陸宣公全集巻之一

尾張　石川安貞　註

奏草

論關中事宜狀 通鑑德宗紀時兩河用兵久不決賦役日滋贄以兵窮民困恐別生内變乃上奏

右臣頃覽載籍每至理亂廢興之際 唐高宗諱治故唐人諱治爲理也 必反覆參考究其端由與理同道罔不興與亂同趣罔不廢 書太甲與治同道罔不興與亂同事罔不亡 此理之常也其或措置不異安危則殊此時之變也至於君人有大柄立國有大權得之必彊失之必弱是則歴代不易百

王所同夫君人之柄在明其德威立國之權在審其輕重德與威不可偏廢也輕與重不可倒持也蓄威以昭德偏廢則危居重以馭輕倒持則悖恃威則德喪於身取敗之道也失重則輕移諸己啓禍之門也陛下天錫勇智 書仲虺之誥天錫王勇智 志期削平 德宗即位欲削平藩鎭以收其權不許李惟岳留後討田悅誅梁崇義 忿茲昏迷 書大禹謨昏迷不恭 整旅 詩皇矣爰整其旅傳旅師 奮伐 詩殷武奮伐荊楚 海内震疊 詩時邁莫不震疊傳震動疊懼 莫敢寧居 左桓十八年不敢寧居 此誠英王撥亂拯物 公羊哀十四年撥亂世反諸正說文撥治也 不得已而用之然威武四加非謂蓄美所可兢兢保惜 書皐陶謨兢兢業業傳兢兢戒愼 愼守而不失者惟

陸贄撰、石川安貞注『陸宣公全集註』二四巻
寛政二年序名古屋永樂屋東四郎等刊本

若い知性が拓く未来

今西錦司が『生物の世界』を著して、すべての生物に社会があると宣言したのは、三九歳のことでした。以来、ヒト以外の生物に社会などあるはずがないという欧米の古い世界観に見られた批判を乗り越えて、今西の生物観は、動物の行動や生態、特に霊長類の研究において、日本が世界をリードする礎になりました。

若手研究者のポスト問題等、様々な課題を抱えつつも、大学院重点化によって多くの優秀な人材を学界に迎えたことで、学術研究は新しい活況を呈しています。これまで資料として注目されなかった非言語の事柄を扱うことで斬新な歴史的視点を拓く研究、あるいは語学的才能を駆使し多言語の資料を比較することで既存の社会観を覆そうとするものなど、これまでの研究には見られなかった溌剌とした視点や方法が、若い人々によってもたらされています。

京都大学では、常にフロンティアに挑戦してきた百有余年の歴史の上に立ち、こうした若手研究者の優れた業績を世に出すための支援制度を設けています。プリミエ・コレクションの各巻は、いずれもこの制度のもとに刊行されるモノグラフです。「プリミエ」とは、初演を意味するフランス語「première」に由来した「初めて主役を演じる」を意味する英語ですが、本コレクションのタイトルには、初々しい若い知性のデビュー作という意味が込められています。

地球規模の大きさ、あるいは生命史・人類史の長さを考慮して解決すべき問題に私たちが直面する今日、若き日の今西錦司が、それまでの自然科学と人文科学の強固な垣根を越えたように、本コレクションでデビューした研究が、我が国のみならず、国際的な学界において新しい学問の形を拓くことを願ってやみません。

第26代　京都大学総長　山極壽一

目次

序章

一　朱松と朱子

（一）朱子の誕生と南宋国家の成立

「中国最大の思想家」[1]と称される朱子（名は熹、字は元晦、もしくは仲晦、号は晦庵、一一三〇—一二〇〇）は、南宋建炎四年、福建の南剣州尤渓県で朱松の三男として生まれた。父の朱松はこの頃の様子について、岳父の祝確（朱子の外祖父）に宛てた手紙で次のように報告している。

松《わたくし》は母（程五娘）[2]を養いながら、無事にやっております。小五娘（妻の祝氏、朱子の母）は九月一五日の正午、男児を出産し、幸いにも母子ともに健康です。去年の一二月の初めより、建州で官務に就いておりましたが、夷狄（金軍）の騎兵が江西から邵武軍に入ったという知らせを聞き、すぐに仕事を辞め、家族を連れて政和県に行き、一時、龔寺に身を寄せていました。五月の初めには、龔儀の反乱軍が処州を焼き払い、竜泉県に侵入してきましたので、舟を買って家族を急いで引き連れ、南剣州に下り、尤渓県に入りました。わたくしは、そこから一人で車を走らせ〔福州の〕福唐〔福清県〕へ下り、程長官にお会いしました。ところが、その福唐滞在中、賊兵が松渓隘を破ってたちまち東下し、建州を攻略した上、南剣州を急襲していると聞きましたので、大急ぎで間道を通って尤渓県に帰り、六月一四日の早朝、県に着きました。しかし、賊兵はすでに城外一〇数里のところまで迫ってきていました。幸いふたりの弟たちがすでに家族を遠くへ避難させておりましたので、その日のうちに、すぐ県の長官〔尤渓県知事の劉正〕とともに家族の避難場所まで駆けつけました。賊は延平で官軍に撃破され、そそくさと山路より漳州・泉州方面へ逃れようとして、もはやここには目的がなくなったので、〔尤渓〕県を通り過ぎて行き、あまり人々を傷つけることもなく、しかも〔街に〕火をつけることもありませんでした。家族はみな幸いにも恙なく、避難時や寓居に身を寄せている時の衣服や書籍の類もすべて損失を被ることはありませんでした。これは他の人々に比べても甚だ幸運なことでした。七月中には〔尤渓〕県に帰ろうと思っていましたが、甌寧県の土寇范汝為なる者が建州と南剣州一帯に出没し、その総勢は数千に及び、官軍は戦うたびに敗北を喫する有様で、諸官庁もお上に恩赦で帰順させるようお願いするしかありませんでした。すでに文書が還され、ご恩を受けて、まさにその者たちを解散させようとしていたその時、大軍が会稽から到着し、〔官軍の兵は〕必ず討伐せんと意気込んでいました。昨日の報告によりますと、〔官の〕大軍がやみくもに乱賊の巣窟に突入し、数千の兵を失ってしまいましたので、むしろ乱賊の威勢を高めることとなってしまいました。[3] 概ね今夏以来、安心して眠れる夜は一夜もありません。[4]

このように朱子の誕生は、金軍の侵入や相次ぐ群盗・反乱軍の発生により、朱松一家が明日をも知れぬ状況の中でのことであった。娘とその生まれたばかり子の身を案じる義父を安心させるためであろうか、ところどころに一家の無事を伝える言葉（「幸皆安楽」「幸皆無恙」）が込められている。しかし、いくら割り引いて考えても、当時の朱松一家の暮らす福建は、決して平穏無事ではなかった。朱子の生涯や朱子学の成立とその特質を考える際、彼がまずこのような状況下に生まれ育ったということを知っておく必要がある。かつて丸山真男氏は、「朱子学の性格とされた如きオプティミズムは安定せる社会に相応した精神態度でありまた逆に社会の安定化へ機能する」といわれた。[5] 確かに朱子の思想は「社会の安定化」を希求するものではあるが、その思想形成の舞台は「安定せる社会」ではなかった。本書の目的の一つは、朱子および、より広くは彼を含む道学思想を、彼らの生きた南宋時代の社会と政治の中に置き、彼らの考えや発言のその意図や目的がそもそも何だったのか、何故そのように考えるのか、ということを論じることにある。そこで、次章以下の予備的考察として、もう少し父・朱松と幼い朱子の事績を南宋政治史の展開と関連づけながら追いかけてみたい。[6]

もともと朱松（字は喬年、号は韋斎、一〇九七―一一四三）[7]の生まれは、江西の徽州婺源県である（そのため朱子もその本籍は、徽州婺源県とされる）。朱松一家の福建での生活は、彼が北宋徽宗朝の政和八年（一一一八）に「同上舎出身」[8]の資格を受け、建州政和県尉のポストを得て、その任地に赴いたことによりはじまった。次いで、朱松は宣和五年（一一二三）に南剣州尤渓県尉に任じられ、ちょうどこの頃に、彼は程顥と程頤の高弟である楊時（字は中立、号は亀山、一〇五三―一一三五）に学んだ蕭顗（字は子荘）と羅従彦（字は仲素、一〇七二―一一三五）に師事し、程子の学を学びはじめる。そしてまもなくして靖康の変が起こり、北宋の滅亡と、南宋の成立の時を迎える。朱松は建炎二年（一一二八）に長楽県、翌三年からは建州での職務に就く。そして、引用した史料にもあるように、金軍が江西から福建に侵入し、家族の安全を脅かしたことから、彼は建州での官職を棄て、任地を離れることとなった。朱子が生まれたのは、朱松一家が尤渓県の鄭安道という人物の別荘に避難していた、この時のことである。

このように、朱子が生まれた当時は、金軍による北宋の都・開封の占領と掠奪、徽宗と欽宗の二帝をはじめとする宗室・重臣の北方への連行という、いわゆる靖康の変からわずか数年しか経過しておらず、難を逃れた高宗(位一一二七—六二)が再建した南宋朝も、金軍との対峙に加え、国内の乱賊の増加により、その存続が危ぶまれる、そういう社会的政治的状況の中に当時の朱松一家はいた。朱松の書簡に見るように、彼らの目前の危機は、はじめ金軍そのものであったが、やがて「賊兵」や「土寇」に移っていった。このような勢力の跋扈の原因は、もちろん金軍による北宋の滅亡に求められるが、同時にそれは、当時の南宋政権の統治能力の不安定さや脆弱性を示していた。

山内正博氏によれば、「土寇范汝為」のような群盗や反乱軍の蜂起は、当時相当多く見られ、建炎元年から紹興五年までの九年間で、合計一九六の事例を数えるという。比較的知られているものでは、江西の王念経、湖南の鍾相・楊么などがあり、范汝為も当時における大規模な反乱事例の一つである。(9) 当然ながらこのような状況により、国内の群盗・反乱対策は、南宋政権にとって優先的な政治課題となり、対金朝問題は容易に解決できないため、それよりも先に、まずは国内の安定と統合が目指された。(10) そのため、群盗・反乱の事例は紹興二年の三九件を最多にして、紹興三年以降急激に減少していき、紹興二年が反乱情勢の進行と退潮の分岐点とされる。その要因は、張俊・韓世忠・劉光世・岳飛の、いわゆる「四大家軍」の成立と、それによる群盗・反乱軍の吸収、そして中央政府を担う黄潜善・呂頤浩による招安政策が奏功したことにある。これによって、群盗・反乱軍対策は、南宋政権の主要課題ではなくなっていく。(11) このように、朱子が生まれた建炎四年は、「土寇范汝為」のような群盗や反乱が、まさに猖獗を極めていた頃にあたる。

それでは、当時の南宋政権はどのような状況にあったのか。もう少し詳しく見ておきたい。名目上、南宋政権はすでに成立していたとはいえ、その国家機構の内実と人員はまだ整わず、それどころか、いまだ皇帝高宗の居所さへ定まっていなかった。建炎元年（一一二七）に南京応天府で即位した高宗は、金軍の南進に備え、揚州、杭州へと南下する。杭州に逃れた高宗を襲った第一の危機が、建炎三年（一一二九）の「苗劉の変」（もしくは、「明受の変」という）である。これは、将軍の苗傅と劉正彦が恩賞と人事の不満を原因に起こした親衛軍による反乱である。このクーデタにより高宗は退位を迫られ、一時、位を二歳の皇子魏国公に譲ることとなる。この危機を救ったのが、呂頤浩（吏部尚書）と張浚（礼部侍郎）であり、彼らが武将の劉光世・張俊・韓世忠とともに杭州に入り、高宗の復位に成功する。この功績により呂頤浩が尚書右僕射兼中書侍郎、つまり宰相に、また張浚は知枢密院事に任命される。ただし、張浚がまもなく川陝等路宣撫処置使の肩書きを与えられ、軍を率いて陝西・四川方面に赴いたため、中央にのこった呂頤浩一人に政権が委ねられる。呂頤浩が通算三年間宰相の位を占めた建炎三年（一一二九）四月から翌年四月まで、そして紹興元年（一一三一）から同二年（一一三二）九月までを、寺地遵氏は「呂頤浩の時代」と呼んでいる。[12]

しかし、建炎三年（一一二九）には、金朝の兀朮《ウジュ》が主力軍を率いて長江を渡り、建康（南京）を陥落させる。これが次なる高宗政権の危機である。この事態に伴い、高宗は杭州から越州（紹興）、明州（寧波）へと逃れ、さらにそこから呂頤浩の策に従って船団を組織し、二〇〇余艘に三千余の軍と、わずかな高官だけを引き連れて海上から台州、温州へと逃亡することとなった。そのため、その他の官僚も高宗の下から離れ、解散していき「百官組織・機能の一時停止状態」[13]に至った。これが、朱子誕生の直前建炎三年一二月のことである。そして、翌二月、金軍はこれ以上の追撃を諦め、徐々に北へ引き揚げはじめる。ただ、その間に蘇州、越州、明州などの諸都市が金軍の占領と掠奪・放火によって甚大な損失を受けており、杭州もその例外ではなかった。海上への逃避行から戻った高宗が、越州に入ったのが、同年四月のことであり、そして杭州臨安府に帰還するのはさらに遅く、紹興二年（一一三二）一月のことである。ここにようやく、臨安の町の再建と、南宋国家の建設が始まる。[14]つまり、建炎四年九月一五日に朱子が生まれたのは、北宋滅亡に伴う混乱の中、金軍からの逃避行を続ける皇帝高宗が依然として越州に留まり、南宋の中央政府機構すらいまだ十分に確立されていない状況にあり、また、このような状況下に発生し、拡大してきた群盗や反乱軍により、朱松一家を含め、多くの福建の民衆が、明日をも知れぬ避難生活を強いられている時のことであった。

(二) 朱松一家の受難

その成立の当初から危機的な状況にある南宋国家とともに、朱子の生涯は始まる。内外に多くの課題を抱える南宋政権は、対金政策をめぐって常に動揺しながら、紹興八年(一一三八)年の第一次宋金和議を経て、紹興一二年(一一四二)の第二次宋金和議の成立によってようやく確立する。寺地遵氏は、南宋国家の成立した建炎元年から紹興一二年までを、「南宋政権確立過程」と位置づけている。[15] それでは寺地氏の研究を参考に、朱子が生まれた頃から高宗が退位するまでの南宋政権推移の概略を記しておく。[16]

建炎　三年(一一二九)~紹興　三年(一一三三)　呂頤浩の時代　朱子生誕前~四歳
紹興　四年(一一三四)~紹興　八年(一一三八)　趙鼎・張浚の時代　朱子五歳~九歳
紹興　八年(一一三八)~紹興二五年(一一五五)　秦檜の時代　朱子九歳~二六歳
紹興二六年(一一五六)~紹興三二年(一一六二)　高宗親政の時代　朱子二七歳~三三歳

このように、南宋初代の高宗朝において、朱子はその幼少年時代から三〇代前半の時期を過ごした。一般論でいうならば、人の成長過程において、肉体的にも精神的にも、また人格的にも最も重要な期間を過ごしたこととなる。とりわけ、精神や人格形成に関わり、最も人間が多感であるといわれるのが、少年青年期である。士大夫の家に生まれ、政治世界や思想界の動向に敏感にならざるを得なかった朱子が、専権宰相秦檜の時代に少青年期を過ごしたということは、朱子の思想を考える際、まず注目すべき点である。加えて、紹興一八年（一一四八）、朱子が一九歳で科挙を通過し、そして紹興二三（一一五三）年、二四歳で泉州同安県主簿の任に就いたのも、秦檜の時代であった。朱子の思想形成や、道学思想史研究の観点からは、朱子と張栻、呂祖謙らが活発に交流・議論を交わしたことや、朱子四〇歳の「定論」確立[17]が重視されるため、孝宗朝の「乾道・淳熙の間」（一一六五―一一八九）が注目され、またその思想の成熟や慶元偽学の禁に注目すれば、さらにその後の光宗朝や寧宗朝での活動が注目されることとなる。繰り返しになるが、幼年期のことについては、さすがの朱子も直接記憶していたわけではないだろうが[18]、主に孝宗朝以降を主題とする本書も、本題を検討する前に、序章において、彼の思想形成を大きく規定していった高宗朝の政治的展開を概観しておかなければならないだろう。

さて、朱松一家を苦しめた「土寇」の范汝為は、建炎四年一二月、神武副軍都統制の辛企宗による「招安」（反乱軍や賊軍を招撫し、その罪を許し、官軍に編入すること）に応じて帰順してきた。そこで、范汝為を民兵都統領に任命し、官軍に組み込んだが、その賊軍の解体には手がつけられなかったので、邵武軍に駐屯していた辛企宗には、范汝為を完全にコントロールすることができなかった[19]。そのため、紹興元年（一一三一、朱子二歳）には、福建における群盗の問題は依然解決されず、范汝為に加え、剣州の余汝霖・余勝、建安県の張毅が乱を起こすなど、ますますその情勢は悪化していった。そこで、政権を担う宰相呂頤浩は、当面の政策方針として、まずは土賊鎮圧策に集中し、その次に対金政策に取りかかることに決定した。呂頤浩は、とりわけ福建が行在からあまり遠くないことから、最も緊急を要する地域であると考えていたのである[20]。

このような福建にあって、同年二月、朱松一家は尤渓県から福州の古田県へ避難し、次いで六月には、張毅・廖公昭・熊志寧・胡江ら「諸賊」の反乱があったことから、古田県から福州の海に近い長渓県へ下り、当地の亀霊寺に寄寓することとなった。同年一〇月には、「衆十余万」と号する范汝為の軍が建州建安城に入り、守臣王浚明以下、城を守るべき者も早々に遁走してしまった。范汝為はここに再び辛企宗に叛することとなったのである。[21]その勢いのまま范汝為は兵を邵武軍に派遣し、呉必明と李山が率いる官軍を撃破するに至る。ちょうどこの頃、鉛山県知事の姚舜恭が上言して、建州に拠点を置き、邵武軍を占領した范汝為が、もしこれ以上勢力を拡大し、福州に駐屯する辛企宗を打ち破るようなことになれば、福建全土が賊軍の手に渡ることになるだろう、江南・両浙は福建に隣接するため、手遅れになる前に大軍を派遣して欲しい、と朝廷に訴えている。[22]

明けて紹興二年（一一三二、朱子三歳）、范汝為の賊軍が、とうとう福州に侵入する様子を見せたため、朱松一家は長渓県から福州へ行き、そして船で桐江に渡った。ところがまもなく、福建・江西・荊湖宣撫副使の韓世忠が派遣されて来て、建州を包囲したことで情勢が好転し、またたくまに、韓世忠軍が建州を攻略することに成功し、范汝為は自ら焚死する。その他の賊衆も徹底的に鎮圧され、「死者万余」といわれるに至った。当初、韓世忠は城中にいるすべての者を賊軍として、全員を殺戮するつもりでいたが、李綱に「建州の人々の多くは無辜の民である」と教えられ、農民には牛や種籾を与え、商賈には税を軽くし、禁令を緩め、賊兵に脅迫されて付き従っていた者にはその罪を許したという。[23]

（三）朱松の中央政界進出と「趙鼎・張浚の時代」

ここに「土寇」范汝為の反乱は終わり、朱松一家にとって長かった逃亡生活もようやく終わり、尤渓県に帰ることとなった。その尤渓県への帰途、朱松は福建路撫諭使として福州に来ていた胡世将に面会している。そして、朱松は彼に対し、天下国家を治めるには、「一定の計」があるとして、「関中を取らなければ、中原の回復は成りがたく、荊淮を取らなければ、東南の維持は困難である」ことを述べ、政府の策を批判した。[24]胡世将は、この意見を「奇」として、朝廷に報告するとともに、朱松を官に推薦した。これを受けて、まもなく朱松が泉州石井鎮監税に任命されたことから、同年五月には一家を挙げて、泉州の任地へ赴くこととなる。このように、福建では范汝為の反乱が鎮定され、人々が各々の生業へと戻り、日常が回復されていく中で、朱松のような流亡の士大夫も、「官」という生業へ戻ったのである。この群盗・反乱の平定と日常の回復が見られたのは、福建だけのことではなく、呂頤浩による群盗招安策の成功により、紹興三年以降、反乱は激減した。加えて、朱松が官僚生活に戻っていったのも、徐々に官僚機構の再整備が進み、「紹興年間に入って間もなく主として江南の地方の微官や未仕の人材が組織的に大量に権力中枢部に抜擢されるに至った」[25]といわれる事態の一環として考えられる。朱松が就任したのは、地方末端の微官に過ぎないが、ここで注意したいのは、胡世将に語ったように、朱松は流亡、官界を離れた時であっても、常に「天下国家」の統治に意識があったということである。また、中央政界進出への強い意識も垣間見られ、福建にいながら常に中央官僚としての志向を抱き続けていたわけである。

事実、朱松は泉州石井鎮での任に満足せず、泉州知事の謝克家や翰林学士兼侍読の綦崇礼との結びつきを強くし、その推薦を得て、中央政界への進出を果たしていく。紹興四年（一一三四、朱子五歳）、一旦朱松一家は尤渓県に帰り、三月には、謝克家の推薦により、高宗の面前で意見を述べる機会を得る。そこでは、天下国家を統治するには「至計」があること、そしてそれは国勢の強弱、兵力の盛衰、土地の広狭と関係なく、ただ人心に順い、賢才を任命し、綱紀を正すことであると論じた。これにより朱松は秘書省正字に除せられることとなった。また朱松のことを知った知枢密院事の趙鼎が、その幕下に朱松を入れようと画策したという。このように、中央政界への進出に成功し、人脈の拡大を図っていったのであるが、おりしも母が亡くなったことから、朱松は喪に服すため、一旦、尤渓に引き上げざるを得なくなる。

この紹興四年での朱松の動きも、中央政界の動きに連動していた。すなわち、呂頤浩の退陣により、紹興四年から八年まで「趙鼎・張浚の時代」を迎えるのであるが、その前年からすでに人事上の大きな刷新が始まっていた。この変化は、北宋の王安石の改革に淵源する新法党系と司馬光の旧法党系の党派争いと結びついていた。

ここですこし、高宗朝における官僚派閥を理解するために、両党の概略を北宋にさかのぼって、確認しておきたい。両派の争いは、北宋の熙寧二年（一〇六九）、時の皇帝神宗が王安石の改革案に賛同し、神宗の信任の下、数年の間に次々と新法が実施されていったことに始まる。その後、神宗の親政期間を挟み、元豊八年（一〇八五）に神宗が崩御すると、少年皇帝の哲宗が即位する。そのため、宣仁太后（英宗皇后高氏）を摂政とする垂簾の政が敷かれる。この時に抜擢されたのが、旧法党の雄・司馬光であり、彼を中心に新法政策の多くが廃止されていった。これを当時の元号から「元祐旧法党」というが、反新法を旗印に集まった無統制の集合に過ぎなかったため、やがて、程頤を中心とする洛陽の洛党、劉摯・王巌叟を中心とする河北の朔党、そして蘇軾・蘇轍兄弟を中心とする四川の蜀党などに内部分裂を起こし、しだいに派閥抗争は過激さを増していく。そして、元祐八年（一〇九三）の宣仁太后の死去により哲宗の親政が始まると、次は元祐時代の反動から、章惇を中心とする新法派（これを「紹聖新法党」という）が多く登用され、元祐旧法党は追放されていく。元符三年（一一〇〇）、哲宗が崩御すると、その弟の徽宗が即位する。しかし、向太后（神宗の皇后）が摂政を行うと、曽布と韓忠彦を宰相にして、一時、新旧両党の融和をはかった中道政治が行われ、司馬光ら元祐旧法党の名誉も回復される。しかし、翌年、向太后が亡くなると、徽宗の親政がはじまり、蔡京を宰相とした新法党の政治が行われる。この蔡京による旧法党士人に対する弾圧が厳しく、単に彼らを中央政界から追放しただけでなく、司馬光、程頤、蘇軾、呂大防など一一九名を姦党としてその名を石に刻んだ「元祐党籍碑」が端礼門の側に建てられ、一一〇四年にはそのリストを三〇九名に増やした「新元祐党籍碑」も作成された。このように、新旧両党の争いは、徽宗と蔡京の政治に至り、北宋の時代は終わる。

このような北宋以来の新旧両党の派閥抗争が、南宋にも受継がれる。呂頤浩は蔡京・王黼の新法党系に属し、一方の趙鼎・張浚は、元祐旧法党系に属す。すなわち、紹興三、四年における呂頤浩政権から趙鼎・張浚政権への交替は、「蔡京・王黼系人物群」から「元祐系人物群」への政権交代を意味しており、それが人事面において紹興三年の秋に「一気に進行」したという。(26)

やはり、ここで注目したいのが、趙鼎と張浚の政権において、程学(程顥・程頤の学問)を学んだ道学系官僚が多く登用されたということである。とりわけ、胡安国、胡寅、呂本中、張九成、潘良貴、高閌など、程門の高弟の一人である楊時と関係の深い者が多い、というのが特徴である。そもそも、趙鼎は程頤の影響を受けた范祖禹の子である范沖と仲が良く、彼自身、程頤の学を学んだという。また、張浚の子は朱子と交友の深い張栻であり、彼の行状を書いたのも朱子であるなど、張氏父子と朱子との関係はきわめて親密である。

このように、朱松が中央政界に乗り込んでいったのは、趙鼎と張浚が政権を掌握し、元祐旧法党系に連なる官僚が多く登用され「小元祐」と呼ばれた時代であった。つまり、朱松が推薦を得て高宗の面前で主戦論を説き、また趙鼎に気に入られるなど、中央政界にコミットすることができたのは、先述したように、朱松が楊時の弟子である羅従彦に学び、彼自身、すでに福建の程学グループに所属していたためである。

さて、紹興七年(一一三七、朱子八歳)、母の喪があけたことにより、朱松は再び召され、中原回復の大計を上奏し、八月には秘書省校書郎に除せられた。この時、朱松は単身で上京しており、朱子ら家族は建寧府浦城県に残された。翌八年(一一三八、朱子九歳)には、朱子ら母子も臨安に入り、朱子はここで楊由義を師として司馬光『司馬氏書儀』などを学んだ。さらにこの年、朱子は程頤の直弟子である尹焞(字は彦明、一〇七一―一一四二)に見え、その『論語解』を抄録して読む機会を得る。しかし、当時の彼は幼すぎたため、その内容はよく理解できなかったという。朱松は、三月に著作佐郎に除せられ、四月には尚書度支員外郎に改めて除せられ、また史館校勘を兼ねる。そして九月には、『哲宗実録』が完成し、司勲員外郎に除せられる。

ところで、この『哲宗実録』はもともと徽宗朝の大観四年（一一一〇）に蔡京・蔡卞によって編修されたものである。それをこの時、再び編修し直したのであるが、ここに、やはり先述の北宋以来の党争が深く関わっており、純粋に学術的な事業であったのではなく、きわめて政治的な色彩を帯びた事業であった。近藤一成氏の研究によれば、「高宗時代の修史で最も紛糾したのは、『神宗・哲宗実録』の重修と『徽宗実録』の編纂である」という。『神宗実録』は元祐元年に旧法系官僚によって作成されたものであったが、まもなく哲宗親政の新法政権となり、蔡卞・曽布ら新法系官僚により、作り直されていた。このように新法党色の強い両実録を、紹興四年から本格的に編修し直すことになったのである。高宗朝における重修に関わった人物の特徴は、程子の学統（道学）に属す者が多く、やはりここでも楊時の門人が目立つという。この重修の中心人物は、范冲と趙鼎であり、特に両実録とも趙鼎が宰相として監修していた(27)。

このように、朱松は服喪期間が終わった紹興七、八年、程学系官僚の一人として、ようやく一つの仕事を為し得たといえよう。別の言い方をすれば、派閥抗争の真直中に自ら入っていったのである。

(四) 宋金和議と朱松の失職

この朱松の政治的立場が、やはり彼を次なる党争に巻き込んでいった。それが、対金和議問題である。高宗朝の政治史は、ここで「秦檜の時代」（紹興八年（一一三八）—紹興二五年（一一五五）に入っていった。この時に計画された、第一次宋金和議は、南宋の秦檜と金の撻懶《ダラン》によって推進されたものである。この年の秋に金朝から張通古が和議を締結するために派遣されてきた。その和議の内容は、金は黄河以南を宋に返還する、その代わり宋は金に臣下の礼をとり、銀二五万両と絹二五万匹の歳幣を与える、というものであった。この和議に反対を表明した中心人物が、「秦檜、孫近、王倫を斬れ」と主張した胡銓であり、その他、程学系官僚の多くが和議反対派にまわり、やはり朱松も史館の同僚である胡珵、張広、凌景夏、常明、范如圭とともに反対を上書した(28)。この時、和議に反対し上書した人々は、次の通りである。傍線のあるのは、先述した紹興年間における『哲宗実録』の編修に関わった人物である。一見して明らかなように、朱松は『哲宗実録』を編修し、そして宋金和議には反対する、典型的な「小元祐」のグループにいた。

胡銓、張戒、常同、方庭実、辛次膺、梁汝嘉、蘇符、楼炤、張九成、曽開、李燾、晏敦復、魏矼、李弥遜、胡珵、朱松、張広、凌景夏、趙鼎、劉大中、王庶、李綱、張浚、岳飛、韓世忠、林季仲、范如圭、常明、許訢、潘良貴、薛徽言、尹焞、趙雍、王時行、連南夫、汪応辰、樊光遠など。

この時の和議は、金朝内の和議推進派である撻懶が、一一三九年に殺害され、翌紹興一〇年（一一四〇）、金軍が和議に批判的な兀朮を総司令官に大挙南進してきたことにより破綻した。しかし南宋では紹興八年から宰相に就任した秦檜の力によって、和議反対派が次々に中央を追放されていった。当然、朱松もその一人であり、同年三月（朱子一一歳）、とうとう饒州知事を命じられ、中央政界から追放されることとなった。しかし、朱松はその就任を拒否し、朱子を伴い福建に帰ってしまう。この時、朱松が朱子を伴って赴いたのが、建陽にある丘氏の家であった。丘氏とは、朱松の妹の嫁ぎ先である丘蕭の家のことで、当時、丘蕭はすでに亡く、その子で、朱子と同い年でもある丘義がそこにはいた。もともと朱松は、亡き父に代わり丘義をとてもかわいがり、世話を見ていたという。

さて、先述したように、金軍の南下により宋金戦争が再開された。中央政界を離れた朱松は、丘氏宅にしばらく逗留し、そこで朱子・丘義とともに『後漢書』「光武紀」を読んでいる。その時、朱子が「昆陽の戦い」について、「何故このようなことができたのか」と質問したので、朱松はその大略を教え、また蘇軾の「昆陽賦」を手書して与えたという。[29] ここにいう、「昆陽の戦い」というのは、かつて王莽の新王朝末期に、劉秀がたった三千の兵で実数四二万、号して一〇〇万と称する王莽の軍を率いる大司空王邑・司徒王尋を撃破した戦いである。この戦いの勝敗の結果、王莽の新王朝はまもなく滅亡し、後漢が成立した。[30] 朱松はかねてより、光武帝（劉秀）を「中興の君」として尊び、紹興七年（一一三七）、高宗に対して中原回復の大計を論じ、漢の光武帝を「法」とし、晋の元帝と唐の粛宗を「戒」とすべきことを上書している。つまり、朱松にとって、「中興の君」である光武帝は、高宗の目指すべき目標である。特に、朱松は「国勢の強弱、兵力の盛衰、国土の広狭」は天下国家の統治の「至計」とは関係ないと高宗に言上したことがあるが、少数の兵をもって大軍の兵を擁する敵軍を撃破した劉秀の昆陽の戦いは、まさにこの言葉を証明するものであった。当時、朱子はまだ一一歳であったが、対金和議をめぐって中央を去ったばかりのこの時点において、和議は決して認められないこと、「中興の君」とは如何にあるべきか、そして如何に中原を回復すべきかなど、父から子へ、「古今の成敗興亡」を題材に「天下国家」の統治についての教えがあったことは、想像に難くない。

　この年の秋、建安城南に環渓精舎を建て、朱松一家はそこに定住することとなった。そして、年が明けた紹興一一年（一一四一、朱子一二歳）、朱松による家庭教育が本格的に始められ、朱子は「聖賢の学」、つまり「聖人」たることを目指す道学の学習過程に入っていった。朱松は自ら祠官を乞い、二度と出仕することなく、読書三昧の余生を過ごす。そして、その死を前にして、朱松は朱家の家事を劉子羽（字は彦修、一〇九六—一一四五）に託し、朱子には「武夷の三先生」を父と思って仕え、そして学ぶよう言い残して、紹興一三年（一一四三）、四七歳で死去した。「武夷の三先生」とは、胡憲（字は原仲、一〇八八—一一六二）、劉勉之（字は致中、一〇九一—一一四九）、劉子翬（字は彦沖、一一〇一—一一四七）のことである。こうして、朱子は福建の程学系士大夫に囲まれながら、時に禅学を学びつつ、学問を積み重ねていくのである。

では、南宋政権はこの間どうなったか。紹興一〇年（一一四〇）から翌年にかけて、金軍は南下を繰り返し、宋側では岳飛、韓世忠、張俊、楊沂中らの私兵的軍団である「家軍」が奮戦し、よく戦った。しかし、家軍を解体し、和議を成立させたい秦檜によって、しだいに彼らはその指揮権を奪われていった。そして、紹興一一年（一一四一）一二月、最後まで秦檜に抵抗した岳飛が毒殺されたことで、家軍は解体され、主戦論は抑えられ、翌年（一一四二）、ここに宋金和議が正式に成立した。それはまた、紹興二五年（一一五五、朱子二六歳）まで続く秦檜専制政治の確立を意味し、紹興一八年（一一四八）、朱子が一九歳で科挙を通過した時も、そして紹興二三年（一一五三）、二四歳ではじめて地方官として泉州同安県主簿の任に就いた時も、依然としてこの秦檜専制政治と宋金和議が維持されていたのである。

以上のように、朱子は紹興一三年、一四歳の年に父・朱松を失うのであるが、それ以降に見られる朱子の生き方や考え方の大枠は、すでに朱松とともに生きたこの時代に、ほぼ決定づけられていたということができる。本書の関心に即してまとめれば、次の四点である。

一、福建の道学系・程学系士大夫。特に、「楊時を中心とした閩北（福建北部）の程学人脈」とのつながり[31]。朱松は羅従彦に程学を学び、官僚としても北宋の元祐旧法党に列なるグループに属していた。そのため、朱子も父の人脈を一つの遺産に、福建における楊時系程学の人々と交流を持つ。そして、四〇歳「定論」確立に向け、「武夷の三先生」や羅従彦、そして李侗の影響を受けたところからその思想を形成していく。

二、北宋の元祐旧法党に繋がる程学系（道学系）官僚として中央政府における党争の影響を強く受ける。官僚生活においても中央での活動よりも地方官を歴任する期間の方が長い点も、官僚としては朱松と朱子と似たような境遇にある。また朱子の牧民官としての強い責任意識は、北宋の滅亡に伴う混乱期に「建州・邵武の間、鶏犬一空、横屍道に満つ」(32)といわれた福建の惨状の中を生き抜き、そこから復興していく福建で、直接それを見ながら成長したことで、醸成されていったのではないかと考えられる。(33)また、官職に志を得ない時は、祠官を得て、福建で研究と著述に専念するといパターンも同じである。

三、宋金和議に反対の立場をとる。父の朱松が宋金和議を巡って秦檜派に弾劾され、中央を追放されたことは、和議や秦檜専権に対して時に嫌悪感を伴い反発することとなる。(34)そのため孝宗朝での「隆興和議」にも反対意見を孝宗に提出している。

四、南宋そのものの脆弱性と政府内における皇帝の問題。朱子は、秦檜の専制政治により、高宗が皇帝として十全な主体性を発揮できていないと認識している。秦檜亡き後も、朱子は孝宗朝以降、皇帝に主体的に政治改革に当たることを要請していく。その要請は、皇帝への「正心誠意」や「克己」など内面修養の実践として示されることとなる。皇帝を善導していくことは、朱子にとって非常に重要なテーマとなるのであるが、皇帝に対するこのような認識は、彼が秦檜専権時代に生きたことで決定付けられたと考えられる。(35)

二、本書の考察の対象と課題

(一)「朱子学の時代」

本書が考察の対象とするのは、「朱子学の時代」である。かつて島田虔次氏は儒学史研究について次のように述べられた。

私の考えでは、キリスト教史が多く汎ヨーロッパ的な視野のもとに書かれているように、儒教史、朱子学史というものも、中国・朝鮮・日本（・ヴェトナム？）を通じての通史として、まず、書かるべきであると思う。……（中略）……それこそ今日の急務であると思う。一方の極、つまり儒教内面化の極に陽明学、他方の極、外面化の極に徂徠学、そのような構想での儒教教理史というものを、いったい、書けないものであろうか。[36]

島田氏がこのように提言してからすでに四〇年以上も経過し、当時に比べ専門の分化が進む昨今において、ひとりの研究者がこの提言を実現するのは、極めて困難であり、おそらく、島田氏のような碩学にしてはじめて構想し得るものであろう。とはいえ、最近、土田健次郎氏もこの島田氏の提言に触れ、「相変わらず東アジア儒教史不在が続く状況では、慎重さを期して萎縮するよりも、未来を見すえて大胆な議論を展開する方が意味があろう[37]」と述べられるように、朱子学というものを考えるに際し、やはりこの提言は常にわれわれが意識しておくべきことであると考える。

さて、宋代以後の中国近世思想史は、宋代の朱子学、明代の陽明学、清初の経世の学、清朝乾嘉の考証学という枠組みの変遷に基づいて語られるのがこれまでの研究の主流であろう。特に朱子学と陽明学は総称して宋明理学ともいわれ、この時代の思想史研究における中心的な位置を占めてきた。また、朱子学を中心とする宋代に生まれた学問大系を、宋学、また陽明学を明学、考証学を乾嘉の学とも称すが、これはそれぞれの思想が生まれた時代を意味するのに加えて、各思想や学問が各時代において、最も新味を持って受入れられ、そして生き生きと語られていた時代であるという意味が込められている。そのため、例えば朱子学は宋元時代および明初期においては、その思想的生命を持っていたが、その官学化と『四書大全』や『五経大全』などの書物の成立と普及にともなって、徐々に陳腐化し、そしてそこに陽明学が新たに誕生する要因があったのであると、語られることとなる。いわば、従来型の近世思想史は王朝交替史観に似て、思想の誕生と流行、そして陳腐化という栄枯盛衰の流れを跡づけるものであった。その視点では、「朱子学の時代」とは主に宋代を指し、特に周敦頤、二程（程顥・程頤）、張載、そして朱子へという道統の流れのみで理解されることになるだろう。

本書のいう「朱子学の時代」とは、より広い概念である。島田虔次氏はまた次のようにいう。

宋以後、つまり近世の思想史の最も重要な部分がいわゆる宋明理学、つまり朱子学・陽明学であることはいうまでもない。清朝は考証学一色であると考えられがちであるが、科挙の試験はあくまで朱子学によって行われていた。……（中略）……陽明学の時代といえば、上から下まで陽明学一色のように考えられやすいが、一般にはむしろ朱子学の方が行われていたのと同様である。……（中略）……陽明学・考証学は、心理学の用語でいうならば、そのような「地」（ground）のうえに結ばれた「型」（figure）であったのである。[38]

中国近世思想は、朱子学にはじまり、陽明学、考証学へと展開していったかのように見えるが、各時代の社会をみれば、明清時代においても朱子学を信奉するものが相当数いた。島田氏はこの事態を心理学用語から藉口して、朱子学を「地」（ground）、そしてその上に展開した陽明学・考証学を「型」（figure）というのである。[39] 明清時代には科挙試験の標準テキストに朱子の注釈が用いられたため、士大夫（知識人）であるかぎりはすべての者が朱子学に向き合うことになる。島田氏が問題にしたのは、朱子学を学ぶ者が単に多かった、というだけでなく、清代の恵棟の父が「六経は服鄭を尊び、百行は程朱に法る」というように、行動規範として程朱学＝朱子学を信奉する者が少なくなかった、という点にある。また、日本においても同様に、一八世紀を通じ、伊藤仁斎や荻生徂徠をはじめとする反朱子学を標榜する古学派が一世を風靡するものの、幕末に向かうにつれ、各藩の藩校や民間の塾など、学校・教育機関の増加に伴い、寛政異学の禁の影響などもあって、朱子学者の人口が逆に増える。[40] 島田氏の多くの研究は、中国の近代を見据え、陽明学を朱子学の展開として捉えるように、どちらかといえば、社会の表面に現れた「型」(figure)に向かったといえようが、本書はそれに対し、島田氏のいう「地」(ground)としての朱子学に着目する。

そこで本書では、「朱子学の時代」を、中国、朝鮮、日本において、「士」と各々総称される統治階級の人々にとって、朱子学が統治の現場で何らかの行動規範であった時代として定義づけしておきたい。「士」とは、中国の士大夫、朝鮮の両班、日本の武士・儒者をいい、それは「読書人」「教養人」であると同時に、統治者でもある社会的存在のことである。ただし、日本の場合は武士にとって儒教的教養は必要条件ではなかったこと、また儒教的教養は「儒者」(街儒者・御儒者)と呼ばれる「武士・町人・百姓の通常の身分の外」にあった者に多く担われていたことから、単純に「武士」のみを想定することはできず、政治や統治に参画できなかった、儒者もそこには含まれる。[41] ただ、後述するように、中国においても科挙を通過せず、公的な政治の世界に入っていない「士人」が多く存在したのであり、「士」であることの第一義は官僚であったか否かではなく、儒教的教養人であったことにある。

(二)〈主体〉形成の思想としての朱子学

ただ、このように朱子学研究の対象を捉えると、語るべき内容は増える一方である。そこで、本書では、すべての地域・時代を網羅的にトレースすることはせず、いわばトレンチを入れるように考察を進め、第一部では、朱子の生きた中国南宋時代を、第二部では、一八世紀後半の中国清朝と江戸期日本を、その考察対象として取りあげる。では、「朱子学の時代」の何に基準を定めてトレンチを入れたのか。それは、〈主体〉形成の思想としての朱子学である。別の言い方をすれば、「士大夫」の思想として、または「官僚」の思想として、さらにいえば、「君主」の思想としての朱子学である。すなわち、本書全体を貫く筆者の関心は、政治に参画する（もしくは、参画すべき）「士」の政治意識や統治者としての意識と朱子学の内面修養の学が、どのような関係にあるのか、またどのような目的をもって、君主（中国の皇帝、日本の将軍・藩主）に内面修養を要請したのか、という点にある。

そこでまず、朱子学の主な担い手とされた「士大夫」とはどのような存在なのか、それと朱子学との関係について論じた先行研究のいくつかを紹介しておきたい。次に引用するのは、島田虔次氏による非常によく知られた定義である。

> 宋学の主体はだれであるか。それは「士大夫」にほかならない。宋学とは、士大夫の学なのであり、士大夫の思想なのである。士大夫とはなにか。唐代、科挙制度の確立とともにおこり、宋代にいたって確乎不動の勢力となったところの独特の支配階級である。経済的には地主であることを例としたが、しかし、それは必ずしも必須の条件ではない。士大夫の特徴は、なによりもまず、知識階級である点に、いいかえれば、儒教経典の教養の保持者たる点に、すなわち「読書人」たる点に求められる。いま少し周到にいえば、その儒教的教養（それは同時に道徳能力をも意味する）のゆえに、その十全なあり方としては科挙を通過して為政者（官僚）となるべき者と期待されるような、そのような人々の階級である。……（中略）……士大夫というものが、一、知識の独占、そこよりする彼ら流に解釈せられた道徳的能力の独占、ということと、二、その階級的内容が常に流動可能であった、という二つの点によって特徴づけられるということは、あくまで承認せらるべきであると信ずるのである。(42)

また、三浦國雄氏は次のようにいう。

このように認識論が自立し得ず、倫理の磁場にどうしても引き寄せられてしまうのは、朱子の目ざすものが、モラーリッシュな人格、現代風にいえば主体的自我の確立にあったからである。(43)

敬は動静を貫くものという大前提を踏まえつつも、なお静（無事）に傾斜しがちな弟子を、朱子は動の場（有事）に引きずり出し、そこでも「敬」は有効であるとして、最初の前提にもう一度弟子を投げ返す。現実から隔絶された僧院のなかではなく、現実の真只中に生きる士大夫の学をめざす朱子にとって、「動」の問題は避けて通れぬ関門であった。そこには人がおり、物があり、事があって、絶えず現われては消えてゆく。そうした現実に関与しつつ、しかも自己の主体をそこに埋没させないためにはどうすればよいか。……（中略）……朱子における「敬」は、自己を現実に投げかけ、その現実をおのれのなかに奪い取る方法であったといえる。こうした思想が、社倉法（飢饉対策）をはじめ数々の治績を挙げたその官僚としての経験に裏打ちされていることはいうまでもない。(44)

また、渡辺浩氏も、三浦國雄氏を承けて、次のようにいう。

少なくとも朱熹自身の思想営為を導き、その思想体系全体の動機となっているのは、現実の社会秩序の正当化などではない。何よりも、揺ぎなくしかも的確に世事に対処していく主体の形成だったように見える。……（中略）……人格の完成はそれ自体目的だが、同時に先なる者としての使命を当然に伴っている。即ち、修養は、実際上、統治の任に与ることを前提するのである。修身は政治の手段だというのではない。それ自体、目的である。しかし、同時に、修己は治人に、修身は治国平天下に連なるものとしてあるのである。……（中略）……朱子学における「モラーリッシュな人格」も結局は統治の任に与ることを予想しているのであり、それは実際上、官人になることに他ならない。……（中略）……朱子学は、主体的人格形成の

学であるとしても、実際上官人としての主体的人格形成の学である。(45)

本書が注目したいのは、渡辺氏が端的に「(朱子学は)官人としての主体的人格形成の学である」という、これである。

本章で朱松と幼い朱子の事績を論じたのも、朱子学のこの側面をよりよく理解するためである。朱子は地方官として救荒策に当たり、民間において社倉法を実施していくなど、常に民衆救済に心を砕いた現場の人であった。(46)朱子の「生民の本は、食を足らすを先となす」(47)という認識や「細民」を如何に飢饉から救済するのかという問いも、単に伝統的な「儒教的民本主義」ということばで括ってしまうのではなく、当時の朱子が直面した福建の社会や南宋国家の政治情勢を背景に、彼のなかで醸成されてきたものであると理解しておく必要がある。民政官としての朱子については、次の木下鉄矢氏の説明が最も的確である。

宋代の文化・思想は「士大夫」の文化・思想である、と言われることがある。しかし、それよりはむしろ、それは「民生の安定向上のために闘う民政官」の文化・思想である、と言う方が、適合性が高いのではなかろうか。……(中略)……厳しく危険に満ちた現実に曝され生と死との境界線上に危うく揺れ動いている地方での実際民政の現場を体験し、良心的且つ有能な民政官としての闘いを経てきた人物たちがその担い手の中心に置かれる様な「民政経営」の実際から出てそこに戻って行く形で、彼らの思想・文化は形成され機能していたのではないだろうか。……(中略)……また「朱子学」の特徴をあれこれと考え併せるなら、これが地方での実際民政に携わり、闘い、民政の安定という一点を目指している「民政官」を主体的契機とする「思想」となっていることは疑問の余地がない様に思われる。例えば、かの「格物・致知・誠意・正心・修身・斉家・治国・平天下」も宋朝廷の招聘に応じ、共に天下を理《おさ》める協力者として、実際の民政経営に携わ

る州・県の「民政官」の視界に、ぴったりと適合している。(48)

端的に「己を律し民を愛す」(49)という言葉に集約される官僚としての理念を、宋代の士大夫たちは共有していた。官僚の「己を律する」ということが、ストレートに民衆の救済に繋がっていると彼らは考えていた。では、如何に「己を律する」のか。ここに朱子学的な（宋学的な）修養論（「正心誠意」「克己」）が求められ、方法論として鍛え上げられていく契機があるだろう。

そして、朱子が「己を律し民を愛す」という「良心的且つ有能な民政官」となる前、北宋の滅亡にともなう社会的混乱の中で、彼自身「生と死との境界線上に危うく揺れ動いている」一人の子どもであった。そういう体験をしていたことも（幼すぎて直接記憶に残っていないかも知れないが）、忘れてはならないだろう。

ところで朱子ら道学士大夫の「政治主体」意識に注目した研究として、余英時氏の研究をここに紹介しないわけにはいかない。余英時氏は范仲淹の「天下を以て己の任と為す」と、文彦博の「士大夫とともに天下を治む」に込められた宋代一一八六の「政治主体」意識をとりあげ、「内聖」（道徳や学術思想）に専心する学問と思われがちな朱子や陸象山ら道学士大夫（余氏は「理学家」という）も、「外王」（政治的立場）への意識を常に持ち続けていたのであり、天下国家の秩序再建こそが、彼らの目標であった、そしてその実現に対する自負心と責任意識を持っていたのであると、論じられた。(50)

このように、朱子学を内面修養を目的とした単なる道徳学や倫理学としてのみ理解することが誤りであることは、言うまでもないが、近年の研究では、政治主体意識を持つ士大夫を内面から支える学問として朱子学の修養論が見直されてきたと言えるだろう。

ただ、朱子学を「官人」や「官僚」の思想としてのみ捉えることも、また限定的である。例えば、高橋芳郎氏が宋代の史料に散見される「士人」という身分について、次のように論じられている。中国史において長く見られる身分区分の一つとして、官僚身分を持つ者と、そうではない庶民とを分けた、「官―民」のとらえ方がある。一方、儒教的教養を持つ者とそうではない者とを分けた「士―庶」のとらえ方もある。両者は、「官」と「士」が、「民」と「庶」がそれぞれ互換可能である場合が多い。しかし、宋代の史料に見られる「士人」という身分はこの図式では捉えきれない。つまり、「士人」とは宋代官僚制度の整備によって出現した身分であり、科挙合格を目指しているために、「士―庶」関係では、「士」に相当するが、しかし、未だ科挙に合格していないため、もしくは合格できなかったため、庶民のままである、つまり「官―民」関係では「民」に相当する人々を指す。そして科挙社会といわれた宋代においては、この「官」ならざる「士」である「士人」身分の者が相当数いたと考えられる、という。高橋氏の議論で興味深いのが、宋代以降、「民の父母」という言葉に基づいて知県を「父母」や「父母官」と呼ぶことがあるが、この「士人」も「郷邦に父母たる」者として位置づけられているということである。すなわち、「士人の社会的活動には、すでに見た賑恤や社倉の運営のほか、府城の造築、州県学の建設、在地の祠廟に対する朝廷への賜額の要請といった面でもその指導者的役割が確認される。……（中略）……また、士人の内面的志向という点から言えば、「修身斉家治国平天下」という儒教の実践目標は、最終的には官僚としての地位獲得によって達成されるものであろうが、未だ官途につくをえない士人にとっては、さしあたり「士」たることの自覚に基づき「政を郷に為す」という形で実践されていった」という点である。

高橋氏のこの指摘は朱子学研究にとって、非常に重要である。なぜなら、朱子の門人（弟子）、講友、私淑を網羅的に調査された陳栄捷氏によれば、官職を有していたのは、朱子の門人四六七名中わずかに一三一名（28%）で、講友は七二名中三三名（46%）、私淑は二一名中一一名（52%）となり、合計では五六〇名中一七五名（31%）となる。朱子の周辺にいた人々で、官職を有していたのは、明らかに少数派である。[51]

これは朱子の弟子、講友、私淑には、つまり朱子思想（道学思想）に惹かれ、そして共鳴した人々の中で、官僚身分であったもの（「士」であり「官」であった者）は、約30％しかおらず、残りの約70は、「士」であるが「民」である、つまり「士人」であったことを意味する。とすれば、民政の現場において「闘う民政官」として民を救う（経世済民）ことができたのは、少数派に過ぎない。大半は、科挙を通過せず地域の「士人」として、地域社会の安定に関与していった人々であった。

この観点から、朱子学の社会史的思想史的意義を考察されたのが、市来津由彦氏で、朱子の「修己治人」論は、科挙を通過して中央政府の官僚になった者から、地域社会に埋もれる「士人」層にいたるまで、様々な層に受入れられるものであったという。[52] 例えば、「士人」にとって、「『大学』の「治国」を「平天下」の前提としての地域社会の保全、「修身」をその保全の主体の陶冶と捉える視点において、学びの構図を端的に示すその「修己治人」思想は有用であった」という。市来氏は地域に生きる「士人」にとって、朱子学が如何に有効であったのかを重点的に論じられている。[53]

また、同様にアメリカのピーター・K・ボル氏は、婺州（金華）を調査対象にして、地域的士人エリートによる地域活動と道学との関係を論じられ、先賢祠の建設、喪葬儀礼や服喪儀礼などの儀礼、さらに郷約のような集団的活動の実施、そして元・明における家譜の編纂、義倉や義役などの地域の福祉活動など、士人たちが励むようになったこのような地域の活動に注目される。そして、「道学の新しさは、そうしたローカルエリートとしての士人に対して、また士人のために語りかけていたという点にある」とか、道学は「地域活動への理論上の理由付けを提示」したと論じられる。このように、ボル氏も、道学を地域の士人による地域活動との関係の中で、その新しさの意義を認めるのである。[54] また、これは、ボル氏がロバート・ハイムズ氏が論じられた、南宋エリートの国家官僚志向から地域志向への変化という理解[55]を肯定的に受入れられ、北宋の新法が国家権力によって上から地域社会を規制しようとするのに対して、南宋の道学が理念とするのは、民間社会における自発性を追求する制度であった、という主張とも密接に関連する[56]。

このように、士大夫の〈主体〉形成の思想としての朱子学という側面は、近年の諸研究において、思想史のみならず、社会史との関連性の中で盛んに論じられているテーマであるといえよう。先行研究によれば、上は宰相による天下国家の統治に対する強い責任意識から、下は科挙試験をパスしなかった地域に埋もれる「士人」による教育や救恤など様々な地域活動まで、いわゆる「士大夫」「士」と呼ばれる社会階層の者にとって、朱子学は様々な社会的政治的活動や事業に積極的に関わり、そして道義的に正しく振る舞うために、その人間の内面性から規制していこうとするものであるといえる。これは、そもそも朱子が「大学章句序」で「上は天子以下の支配階級の子弟から、下は一般人民の子弟まで[57]」というように、朱子学の学習が理念的にはあらゆる社会階層の人間に開かれていることからも理解できるだろう。この点、土田健次郎氏が、「王学の中央志向に対して道学が地域を重視するという議論は以前からあったが、評者（土田氏）は、道学は地方だけではなく、中央も地方もという性格を持つと思っている。道学の「理」の思想が社会活動にあてはめられる時、それは地域での活動と中央での活動の両方に原理を付与するものであった。士大夫が官僚として地方と中央を行き来する科挙社会において、これは極めて有効であり、同時に科挙登第者よりはるかに多数の未登第者にも等しく存在意義を付与するものであった[58]」と論じられたことには、大いに首肯できる。

（三）本書の課題

それではここまでの先行研究を踏まえて、本書の課題について、いくつかまとめておきたい。まず、第一に、朱子学を「官人としての主体的人格形成」（渡辺）や「闘う民政官」（木下）としての学問として位置づけること、そのこと自体は否定できない。天下国家の統治に責任を持つ、「天下を以て己の任と為す」という精神は、確かに道学を含む宋代士大夫を理解する上で非常に重要なキーワードである。しかし、このような政治への積極的参画や責任意識を強調しすぎるのも、また宋代士大夫の持つもう一つの側面を見落としがちになるのではないだろうか。かつて、村上哲見氏は、中国における知識人の類型を次のように整理された。(59)

A、人文的教養。（1）古典（経書）の素養。（2）作詩文（文言の詩と散文）の能力。

B、「治国平天下」の使命感。実践としては官僚として活動すること。

C、尚雅の精神。実践としてはAの（2）作詩文も含まれるが、更にそれを超えて書画音楽などの芸術に秀でること。

島田虔次氏の士大夫の定義をここに当てはめれば、「A」と「B」を強調したものであると言えるだろう。そして、朱子学を「官人としての主体的人格形成の学」として認識することは、「B」のみを強調したものである。すなわち、朱子学を政治的社会的な事業に対する実践哲学であるとする認識は、必然的に「C」の側面を無視することとなる。「C」は文人としての生き方である。村上氏もいうように、「B」の使命感と「C」の風流韻事は、時に反発し合う。だが、風流なる文人への憧れや、俗事としての政治からの逃走もまた士大夫の真実の側面であろう。「治国平天下」への使命感と風流や雅、脱俗への憧れの精神は、道学士大夫にとって単純に排斥し合う関係だったのだろうか。われわれは、士大夫の持つ「尚雅の精神」の価値観を理解しなければ、宋代人の「治国平天下」の使命感を正しく認識できないのではないだろうか。

第二の課題は、君主の〈主体〉形成としての朱子学である。ここまで、紹介してきた先行研究は、すべて士大夫の学問としての朱子学であった。程顥と程頤以来、道学の重要な側面の一つは帝王学である。程頤が哲宗の元祐元年（一〇八六）に提出した「論経筵第三劄子」の貼黄に、

天下の重任は、ただ宰相と経筵のみです。天下の治乱は宰相に係っており、君徳の成就の責任は経筵に求められます。(60)

とあり、程頤は皇帝教育の場である経筵を天下国家の統治に関わる重要なポストとみなしていた。また、「治道」の根本について、

治道には根本から言うものもあれば、物事から言うものもある。根本から言えば、ただ君主の心の非を正すことにはじまり、君主の心を正し、そして朝廷を正し、朝廷を正し、そして多くの官僚を正す。もし物事から言えば、〔国の弊害から人々を〕救おうとしなければ、もうそれで終わりだ。もし救わなければならないなら、必ず変革しなければならない。大変革を行えば大きな利益があるし、小変革なら小さな利益がある。(61)

というように、程頤が経筵官を重視するのは、彼らに「君主の心」を正す責務があるからである。ここで注目すべきは、皇帝の心を正すことと同時に、弊害から人々を救済するために、国家の制度の変革が必要であることを説く点にある。この人々を救済したり制度を変革する主体は誰か。それは皇帝にほかならない。また、朱子は趙汝愚宛て書簡で、皇帝の心について次のようにいう。

あなたが誠に天下の事を以て己の任務となされるならば、まさに君主の心の非を正すことからはじめなければなりません。もし君主の心を正さんと思われるなら、まさにご自分自身から始めなければなりません。(62)

程朱の学（道学）にとって、天下国家の統治は「君主の心の非」を正すことからはじまる。朱子は「天下の事には大根本があり、小根本がある。君主の心を正すこと（「正君心」）が大根本だ」というように、天下国家の統治を考えれば、「君主の心を正すこと」がその最も重要な「大根本」であると認識していた。これは、先に引用したように、程頤の認識を直接継承するものである。ただ、趙汝愚宛て書簡に言うように、「君主の心」を正すことができるのは、士大夫である。君主を正しい道に導くことこそ、士大夫官僚たる者の重要な役割の一つである。つまり、ここに、君徳の成就という天下国家の「大根本」を左右する存在として、士大夫の「天下の事を以て己の任務と為す」という強い責任意識と自負心を見ることができるだろう。

さらに、ドバリー氏はこのような事態について、

程朱学派の主張からすれば、政治の本質は万人の自己修養、とりわけ君主の自己抑制にあった。ここからして、臣下たる者は、五倫の中に定められた君主との関係（君主と臣下との間の義務に基づく関係）において、皇帝が自己修養を行い道徳的生活を送るように皇帝を補佐する義務がある。換言すれば、臣とは、君主の相談者、指導者、師傅という意味において初めて臣たるべきものであったのである。(63)

というように、ドバリー氏は、皇帝に対する「正心誠意」という自己修養の要請を、「君主の自己抑制」として捉える。皇帝による「克己」や「正心誠意」の自己修養を「君主の自己抑制」と表現することには異存はない。ただ、問題は、「君主の自己抑制」を如何に理解するのかにある。朱子ら道学士大夫が君主に要請する「正心誠意」や「克己」という「自己抑制」は、皇帝の政治上の行動を規制し、高揚する政治主体意識を持つ士大夫にその統治を委ねさせようとする意図があったのか、もしくはそうでないとすれば、どのような別の意図があったのか。このような問題を、南宋政治史の中で考察するのが、第二の課題である。

第三の課題は、〈主体〉形成の思想としての朱子学のゆくえである。考察の対象は、一八世紀後半の中国清朝と日本の江戸時代である。なぜ、この時代と地域を対象とするのか。その理由は、節を改めて説明したい。

三、『陸宣公奏議』の受容史

筆者が宋代における士大夫の政治主体意識の高まりを象徴する書物として注目するのが、『陸宣公奏議』である。『陸宣公奏議』は唐代徳宗朝の宰相である陸贄（字は敬輿、七五四―八〇五）の奏議集として知られる。陸贄が活躍した徳宗朝というのは、従来の租庸調制が廃止され、宰相楊炎（字は公南、七二七―七八一）の建議によって新たに両税法が施行されるなど、唐王朝が大きく転換していく時代であった。むしろ、より大きな歴史の流れの中で見れば、いわゆる「唐宋変革」という中国史を二分する「変革期」の始まりの時代であった(64)。宮崎市定氏は、粛宗の乾元元年（七五八）に始まる塩の専売制度と、徳宗朝における両税法の施行によって、中国は「武力国家」から「財政国家」へ変質し、新たな段階へと展開し始めたという(65)。宮崎氏のいう「財政国家」とは、「何よりも財政を優位におき、歳入を増して財政を豊かにすれば、平和も文化もそれで購えると」考える国家のことである。この塩の専売と両税法は宋以降の王朝にも継承され、国家収入における大半を占める塩税からの利益を基盤に、ここに宋代以降の「君主独裁制」が成立するわけである(66)。このような国家機構と社会の変化にともなって、皇帝に仕える官僚の性質も大きく変化した。宮崎氏は次のようにいう。

然るに宋代に入ると、唐末からの傾向を受継いで、財政国家の色彩がいよいよ強くなってきた。財力を以て兵を養い、兵を以て国を守るという政策が全面に打ち出されたのである。そして官僚は武官よりも文官が重用され、文官とは言うものの、その実質は財務官僚であった。だから宋代の官僚はどんな詩人であれ、文人であれ、財政を語り得ない官僚というものはいない[67]。

つまり、中世的貴族から近世的士大夫が、「財政国家」「君主独裁制」の成立とともに、官僚機構を支える存在として登場してきたのである。この君主の変質、臣下の変質は、当然ながら君臣関係の在り方をも問い直される。そうだとすれば、新たな時代を迎えた宋代士大夫にとって自己の学ぶべきモデルも、新たな国家体制に相応しい人物から選び取ってこなくてはならない。「近世人」である士大夫にとって、自己を投影するに足る理想的モデルが求められたのである。

このような状況にあって、宋代以降の士大夫に名臣・忠臣として慕われたのが、陸贄であり、陸贄を学ぶために読まれたのが、その奏議集『陸宣公奏議』であった[68]。木下鉄矢氏は宋代に与えた『陸宣公奏議』の意義について、次の四点を指摘されている[69]。

（1）政策分析を詳細緻密に展開して行く文章スタイルが宋代以降の「奏議」の見本となったと覚しきこと。

（2）「両税法」などの国家政策を批判した議論が、後の国家原論、財政論、経済論、政策論などに強い影響を与えたこと。朱熹の「社倉法」もこの影響下にある。

（3）その奏議に「理」字の頻出すること。

（4）その鋭く批判的な政治学的思考の趣くところ、当然のように「天人相関説」からの離脱が現われて来る。

なかでも、奏議の見本となったことについて、宋代には王安石や蘇軾に見られる「万言書」などの「延々堂々たる奏議」が数多く登場するが、宋代人にとって、「陸贄の奏議がその纖微を極めようとする文章と思考のスタイルの手本[70]」であったと論じられた。

その他、先行研究に従えば、『陸宣公奏議』が読まれ続けてきた要因として次の二点が指摘されてきた。第一に、皇帝政治を支える忠臣たるべく、「士」の教科書として読まれたことである。(71)『新唐書』陸贄列の「賛」では、陸贄の諫言はすべて仁義に基づいた言葉であり、「後世の法」とすべきであるという。(72)第二に、木下氏の説明にもあるように、忠臣としての上奏文のモデルとして、つまり文章の模範として学ばれたこと、この二点である。(73)

それでは、宋代における陸贄や『陸宣公奏議』受容について簡単に紹介しておこう。まず、宋代において陸贄が高く評価されるきっかけを作ったのは、北宋の蘇軾である。『宋史』の列伝に、蘇軾が賈誼と陸贄の書を好んだとあり、(74)また、蘇軾自身、「私が敬慕するのは、ただ陸宣公一人のみ」(75)というように、蘇軾にとって具体的な士大夫としてのモデルが陸贄であったことは間違いない。(76)

この宋代の大文人が敬慕したという事実は宋代人にはよく知られており、それがさらに宋代における陸贄の名を高めることとなる。(77)南宋になると模範としての地位が定まり、渡江以降多くの諸賢が陸贄の奏議を模倣したという。(78)陸贄の奏議を手本にしたという事例は、南宋以降非常に多くなるが、特に有名な人物としては、まず周必大が、慕う所は陸贄と欧陽脩と言い、(79)また朱松も賈誼と陸贄を常に模範としていた。(80)加えて朱子も大いに評価しており、(81)こうして蘇軾と朱子とが高く評価したことで、元代以降陸贄の人物とその文体の評価が定まる。(82)とりわけ程端礼『程氏家塾読書分年日程』にも組み込まれるなどによって、(83)清代に『四庫全書総目提要』にもいうように、『陸宣公奏議』(『四庫全書』では『翰苑集』二二巻)は「万世の亀鑑」として「歴代に重宝」され、中国知識人の必修教養の一つとなるのである。(84)

このように、陸贄を士大夫の理想像の一つとして、『陸宣公奏議』が広く学ばれるその契機はすでに宋代にあった。陸贄は、貞元八年(七九二)四月、中書侍郎同中書門下平章事の宰相位に就任する。その時、彼は君恩に背かず、心を報国に尽し、「天下の事を以て己の任と為す」の気概を抱いていたと『旧唐書』の陸贄伝は伝える[85]。つまり、宋代士大夫が陸贄たらんとしたその意識は、まさに同じく范仲淹の「天下を以て己の任と為す」という言葉に象徴される、士大夫の政治主体意識の高揚感に通底するのである。

そこで、本書が注目したいのは、『陸宣公奏議』のもう一つの読まれ方である。すなわち、君主の読むべき書物としての『陸宣公奏議』である。宋代において、士大夫は「君」としての皇帝にもその熟読を熱心に勧めている。

その事例も、やはり蘇軾に始まる。元祐八年（一〇九三）五月七日、蘇軾が、呂希哲、呉安詩、豊稷、趙彦若、范祖禹、顧臨と連名で時の皇帝哲宗に提出した「進呈奏議箚子[86]」によれば、

唐の宰相陸贄は、その才能はもとより王佐（帝王の補佐）たるにふさわしく、学問は帝師（帝王の教師）たるにふさわしい〔人物です〕。議論は事実にぴったりとあてはまり、言葉は道義（「道徳」）を離れず、智恵は子房（張良）のようですが、文章はそれよりも優れ、弁舌は賈誼のようですが、術策は粗雑ではありません。上は君主の心の非を正し、下は天下の志に通じています。〔このような人物は〕三代以来、〔陸贄〕一人だけでございます。……（中略）……もし徳宗に陸贄の言葉を用いさせることができていたなら、貞観の治も復活させることができたのです。……（中略）……六経・三史、諸子百家には見るべきものがないということではございません。これらはみな統治に資するには十分です。ただ、〔経書の〕聖言はあまりに幽遠で、〔諸子百家のような〕枝葉末節の学問は〔条理が立たず〕支離滅裂ですので、例えるなら山が高くそびえ、海が深いように〔つかみ所がないので〕、その中の一つや二つだけを選び出してきて、〔陛下に〕推薦するのは難しいのです。〔それに対して〕陸贄の議論は、書物を開けば明白〔に分かる〕ように、古今の粋を集め、実に治乱の亀鑑なのです[87]。

というように、蘇軾らにとって、陸贄は「王佐」「帝師」の理想像である。そのため、唐の太宗が魏徴ら名臣の言葉に従ったように、当時の皇帝徳宗に陸贄の言葉を受入れさせていれば、きっと「貞観の治」のような治世を実現していたであろうという。つまり、統治の正否は、陸贄のような名臣の言葉を受入れるか否かにかかっている。そしてその陸贄の言葉の粋は『陸宣公奏議』に込められているので、常にこの書物を手元に置き、何度も熟読し、陸贄が目の前にいるように、陸贄と言葉を交わすように、真摯にそれを受入れるべきであると、皇帝哲宗に要請するのである。哲宗の元祐の治世が成功するか否かは、哲宗が陸贄の言葉を受入れるかどうかにかかっているのであると。(88)

南宋では、同様の事例として高宗が范沖に『陸贄奏議』を校訂させ、高宗がそれを熟読したという話がある。(89)また、紹熙二年（一一九二）八月七日には、郎曄による『陸宣公奏議』の注釈書である『経進新註陸宣公奏議』（二〇巻）が進呈されているが、これも皇帝を読者対象としている。(90)そして、孝宗朝でも淳熙年間に皇帝教育の場である経筵で『陸贄奏議』を数年間にわたって熟読したという（第三章を参照）。

このように、宋代においては『陸宣公奏議』を皇帝に読ませようとする事例がいくつか見られるのであるが、ただ、管見の限り、中国では宋代の事例を最後に、皇帝に『陸宣公奏議』を読ませようとする事例は見られなくなる。すなわち、これは、宋代においてのみ『陸宣公奏議』が士大夫にとってのテキストであっただけでなく、同時に忠の対象である君主にとっても何らかの目的を持った教科書であったことを意味する。この皇帝の教科書としての『陸宣公奏議』という視点は、これまで等閑に付されてきた。陸贄の奏議を論じた研究でも、(91)経筵制度を論じた研究においても、(92)宋代帝王学を論じた研究であっても、(93)これまで注目されてこなかった。

そこで本書では、この『陸宣公奏議』の読まれ方を追いかけることとする。まずは、南宋孝宗朝の淳熙年間に経筵で読まれた事例をとりあげ、なぜ、皇帝の教科書として読まれたのかを、朱子の君主論と関連づけながら、孝宗朝の政治史の中で明らかにする。その際、やはり問題となるのが、士大夫による君主如何にあるべきかという問いであり、君主の〈主体〉形成である。

そして、先述したように、『陸宣公奏議』は中国において皇帝の教科書としては用いられなくなり、士大夫にとってのみ、その読書の意味が強調されることとなる。しかし、江戸時代の日本において、宋代の事例と同様に、臣下のみならず君主（藩主）をも読者対象とした『陸宣公奏議』の注釈書が著わされた。それが、尾張藩藩儒の石川香山の手になる『陸宣公全集釈義』二四巻（安永三年刊）と、その増補改訂版である『陸宣公全集注』二四巻（寛政二年刊）である。そこで、本書第二部では、一八世紀後半の名古屋において石川香山が『陸宣公全集』の注釈書を著わしたその歴史的意義を、尾張藩の学術史と政治史の観点から考察することとする。特に、藩主徳川宗睦と執政人見璣邑、藩校明倫堂督学細井平洲によって推進された、天明寛政改革の動向に注目する。「名君賢宰」型改革の一つである尾張藩の改革の中で、「名君」とは、「賢宰」とは、という問題が切実に問われた時代であった。そのような中、『陸宣公奏議』はどのように読まれ、陸贄という尾張名古屋の人々には時代も国も違う歴史上の人物がどのように認識されたのか、そのような問題群を藩政改革にあたった、君主と臣下の〈主体〉形成の観点から論じる。(94)

次に清朝の張佩芳による注釈書『唐陸宣公翰苑集注』二四巻（乾隆三三年刊）を取りあげ、張佩芳が注釈書を著わした意図と当時の清朝におけるこの注釈書の存在意義を論じる。そして最後に、同時代に登場した石川香山と張佩芳の注釈書そのものと、この注釈書を巡る政治的環境の違いを比較し、一八世紀後半における日中の政治文化の違いについて考察する。

本書が〈主体〉形成の思想としての朱子学に注目し、中国宋代と一八世紀後半の中国清朝および江戸期日本の尾張藩を研究対象とする理由は以上の通りである。

〔注〕

（1）島田虔次『朱子学と陽明学』（東京、岩波書店、一九六七）、頁七七。

（2）束景南氏は、この「嬢子」を、「朱松の母・程五娘および朱松の長子と次子を指す」と考証している。確かに束氏の指摘するように、当時の朱松一家には朱子の兄にあたる「長子」「次子」がいたようであるが、ここでは「嬢子」を字義通りに「母」と訳した。束景南氏によるこの朱松「与祝公書」に関する考証については、『朱熹年譜長編』巻上（上海、華東師範大学出版社、二〇〇一）、頁一二―一五を参照。

（3）『建炎以来繫年要録』巻三七、建炎四年九月辛酉条。

是日、神武副軍統制官李捧、統領官王民以所部合三千人、与建賊范汝為戦、為所敗、官軍皆潰、捧等遁走、与其軍相失。

（4）『朱子文集』続集巻八、韋斎与祝公書跋、『朱子全書』第二五冊（上海、上海古籍出版社、合肥、安徽教育出版社、二〇〇二）、頁四七九二―四七九四。

松奉嬢子幸安。小五娘九月十五日午時免娠、生男子、幸皆安楽。自去年十二月初在建州権職官、聞有虜騎自江西入邵武者、遂棄所摂、携家上政和、寓龔寺。五月初間、龔儀叛兵焼処州、入竜泉、買舟倉皇携家下南剣、入尤渓、而某自以単車下福唐見程帥。在福唐、聞賊兵破松渓隘、駸駸東下、已入建州、攻南剣甚急、又匆匆自間道還尤渓。六月十四日早到県、而賊兵已在十数里外矣。幸二舎弟已般家深遯、是日即刻与県官同走至家間所遁処。賊在延平為官軍所破、倉皇自山路欲遁下漳泉、至此非其本心也、過県更不駐、不甚害人、亦不縦火。家中上下幸皆無恙、而随行及留寓舎中衣服文字之類、皆無所損失、比他人為尤幸也。七月間方還県、而甌寧土寇范汝為者出没建剣之間、其衆数千、官軍遇之輒潰。諸司不免請官招安、已還状受犒設、将散其衆。無何、大兵自会稽来、必欲進討。昨日方報、大兵冒昧入賊巣、喪失数千人、賊勢又震。大略自今夏以来、未嘗有一枕之安、此懐如何。

（5）丸山真男『日本政治思想史研究』（東京、東京大学出版会、一九五二）、頁二九。

（6）本章で述べた朱松と朱子の事績については、主に前掲註（2）、束著（頁三―一二五）に従い、繁雑を避けるため、史料の引用は必要と思われるものだけに留める。各事績の詳細な考証については、束氏の著作を参照されたい。

（7）朱松の事績については、朱子「皇考左承議郎守尚書吏部員外郎兼史館校勘累贈通議大夫朱公行状」（『朱子文集』巻九七）、周必大「宋史館吏部贈通議大夫朱公松神道碑」（『周文忠公集』巻七〇）の他、『宋史』巻四二九、『宋元学案』巻三九などに列伝がある。また、朱松を含め、朱子若年の師友関係については、楠本正継『宋明時代儒学思想の研究』（柏、広池学園事業部、一九六二）、岡田武彦「朱子の父と師」（『中国思想における理想と現実』東京、木耳社、一九八三）を参照。

（8）これは、朱松が崇寧元年（一一〇二）から宣和三年（一一二一）まで、宰相の蔡京によって科挙とは別の制度として実施された「天下三舎法」に基づいて殿試を通過したことを示している。近藤一成氏によれば、この「天下三舎法」とは、「神宗朝の太学で実施された三舎法を州学にまで及ぼし、地方の州県学と中央の太学を一貫した学制の下に置き、県学から州学、州学より太学へ進んだ学生の中から成績優秀な者を選んで官僚に登用しようという制度」で、「取士（科挙）と養士（学校）の一致」をめざした王安石の構想を実行に移した施策である（頁九二）。ただし、朱松が合格した政和八年を含め、科挙は廃止されておらず、「科挙・学校併用」で殿試が行われた（頁一〇九）。近藤一成「蔡京の科挙学校政策」（『東洋史研究』第五三巻第一号、一九九四、のち、『宋代中国科挙社会の研究』東京、汲古書院、二〇〇九）。頁数は後者による。また、三舎法については、宮崎市定「宋代の太学生活」（『史林』第一六巻第一号、第四号、一九三一、のち『宮崎市定全集10　宋』東京、岩波書店、一九九二）も参照。

（9）山内正博「南宋鎮撫使考」（『史淵』第六四輯、一九五五）。

（10）寺地遵氏は当時の南宋政権の抱える政治課題を五項目に分ける。それは、次の通りである。①金との戦争状態の終結と安定的相互関係の樹立、②既存軍事勢力の統制と全軍事権の皇帝への帰属、③諸政治勢力の継承政権への結集と支持の獲得、④江南地域および南宋政権内部における各種反乱の収拾と鎮圧、⑤混乱を重ねている統治機構、とくに国家と郷村の紐帯関係の回復。「土寇范汝為」など群盗・反乱軍の鎮圧は、④に該当する。寺地遵『南宋初期政治史研究』第一章、南宋政権確立期の政治課題と政治主体（広島、渓水社、一九八八）、頁二五—二六。

（11）前掲註（10）、寺地著、頁三七。

（12）前掲註（10）、寺地著、頁七九。

（13）前掲註（10）、寺地著、頁八八。

(14) しかし、まだ建康案も残されており、最終的に臨安を行在とすることが決定するのは、紹興八年のことである。『中国史3―五代~元―』(松丸道雄ら編、世界歴史大系、東京、山川出版社、一九九七)、頁二六六―二六八。

(15) 前掲註(10)、寺地著、頁二五―二八。

(16) 寺地氏の研究では、「呂頤浩の時代」を「建炎三年四月~翌年四月、紹興元年九月~同三年九月」とするなど、より厳密に分けられているが、本章では細かな変遷の紹介を割愛し、その概略を見通しやすくしている。

(17) 朱子の「定論」確立に至る思想変遷については、友枝龍太郎『朱子の思想形成』(東京、春秋社、一九六九)を参照。

(18) 『朱子語類』巻一〇七、朱子四、内任、雑記言行、第三九条。

先生毎論及靖康・建炎間事、必蹙頞惨然、太息久之。

「靖康・建炎の間」というのは、一一二六年から一一三〇年までのことで、靖康の変から朱子が生まれた年までを指している。ここでは「大息」の具体的理由には言及しないが、それは北宋の滅亡と南宋の成立、そして江南半壁の国家に成り下がってゆく政治的・軍事的失態であろう。

(19) 『建炎以来繫年要録』巻四〇、建炎四年一二月丁酉条。

朝散郎、措置福建兵民寨柵謝嚮言、范汝為已就招。先是、神武副軍都統制辛企宗駐邵武軍、距賊洞二百余里。時遣兵攻賊、為所敗。有従事郎施逵者、邵武人、上舍高弟、自潁昌府府学教授代還、以策干企宗、反為賊游説、而本路監司亦以招安為便、乃募国学内舎生葉昭積往招之。至是授汝為武翼郎、閤門袛候、充民兵都統領。……(中略)……時汝為募得官、且懼大軍継至、故聴命、然未肯散其徒。企宗駐軍邵武軍、不能制。

(20) 『建炎以来繫年要録』巻四七、紹興元年九月丙辰条。

呂頤浩言、先平内寇、然後可以禦外侮。……(中略)……惟閩中之寇不一。……(中略)……賊兵多寡不等、然閩中之寇最急、広東之寇次之。蓋閩中去行在不遠、二広未経残破、若非疾速剿除、為患不細。

(21) 『建炎以来繫年要録』巻四八、紹興元年一〇月壬午条。

福建民兵統領范汝為入建州。汝為拠建安、衆十余万、至造黄紅傘等。制置使辛企宗用兵連年、卒不能制。及是汝為引兵入城、守臣直秘閣王浚明以下皆遁、賊遂拠其城。

(22) 『建炎以来繫年要録』巻四九、紹興元年一一月庚戌条。

承議郎、知鉛山県姚舜恭言、建賊范汝為等、乍臣乍叛、首尾二年。中間謝嚮、陸棠、施逵等三人、皆以招安為職、反為賊計、俾其固守巣穴。辛企宗提兵本路、経今及年、而企宗初不識汝為之面。昨企宗全軍自南剣退往福州、止留李山一軍守禦邵武。近汝為拠建州、破邵武軍、李山已来信州駐劄、万一賊兵果破福州、則全閩皆賊有矣。……（中略）……伏望朝廷速賜分遣大兵、専委近上将帥、従浦城、崇安等処、分路致討。

(23)『建炎以来繋年要録』巻五一、紹興二年正月丙申条。

福建、江西、荊湖宣撫副使韓世忠圍建州。

『建炎以来繋年要録』巻五一、紹興二年正月辛丑条。

韓世忠収建州。初、范汝為既被圍、固守不下。世忠以天橋、対楼、雲梯、火砲等急撃之、凡六日、賊衆稍怠。夜、官軍梯而上城、遂破、賊衆死者万余、生擒其将張雄等五百余人。汝為竄回源洞中、自焚死。……（中略）……初、世忠疑城中人皆附賊、欲尽殺之。資政殿大学士李綱時在福州、見世忠曰、建州百姓多無辜。世忠受教。及城破、世忠令軍人悉駐城上、毋得下。植旗於城之三隅、令士民自相別、農者給牛種使耕、商賈者弛征禁、為賊脅従者汰遣、独取其附賊者誅之。由是、多所全活。

(24)『朱子文集』巻九七、皇考左承議郎守尚書吏部員外郎兼史館校勘累贈通議大夫朱公行状、『朱子全書』第二五冊、頁四五〇七—四五〇八。

会詔出御史胡公世将撫喩東南、公乃因謁見而説之曰、古之為天下国家者、必有一定之計、以為子孫万世之業、未有俯仰依違、苟度朝夕、曽不為終歳之備而可以為国者也。今日廟堂之議、固必有所謂一定之計矣、然未知其但欲襟憑江漢、控引荊呉以保東南而已乎、抑当克復神州、汎掃陵闕、拠中原而撫三河也。蓋嘗聞之、不取関中、中原不可復、不取荊淮、東南不可保。……（中略）……胡公奇其言、壮其策、帰即以聞於朝。

(25)前掲註（10）、寺地著、頁一〇四、頁一〇八—一〇九。

(26)前掲註（10）、寺地著、頁一〇九—一一〇。

(27)近藤一成「南宋初期の王安石評価について」（『東洋史研究』第三八巻第三号、一九七九、のち、前掲註（8）、近藤著）、頁一三二—一三六。また、同「『洛蜀党議』と『哲宗実録』——『宋史』党争記事初探——」（『中国正史の基礎的研究』東京、早稲田大学出版部、一九八四）。紹興年間の実録編修に加わっていた主な人物は次の通りである。

趙鼎、范冲、任申先、張九成、尹焞、高閌、胡珵、范如圭、朱松、王蘋、李弥遜、李公懋、喩樗、常同、王居正、劉大中、熊彦詩、環中、鄧名世、勾濤、張嵲。

(28) 前掲註(2)、東著、頁五五。

(29) 『朱子文集』続集巻八、跋韋斎書昆陽賦、『朱子全書』第二五冊、頁四七九四。
為兒甥読光武紀、至昆陽之戦、熹問何以能若是、為道梗概、欣然領解、故書蘇子瞻昆陽賦畀之。子瞻作此賦時、方二十二歳耳、筆力豪壮、不減司馬相如也。韋斎。紹興庚申、熹年十一歳、先君罷官行朝、来寓建陽登高丘氏之居。暇日、手書此賦以授熹、為説古今成敗興亡大致、慨然久之。於今忽忽五十有九年矣。病中因覧蘇集、追念疇昔、如昨日事。而孤露之余、霜露永感、為之泫然流涕、不能自已、復書此以示兒輩云。慶元戊午四月朔旦。

(30) 西嶋定生『秦漢帝国』(中国の歴史第二巻、東京、講談社、一九七四)、頁三八〇—三八二。

(31) 市来津由彦「閩北における朱松と朱熹——程氏語録資料の収集をめぐって——」(『集刊東洋学』第六二号、一九八九、のち、『朱熹門人集団形成の研究』東京、創文社、二〇〇二)、頁一一四。頁数は後者による。また、楊時については、荒木見悟「楊亀山小論」(『哲学年報』九州大学文学部、第四〇号、一九八一、のち、『中国思想史の諸相』福岡、中国書店、一九八九)、土田健次郎「楊時の立場」(『日本中国学会報』第三三号、一九八一、のち、『道学の形成』東京、創文社、二〇〇二)を参照。

(32) 『建炎以来繋年要録』巻四二、紹興元年二月癸未条。
福建盗起、本於苛斂誅剥、民不堪命。今自范汝為以下、官者二三百人、而聚万衆於建安、辛企宗坐視而不能制、謝嚮順従而不敢違、建邵之間、鶏犬一空、横屍満道、遠近謂之謝范、而不敢名、其無生理、殆亦可見。

(33) 例えば、次のような記録は、朱子の農民に対する態度が表われている。
『朱子語類』巻一〇七、朱子四、内任、雑記言行、第五八条。

侍先生到唐石、待野叟樵夫、如接賓客、略無分毫畦町、某因侍立久之。先生曰、此一等人、若勢分相絶、如何使他得以尽其情。唐石有社倉、往往支発不時、故彼人来告。先生云、救弊之道、在今日極是要厳、不厳、如何得実恵及此等細民。

(34) 例えば、秦檜に対する朱子の強い敵意は次の一文に表われている。

(35)『朱子文集』巻九九、公移、除秦檜祠移文、『朱子全書』第二五冊、頁四六一一。

竊見故相秦檜帰自虜庭、久専国柄、内忍事讐之恥、外張震主之威。以恣睢戮善良、銷沮人心忠義剛直之気、以喜怒為進退、崇奨天下佞諛偷惰之風。究其設心、何止誤国。岳侯既死於棘寺、魏公復竄於嶺隅。連逮趙汾之獄、蓋将掩衆正而尽誅、徘徊漢鼎之旁、已聞図九錫而来献。天不誅檜、誰其弱秦。今中外之有識、猶皆憤惋而不平、而朝廷於其家、亦且擯絶而不用。況永嘉号礼義之地、学校実風化之源、尚使有祠、無乃未講。雖捐田以示濡沫、恐出市恩、然設像以厠英賢、何以為訓。

『朱子語類』巻一三一、本朝五、中興至今日人物上、第五八条。

高宗初見秦能担当得和議、遂悉以国柄付之、被他入手了、高宗更收不上。高宗所悪之人、秦引而用之、高宗亦無如之何。高宗所欲用之人、秦皆擯去之。挙朝無非秦之人、高宗更動不得。蔡京們著数高、治元祐党、只一章疏便尽行遣了。秦檜死、有論其党者、不能如此。只管今日説両箇、明日又説両箇、不能得了。有薦張魏公者、高宗云、朕寧亡国、不用張浚。

『朱子語類』巻八一、詩二、節南山、第一一八条。

自古小人、其初只是它自窃国柄、少間又自不奈何、引得別人来、一斉不好了。如尹氏太師、只是它一箇不好、少間到那瑣瑣姻婭処、是幾箇人不好了。

(36)前掲註(1)、島田著、頁一九八。

(37)土田健次郎編『近世儒学研究の方法と課題』はじめに(東京、汲古書院、二〇〇六)、頁三―四。

(38)島田虔次『アジア歴史研究入門3　中国Ⅲ』Ⅳ、思想史(Ⅲ)――宋～清――(京都同朋社、一九八三)、頁二五五。

(39)心理学では、現在「地」(ground)と「図」(figure)と訳される。

(40)石川謙『日本学校史の研究』(東京、日本図書センター、一九七三)、笠井助治『近世藩校に於ける学統学派の研究』上・下(東京、吉川弘文館、一九六九、一九七〇)を参照。

(41)中国・朝鮮・日本における「教養人」の存在形態の異同については、渡辺浩『東アジアの王権と思想』3、儒学史の異同の一解釈――「朱子学」以降の中国と日本――、4、儒者・読書人・両班――儒学的「教養人」の存在形態(東京、東京大学出版会、一九九七)を参照。

(42) 前掲註（1）、島田著、頁一四―一六。
(43) 吉川幸次郎・三浦國雄『朱子集』（中国文明選第三巻、東京、朝日新聞社、一九七六、のち、『「朱子語類」抄』東京、講談社、二〇〇八）として再版、頁一一五。頁数は後者による。
(44) 前掲註（43）、三浦著、頁一五四―一五五。
(45) 渡辺浩『近世日本社会と宋学』（東京、東京大学出版会、一九八五）、頁九六―九八。
(46) これは『朱子文集』巻九九、一〇〇に収録された「勧農文」「社倉事目」「勧諭文」などに見られる、民衆救済の意識を指す。
(47) 『朱子文集』巻一〇〇、公移、勧農文、『朱子全書』第二五冊、頁四六二四―四六二七。
契勘生民之本、足食為先。是以国家務農重穀、使凡州県守倅皆以勧農為職。
(48) 木下鉄矢「闘う民政官たち」（『東洋古典学研究』第六集、一九九八、のち、『朱子学の位置』東京、知泉書館、二〇〇七）、頁三九―四〇。頁数は後者による。
(49) 『朱子文集』巻九九、公移、浙東客次榜、『朱子全書』第二五冊、頁四六一一。
凡我同寮、亦望究心職事、律己愛民、以待考察、不必投書献啓、自陳脚色、挟持勢援、宛転請求、徒失所以自重之道、而反貽紺辱之羞也。
(50) 余英時『朱熹的歴史世界――宋代士大夫政治文化的研究――』（台北、允晨文化実業、二〇〇三）。
(51) 陳栄捷「朱門之特色及其意義」（『朱子門人』台北、台湾学生書局、一九八二、のち、上海、華東師範大学出版社、二〇〇七）再版、頁一二。頁数は後者による。
(52) 前掲註（31）、市来著、頁三八九―三九三、頁五一九―五二一。
(53) また、市来氏は「科挙の学びと士の生き方の学びとの境界を刺激する朱熹の「為己の学」論は、科挙を通過する人々に対してのみならず、不合格者や科挙断念者、また科挙に向かわない人に対しても、右述のように、結果的には広い意味での「学び」に人々をいざなう。それは、「士」であること、「士」となることへの関心を呼び覚まし、それまで儒学などに縁のない郷里地域社会で倫理理念としての儒学に人々を向かわせることを促しもしたようである」という。市来津由彦「地域講学から王朝の学びへ――「学」としての朱子学の形成をめぐって――」（伊原弘等編『中国宋代の地域像――比較史からみた専制国家と地域――』東京、岩田書院、二〇一三）、頁二〇五。

（54）ピーター・K・ボル、鈴木弘一郎（訳）「地域史と後期帝政国家について――金華の場合――」（『中国――社会と文化』第二〇号、二〇〇五）、また、同氏、高津孝（訳）「地域史の勃興――南宋・元代の婺州における歴史、地理学と文化」（『東アジア海域交流史　現地調査研究～地域・環境・心性』第一号、二〇〇五、のち、高津孝編訳『中国学のパースペクティブ――科挙・出版史・ジェンダー――』東京、勉誠出版、二〇一〇）。

（55）Robert P.Hymes, *Statesmen and Gentlemen: The Elite of Fu-Chou, Chiang-Hsi, in Northern and Southern Sung*.（Cambridge: Cambridge University Press, 1986）.

（56）Peter K. Bol, *Neo-Confucianism in History*（Massachusetts: Harvard University Asia Center, 2008）.

（57）島田虔次『大学・中庸』上（東京、朝日新聞社、一九七八）、頁三〇。

（58）土田健次郎「宋代士大夫の営為はいかに研究されるべきか――余英時『朱熹的歴史世界――宋代士大夫政治文化的研究――』をめぐって――」（『中国――社会と文化』第二四号、二〇〇九）。

（59）村上哲見「文人・士大夫・読書人」（『未名』第七号、一九八八、のち、『中国文人論』東京、汲古書院、一九九四）、頁四六―四七。

（60）程頤『河南程氏文集』巻六、論経筵第三箚子、貼黄。

臣窃意朝廷循沿旧体、只以経筵為一美事。臣以為、天下重任、唯宰相与経筵、天下治乱繋宰相、君徳成就責経筵。由此言之、安得不以為重。

（61）程頤『河南程氏遺書』巻一五、伊川先生語一、入関語録、『二程集』頁一六五。

治道亦有従本而言、亦有従事而言。従本而言、惟従格君心之非、正心以正朝廷、正朝廷以正百官。

（62）『朱子文集』巻二九、与趙尚書書、『朱子全書』第二一冊、頁一二六三。

尚書誠以天下之事為己任、則当自格君心之非始、欲格君心、則当自信始。

（63）Wm.T.ドバリー、山口久和（訳）『朱子学と自由の伝統』第三講、新儒学の個人主義（東京、平凡社、一九八七）、頁一五七。

（64）「唐宋変革論」については、内藤湖南「概括的唐宋時代観」（『歴史と地理』第九巻第五号、一九二二、のち、『内藤湖南

全集』第八巻（東京、筑摩書房、一九六九）、頁一一一―一一九。

（65）宮崎市定『中国史』上（東京、岩波書店、一九七七）、頁二八五―二八七。また、『大唐帝国―中国の中世―』（世界の歴史7、東京、河出書房新社、一九六八、のち、中公文庫として再版、東京、中央公論社、一九八八）、頁三八五―三八八。頁数は後者による。

（66）宮崎市定『東洋的近世』二、中国近世の社会経済（東京、教育タイムス社、一九五〇、のち、中公文庫として再版、東京、中央公論社、一九九九）、頁五〇。頁数は後者による。

（67）前掲註（65）、宮崎著、『中国史』上、頁六六―六七。

（68）陸贄の文集は『陸宣公奏議』の名称で知られるが、厳密には、「制誥」「奏草」「奏議」を合わせて『陸宣公全集』『陸宣公文集』『陸宣公集』『翰苑集』と呼ばれる。「制誥」は陸贄が翰林学士として草擬した詔令で、この単行本を『翰苑集』ともいう。「奏草」は、陸贄が宰相となる前、翰林学士、中書舎人、諫議大夫であった時の奏議で、『議論集』ともいう。「奏議」は、陸贄が中書侍郎同中書門下平章事、つまり宰相の時の奏議で、『牓子集』『中書奏議』ともいう。これらは、刊行に際して、三者をまとめた「総合本系統」と単独に出版された「単行本系統」に分けられる。さらに、「総合本系統」は、唐代の権徳輿が整理した二四巻本（「制誥集」一〇巻、「奏草」七巻、「中書奏議」七巻）と、唐代の韋処厚が編修した二二巻本（「翰苑集」一〇巻、「論議表疏集」一二巻）の二系統がある。ちなみに、『四庫全書』本も二二巻本系統に属し、王素点校『陸贄集』（北京、中華書局、二〇〇六）も、二二巻本系統を底本としている（詳細は第四章で述べる）。「単行本系統」は、「奏議単行本」（一二巻本、一五巻本、一八巻本、二〇巻本）と「詔令単行本」（一〇巻本）に分けられる。よく読まれたのは「奏議単行本」で『陸贄奏議』『陸宣公奏議』『牓子集』『陸宣公集議論表疏』などと呼ばれる。管見の限り宋代では『陸贄奏議』と呼ばれることが多いようである。『陸宣公奏議』のテキストについては、上記の中華書局本『陸贄集』所収の「点校説明」の他、山城喜憲「陸宣公奏議諸本略解」（『斯道文庫論集』第一七輯、一九八〇）があり、山城氏の研究は国内外の図書館や大学などに所蔵される諸本を調査し、各テキストの解題を付けられたものである。山城氏は「陸宣公奏議諸本のほぼ八割強を著録し得た」といわれ、その解題はしかも非常に詳細で綿密である。本書で述べる『陸宣公奏議』のテキスト理解については、山城氏の研究にその多くを負っている。

（69）木下鉄矢「「治」より「理」へ――陸贄・王安石・朱熹――」（『東洋史研究』第五五巻第三号、一九九六、のち、『朱熹再読——朱子学理解への一序説——』東京、研文出版、一九九九）、頁三二一。頁数は後者による。

(70) 前掲註（69）、木下著、頁三二五―三二六。

(71) 『陸贄集』、権徳輿、陸宣公全集序。

公之文集有詩文賦、集表状為別集十五巻。其関於時政、昭昭然与金石不朽者、惟制誥・奏議乎。雖已流行、多謬編次。今以類相従、冠于編首、兼略書其官氏景行、以為序引、俾後之君子、覽公制作、效之為文、為臣事君之道、不其偉歟。

(72) 『新唐書』巻一五七、列伝八三、陸贄。

観贄論諫数十百篇、譏陳時病、皆本仁義、可為後世法、炳炳如丹、帝所用纔十一。

(73) 『陸宣公奏議』受容について論じた研究には、谷口明夫氏の研究があるが、主に文学史や書誌学史の観点から論じられている。谷口明夫「『陸宣公集』とその注解（上・中・下）」（『中国中世文学研究』第二五、二七、二八号、一九九四、一九九五）、また、「潘仁『唐丞相陸宣公奏議纂註』刊行考」（『中国中世文学研究』第三二号、一九九七）を参照。また、陸贄その人に焦点をあてた研究には、陳松雄『陸宣公政事与文学』（台北、文史哲出版社、一九八五）、林敬文『陸宣公生平及其思想之研究』（台北、文史哲出版社二〇〇六）がある。

(74) 『宋史』巻三三八、列伝、蘇軾。

比冠、博通経史、属文日数千言、好賈誼、陸贄書。

(75) 『蘇軾文集』巻五九、答虔倅兪括一首。

文人之盛、莫如近世、然私所敬慕者、独陸宣公一人。家有公奏議善本、頃侍講読、嘗繕写進御、区区之忠、自謂庶幾於孟軻之敬主、且欲推此学於天下、使家蔵此方、人挟此薬、以待世之病者、豈非仁人君子之至情也哉。

(76) 他にも、次のような言葉を拾うことができる。

『蘇軾文集』巻一〇、六一居士集叙。

欧陽子論大道似韓愈、論事似陸贄、記事似司馬遷、詩賦似李白。此非余言也。天下之言也。

『蘇軾文集』巻四九、与王庠書。

儒者之病、多空文而少実用。賈誼・陸贄之学、殆不伝於世。

（77）黄震『黄氏日抄』巻六二、読文集、蘇文、表啓。
近世表啓文、雖工而理欠矣。二十七巻、啓参十首、皆散文之句、語相似而便於読耳。陸宣公奏議体也。

（78）呉泳『鶴林集』巻三二、答涂安礼書。
到得国朝范仲淹論時務十一事、蔡襄言国論十二事、渡江諸賢、或七或八或九或十、大抵皆体宣公規模。

（79）周必大『文忠集』附録巻四
自謂所慕者、惟陸宣公・欧陽文忠公、公之始卒、絶似二公者、無事不言、無言不尽、而卒至大用、上不負天子、下不負所学、既不媿於宣公、而得時遇主、無追仇尽言之患。

（80）『朱子文集』巻九七、行状、皇考左承議郎守尚書吏部員外郎兼史館校勘累贈通議大夫朱公行状、『朱子全書』第二五冊、頁四五〇六。
然公未嘗以是而自喜、一日喟然顧而歎曰、是則昌矣、如去道愈遠何。則又発憤折節、益取六経諸史百氏之書、伏而読之、以求天下国家興亡理乱之変、与夫一時君子所以応時合変先後本末之序、期於有以発為議論、措之事業、如賈長沙・陸宣公之為者。

（81）『朱子語類』巻一三六、歴代三、第六六条。
陸宣公奏議極好看。這人極会議論、事理委曲説尽。更無滲漏。雖至小底事、被他処置得亦無不尽。如後面所説二税之弊、極佳。人言陸宣公口説不出、只是写得出。今観奏議中多云、今日早面奉聖旨云云、臣退而思之云云、疑或然也。

また、朱松と朱子が陸贄の「政治学」を高く評価していたことについては、前掲註（69）、木下著、頁三二一—三二五を参照。

（82）呉澄『呉文正集』巻一九、陸宣公奏議増註序。
夫以眉山蘇氏文章之敏妙、新安朱氏義理之精微、至於奏篇必效其体。豈非百世人臣告君之楷式乎。

（83）宮紀子『モンゴル時代の出版文化』第八章、「対策」の対策（名古屋、名古屋大学出版会、二〇〇六）、頁四〇四—四〇六。

（84）『四庫全書総目提要』巻一五〇、集部、別集類三、翰苑集二二巻、内府蔵本。
宋祁作贄伝贊、称其論諫数十百篇、譏陳時病、皆本仁義、炳炳如丹青、而惜徳宗之不能尽用。故新唐書例不録排偶之作、独取贄文十余篇以爲後世法。司馬光作資治通鑑、尤重贄議論、採奏疏三十九篇。其後蘇軾亦乞以贄文校正進讀。蓋其文雖多出於一時匡救規切之語、而於古今来政治得失之故、無不深切著明、有足爲万世亀鑑者。故歴代重宝焉。……（中略）……然経世有用之言、悉具是書。其所以爲贄重者、固不必在雕章絵句之末矣。

(85)『旧唐書』巻一三九、列伝八九、陸贄。

八年四月、竇参得罪、以贄為中書侍郎、門下同平章事。贄久為邪党所擠、困而得位、意在不負恩奨、悉心報国、以天下事為己任。

(86)『蘇軾文集』（巻三六、奏議）では「乞校正陸贄奏議上進劄子」とある。

(87)『陸贄集』下、附録巻二、蘇軾、進呈奏議劄子。

元祐八年五月七日、蘇軾同呂希哲、呉安詩、豊稷、趙彦若、范祖禹、顧臨劄子奏。……（中略）……窃謂人臣之納忠、譬如医者之用薬、薬雖進於医手、方多伝於古人、若已経效於世間、不必皆従於己出。伏見唐宰相陸贄、才本王佐、学為帝師。論深切於事情、言不離於道徳。智如子房、而文則過、弁如賈誼、而術不疎。上以格君心之非、下以通天下之志。三代已還、一人而已。……（中略）……使徳宗尽用其言、則貞観可得而復。……（中略）……夫六経三史、諸子百家、非無可観、皆足為治。但聖言幽遠、末学支離、譬如山海之崇深、難以一二而推択。如贄之論、開卷了然、聚古今之精英、実治乱之亀鑑。臣等欲取其奏議、稍加校正、繕写進呈。願陛下置之坐隅、如見贄面、反覆熟読、如与贄言、必能発聖性之高明、成治功於歳月。臣等不勝区区之意。

(88)『陸贄集』下、附録巻二、蘇軾、進呈奏議劄子。

(89)『建炎以来繫年要録』巻九十九、紹興六年三月丙戌条。

丙戌、上不視朝。後二日、趙鼎等問聖体。上曰、前夜已覚目痛、偶探報叢集、又新令范沖校陸贄奏議、有両巻未曽看過、三更方看徹、比暁、目遂腫痛、不能出。鼎曰、陛下勤於政事如此、天下幸甚。

(90)『陸贄集』下、附録巻二、郎曄、経進唐陸宣公奏議表。

迪功郎紹興府嵊県主簿臣曄言、臣所註唐陸宣公贄奏議十五巻、繕写成帙、謹詣登聞検院投進者。……（中略）……伏望皇帝陛下置座之隅、以古為鑑。廓日月之明、断制庶政、恢江海之量、容納衆言。監瓜果而賞不妄加、念兵食而将不軽用。

（91）前掲註（73）、陳松雄著、林敬文著、谷口論文。

（92）宋代経筵制度に関する最もまとまった研究は、朱瑞熙「宋朝経筵制度」（『中華文史論叢』第五五輯、一九九六）がある。また、山本隆義『中国政治制度の研究――内閣制度の起原と発展――』第一〇章、宋代（京都、同朋舎、一九六八）、梅原郁『宋代官僚制度研究』（京都、同朋舎、一九八五）、横山健一「北宋経筵考」（『中国哲学論集』第二八・二九合併号、二〇〇三）があり、経筵で『陸贄奏議』が読まれたという事実に触れられることはあっても、特にその意味を論じた研究はない。

（93）朱鴻「君儲聖王・以道正格――歴代的君主教育」（鄭欽仁主編『立国的宏規』中国文化新論、制度篇、台北、聯経出版事業、一九八二）、許新興「論宋代帝王学的発展」（*Journal of oriental studies*. vol. 29. no1. 1991）。

（94）『陸宣公奏議』と尾張藩藩政改革との関係を考察するに際しては、若尾政希氏を中心とする「書物・出版と社会変容」研究会が主題とする「書物史研究」から多くを学んだ。若尾政希『「太平記読み」の時代――近世政治思想史の構想――』（東京、平凡社、一九九九）、同『近世の政治思想論――『太平記評判秘伝理尽鈔』と安藤昌益――』（東京、校倉書房、二〇一二）を参照。また、特に藩政改革における〈主体〉形成の問題については、小川和也氏と小関悠一郎氏の研究に多くを負う。小川和也『牧民の思想――江戸の治者意識――』（東京、平凡社、二〇〇八）、同『文武の藩儒者秋山景山』（東京、角川学芸出版、二〇一一）、小関悠一郎『〈名君〉の近世』（東京、吉川弘文館、二〇一二）などを参照。

第Ⅰ部　南宋における道学士大夫の政治意識

第一章　宋代道学士大夫の「狂」者曽点への憧れ

――朱子とその弟子との問答を中心にして

はじめに

『論語』先進篇に孔子が子路・冉有・公西華・曽点の四人に、官として用いられた場合の志を各々に述べさせた所謂「四子言志」章がある。三人は次のように答えた。

子　路――兵車千台を出すていどの国が〔万台を出すような〕大国の間にはさまり、さらに戦争が起こり飢饉が重なるというばあい、由（このわたくし）がそれを治めれば、三年もたったころには〔その国民を〕勇気があって道をわきまえるようにさせることができます。

冉　有――六七十里か五六十里四方の〔小さい〕ところで求が治めれば、三年もたったころには人民を豊かにならせることができます。礼楽などのことは、それは君子にたのみます。

公西華――できるというのではありません、学びたいのです。宗廟のおつとめや諸侯の会合のとき、端の服をきて章甫の冠をつけ、いささかの助け役になりたいものです。

最後にその答えを求められた曽点は、弾いていた瑟《しつ》をおいて立ち上がり、答えた。

曽　点　――春の終わりごろ、春着もすっかり整うと、五六人の青年と六七人の少年をともなって、沂水《きすい》でゆあみをし（「浴乎沂」）、雨乞いに舞う台のあたりで涼みをして（「風乎舞雩」）、歌いながら帰って参りましょう（「詠而帰」）。

前三者の意見に賛同しなかった孔子は、この曽点の返答に「ああ」と感嘆するとともに、「私は点に賛成するよ（「吾与点也」）」と、最も高く評価した(1)。

この章の特徴は、『論語』中最も長文であるほか、孔子の問いに対して他の三人を抑えて一人だけその意見の賛同を得た、いささか超俗的で型破りな曽点（字は晳、曽子の父）なる人物が登場することにある(2)。曽点はまた、『孟子』尽心下篇で「狂者」として孟子に語られたことでも知られる。この「狂者」とは、『論語』子路篇において「中行を得てこれに与《くみ》せずんば、必らずや狂狷《きょうけん》か。狂者は進みて取り、狷者は為《な》さざる所有るなり(3)」と孔子が語ったところの「狂者」のことであり、孟子はさらにこれを、その志も言うことも大きく（「其志嘐嘐然」）、言行が一致しない者（「夷考其行而不掩焉者」）であると説明し、その代表的人物の一人として曽点の名前を挙げている(4)。

ただし、曽点という人物は、顔回や子路・冉有ら孔子の高弟である、いわゆる孔門十哲に入らず、息子の曽子（名は参、字は子与）に比べても、儒学史上においてさほど重要な人物であったとは見なされていない。ところが、宋代になると、士大夫の間でにわかに曽点が好感を持って受入れられ、彼らの理想や憧れの対象として語られるようになった。例えば、詩の題材として、「浴沂」「舞雩《ぶう》」「詠帰」といった曽点を連想する言葉が詠われ(5)、詩のほかにも、岳麓書院の南に築かれた舞雩亭、それを詠った舞雩亭詞(6)、また詠帰橋、詠帰堂(7)、舞雩堂(8)があり、さらには詠帰会[9]、また陳沂というような人名（この人物については、後で詳述する）[10]など、様々な事物の名称に見ることができる。これに加え、興味深いことに、宋代の道学士大夫たちが、この曽点を学問上の目指すべき目標のひとつとして位置づけ、特に朱子を中心とするサークルで詩の題材としてだけでなく[11]、学問・修養論上のテーマのひとつとして活発に論じられるのである。

そこで、曽点と道学との関係をまとめておきたい。まず周敦頤（字は茂叔、号は濂渓、一〇一七―七三）について、程顥（字は伯淳、明道先生、一〇三二―八五）が、「再び周茂叔にお会いしてから後、風に吹かれ月を楽しみ詩を吟じながら（「吟風弄月」）家に帰った。その時、「吾れ点に与す」の気持ちであった」[12]といい、また黄庭堅（字は魯直、号は山谷道人、一〇四五―一一〇五）も、「舂陵の周茂叔は、非常に人品高く、そのさっぱりとした胸中は、うららかな風や雨上がりの月のようである（「胸中灑落、如光風霽月」）」[13]と周敦頤を形容している。そして、朱子の師である李侗（字は愿中、延平先生、一〇九三―一一六三）がこれを受けて、「この言葉は、道を体得した人の気風をうまく言い表わしています。胸中がさっぱりとしている（「胸中灑落」）ならば、すべての行動・動作もさっぱりとしています（「作為尽灑落」）。学問者がここに到達するには甚だ遠い道のりであるとはいえ、常にこの状態を胸中に保ちつづけなければなりません」[14]と、「灑落」の境地を道学における修養論上の目標に位置づけ、学問者の到達すべき境地であると主張した[15]。そして、この「灑落」や「従容不迫」も、曽点の闊達自在な内面的境地を表現する言葉として定着し[16]、曽点と周敦頤のイメージが重ね合わされて語られることとなる。また、周敦頤だけでなく、程顥や邵雍（字は堯夫、一〇一一―七七）も同様に曽点と同じ超俗的雰囲気を持つ人物であったと語られた[17]。

このように、特に道学系士大夫によって曽点が多く語られるようになったのは、「孔子が曽点に与したのは、恐らく聖人の志と同じ、すなわち堯舜の気象だからである」[18]という程顥の言葉に一因があるだろう。程顥は曽点が

「狂」者であって、聖人ではないことも付言しているが[19]、曽点の境地を「堯舜の気象」「聖人の志」に等しいという この言葉が、程子の学を学ぶ者たちに、曽点への関心を高め、より活発に議論させる原因となった。

このようにまず朱子の先人たちが曽点を高く評価し、そしてまた、朱子の弟子達も好んで論じた。ところが、興味深いことに、朱子自身は曽点を学問上の目標とすること、さらには曽点について議論すること自体に否定的であった[20]。朱子の曽点観は両宋を通じて、解釈上やや異彩を放っている。そこで、本論は主に朱子の曽点観と、そもそもなぜ宋代の道学士大夫にとって曽点が魅力的であったのか、この二点について論じる。朱子の曽点に対する否定的な発言の意図について論じられた先行研究としては、まず三浦國雄氏が、「曽点の境涯は、現実の直視、不断の工夫、一事一件の格物といった「下学」の工夫を飛び越えた、悟りそのものの重視ととられるおそれがあり、それをそのまま容認することは、「道学」が「異端」に転落する危険を孕むからである」と、曽点をめぐる問題は、「格物」「下学の工夫」という朱子思想の根幹に関わる重要な問題に関連していることを明らかにされた[21]。その他、この問題について部分的に論及した研究もあるが[22]、専論としては、小路口聡氏が[23]、三浦氏の「異端」に流れる、という点をより具体的に論じ、朱子の曽点に対する否定的な発言に、陸象山批判としての側面があったことを明らかにされた。陸象山（名は九淵、字は子静、象山先生と称される。一一三九―九二）とは、言わずと知れた朱子の論敵であり、「鵝湖の会」における学問方法を巡る論争など、朱子学派と陸象山学派との対立を朱陸論争という。すなわち、朱子の学問とは、「下学而上達」という「低いところから高いところへ、近いところから遠くへ、段階を追って、一歩一歩着実に進んでいく」ものであるが、天才的な曽点は努力せずに「高い」ところをすぐに悟ってしまい、細かい工夫をしたことがない。朱子が曽点を学べば「狂妄」になるというのは、「聖人の学」からの逸脱」を示しており、曽点に貼られた「狂」というレッテルは「一方的に排除の言説として、否定的に働いている」。つまり、朱子の曽点批判とは、「曽点もろとも陸象山の存在とその学問をも否定して、あわせて、自己の学問が「聖人の学」を継承する、真の「学問」であること、その《正統》性を強く主張しようとしたものであった」、と論じられた。最近では中国で田智忠氏が朱子の曽点観を網羅的に論じられた研究がある。[24] 田氏は宋代において曽点の気象が好まれたことに言及し、朱子の思想形成に即して年代順に曽点に関する発言をまとめるなど、朱子の曽点観はここにほぼ論じ尽くされたといえよう。特に朱子の曽点観の展開を年代順に分析し、肯定か排斥か二項対立的に論ずることなく、朱子の曽点観の肯定的評価にも注目している点はこれまでの研究を一歩進めたといえよう。ただ、残念なことに田氏の研究は、小路口氏ら日本の先行研究を参照していないので、建設的に議論が発展しておらず、朱陸論における曽点の位置づけなど重複して論じられた点もある。[25]

このように、先行研究では主に朱子が曽点をどのように見たのかについて論じられてきたが、本論は先行研究の視点とは異なり（一部、朱子の曽点観も論じるが）、朱子と問答を展開した弟子達のまなざしに注目して、以下の諸点について論じる。[26] 第一節では、朱子の高弟のひとりである陳淳を主な考察の対象とし、陳淳の思想形成において曽点問題が非常に重要な役割を果たしたことを論じる。第二節では、朱子の曽点観を「狂」と「狂妄」の違いから筆者なりに再考し、第三節では、なぜ宋代の道学士大夫は、孔門のさして重要でもない曽点なる人物に憧憬の念を抱き、盛んに議論するのか、ということについて論じる。それによって、曽点に関する一連の問題群が、宋代道学思想史の展開上、朱子を中心とする士大夫にとって避けては通れない、当時の思潮傾向を示す重要な問題であった、ということを我々は理解するであろう。

第一節　陳淳の思想形成と曽点問題

陳淳（字は安卿、北渓先生）は、南宋の高宗紹興二九年（一一五九）に漳州竜渓県に生まれ、寧宗の嘉定一六年（一二二三）に六五歳で亡くなる。彼は淳熙一六年（一一八九）の解試には合格するものの、進士には及第できず、嘉定一一年（一二一八）、特奏恩[27]によって泉州安渓県主簿を授かる。しかし、その職務には就かなかったので、官僚としての実務経験は皆無である。陳淳の名は、中国のみならず朝鮮・日本でも広く読まれた朱子学入門の書である『北渓字義』の著者としてよく知られており、弟子の中では比較的その名を知られた朱子晩年の高弟のひとりである。陳淳の足跡や思想については、『北渓全集』により比較的詳細に辿ることが可能である[28]。

それでは、まず陳淳の思想的特徴について、先行研究に従って述べておこう。ただ、陳淳の思想といっても、彼の意図は朱子思想の祖述にあり、陳淳の考える朱子思想であること、またここで紹介するのは、行論の都合上その全貌ではなく、いくつかの特徴的な点に限定していることを断っておく。

第一にキーワードとなるのが、「尊徳性」（徳性を尊ぶ）と「道問学」（問学に道《よ》る）である。「尊徳性」とは生まれながらに天から賦与された正理（「性」）を恭しく保持すること、また「道問学」とは格物致知、つまり客観的に事物の理を窮めることであり、具体的には読書による修行（「工夫」）を意味する[29]。このふたつの修行はどちらが欠けても正しい方法ではないが、比重で言えば、「道問学」に重点が置かれる[30]。つまり、「格物窮理」という着実な修行を一歩一歩積み重ねる「下学」の工夫を学問の本領とする[31]。また、第二に「致知」と「力行」について、「知」と「行」の連続を前提として、順序では、先に「致知」があり、その後で「力行」があるとする。「本当によく「知」れば、本当によく「行」うことが出来る。「行」に欠陥があるのは、「行」の罪ではなく、皆「知」が徹底的ではないからである」[32]という。客観的な事物理の探求と実践は両者欠くことは出来ない。しかし、行動は「致知」によるしっかりとした学問的裏付けがあってこそ、徹底的に行うことが可能である。そのために、「致知」が先行しまた力点が置かれる。このように、陳淳の思想的特徴とは、「尊徳性」よりは「道問学」を、「力行」よりは「致知」を重視し、読書を通した事理の徹底的究明こそが学問の最重要項目であると見なす立場である。そして、朱子学の基本用語を類別して懇切詳細に解説した『北渓字義』こそ、彼の「道問学」「致知」強調の結晶として世に知られているのである。(33)そして、もうひとつ付け加えなければならないのが、陸象山の学問に対する激しい敵視と排斥である。陳淳は朱子亡き後、朱子学顕彰と同時に陸学批判に全力を注ぐこととなる。「道問学」「致知」、そして「陸学批判」、ここではこの点を陳淳の学問の特徴として確認しておく。

このような陳淳の思想と曽点の関係を論じる前に、陳淳の活動時期を少し整理しておきたい。まず、彼の事蹟がはっきりし始めるのは、朱子に直接面会してからである。朱子に師事した時期については、田中謙二氏が明らかにされており、(34)それによれば、第一回目が紹熙元年(一一九〇)一一月一八日から翌二年(一一九一)五月二日までで、二回目が慶元五年(一一九九)一一月中旬から翌六年(一二〇〇)一月五日までの二回である。これを踏まえて、①第一回目の師事期、②帰省後、郷里で塾の教師をしつつ、諸学者と書簡を通じた思想交流の時期、③第二回目の師事期、④朱子の死後、郷里で講学に励みつつ、朱子学派の先鋒として陸学批判に尽力した晩年期、というように四区分しておく。(35)

陳淳が曽点に関心を示し始めるのは、②の時期にあたるが、(36)陳淳にとってより重要となるのは、③の時期の朱子からの訓戒であるので、①②の時期については割愛し、以下、「(一)朱子の下学の教えと曽点」で③の時期について、「(二)陳淳の陸学批判と曽点」で④の時期について論を進めていきたい。

（一）朱子の下学の教えと曾点

慶元五年（一一九九）一一月中旬、偽学の禁の真只中に、陳淳は岳父の李唐咨（字は堯卿）と共に朱子のいる考亭に到着した。朱子も老衰により足腰もかなり弱っていたが、精神と声の張りだけは以前と変わらず、陳淳への期待の念を込めてか、その教えは一回目の問答より相当厳しいものであったという。陳淳の回想によれば、この度の訓戒の要点は、着実なる「致知」「力行」の教え、すなわち「下学」の二字に尽きるという。「顔子の「博約」を求めなければならないのであって、いそいで顔子の「卓爾」を求めてはいけない。曾子の「貫」たる所以を求めなければならないのであって、いそいで曾子の「一」たる所以をもとめてはいけない」とは、その時の象徴的な教えであった(37)。

それでは、その陳淳への教えとは具体的に如何なるものであって、曾点の問題とどのように関係していたのだろうか。顔子の「博約」「卓爾」というのは『論語』子罕篇に(38)、曾子の「貫」「一」というのは『論語』里仁篇に(39)基づく言葉である。ここでの朱子の発言の意図は、この世界に存在する多くの事象とそれを統べ貫く天理との関係において、あらかじめ天下を貫く天理を念頭において個々の事象に取り掛かるのではなく、天理などは想定せずに、目の前のあらゆる事に取り組んでいかねばならない、ということである(40)。孔子が曾子に教えた「一貫」の教え（「子曰、参乎、吾道一以貫之」）を朱子は銭とそれを通す紐に譬えて説明する。「一」とは銭を通す一本の紐であり、銭がたくさん「貫」かれている。たくさん銭を積み上げてこそ、一本の紐で貫通させることができるのであり、これこそが「一貫」というものである(41)。曾子は日ごろより事事物物に即して多くの道理を会得できていた。つまり、多くの銭を積み上げていたが、孔子はそれを貫く「一」なる道理に曾子が気づいていないのではと心配したから、彼に教えたのである(42)。曾子は孔子に「一」なる道理を教えられる前にもともと蓄積があったからこそ、その教えを受け止めることができたのである。このように朱子は曾子のように学問せよと言うのであるが、朱子には当時の陳淳の学問が曽子の正反対であると思われた。確かに、「学問・修行をしたことによって、天理が分かるというのは問題有りません。ただまだ修行をしていないのに、先に天理を認識することを求めてはいけないのでしょうか」[43]という陳淳の質問に、事事物物への着実な取り組みよりは「一」たる「天理」をまず捉えたいという陳淳の思いを読み取ることができる。この他にも、「下学」中に「上達」を期待したり、個々の理を窮めた後、本当に「理一」を捉えることができるのかについて、朱子に疑問を投げかけるなど、「万殊」に取りかかるよりは、常に「理一」をすぐさまつかみ取ろうとする陳淳に対し、朱子はそのたびに、「下学」において、「総会の処」「天理」「理一」といった高遠な境地を予期してはならないと答える。[44] このように、陳淳に対し、朱子は曽子の事例を持ち出してただひたすら事事物物について「下学」することの重要性を説いたのである。

そして、このようにあらかじめ「理一」なるものを理解してから、万理に取り掛かろうとする陳淳の欠点[45]と密接に繋がったところに曽点の問題があったのである。「曽子父子の学問は正反対であって、曽子は下からやっていったが、曽点は上からわかったのだ[46]」。朱子が言うには、曽子は着実な「下学」の工夫をしたが、父の曽点はまったくそのような修行をしたこともないのに、生まれながらの天資によって「一」なるものが分かってしまった人物である。[47]「万理とはただ一理であるが、学ぶ者はしばらく万理中の様々な局面にすべて取り組んで、あらゆる方面から総合して、ようやくおのずとこの一理を会得することができるのだ。この万理に取り組んでいかないで、ひたすらあの一理に取り組んで、「点に与す」や顔子の楽しみをいうとはどういうことだ[48]」とは、まさにそのことを言い表している。

朱子の見るところ、「一以て之を貫く」の「一」ばかりを求める者は好んで曽点を論じる。それは、陳淳のみにあてはまるのではなく、②の時期、陳淳と曽点をめぐって論争した廖徳明（字は子晦、朱子の弟子）にしても同じであった。[49] 陳淳は自分自身「下学」の工夫を軽視しているとは思っていなかったし、むしろ「下学」の重要性については、厳世文、廖徳明に対する批判の中で、自らが強調する所であった[50]。しかし、朱子にしてみれば、「一」なる天理を希求してやまない学問態度こそ、「下学」をなおざりにする原因であって、陳淳も厳・廖と同じ欠点があるようにしか見えなかったのである。

そして、この時の陳淳にとって最も記憶に残ることとなった朱子による教えが、この陳淳の欠点こそ、朱子が最も忌む陸象山の欠点と同じである、という指摘であった。

最近陸象山の弟子が数篇の詩をよこしてきたが、ただ顔淵と曽点のすこしの事を重ね重ねいっているだけで、その他の詩書礼楽といったことについては、全く言わない。君〔陳淳〕の下学も、ただ鋭いものだけを選んで言い、にぶいもの〔卑近なもの〕はみな捨ててしまっている。今日下学して、明日にはすぐ上達しようとしている。たとえば『孟子』なら梁恵王篇から全部読むのではなく、ただ告子篇や尽心篇を選んで論じ、この二つの篇を必要とするだけで、その他の五篇はすべて削り取ってしまっている。緊要なところは読むが、そうではない箇所は読まない、精なるものには取り組むが、粗なるものには取り組まない。書物というのは必ず読み切らないといけないのであって、このように選び取ってはいけない。たとえば『論語』二十篇なら、ただあの曽点の意思を選び取って涵養するだけで、それですべてすませてしまおうとしている。単に「舞雩に風して、詠じて帰らん」と言ったのは、季節の風景に合わせただけだ。〔それだけで済むなら〕、『論語』はあんなにたくさんの事を説く必要はあるまい[51]。

このように、当時の陳淳は、曽点だけを好んで議論し、「下学」をなおざりにするという陸象山の学派と同じ欠点があると指摘された。陳淳晩年の陸学批判から考えれば、彼の考えが陸象山学派と同じだという指摘は、非常に興味深い。この時の朱子の激しい訓戒は陳淳に決定的な影響を与え、彼の晩年の方向性を決定した。その方向性とは、頑なまでの「下学」の重視と、陸学批判である。

(二) 陳淳の陸学批判と曽点

慶元六年(一二〇〇)正月五日、陳淳は帰郷に際し、朱子と冬に再会することを約束するも、その九二日後に朱子はこの世を去る。世間では、偽学の禁も未だ解かれず、陳淳は郷里にて亡き師の説をひたすら守り、学問研鑽の日々を送ることとなる。ところが、開禧二年(一二〇六)、いわゆる開禧用兵の失敗が原因で、韓侂冑が殺害され、偽学の禁が解除されたことによって、ようやく道学士大夫にも仕官の望みが出てくる。そこで、陳淳も再び科挙に挑戦し、嘉定元年(一二〇八)、同四年(一二一一)、同一〇年(一二一七)に上京する。その嘉定一〇年、臨安からの帰途、厳州の知事鄭之悌の要請により、はからずも二ヶ月間その地に留まり、「郡学」(厳州に設置された官立の地方学校)で講義をおこなうこととなった。その講義の内容が「厳陵講義」(内容は「道学体統」「師友淵源」「用功節目」「読書次序」に分けられている)として彼の文集に収録されている[52]。この講義の目的は、当地に広まる陸象山学派を排斥することにあった。陳淳は陸学の勢力が強い浙東の状況を目の当たりにし、陸学批判を強めていく。陳淳が批判する陸象山学派というのは、楊簡(一一四一—一二二六、字は敬仲、慈湖先生[53])、袁燮(一一四四—一二二四、字は和叔、絜斎先生[54])、舒璘(一一三六—九九、字は元質、広平先生)、沈煥(一一三九—九一、字は叔晦、定川先生)のいわゆる「明州四先生[55]」である。彼らは陸象山の高弟として慶元府を中心に活躍し、彼らの力によって陸学は江西よりも浙東において急速に拡大するに至る。陳淳はすでに臨安にいた時から、浙東で陸学が盛んであることを耳にしていた。官僚としての地位が高いこともあって、特に楊簡、袁燮が陸学を大いに広めていたという。他にも趙彦粛(字は子欽)や詹阜民(字は子南)がおり、加えて陳淳が訪問した時には、喩仲可、顧平甫という人物が陸学を継承していた。陳淳は山がちな厳州の地にやってきてから、当地の士風がはなはだ低俗で、義理の学に向かう者が少なく、いても陸象山の学問にとらわれる者が多いことを嘆いている。

その学問は、たいてい禅家の主旨によって終日黙坐し、本心を求めさせようとするもので、読書窮理を必要としない、というものです。その心を治める方法も、かえって人心を道心の妙と見誤り、孔子と孟子の宗旨に違い、周子と程子に手向かっております。普段はずいぶん苦行もし、自らこの地方で道学を標榜しています。現在の官僚も陸学を重んじる者が多く、陸学を論破する者が一人もいません。私が郡学に来てからというもの、あちらから訪問して来ましたが、議論はかみ合わず、とうとうお互い身を遠ざける、という始末です。[56]

陳淳の観察した浙東の状況はこのようなものであった。この書簡の受取手である李方子[57]（字は公晦）も朱子の弟子であることから、もとよりその内容は、陸象山学派に対してややデフォルメされた批判になるわけであるが、この書簡から如何に陳淳が陸学を異端視し、その拡大を危惧していたのかが知れよう。陳淳が問題視したのは、陸学の徒は「読書窮理」しないという点である。[58]すなわち、陸学の学問方法にはただ「尊徳性」があるだけで、「道問学」の工夫が無いという点こそが、その仏教（「釈氏の学」）に近く、儒学の方法（「吾儒工夫」）に異なる所以であるという。[59]続けて、陸学のなかには読書する者もいたようであるが、彼らは『語孟精義』を読んでも、朱子の『集注』（『論語集注』・『孟子集注』）は読まず、『中庸集解』を読んでも、朱子の『章句』（『中庸章句』）・『或問』（『中庸或問』）は読まず、『河南遺書』を読んでも、『近思録』は読まず、周敦頤『通書』を読んでも、「太極図」は読まない。『通書』はただ白本だけを読んで、朱子が解説をつけた本は読まないという。[60]要は、周敦頤や二程子の書物は読むが朱子のものは読まない、ということである。ちなみに、『語孟精義』は朱子の手になるものだが、道学の先達者の解釈を集めたものなので、読まれたのであろう。また、陳淳ら朱子学派にとって最も憂慮すべきことは、朱子学派内において聖学入徳の門として最も重んじられた『大学章句』がこの地には存在せず、たとえあったとしても、決定版ではない、旧版「未定の本」だったことである。[61]浙東における朱陸の勢力図がどのようなものであるのか、そして、陸学派の朱学への対抗心を、陳淳はここではっきりと思い知らされることとなった。このような状況の下、陳淳は朱子学の唱導に余生の全てをつぎ込むこととなるのである。

この旅において、陳淳は陸学の脅威を感じただけではなかった。彼は厳陵からの帰途、福建の莆田県に立ち寄り、同門の陳光祖[62]（字は世徳、朱子の弟子である蔡元定とその長子である蔡格に師事した）に招かれて、しばらくその書院で過ごす。そこで、陳光祖の息子、陳沂[63]（字は伯澡）と出会う。陳淳からすれば、なかなか得がたき人材を得たとの思いがあった。陳沂はその後、陳淳の門に入り陳淳の高弟として世に名を残すこととなる。この時の「将来必ず大いに望むべきものあり」という陳淳の期待のかけようは、厳陵での陸学に対する評価と好対照をなしている。[64]陳淳の文集『北渓全集』には、陳沂に宛てた書簡が二一通もあり、彼以外の人に宛てた書簡が概ね数通しかないのに比べ、明らかに多い。書簡以外にも、問答のための門目など、陳沂に関係するものが陳淳の文集の中で重きをなしている。

それでは、陳淳は陳沂に対し朱子学の何を教えたのだろうか。それは、「用功節目」、「読書次序」、つまり学問には細目があり、読書には順序段階があるということである。その教えは、陳沂に対するほとんどの書簡において何度も述べられている。ちなみに、先の「厳陵講義」の内容とも重複し、陳淳の主張がどこにあったのかがよく分かる。より具体的に言えば、「致知」「力行」の連続を説き、工夫の順としては「致知」が先になされるべきであるという「格物致知」と「下学」への重視である。[65]それは、「一超直入」という禅的頓悟への対抗を表しているが、むしろ「道学」を標榜しながらも禅学的方法に流れる陸象山の学問を意識していることは明らかである。次に、読書の順序で言えば、『小学』に始まり、『大学』『論語』『孟子』『中庸』の「四書」に通暁しなければばならない。そうすることによってようやく「天下の書を読み、天下の事を論じ」る段階に入ることが出来る。(66)特に「四書」は「後学求道の要津」たる朱子の注釈『四書章句集注』を基準として読まねばならないのというのは、陳淳の主張として出てくるのは当然であろう。

「下学」、「格物致知」「道問学」の工夫の重要性、読書における「四書」の位置づけ、そして朱子の注釈を「一定の準」とし一字一句丹念に読むべきことは、(67)朱子が生前から強く主張してきた読書法であり、また後世朱子学の学問方法として広く知られることとなる内容である。そのため、陳淳の陳沂宛書簡の内容そのものに思想史的新味があるわけではない。ただ、我々にとってより重要なのは、その記事内容そのものよりも、それを陳淳がひたすら陳沂に繰り返し、何度も何度も説いている、ということにある。それは、この点こそ陸象山学派から自分たち朱子学を分かつ、なによりもの分岐点であると陳淳が考え、それとの対抗上、是非とも強調せねばならなかった内容だからである。

このように、「下学」「格物致知」「道問学」という言葉は、陸象山学派との対立を意識すればするほど、朱子学の特徴としてより強くイメージされることとなる。陳淳もいうように、本来これらの言葉は、「上達」「力行」「尊徳性」と相互補完の関係にあり、朱子も陸象山もどちらか一方のみに偏ることを嫌がった。しかし、彼らの在世中すでに互いを意識し比較することで、ある程度自らの片寄りを意識せざるを得なかった。それが、彼らの次世代、特に先鋭化する陳淳の陸学批判の中で、「下学」「格物致知」「道問学」の取り組みを重視する朱子学派と、それを軽視する陸象山学派として対立の構図が単純化・固定化されていく。(68)彼の伝道の熱意とでも言い得るような、頑なにして排他的な朱子学の護持が、結果的に師説を偏向させてしまった事実は否めない。(69)また、『四書章句集注』をはじめとする朱子の著作もこのような中で、朱子の注釈を読まない陸学に対抗し、陳淳門下においてより聖化、つまり「経典化」が進むのである。厳州の地に朱子の『大学』テキストが伝わらないことを嘆いた陳淳が、厳州の「郡庠」（学校）において「先生絶筆定本」の『大学章句』及び『小学』『家礼』を出版したというのは、その現れの一つであろう。(70)聖学＝朱子学を継承することは、『四書章句集注』など朱子の著作を熟読することを意味する。先述した一般的に論じられる陳淳の思想とは、実はこのような過程の中で形成されたのである。

では、ここで曽点の問題に立ち返りたい。この頃、陳淳の中で曽点の問題はどのように位置づけられていたのだろうか。曽点ばかりを問題にするなと生前の朱子に諭されたからであろう、かつて曽点に関して饒舌であった陳淳も非常に慎重な態度をとっている。(71)ここで非常に興味深いのが、先述の陳淳の高弟陳沂についてである。彼の名はもともと曽点に憧れて名付けられたものらしい。陳沂の沂は「浴沂」の沂である。ところが、陳沂はやがて曽点の誤り（「点之病」）を知って、曽子の学に乗り換え、曽子を象徴する「貫」を以て書室の名としたという。そして陳淳がその学問態度を嘉して「貫斎記」というものを書いた。この文では、陳淳のかつてのような曽点への熱っぽさは消え去り、(72)それに代わって曽子の学問を「下学して上達す」という「聖門の教え」を体現した存在として顕彰している。「曽子下学の功」こそが、学問者の習うべき学問であるのに対し、「下学」を顧みない「狂士」曽点は、もはや曽子と同日に語ることはできず、学問者にとってもはや目指すべき対象にならない、というように、もはや曽点に学問的価値を認めていない。(73)そして、陳淳はこの曽子と曽点の違いに気づき、曽子の学に向かう陳沂を聖学の後継者として期待するのである。このように、朱子の陳淳への「下学」の教えが、陳淳に曽点観の転換を促し、今また同じように陳淳の陳沂への「下学」の教えが、陳沂に曽点観の転換を促したといえよう。

以上の議論をまとめると、朱子亡き後、陳淳は陸象山の学問の流行という状況に対抗するため、伝道者の熱意を持って聖学＝朱子学の普及に尽力した。この陸象山学派との対立という状況が、必然的に陳淳に「道問学」

「格物致知」「下学」という言葉を朱子学のイメージとして強調させることとなった。それはまた「曽点」と「曽子」という正反対の特徴を持つ父子に関しても、「下学の功」を実践した曽子を孔子「聖門の教え」を継承する者として顕彰することとなり、それに反して「曽点」を陸象山学派の方法に繋がる異端として排除する結果となったのである。(74)

このように考えるなら、朱子が曽点という存在に否定的であったという理解についても、再考の余地がある。朱子は「狂者」曽点をどのように認識していたのか。朱陸対立というフィルターを取り外して考え直す必要があるだろう。

第二節　朱子の曽点理解――「狂」と「狂妄」を中心に――

では次に朱子の曽点観を再検討するにあたって、朱子が曽点について言う「狂」と「狂妄」の定義から考えてみたい。

私はかつて次のように言ったことがある。曽皙は学ぶことができない。彼は偶然このように分かったのだ。夫子もふと彼にこんなふうに人を愉快にさせるようなことを言われたので、彼に与したのだ。今の人がもし彼を学ぼうとしたら、すぐに「狂妄」になってしまう。彼ら父子の学問は正反対だ。(75)

朱子がここにいう「狂妄」とはどのような意味であろうか。(76)そもそも、曽点が「狂」であるというのは『孟子』を出典とするが、「狂妄」は『荘子』山木篇の「猖狂妄行」という言葉に基づく。そのため、朱子が曽点を「狂」者として語る時には、『論語』や『孟子』におけるその姿を思い浮かべ、また「狂妄」や「猖狂妄行」と言うときには『荘子』における用例を念頭において発言していたのであろう。詳細な検討は後述するが、結論から言ってしまえば、朱子はこの「狂」と「狂妄」をはっきり使い分けて発言していた。『孟子精義』に「狂というのは、猖狂妄行の意味ではない[77]」と言う呂希哲（字は原明）の説を朱子が引用しているからである。

まず朱子の考える「狂」の理解について、『孟子集注』と『論語集注』の解釈から見てみよう。先述したように、「狂」とは、『論語』子路篇で孔子が、「中庸の者（「中行」「中道」）を見つけて交われないとすれば、せめては「狂」者か「狷」者かに交わりたい」と言ったところの、「狂」者であって、朱子は『論語集注』でこれを「志が極めて高く、実行が伴わない者[78]」と定義している。また、『論語』公冶長篇[79]の注釈では「狂」について、「帰らんか、帰らんか」と孔子が言ったのも、当初は道を天下に行おうと思っていたが、ここに至り世に用いられないことを知った孔子が、魯に帰り後学を教育し、来世に伝道しようと思い立ったからである。しかし、中行の者は得られないので、その次の者、つまり「狂」なる者を思った。それは狂士は志が高遠で、ひょっとすればともに道に進むことができるのではないかと思ったからである。ただ、「狂」者は中庸からはずれ、正しさを失い、あるいは異端に陥ってしまわないかとの恐れがあったため、帰って教育しようとしたのだ[80]、という。このように、朱子の『集注』によれば、「狂」は志が高くて実行が伴わない者の意味であり、異端に流れる恐れがあるが、異端そのものではない。

それでは、つぎに「狂妄」について考察する前に行論の都合上、「曽点の気象とは、もとより従容灑落だ[81]」と朱子が曽点を形容する言葉としてたびたび使う、「従容」「灑落」という言葉について考えてみたい。「従容」はゆったり、「灑落」はさっぱりとした闊達自在な心の様態をあらわす。ところで、曽点を弟子たちが議論することに朱子が批判的であったことは先述したが、同様に「従容」「灑落」について、議論を重ねることにも朱子は批判的であった。例えば、ある弟子が「従容」という言葉の「従」と「容」の字義がよく分からないと質問し、

「満ちあふれること（「横出」）」を「従」とし、「寛容」を「容」とする考えを持ち出した。朱子はその弟子に対し、そんな一文字一文字を問題にせず、ただ「従容」という言葉の意味（「言意」）そのものを理解せよと、必要以上の「字義」の穿鑿をとがめる。[82] つまり、「従容」という言葉を本当に理解するというのは、その字の意味（「字義」）をあれこれ穿鑿分析することではない。その字義を頭で理解したところで、自分自身が「従容」たる心的境地に到達しなければ、本当にそれを理解したことにはならない。それは、「書物には考究すべきことと、必ずしも言語で突き詰める必要のないものがある。例えば、「主一」というのは、必ずきっとこういうものだと決まっていて、議論する必要のないものだ[83]」というのもまた同様である。

このように、朱子は議論する必要のないものまでも議論分析によって理解しようとする態度を批判する。[84] 議論が議論を呼び、結局は本来の意味を見失った空論に陥ることを恐れたのである。[85] このような考え方は、曽点理解に関しても当てはまる。

きみは曽点を目の前の人として考えてはいけない。たとえ上手に説明できても、ためにはならない。必ず自分自身が曽点になってこそ、曽点の心が分かるというものだ。[86]

曽点は道を見て疑いなく、心は物事に累わされず、その胸中は従容として、言語では形容できないものがある。[87]

このように、曽点とは目の前に置いて認識の対象とし、議論によって分析的に理解できる存在ではなく、その「従容」とした胸中は自分自身が曽点になってみないと分からない。たとえ曽点の「従容」とした胸中に憧れて、曽点とはどういう存在なのか、「従」「容」とはどういう意味なのかと分析を続けても、結局は「従容」とした胸中には到達できないのである。

また、それは「灑落」の境地に到達することについても同じである。

通透灑落の境地は見識がはっきりしていて、涵養がしっかり熟したことでもたらされる結果であって、かならず本当の偽りのない学習修行の積み重ねの中から出てくるのであって、ある日突然むりやりなし得るものではない。……（中略）……通透灑落たることをどうして無理やりに獲得することができよう。すこしでもそうしようとする心が有れば、生涯ただ作意助長して、己を欺き、人を欺き、永遠に灑落の境地に到達することはできまい[88]。

曽点の「灑落」といった境地には、意識的に到り得るものではない[89]。「灑落」たることを目標とはすべきではあるが、逆説的に意識的であればあるほど、目標にはたどり着けない。では、如何にすれば到達できるのか。それは、「下学」の工夫を積み重ねていくしかない[90]。しかも、その「下学」に取り組んでいる時は、「上達」を期待せず、ただひたすら個々の理を窮め、それを積み重ねていかなければならない[91]。また、「まだ従容でなくても、熟した後には自然と従容となれるものだ[92]」と、「熟」した後にようやく「従容」たる境地に至ることがきでると いう。朱子はこの発言に際して、「再三「熟」の一字を口ずさまされた」と弟子が記録するように、何事も「熟」するまで取り組むことを重視する。では、「熟」すとはどういうことか。それこそ、「上達」の境地にほかならない。

道理がすべて自分自身にある時が、上達だ。たとえば習字についていえば、習い始めの時が下学で、熟するに及んで、一点一画のすべてが法度（きまり）にぴったりと合うというのが、上達だ[93]。

「下学」とはまさに習字の練習のようなもので、「上達」とは「一点一画のすべてが法度（きまり）」に合致した、つまり道理を完全に体得した状態である。「下学」という練習の段階では、それが練習であるが故に常に細部への意識を働かせなければならないが、その努力の果てにはそのような意識を用いずとも上手く書き得る境地に達する。(94) その意識・思慮を必要としない状態こそが「上達」である。まさに「誠は勉めずして中り、思わずして得、従容として道に中る、聖人なり」(95) の境地である。毎日毎日「勉め」「思う」という「下学」の工夫を積み重ねてこそ、「勉めず」「思わず」「従容」とした「熟」の境地に至ることができるのである。

そして、この曽点こそが「従容」として、私意なき者として朱子にも理解されている。「（曽点は）はじめからどうして作為があったであろうか。作為があれば、上手くいかない。このところに何の私意があろう」(96)、「曽点は私意作為が無いようにしようと思って、私意が無いのではない」(97)。曽点は些かの私意もない存在であって、しかも私意を無くそうとして、私意が無いのではない。私意の無い曽点を、曽点になろうと意識的に議論分析して捉えることはできない。まさに、「自分自身が曽点になってこそ、曽点の心が分かる」というのが朱子の理解なのである。

以上、曽点の「従容」「灑落」とした胸中を獲得しようとすることに関する朱子の考え方を見てきた。この文脈において、曽点を学べば陥るといわれた「狂妄」であるという言葉について考察してみよう。

今の人には一種の杜撰な学問があって、みな脱空狂妄で、何の役にも立たない。……（中略）……「礼に非ざれば視るなかれ、礼に非ざれば聴くなかれ、礼に非ざれば言うなかれ、礼に非ざれば動くなかれ」（『論語』顔淵篇）ということを、ただひたすら言うだけで、いざ思念が起こってくると、やはり礼にはずれてしまう。こういうのはみな妄論である。(98)

礼について盛んにとやかく論じるわりに、実際に行動してみれば、礼に外れている。このような空論に陥っている者を朱子は「脱空狂妄」であると言っている。つまり、朱子のいう「狂妄」とは、「格物致知」の実践的努力が伴わない実態から遊離した空理空論に陥っている状態を指しているのである。[99]

これを踏まえると、自己の内面を曽点の楽しみの境地に昇華させようと思い、曽点についてあれこれ議論しても、そもそも曽点の境地とは議論することによって到達できるようなものではないので、結局そこに到達することも出来ず、ただ空理空論をもてあそぶこととなる。これが、曽点を学ぼうとすれば「狂妄」になるという朱子の真意である。

では、具体的に「狂妄」になってしまった者はというと、それが陸象山を中心とする陸象山学派の者たちである。

志が大きくない者は卑陋で、心が小さくなければ狂妄だ。江西の諸人（陸学派）は志が大きく心が小さくない者だ。[100]

呉仁父が陸学に言及した。先生が言われた「まるきり禅だ。始めのうちは我が儒学によって蓋をしていたが、いまやもうなりふりかまわず云いたい放題だ。かれら陸学の徒は自分では理に分かった所があるといっているが、実践の段になると、ただもう私意に任せて行動して、言っていることとすることとが裏腹だ」。[101]

「狂」なる曽点が私意作為無しとされたのに対して、「狂妄」なる陸象山学派の者の行動は「私意」にもとづくとされる。無為に理に合致する者を私意が無い者というなら、全く理に合わない空論を弄ぶ者は、言うこと、なすこと、すべてが「私意」である。私意無き曽点にあこがれて、むやみに曽点を追い求めれば、「狂妄」となるということであるが、その「狂妄」なる者とは、皮肉にも目指すものとは正反対に、すべての行為が私意作為にもとづく者なのである。

このように朱子は「狂」者である曽点に憧れ、安易にその境地に達しようとする弟子達が、「狂妄」に陥らないように警告を発したのであって、「狂」者曽点そのものの存在を否定したのではなかった。

学者は必ず常に三子の事業が有って、また曽点の胸の内があってこそ偏らない。おそらく三子は事について取り組み、曽点は大意が分かった。曽点は大意が分かったとはいえ、かえって事について修行することはなかった。三子は事について学んだとはいえ、やはり曽点の洒脱の意思が無かった。(102)

つまり、三子の具体的な事業、曽点の気象の両方が必要になるという。例えば、一方において、かつての陳淳のように、高遠なる天理をひたすら把握しようと努める者には、曽点という存在はさらに抽象的な議論を盛んにさせ、地道な修行をなおざりにする欠点を助長するので、朱子はそれを咎める。もう一方には、三子のように目の前の「事」ばかりに気を取られている者がいる。そのような者には、曽点の無欲で従容とした気象は、十分見習うべきものとしての位置を与えられるのである。さらに付け加えるなら、

人は気力が大きくて、剛健でしっかりと立っている人であって、はじめて物事に取り組んで成就することが出来る。……（中略）……だから、孔子が歎いて「中行を得て之に与せずんば、必ずや狂狷か」といったのだ。人は必ず些か狂狷の気概があってこそ、望みがある。(103)

狂の欠点は理解しやすいが、しかし狂の良い所は如何なるものなのかということも見ないといけない。(104)

という発言も見逃すわけにはいかない。そもそも、朱子思想の結晶である『集注』において、孔子が曽点に与した理由を積極的な方向で説明しようとしていること自体、この「狂」の利点をもきちんと理解すべきだという朱子の態度を表している。[105]「孔門ではただ顔子、曽子、漆雕開、曽点のみこの道理がはっきり分かった[106]」、という朱子の口ぶりからは、「異端」として排斥するというより、しっかりと儒学の枠内に曽点を位置づけようとする意図が感じられる。

以上のように、朱子は「狂」者曽点の存在そのものを否定していたのではない。ただ、朱陸の対立の中で曽点観を見た場合、朱子は曽点を排除し、陸象山は曽点を評価する、という二項対立で理解されやすくなる。これについては、すでに陳淳の思想形成に関連づけて先述したが、加えて明代の陳建『学蔀通弁』の中に朱子と陸象山の意見が分かれる論点の一つとして、この問題が挙げられている。[107]『学蔀通弁』とは、王陽明が『朱子晩年定論』を著して、朱陸早異晩同論を唱えたのをきっかけに、それに反駁して、早同晩異論を主張したものである。内容は強烈な陸王排斥の主旨で貫かれている。ちなみに、銭穆氏にも朱陸の対立点をまとめた研究があり、[108]そのひとつとして曽点をめぐる評価を取り上げているが、これも『学蔀通弁』の構造を継承したのであろう。このように、朱子は曽点を評価したのか、それとも排斥したのか、というような問いに白黒を截然と分けた形で答えを下すことができるのは、朱陸を対立させた場面においてのみ、もしくは対立面を強調しようとする意図がはじめからある時に限られる。朱子思想を朱陸の比較の中で理解することは確かに思想史研究において重要ではある。ただし、その面だけで理解することが朱子の思惟世界を単純化させ、そして歪ませてしまうことは、陳淳の例が示す通りである。同様に、朱子の曽点観についても、朱陸対立の中だけで理解することは、当然一面的だといわざるを得ない。これまた、陳淳の例が示している。曽点に対する朱子の考えは、もっと複雑であり微妙な部分を多く含んでいたのである。

第三節　南宋における「内聖」「外王」思想と曽点への憧れ

それでは、宋代士大夫が曽点に憧れ、曽点の気象について多く論じたその理由は何だったのか。本節ではこの問題について取り組んでみたい。その答えのひとつは、宋代士大夫に広く見られる山水の楽しみ、「隠」者に対する憧れが密接に関係していると考えられる。例えば、陸象山は、山間に象山書院を建てた経緯について、次のように朱子に伝えている。ちなみに、この書簡は淳熙一五年（一一八八）、陸象山五〇歳のときのものである。

（一）曽点への憧れ――道学、書院、山水の地――

以前、彭君（彭世昌――著者注）がそこに一庵を結んで招いてくれましたので、わたくしもその側に精舎を建てました。春にひとりの甥と二人の息子を引きつれてそこで書を読んだ折、また景色のよい所を見つけましたので、そこに方丈を作って住まい居ります。前にはたたわなる闘の奇峯が手に取るように連なり、後にはふた筋の渓流が遠く彭蠡の湖へと流れ去っております。学生たちもぼつぼつこの付近に庵を結び、たがいに講習に励むようになりました。この理はそのために日々に明らかとなり、雨乞いの舞台で風に吹かれ、詠いながら帰った千年前の君子と楽しみを共有しております。[109]

美しい山水の地に書院が建ち、そこに師を慕って多くの学生が集まる。道学の講学活動には、その学問の場としての書院と、それを取り巻く山林の景勝地とがつきものであった。そして曽点の「舞雩詠帰」の楽しみこそ、その場を形容するにふさわしい言葉であったのである。象山はまた「玉淵や臥竜と比べても甲乙つけがたい」ともいうが、そこは朱子がかつて遊んだ廬山の景勝地のことである。[110] 廬山には朱子が再建した白鹿洞書院があった。白鹿洞書院は、宋初には四大書院の一つとして栄えていたが、朱子が南康軍の知事として訪れた淳熙六年

（一一七九）にはすでに廃れ果てていた。それを文化事業の一環として朱子が再建し（同年一〇月）、その後も朱子の名と共に明清時代を通じて繁栄を続けた。書院志によれば、朱子の手になる磨崖のひとつに「風雩」の二字があり、また「風雩亭」「光風霽月亭」なる建物も見られる[111]。厳密にいえば、「風雩亭」は朱子が弟子たちを前に学問を講じた地に、弟子の李燔がその山長に就任するに際して建造したもので、傍らの石にも「風雩」の二字を書いたとされる[112]。「光風霽月亭」はもともと書院の目の前の南山の頂に建てられていたのであるが、紹定五年（一二三二）に風雩石の北側に移転させたという。また朱子自筆には「枕流」「流盃」の外、「風泉雲壑」「隠処」など、山水や隠者を連想させる文字も数多く並んでいた。このように、白鹿洞書院における道学の講学が、山間の景勝地において行われ、そしてそこにも曽点を連想させる言葉が並んでいた。要するに、宋代における曽点に対する親近感を伴った憧れの流行は、「隠」という山水世界への憧れという士大夫の感情を基底としつつ、道学の講学活動の普及と書院の建設という社会的状況の中で、広まったといえよう[113]。

（二）曽点への憧れ——朱子の『論語集注』改訂と「堯舜の事業」——

このような中にあって、曽点への憧れの流行を批判的に語っているのが、黄震（字は東発、一二一三—八〇）である。『黄氏日抄』で不快感を示しながら次のようにいう。

〔夫子が質問された意図は〕世に〔官僚として〕用いられたら、如何にすべきかということを試みに言わせたのである。三子はみな国を統治すること〔「治国」〕について語っており、すべて問いへの答えとして正しい。曽点は孔門の狂者である。出仕することを意に介さない者である。故に自然にその瀟灑の風情について語ったが、これは問いへの答えとして正しくはない[114]。

黄震は曽点が単なる「隠者」であることを強調する。そして、程顥の「孔子が曽点に与したのは、恐らく聖人の志と同じ、すなわち堯舜の気象だからである」という発言がこの流行の原因であるとして、批判の矛先を程顥に向け、「この言葉はすこし言いすぎである」という。加えて、曽点の「浴沂詠帰の楽しみ」を孔子の「老安少懐の志」（『論語』公冶長）と等しくすることについても退ける。孔子が「老者はこれを安んじ、朋友はこれを信じ、少者はこれを懐けん」と語ったのは、広く一般的な意味で志について述べているのであって、それに対し四子言志章での孔子の質問は、具体的に出仕という特定の志についてたずねているのであるから、その志を言った曽点の答えがたとえ孔子の志に似ていたとしても、孔子の志と曽点の志を同列に論じてはならないのだという。(115)

このように、黄震は堯・舜・孔子という聖人と曽点とを混同してはならないと主張する。では、黄震は孔子が曽点に与した理由をどのように考えたのだろうか。そもそも、孔子は「道を行い世を救う」ことを心とするのであるが、二三人の弟子とひっそり寂しく学問を講明している時に、にわかに曽点の言葉を聞き、「桴に乗りて海に浮かばん」（『論語』公冶長）、「子、九夷に居らんと欲す」（『論語』子罕）の心境にぴたっと合致したので、思わず「ああ」と嘆いてしまったにすぎない。しかも、その後の曽点の質問に対して、他の三子の利点を力説しているのだから、孔子はただ曽点のみに与したと理解するのは誤りであるという。そして、

後世は虚無を語り高談を好む風潮が勝り、夫子が嘆息した本旨を考えず、本章の記載の始末を詳らかにしないで、単に「点に与す」の数語を拾い取って強調し、世事にとらわれず、（「点に与す」を）指差して道妙だといっている（「遺落世事、指為道妙」）。

というように、黄震は「虚無を語り高談を好む風潮」に曽点人気の原因があると考えた。曽点の人気とは、当世の「世事にとらわれない」者が、孔子の与した意味を都合のいいように歪曲し、自己を正当化しているところに

生じた現象であると黄震は理解したのである。それは、また黄震が別のところで「世俗を脱去する者」[116]とも言うように、宋代の士大夫を指して所謂「清談」であるとか「西晋の風」があるとして広く知られるところの南宋士大夫の実務的経世の軽視に対する批判とも重なる。[117]このように黄震は、高談を好む士風が曽点を過剰に評価する理解と解釈を生む原因になっていると考えたのである。まさに南宋末を代表する知識人であり、また実務官僚でもあった黄震らしい分析といえよう。[118]

しかし、曽点に憧れる者の考えに即して、曽点流行の理由を考えれば、「世事」「世俗」に背を向けた単なる「隠」の世界への憧憬だけが要因であったのではなかった。黄震による批判の槍玉に挙げられているのが、謝良佐（字は顕道、上蔡先生）である。謝良佐は程顥と程頤に学び、游酢・呂大臨・楊時とともに程門の四先生と呼ばれ、二程と朱子との間をつなぐ道学史上重要な人物である。謝良佐は曽点について次のようにいう。「夫子が曽点に与したのは、その仕官を望まないことを楽しみとしていたからではない。曽点の学を推していけば、禹稷の事でも、固より優に為す（「優為」）ことができる。ただその志がそこにないだけである」[119]。では、「禹稷の事」を「優為」にするとはどういう意味なのか。謝良佐はまた、「帝王の功績は、聖人の余事である。内聖の徳が有れば、必ず外王の事業が有る」[120]という。これを踏まえれば、つまり、内聖の徳が完成すれば、すでに帝王としての事跡は聖人の「余事」にすぎず、曽点の学は禹稷の事績でさえも、容易に為すことが出来る、そういう可能性を持つという意味である。[121]

この謝良佐の解釈は大きな影響力を持っていたようで、現行の『論語集注』では見られないが、朱子の未定稿『集注』は次のような内容であった。

曽点の気象は従容としており、言葉の意味も灑落としている。云々。ただし〔曽点の〕言葉をよくよく味わってみれば、〔次のことが分かる〕。すなわち、〔曽点は〕この日用平生の間、そのすべてに妙なる天理が流行〔貫徹〕していることを看破したのであり、〔官吏としての〕出処進退についても、全く自分の関与すべきことではないことが分かった。〔そのため、曽点は〕堯舜の事業といえども、やはりそれを充分に為すことができ（「是雖堯舜事業、亦優為之」）、他の三者が瑣末な行為に拘泥するのに比較すれば（「其視三子規規於事為之末」）、まことに違いがはっきりする。(122)

ここにいう「是れ堯舜の事業と雖も、亦た優に之を為す」という一文は、程顥のいう「堯舜の気象」（「はじめに」を参照）と謝説を踏まえて成っていることは明らかだろう(123)。ここにはっきりと、朱子は曽点が「堯舜の事業」を充分為すことができることを言っている。そのため、やはり弟子たちにすれば、「堯舜の事業」とは何を指すのかが気になるところである。

欧陽謙之――『集注』には「是れ堯舜の事業と雖も、もとより優に之を為す」とありますが、いわゆる「事業」というのは、自分自身に為し得たことについていうのでしょうか、それとも業績（「事功」）として為し得たことについていうのでしょうか。

朱　子――曽点の気象はもとより従容灑落としているが、しかし彼は何によってこのような〔境地に〕達し得たのかが分かってこそはじめて理解できる。もしこの意味が分かれば、自然と彼が為し得る堯舜の事業も分かるのであり、一つの事で言い尽くすことはできない。

欧陽謙之――孟子のいわゆる「狂」というのは、おそらく「其の行を夷考すれば、焉を掩わざる者也」（『孟子』尽心下）ということで、いわゆる「行いが言葉どおりにいかない」というのは、「言、行を顧みず、行、言を顧みず」のことで、行動がその言葉を掩うことができないことをいうのでしょう。曽点に行動が伴わないということは、どこで分かるのでしょうか。

朱　子　――行動が伴わないというのは、やはり言行が背馳していることをいうのではない。ただ行動が悟り得たところに及ばないだけである。(124)

というように、曽点の「気象」と「堯舜の事業」との関係について、弟子たちの質問が集中する。しかし、朱子の理解は、謝上蔡とは異なり、単純に「堯舜の事業」という帝王の功績を曽点が為し得るとは考えていなかった。

三人の弟子の志すところはみんな実とはいえ、まだ小さな一君・一国に局限されているのを免れず、それ以上進展しえないのに対し、曽点の悟ったものはといえば、これはもう大いなる根本であって、これを推し拡げて実践して行けば、不可能なものは何もないだろうし、その効用の大きさは、堯舜が天下を治めるほどのスケールだったのだ。その志す所が量り知れぬほど大きかったことをいうのである。水にたとえるなら、曽点が力を注いだのは水の源であり、三人の弟子のそれは水の流れだった。大を分流に注げばその効用に一支流に留まるが、源に注げば四海に至ることだって可能なのだ。だが、もし曽点がその志を実行に移せば、おそらくその言葉どおりには行かなかっただろう。だから〝狂〟というのだ。曽点・曽参父子の学問はいつも反対だ。曽点は天賦の資質が天才的で、気宇は遠大、だから先に根本がわかる。しかし往々にして実践には力を出し吝しむところがある。(125)

朱子によれば、程顥の言うように確かに曽点には「堯舜の気象」がある。しかし、それが本当に堯や舜のような帝王としての事績（「事業」）を行い得るということを意味するわけではない。(126)旧稿の『論語集注』ではこのあたりの意図が読者に上手く伝わらず、また朱子自身、満足のいくものではなかったため、[127] 数回にわたり改訂がなされた。趙順孫（字は和仲、一二一五—一二七六）は『四書纂疏』[128]において、朱子は「四子言志」章の注釈を三次にわたって「改削」したという輔広（字は漢卿、朱子の弟子）の言葉を引用しているが、[129] 吉原文昭氏は実際の改訂はそれ以上であるとして、六パターンの注釈を挙げられ、特に慶元三年（一一九七、六八歳）以後において四種類の注釈が成立したという。[130] すなわち、慶元六年（一二〇〇）に七一歳で亡くなる朱子にとって、最晩年での数次の改訂であったこととなる。

曽点の学問的境地では、おそらくかの人欲が尽きてしまって、天理が渾然としており、日用平生の間、随処に〔天理が〕発現しているのが分かったのである。そのため〔日常の事に〕対応している時もそうではない時も（「動静之際」）、このように従容としているのである。しかし、〔曽点の〕言った志は、その現在の境遇に沿い（「即其所居之位」）、日頃履む所の常道を適く（「適其所履之常」）〔ように発言した〕に過ぎず、天下の楽しみとて、これ以上何も付け加えるものはないのである。これを用いて行えば、堯舜の事業もまたこれに他ならないのであって、さらに何かする必要もないのである（「用之而行、雖堯舜事業、亦不外此、不待更有所為也」）。ただし、その行動をよくよく考えてみると、あるいは言葉通りにいかないのである。ゆえに狂士たるを免れないのである。しかし、他の三者が瑣末な行為に拘泥するのに比較すれば、同列に論じるわけにはいかない。ゆえに孔子は歎息して深く〔曽点を〕認めたのである。[131]（傍点は筆者）

すなわち、曽点が志として語った「楽しみは」（「即其所居之位、適其所履之常」）、『中庸章句』（第一四章）にいう「君子は其の位に素して行い、其の外を願わず」と同じことをいうのであろう。そうだとすれば、現在の境遇に即して当に為すべきを為す、そういう「楽しみ」の精神を曽点が体現しており、聖人である堯舜の事業も、つまりはこの精神に他ならないのである。そういう意味で、曾点は堯舜と同じ境地に達しているといえるが、決して曾点が「堯舜の事業」を為し得るということではない。

このように、朱子の改訂の主眼が曾点と「堯舜の事業」との関係にあったことは間違いなく、最終的に現行の『論語集注』では、程子の解釈として「堯舜の気象」という言葉はあるが（「程子曰」孔子与点、蓋与聖人之志同、便是堯舜気象也」）、もはや「堯舜の事業」という言葉は完全に削除されてしまっており、「曾点の気象」と「堯舜の事業」とが、安易に結びつけられない内容になっている。最終的な朱子の解釈では、曽点は「堯舜の気象」を為し得る存在ではなくなっている。つまり、旧稿の朱子の解釈が謝良佐の説を継承していたため、弟子たちによって謝説に沿って理解されがちであった「堯舜の事業と雖も、固より優に為す」という解釈を、朱子は捨てたのである。

（三）曾点への憧れ――厳世文の解釈にみる「為学」と「為治」――

しかし、未定稿『論語集注』を読んだ弟子たちは、むしろ曾点と「堯舜の気象」や「堯舜の事業」に注目し、謝良佐の方向で読み取ろうとした。例えば、第一節で陳淳の論争相手として紹介した厳世文（字は時亨、朱子の弟子）は、これについて長文の評論を書き、それを朱子に書簡の一部として送っている。それでは本節の締めくくりとして、厳世文の一文を読み解き、彼は曾点のどのような点に魅力を感じていたのかについて論じることとする。

〔わたくしが〕見たところでは、三者が言ったのはすべて「実事」です。〔しかし〕曾点は言志の質問に答えたとはいえ、〔内容は〕為さんとする志を語ったのではなく、世俗の外に逍遥として、当世の務めにいさぎよしとしない人物のようでありました。しかし孔子は曽点に与し、子路、冉有、公西華には与しませんでした。これは一体なぜでしょうか。

まず、厳世文はこのような問いから論を起こし、『論語集注』の朱子の解釈を祖述する意図で議論を展開している。この時厳世文が見ていたのが、「堯舜の事業と雖も、蓋し優に為す所（もしくは、固より優に之を為す）」の一文を含む、未定稿の『集注』であり、厳世文は、この問題を論じるに当たり、「為学」と「為治」をキーワードとしている。別の言葉に置き換えるなら、「為学」は「内聖」「修己」、「為治」は「外王」「治人」であり、さらには「学問」と「政治」と言ってもよいだろう。

為学と為治は、本来連続した一つの事柄ですので、他日〔官僚として〕用いることは、今日〔学びによって〕蓄えておくことに他なりません。しかし〔曽点以外の〕三子はかえってこの〔為学と為治〕を二つに分けて別々のこととして見做してしまっています。例えば、軍旅を治め、財賦を治め、礼楽を治めることや、あらゆる天下の事柄は、すべて学ぶ者（＝士大夫）が必ず取り組まなければならないことで、一つでも欠けてよいというものはありません。そうだとすれば、必ず先に自分自身の身体と心に無欲を自得させることに取り組み、常々精神を清らかに気を定め、涵養して直ちに「清明躬に在れば、志気神の如し」（『礼記』孔子間居）の状態に至ることができれば、天下にできないことなど何も無くなってしまいます。……（中略）……孔子がかつて孟武伯の質問に答えていわれた、「由や、千乗の国、其の賦を治めしむべし」、「求や、千室の邑、百乗の家、これが宰たらしむべし」「赤や、束帯して朝に立ち、賓客と言わしむべし」（『論語』公冶長）と。孔子は元々各人の処理可能な能力をすでによく知っていたのであるが、その仁のみは認めなかった。……（中略）……結局〔曽点以外の三者は〕自分の長所を主張することに急ぐあまり、聖門で常日頃仲間とともに切磋琢磨しながら講習し、自ら学び得たことを、すべて片側に投げ捨ててしまい、今日の〔学びの〕蓄積は、すなわち後日〔官吏として〕用いるものであることを知りません、……（中略）……そのため、〔三者の〕気象は小さく、功績（「事業」）も究極の地点に達することができないのです。

このように、学問（「為学」）と政治（「為治」）とは本来連続している。そのため、今現在は官僚として統治に参画していないかもしれないが、もし他日官僚として出仕することとなれば、その時統治の現場で必要となるのが、蓄積された学問の成果である。そのため、現在の境遇にかかわらず、士大夫たるすべての学者は、軍旅・財賦・礼楽といった天下国家に関わるあらゆる事を学んでおかなければならない。まず、内面の修養に努め、涵養なったあかつきには、天下に為してできないことなどなくなってしまう。しかし、曽点以外の三者は「為学」と「為治」を別々の事と見做しているため、気象は狭く、官僚としての功績も究極（「至極」）の段に達することができない。ところが、一方の曽点にはそれが分かっている。

曽點の「浴沂風雩」は、自らその楽しみを得たので、孔子の「疏食を飯い水を飲み、楽しみ其の中に在り」（『論語』述而）や、顔子の「箪瓢、陋巷、其の楽しみを改めず」（『論語』雍也）の胸のうちと似ています。……（中略）……〔曽點の〕浴沂風雩は人々が〔誰でも〕為すことができるのですが、しかし必ずしもその楽しみ〔の境地に〕達することができないのは、まさに困窮と栄達（「窮達」）、利益と損害（「利害」）に心を煩わされて、その境地の味わい（「趣味」）を知らないからです。このことを、理解しなければなりません。……（中略）……曽點の言志というのは、すなわち「其の位に素して行い、其の外を願わず、入りて自得せざるは無し」（『中庸章句』第一四章）です。ゆえに程子は〔曽点を評して〕、「楽しんで自分の境遇に安んじる」（「楽而得其所」）と言ったのです。例えば現今の士人は、生まれながらに初めから不足無く、天理の中に遊泳し、大いに〔心を開いて〕楽しむこと〔「大小大快活」〕を知らず、反対に隠の世界でわび住いすること〔「窮居隠処」〕に自らの楽しみを見出すに不十分だと考え、思い迫った様子で、官僚となり手柄を立てることこそが、志を得ることだと考えているものがいます。どうしてこれを「楽しんで自分の境遇に安んじる」といえましょうか。孟子曰く「広土と衆民とは君子これを欲するも、楽しむ所はここに存せず。天下に中して立ち四海の民を定むるは、君子これを楽しむも、性とする所はここに存せず。君子の性とする所は大いに行なわると雖も加わらず、窮居すと雖も損ぜず、分定まるが故なり」〔『孟子』尽心上〕と、孟子のいわゆる「君子の性とする所」が、すなわち孔子、顔子、曽点の楽しみとしているところなのです。「老者はこれを安んじ、朋友はこれを信じ、少者はこれを懐けん」〔『論語』雍也〕という孔子の志も、……〔中略〕……顔子の楽しみとしているところなのです。この故に孔子は〔顔子に〕四代の礼楽〔という国家の統治方法〕について教えたのです。この〔曽点の〕浴沂風雩についても、見識のある者なら、このような理由で「曽点が堯舜の事業を充分に為し得る」ことを知っているのです。しかるに知ると知らざるは人に在り、用いると用いざるは時に在ります。聖賢はここにおいて、流れに乗れば行き、陥穽に直面すればそこに止まります。ただ登用されていない時は、「性に率い理に循う」ことの楽しみを知るだけです。その理由は、まさに学問〔「為学」〕と政治〔「為治」〕とが統合された一つの事だからです。……〔中略〕……〔三者は〕日頃の「性に率い理に循う」ことを知らないので、功績を立てる根本が、まだ「入りて自得せざるは無し」〔『中庸章句』第一四章〕の境地に到達していません。孔子が彼らに与しなかったのは、そもそもこのことを知っていたからです。[132]

「為学」と「為治」の連続性を認識し、現在の境遇に「浴沂風雩」の「楽しみ」を見出す曽点は、孔子と顔子の「楽しみ」の境地と同列の価値を与えられた。さらには、『中庸』にいう「其の位に素して行い、其の外を願わず、入りて自得せざるは無し」、つまり如何なる境遇にあってもその位に相応しい「分」をわきまえ、どのような状況にあっても「自得」せざるはない「君子」として曽点は位置づけられる。[133] そして、顔子の「楽しみ」というのも、孔子の「老者はこれを安んじ云々」に等しい。顔子はこの「為学」の完成があるからこそ、孔子に「四代の礼楽」を授けられた。これは『論語』衛霊公篇にある、国家の統治方法について質問した顔子に対し、孔子が夏の暦、殷の車、周の冠、舜の舞について教授したことを指している。ちなみに、朱子はこれについて、顔子は「王佐の才」を備えているから天下を統治する道を質問したのであるという。[134] 曽点の「浴沂風雩」についても、その内面的境地が孔子や顔子と同列であるが故に、やはり政治的功績を挙げる大いなる可能性を持つ。これこそが、「堯舜の事業と雖も優に為す」という解釈の意味である。このように、「堯舜の事業」を為し得ると見なされた曽点は、「王佐の才」ある顔子と、政治（「為治」）の面においても同列の高さで評価されているといえよう。

厳世文の論では曽点が孔子・顔子の域にまで高められ、明らかに「堯舜の事業」を容易に為し得るという理解がなされている。「為学」と「為治」との連続は朱子学において大前提ではある。[135] 厳世文は天下のあらゆる事に取り組まなければならないとはいうものの、しかし、朱子にすれば厳世文の意見が簡易な修養論に寄り掛かった学問で、具体的な「事」（軍旅を治め、財賦を治め、礼楽治めること）に取り組む実地の修行（「下学の工夫」）を必然的になおざりにしてしまうと感じられた。[136] 朱子の弟子たちが曽点を語るに当たっては、やはり「雖堯舜之事業、蓋所優為」という一文が少なからず論点となった。そこには、この一文によって、どうしても曽点を聖人に近い人物として受け取ってしまう弟子の姿があり、そのような論には「為治」の具体的な取り組みを軽視しかねない欠点がみられる。「為治」の具体的「事」への取り組みを重視する朱子が、最終的に『論語集注』からその一文を削除しなければならなかった理由はここにあった。先述したように、朱子『論語集注』は「四子言志」章の注釈について、「堯舜の気象」に関する内容を中心に、現行テキストに至るまで、数度の改訂を行ったのであるが、この事実は、「曽点の志」と「堯舜の事業」、つまり孔子が与した「曽点の志」と経世との関係こそ、朱子にとって大きな課題であった、ということを教えてくれるのである。

最後に次の点を確認しておきたい。厳世文の説には、確かに「為治」よりも「為学」への偏重を確認できる。しかし、それも真の経世済民のための「為学」重視であって、もとより世事にとらわれず、「隠」の世界で生きていこうなどとは思っていなかった、ということである。むしろ、真の経世とは如何になされるべきか、という問いのもとに思考された結果である。そもそも、この「四子言志」章は官として仕えた時の志が主題である。ところが、曽点は経世について述べずに、ひとり孔子に与されてしまった。『朱子語類』や『朱子文集』に残された朱子の弟子たちによる発言や質問を見れば、主に程顥が曽点の志を「聖人の志」と同じで、「堯舜の気象」があると言ったこと、さらに謝良佐が「禹稷の事でも、固より優に為す」と言い、それを受けた朱子が「堯舜の事業と雖も、固より優為す」と注釈を付けたことに注目していることが分かる。このような解釈に注目し、曽点に憧れる者たちは、この「隠」の世界における学問にこそ真の経世を読み取ろうとした。要するに、経世とは現実の統治の場に立つだけのことではないという認識を基礎にして、「隠」への憧れと、経世の自任という全く相矛盾するベクトルを、矛盾ではなく整合性あるものとして体現している存在として曽点を発見し、そこに理想的な像を作り上げたのである。曽点への憧れは、官僚としての統治の現場からの逃避や天下国家に責任を負う士大夫としての自任意識の放棄を意味するのではなく、むしろ経世済民への志向があるからこそ、集中的に興味をもたれた、といったほうがよい。宋儒にとって、「為学」が「為治」に先行するとはいえ、実践・実務・実事は、その学問の実学性を保証するためにも、最低限主張しなければならない。経世の「実事」を語らなかった曽点が評価されるのは、逆説的に真の経世の「実事」を最終的には為しえる存在であると見なされたからである。厳世文の議論とはそういうものであった。

おわりに

孔子には曲肱飲水の楽しみが有り、顔子には陋巷箪瓢の楽しみが有り、曾点には浴沂詠帰の楽しみが有り、曽参には履穿肘見、歌若金石の楽しみが有り、周程には愛蓮観艸、弄月吟風、望花随柳の楽しみが有る。道を学んで楽しみの境界に至ってこそ、真に得る所がある。[137]

曽点の楽しみとは、この孔子・顔子・曽子・周子・程子の「楽しみ」の境地と同次元で語られた。「楽しみ」とは儒学における「学問者の究極の境界[138]」である。孔子をはじめ程子に至る者は、朱子学においていわゆる道統を受け継ぐとみなされた聖賢である。だがひとり曽点のみが道統に組み込まれなかった。曽点の問題のおもしろさはここにある。曽点以外の「楽しみ」は、儒教最高の境地であるが、しかし、曽点は聖人ではない。その「楽しみ」は本当に聖人と同じなのか、同じだとしてなぜ曽点は聖人ではないのか、なぜ「四子言志」章で曽点ひとりに孔子は与したのか、そもそも孔子は本心から与したのか等々と議論が起きてくる余地はここにあった。そうした中で、宋代士大夫を最も引きつけた関心が、曽点の内面と官としての統治との関係であった。超俗的な曽点が、政治に関する問答で孔子に唯一認められたのは、どういう理由か。このような問いの背景には、一方に超俗的な「隠」者の世界、俗ならざる雅の世界への憧れがあり、またもう一方に宋代士大夫としての天下国家への責任意識、政治における為政者としての主体意識の高揚があると思われる。

道学を含む宋学の担い手は、士大夫である。かつて島田虔次氏は士大夫を、「儒教経典の教養の保持者」である「読書人」として、さらに言えば、「科挙を通過して為政者（官僚）となるべき者と期待されるような」人々のことである、と定義された。[139] また、村上哲見氏は、士大夫たる要件として、「古典（経書）の素養と作詞文（文言の詩と散文）の能力からなる人文的教養」と「官僚としての「治国平天下」への使命感」とを兼ね備えた存在として定義された。[140] そして、余英時氏は、「天下を以て己の任と為す」という気概を持ち、天下を統治するという政治主体意識こそ宋学の最大のテーマであると論じた。[141]

先述したように陳淳は科挙に合格したが、官僚としての治績はなく、また厳世文も生涯出仕することはなかった。[142] 仕官しなかった士大夫の政治主体意識は何によって担保されるのだろうか。そのひとつは、『大学』八条目「格物・致知・誠意・正心・修身・斉家・治国・平天下」の教えであろう。内面（「心」）の陶冶から天下国家の治平に至るまで、段階的に取り組むべき「事」が規定されているため、中央官僚から地方に埋もれた「士人」に至るまで、それぞれの境遇において内面を修養し、また統治に参画することができる。つまり、序章で述べたように経世済民は、官僚にのみ独占されているのではなく、家郷にある在野の士人にも期待されることとなる。

しかし、地方に生きる士人も、一地方のみに局促した経世意識を持っていたのではなく、あくまで天下国家の治平を志向する存在であろうとした。その事例として厳世文による曽点論を読むことができるだろう。厳世文は、「軍旅、財賦、礼楽」など天下国家のあらゆる「事」は、すべての「学ぶ者＝士大夫」が取り組まなければならない事柄であるという。これは、地方官であっても、また仕官しない在野の「士人」であっても、士大夫である限り、「軍旅、財賦、礼楽」という天下国家にかかわる問題についても当然取り組まなければならないということである。厳世文は布衣の身にありながらも、天下国家への政治主体意識を持ち続けた人物であったといえよう。そのため、官にない在野生活にも価値が付与される。

〔劉克荘は〕年盛志壮の時に当たって、天材逸発、詞筆凌厲にして、自ら李白になぞらえ、州県の事を意に介さなかった。しかし、一旦令となると民の苦しみをあわれみ、教道を重んじ、懇懇焉として両漢循吏の風があった。[143]

「隠者」と「循吏」という一見相反する二面性を一個人が矛盾なく体現する。このような姿を理想とする宋代道学士大夫[144]にとって、曽点はまさに自己を投影できる存在であった。実事にわずらわされず、日々学問に取り組み、ひとたび実事に取り組めば、いつも政治の世界にいる者よりすぐれた成績を治め得る。

このような「内」と「外」の認識における「内」への傾斜、所謂思想の内面化・内向化と呼ばれる事態が、南宋道学において拡大してくる。[145]そういう思潮の中で曽点に対する議論が沸きあがってくるのである。士大夫たる道学士人にとって、この「内聖」と「外王」、「学問」と「政治」、「隠」と「官」という二つの世界を如何に連続させるのかという問題こそが最も根底にあったのであり、曽点の問題もこの南宋道学の内向化思潮の象徴である。この意味において、曽点の問題とは、宋代、特に南宋において道学士人たちに問われるべくして問われた課題であったということができよう。

本章では、朱子と彼を中心とする道学士大夫の政治意識について、曽点問題を通して論じてきた。宋代では「士大夫とともに天下を治む」の理念のもと、道学者たちは、皇帝と士大夫官僚による共治を強く主張してきた。そこで次章では、君主〔皇帝〕いかにあるべきかという朱子の君主論について論じる。

〔注〕

（1）現代語訳は、金谷治訳注『論語』（東京、岩波書店、一九六三）を参照した。

（2）境武男「論語「風乎舞雩」をめぐりて」（『漢文教室』第六五号、一九六三）、西岡弘「「論語」浴乎沂風乎舞雩之章」（『国学院雑誌』第七六号、一九七五）。

（3）『論語』子路。

子曰、不得中行而与之、必也狂狷乎。狂者進取、狷者有所不為也。

（4）『孟子』尽心下。

万章問曰、孔子在陳曰、盍帰乎来。吾党之士狂簡、進取、不忘其初。孔子在陳、何思魯之狂士。孟子曰、孔子不得中道而与之、必也狂獧乎。狂者進取、獧者有所不為也。孔子豈不欲中道哉。不可必得、故思其次也。敢問何如斯可謂狂矣。曰、如琴張・曽皙・牧皮者、孔子之所謂狂矣。何以謂之狂也。曰、其志嘐嘐然、曰、古之人、古之人。夷考其行而不掩焉者也。狂者又不可得、欲得不屑不潔之士而与之、是獧也、是又其次也。

（5）松川健二『宋明の思想詩』第五章、点也雖狂得我情（札幌、北海道大学図書刊行会、一九八二）。

（6）張栻『南軒先生文集』巻一、舞雩亭詞、『朱子全書外編』第四冊（上海、華東師範大学出版社、二〇一〇）、頁一―二。

（7）葉適『水心文集』巻六、奉賦徳修西充大夫成都新園詠帰堂二首、同巻七、寄題鍾秀才詠帰堂。

（8）葉適『水心文集』巻一〇、舞雩堂記。

（9）楼鑰『攻媿集』巻七九、詠帰会講説。

（10）陳淳『陳北渓先生大全集』巻九、貫斎記。以下では、『北渓全集』と略す。

（11）宋元文学研究会編『朱子絶句全訳注』第二冊（東京、汲古書院、一九九四）、頁一四〇。

（12）『河南程子遺書』巻三、二先生語三、謝顕道記憶平日語、『二程集』上冊（北京、中華書局、一九八一）、頁五九。

詩可以興。某自再見茂叔後、吟風弄月以帰、有吾与点也之意。

また、『論語精義』巻九上、『伊洛淵源録』巻一、濂渓先生、『宋史』巻四二七、道学一、周敦頤伝にも引用され、曽点の境地が肯定的に語られている。

(13) 黄庭堅『山谷別集詩注』巻上、濂渓詩。
茂叔人品甚高、胸中灑落、如光風霽月、知徳者亦深有取於其言云。

また、『周子全書』巻七、濂渓詞并序、『近思録』巻一四、総論聖賢篇、『伊洛淵源録』巻一、濂渓先生にも引用され、「胸中灑落、如光風霽月」は、周敦頤を形容する言葉として定着していった。
(14) 李侗『延平答問』(朱熹編)不分巻。
(15) 李侗思想における「灑落」については、岡田武彦「朱子の父と師」(『文理論集』第一四巻第二号、一九七四)を参照、のち、『中国思想における理想と現実』(東京、木耳社、一九八三)所収。
(16) 『朱子文集』巻四二、答石子重(第九書)、『朱子全書』第二二冊(上海、上海古籍出版社、合肥、安徽教育出版社、二〇〇二)、頁一九三〇。
門人詳記曽皙舎瑟之事、但欲見其従容不迫、灑落自在之意耳。若如此言、則流於荘列之説矣。且人之挙動、孰非天機之自動耶。然亦只此便見曽晳狂処、蓋所見高而涵養未至也。
(17) 謝良佐『上蔡語録』(朱熹編)巻上、『朱子全書外編』第三冊、頁七―八。
学者須是胸懐擺脱得開、始得有見。明道先生在鄠県作簿時、有詩云、雲淡風軽作午天、傍花随柳過前川。旁人不識予心楽、将謂偸閒学少年。看也胸襟、直是好与曽点底事一般。

葉適『習学記言』、また『宋元学案』巻一〇、百源学案下(北京、中華書局、一九八六)、頁四六九。

邵某以玩物為道、非是。孔子之門惟曽晳。此亦山人隠士所以自楽、而儒者信之、故有雲淡風軽、傍花随柳之趣。
(18) 『河南程子遺書』巻一二、明道先生語二、戊冬見伯淳先生洛中所聞、『二程集』上、頁一三六。
孔子与点、蓋与聖人之志同、便是堯・舜気象也、誠異三子者之撰、特行有不揜焉者、真所謂狂矣。
(19) 『河南程氏外書』巻三、陳氏本拾遺、『二程集』上、頁三六九。
子路・冉有・公西華皆欲得国而治之、故孔子不取。曽晳狂者也、未必能為聖人之事、而能知孔子之志、故曰浴乎沂、風乎舞雩、詠而帰、言楽而得其所也。孔子之志在於老者安之、朋友信之、少者懐之、使万物莫不遂其性。曽点知之、故孔子喟然歎曰、吾与点也。
(20) 『朱子語類』巻一一七、朱子一四、訓門人五、第四三条。

〔陳淳〕因問、向来所呈与点説一段如何。曰、某平生便是不愛人説此話。論語一部自学而時習之至堯曰、都是做工夫処。不成只説了与点、便将許多都掉了。聖賢説事親便要如此、事君便要如此、事長便要如此、言便要如此、行便要如此、都是好用工夫処。通貫浹洽、自然見得在面前。若都掉了、只管説与点、正如喫饅頭、只撮箇尖処、不喫下面餡子、許多滋味不見……。

(21) 吉川幸次郎・三浦國雄『朱子集』中国文明選三（東京、朝日新聞社、一九七六、のち、『「朱子語類」抄』東京、講談社、二〇〇八）、頁二一五。以下、引用頁数は新版による。

(22) 島田虔次『中国における近代思惟の挫折』（東京、筑摩書房、一九四九、改訂版、一九七九）、市来津由彦「廖徳明――福建朱熹門人従学の一様態――」（『東北大学教養部紀要』第五六号、一九九一、のち、『朱熹門人集団形成の研究』東京、創文社、二〇〇二）、垣内景子「朱子に於ける「気象」と工夫」（『中国古典研究』第三六号、一九九一、のち、『「心」と「理」をめぐる朱熹思想構造の研究』東京、汲古書院、二〇〇五）、銭穆「朱陸異同散記」（『朱子新学案』台北、三民書局、一九七二）、陳来『朱子哲学研究』第二章、朱子与李延平（上海、華東師範大学出版社、二〇〇〇）参照。

(23) 小路口聡「朱熹の曽點観――陸象山批判の一視座――」（『日本中国学会報』第四九集、一九九七）。

(24) 田智忠『朱子論『曽点気象』研究』（成都、巴蜀書社、二〇〇七）。

(25) 前掲註（24）、田著、頁二四七―二四九。

(26) 今回旧稿（『東洋史研究』第六五巻第二号、二〇〇六）を書き改めるに際し、旧稿発表後に出版された田智忠氏の研究を参照することができた。「曽点の気象」を朱子の観点から網羅的に論じた研究で、質・量ともに本論をはるかにしのぎ、また当然筆者の旧稿とも部分的に共通するところもある。にもかかわらず、ここに書き改めたのは、全体の論旨が異なり、また田氏の論証についても付け加えるべき点があると考えるからである。例えば、本論の関心は、朱子のみならず、やや過熱気味に曽点を論じる弟子達の論理にあり、また第一節で述べる陳淳に関しても、田氏は朱子の観点からのみ述べるのに対し、本論は陳淳の思想形成に即して曽点問題を位置づけようとするものである。

(27) 長年にわたり科挙受験の失敗を繰り返し、所定の年齢に達したときに与えられる恩典のこと。荒木敏一氏によれば、「五回以上省試を受験失敗せる五十歳以上の進士科挙人乃至六回以上省試を受験失敗せる六十歳以上の諸科挙人及び殿試を受くること三回以上の進士科挙人若しくは、殿試を受くること五回以上の諸科挙人」という規定が、北宋仁宗以降一般的に行われたが、歴代皇帝の方針によって規定は様々であったという。荒木敏一『宋代科挙制度研究』第三章、殿試、第二節、殿試の試題（京都、東洋史研究会、一九六九）、頁二八九―二九一。

(28) 陳淳に関する研究には以下のものがある。楠本正継『宋明時代儒学思想の研究』第一編第四章第六節、朱門の思想（柏、広池学園出版部、一九六二）、荒木見悟「陳北渓と楊慈湖」（広島大学『哲学』第六号、一九五六、のち、『中国思想史の諸相』（福岡、中国書店、一九八九）、佐藤隆則「陳淳の学問と思想――朱熹従学以前――」（『大東文化大学漢学会雑誌』第二八号、一九八九）、同「陳淳の学問と思想――朱熹従学期――」（『大東文化大学漢学会雑誌』第二九号、一九九〇）、高令印・陳其芳『福建朱子学』第二章、四、陳淳（福州、福建人民出版社、一九八六）、張加才『詮釈与建構――陳淳与朱子学』（北京、人民出版社、二〇〇四）、侯外廬等編『宋明理学史』（北京、人民出版、一九八四）第一六章、陳淳的理学思想、などを参照。また、『北渓字義』の訳注として、佐藤仁訳・解題『朱子学の基本用語』（東京、研文出版、一九九六）があり、その「解題」で陳淳の生涯と思想について詳しく論じられている。また、田中謙二「朱門弟子師事年攷」（『田中謙二著作集』第三巻、東京、汲古書院、二〇〇一）に、陳淳が朱子に直接師事した時期や、同席の者に関する考察がある。

(29) 『中庸章句』第二七章。
尊者、恭敬奉持之意。徳性者、吾所受於天之正理。道、由也。……（中略）……尊徳性、所以存心而極乎道体之大也。道問学、所以致知而尽乎道体之細也。二者修徳凝道之大端也。不以一毫私意自蔽、不以一毫私欲自累、涵泳乎其所已知。

(30) 陳淳がこのように力説するのは、当然根拠あってのことである。朱子は「大抵子思以来教人之法、惟以尊徳性道問学両事為用力之要。今子静所説、専是尊徳性事、而熹平日所論、却是問学上多了。」（『朱子文集』巻五四、答項平父、第二書）と言っており、陸学との比較においては、より道問学に傾斜していると自覚していた。この記事が後世、朱子学は「道問学」であると主張せられるとき、決定的な役割を果たしてきた。

(31) 『北渓全集』第四門、巻一一、答李郎中貫之。

(32) 『北渓全集』第四門、巻一四、答陳伯澡一。

(33) 前掲註（28）、荒木論文。

（34）前掲註（28）、田中著。

（35）陳淳の生涯を記す資料は、陳宓「有宋北渓先生主簿陳公墓誌銘」、陳沂「叙述」（『北渓全集』外集）の他、『宋史』巻四三「道学伝四」、『宋元学案』巻六八「北渓学案」がある。また、朱子への師事期の問答は、陳淳自身の手によって記録されたものが、第一回目が「郡斎録」、第二回目が「竹林精舎録」としてまとめられ、両録には「郡斎録序」「竹林精舎録序」が付されていた。両録は現在『朱子語類』巻一一七、訓門人五に、両序は『北渓全集』第四門、巻四に収められている。

（36）朱子の弟子である厳世文（字は時亨）、廖徳明（字は子晦）の二人を巻き込んだ論争に発展する。きっかけは、厳世文の「与点論」に触発されたことに由る。その後、陳淳が自己の曾点観について、厳氏批判を含んだ形で論文にまとめた。それが、廖徳明の目に止まったらしく、廖徳明は陳淳の意見に反対する文を送り付ける。そして、陳淳がそれに対する廖徳明への再批判の書簡を送りつけ、最終的に③第二回目の師事期に師の批評を仰ぐというように論争が展開していく。ちなみに、厳世文の「与点論」が『朱子文集』「答厳時亨」第二書に、厳世文が朱子に提出した質問として、また陳淳による廖徳明への再批判の書簡が『北渓全集』に収められている。廖徳明とこの時の議論の様子については、前掲註（22）市来論文にも論及されている。

（37）『北渓全集』第四門、巻四、竹林精舎録後序。

某自辛亥夏送別先生於沈井之後、以水菽之不給、歳歳為訓童牽絆、未能一走建陽再詣函丈、而先生屡以書来招。至乙未冬、始克与妻父同為考亭之行、十一月中澣到先生之居、即拝見於書楼下之閤内、甚覚体貌大減曩日、脚力已阻於歩履、而精神声音則如故也。晩過竹林精舎止宿、与宜春胡叔器・臨川黄毅然二友会、而先生日常寝疾十劇九瘥、毎入臥内聴教、而諄諄警策無非直指病痛所在、以為所欠者下学、惟当専致其下学之功而已。而於下学之中、所謂致知、必一一平実循序而進、而無一物之不格。所謂力行、亦一一平実循序而進、而無一物之不周。要如顔子之博約、毋遽求顔子之卓爾。要如曽子之所以為貫、毋遽求曽子之所以為一、而其所以為人痛切直截之意、比之向日郡斎従容和楽之訓、則又不同矣。

（38）『論語』子罕篇。

顔淵喟然歎曰、仰之弥高、鑽之弥堅、瞻之在前、忽焉在後。夫子循循然善誘人、博我以文、約我以礼、欲罷不能、既竭吾才、如有所立卓爾、雖欲從之、末由也已。
(39) 『論語』里仁篇。
子曰、参乎、吾道一以貫之。曾子曰、唯。子出、門人問曰、何謂也。曾子曰、夫子之道、忠恕而已矣。
(40) 『朱子語類』巻一一七、朱子一四、訓門人五、第四六条。
但聖人平日也不曾先説箇天理在那裏、方教人做去湊。只是説眼前事、教人平平恁地做工夫去、自然到那有見処。
(41) 『朱子語類』巻二七、論語九、里仁篇下、第五三条。
吾道一以貫之、譬如聚得散銭已多、将一条索来一串穿了。所謂一貫、須是聚箇散銭多、然後這索亦易得。若不積得許多銭、空有一条索、把甚麼来穿。吾儒且要去積銭。若江西学者都無一銭、只有一条索、不知把甚麼来穿。
(42) 『朱子語類』巻二七、論語九、里仁篇下、第五二条。
且如曾子日用間做了多少工夫、孔子亦是見他於事事物物上理会得這許多道理了、却恐未知一底道理在、遂来這裏提醒他。然曾子却是已有這本領、便能承当。今江西学者実不曾有得這本領、不知是貫箇甚麼。嘗譬之、一便如一条索、那貫底物事、便如許多散銭。須是積得這許多散銭了、却将那一条索來一串穿、這便是一貫……。
(43) 『朱子語類』巻一一七、朱子一四、訓門人五、第四六条。
因做工夫後、見得天理也無妨。只是未做工夫、不要先去討見天理否。
(44) 『朱子語類』巻一一七、朱子一四、訓門人五、第四三条。
（朱子）曰、不要説総会。如博我以文、約我以礼、博文便是要一一去用工、何曾説総会処。……（中略）……学者固是要見総会処。而今只管説箇総会処、如与点之類、只恐孤単没合殺、下梢流入釈老去、如何会有詠而帰底意思。
(45) 『朱子語類』巻一一七、朱子一四、訓門人五、第五一条。
聖人雖是生知、然也事事理会過、無一之不講。這道理不是只就一件事上理会見得便了。学時無所不学、理会時、却是逐件上理会去。凡事雖未理会得詳密、亦有箇大要処、縦詳密処未曉得、而大要処已被自家見了。今公只就一線上窺見天理、便説天理只恁地様子、便要去通那万事、不知如何得。
(46) 『朱子語類』巻一一七、朱子一四、訓門人五、第四六条。
曾子父子之学自相反、一是従下做到、一是従上見得。

(47) 『朱子語類』巻四〇、論語二二、先進篇下、第四一条。
曾点合下便見得聖人大本是如此、但於細微工夫却不曾做得、所以未免為狂。縁他資稟高、見得這箇大、不肯屑屑做那小底工夫。是他合下一見便了、於細微節目工夫却有欠闕、與後世仏老近似、但仏老做得忒無状耳。

(48) 『朱子語類』巻一一七、朱子一四、訓門人五、第四三条。
聖賢教人、無非下学工夫。一貫之旨、如何不便説与曾子、直待他事事都曉得、方説与他。……(中略)……万理雖只是一理、学者且要去万理中千頭百緒都理会、四面湊合来、自見得是一理。不去理会那万理、只管去理会那一理、説与点、顔子之楽如何。

(49) 前掲註(22)、市来論文を参照。

(50) 『北渓全集』第四門、巻一〇、答廖師子晦一。
鄙説正所以発明点於日用事物上、見得件件都是理、於形而下処、見得一一都是形而上之妙、又非語上遺下語理遺物之謂也。況厳説、又全無下学次第。

(51) 『朱子語類』巻一一七、朱子一四、訓門人五、第五一条。
近日陸子静門人寄得数篇詩来、只将顔淵曾点数件事重畳説、其他詩書礼楽都不説。如吾友下学、也只是揀那尖利底説、粗鈍底都掉了。今日下学、明日便要上達。如孟子、従梁恵王以下都不読、只揀告子尽心来説、只消此両篇、其他五篇都刪了。緊要便読、閑慢底便不読、精底便理会、粗底便不理会。書自是要読、恁地揀択不得。如論語二十篇、只揀那曾点底意思来涵泳、都要蓋了。単単説箇風乎舞雩、詠而帰、只做箇四時景致。論語何用説許多事。

(52) 『北渓全集』第一門、巻一、厳陵講義。

(53) 島田虔次「楊慈湖」(『東洋史研究』第二四巻第四号、一九六六、のち、『中国思想史の研究』京都、京都大学学術出版会、二〇〇二)。石田和夫「楊慈湖思想の一検討」『荒木教授退休記念中国哲学史研究論集』(福岡、葦書房、一九八一)など。

(54) 前掲註(22)、市来著、第二篇第二章第三節、浙東陸門袁燮と朱熹、を参照。

(55) 前掲註(28)、楠本著、第二編第一章、宋代陸学、などの研究がある。その他研究はあるが、煩雑になるのでここでは多くは挙げない。また最近発表された研究では、范立舟『南宋〝甬上四先生〟研究』(北京、人民出版社、二〇一四)がある。

（56）『北渓全集』第四門、巻一一、与李公晦一。

某在都下為林自知及趙計院諸士友、留講貫。至七月末、始出都門。八月初、経厳陵、又為使君鄭寺丞留学中講説、不覚度両月日。自都下時、頗聞浙間年来象山之学甚旺、以楊慈湖・袁祭酒為陸門上足、顕立要津鼓簧其説、而士夫頗為之風動。及来厳陵山峡間、覚士風尤陋、全無向理義者、纔有資質美、志於理義、便落在象山圏檻中、縁士人先輩有趙復斎・詹郎中者為此学、已種下種子。趙詹雖已為古人、而中輩行有喩顧二人者、又継之護衛其教、下而少年新進遂多為薫染其学、大抵全用禅家意旨、使人終日黙坐以求本心、更不読書窮理、而其所以為心者、又却錯認人心指為道心之妙、与孔孟殊宗、与周程立敵。平時亦頗苦行、亦以道学之名自標榜郷閭。時官多推重之、殊無一人看得破者。自某到学亦都来相訪、議論不合、遂各屏跡。

（57）前掲註（28）、田中著、頁二〇七―二〇八。

（58）これも陳淳によってデフォルメされた主観的観察である。陸象山も読書の必要を説き、また特に袁燮がより幅広い読書を求めていたことについては、前掲註（22）、市来著、頁三四一―三四八、を参照。

（59）『北渓全集』第四門、巻一四、答陳伯澡六。

大抵吾儒工夫有節目次第、非如釈氏妄以一超直入相誑眩。須従下学、方可上達、須従格物致知、然後融会貫通、而知与行又不是両截事、譬如行路目視足履、動即相関、触即相応。豈能相離偏一廃一。……（中略）……陸学従来、只有尊徳性底意思、而無道問学底工夫。蓋厭煩就簡忽下趨高者、其所精微要帰、乃不過陰窃釈氏之説、以為聖人之蘊。確然自立一家、牢執不可転移、最為害事。

（60）『北渓全集』第四門、巻一一、与陳寺丞師復一。

厳陵有詹喩輩護法、此法尤熾。後生有志者、多落在其中。其或読書却読語孟精義、而不肯読文公集註、読中庸集解、而不肯読文公章句・或問、読河南遺書、而不肯読近思録、読周子通書、而不肯読太極図、而通書只読白本、而不肯読文公解本。

（61）『北渓全集』第四門、巻一二、与趙司直季仁一。

此間尤陋、無一人置得晦翁大学解、或一有焉、亦只是久年未定之本。

(62)『宋元学案』巻六二、西山蔡氏学案、節斎門人。
(63)『宋元学案』巻六八、北渓学案、北渓門人、推官陳貫斎先生沂。
(64)『北渓全集』第四門、巻一一、与李公晦一。
十月初九、始離厳陵到莆、而仙遊陳憲又専書邀過書院、留与令嗣伯澡相聚。此後生甚不易得、数年来極是弁得做鑚仰工夫、甚懇切専篤、已識路脈不差、将来必大有可望者。
(65)『北渓全集』第四門、巻一四、答陳伯澡一。
其為工夫大要処亦不過致知力行二事而已。二者皆当斉頭著力並做、不是截然為二事。先致知了、然後力行、只是一套底事。

また、前掲註(59)、『北渓全集』第四門、巻一四、答陳伯澡六、の内容を参照。
(66)『北渓全集』第四門、巻一四、答陳伯澡一。
若分読書之序、則須先小学、以立其基址、次大学、以掲其綱領、次論孟、以玩其精微、然後会其極於中庸。

『北渓全集』第四門、巻一四、答陳伯澡三。

然聖門事業、浩博無疆、而用功有節目、読書有次序。初学入徳之門、無如大学。……(中略)……必先従事於此、而論孟次之、中庸又次之。四書皆通、然後胸中権衡、尺度分明、軽重長短、毫髪不差、乃可以読天下之書、論天下之事。於是乎井井縄縄、莫不各有条理而不紊矣。

また、陳淳は、「四書」の先に『近思録』を読むべきことも主張している。それについては黄榦が疑義を呈して以来、真に朱子の考えかどうか議論が起こった。前掲註(28)、荒木論文参照。
(67)『北渓全集』第四門、巻一五、答陳伯澡一。
如四書者、実後学求道之要津、幸文公先生註解已極精確、実自歴代諸儒百家中、磨刮出来、為後学立一定之準、一字不容易下、甚明甚簡、而涵蓄甚富。誠有以訂千古之訛、正百代之惑。
(68)このような陳淳の学問を、「道問学」に偏重しすぎた「記誦詞章の俗学」、「朱門末学の弊」とする批判は、すでに元代に存在する。
呉澄『呉文正集』巻四〇、記、尊徳性道問学斎記。

天之所以生人、人之所以為人、以此徳性也。然自孟氏以来、聖伝不嗣、士学靡宗、誰復知有此哉。……（中略）……逮夫周程張邵興、始能上通孟氏而為一。程氏四伝而至朱。文義之精密、句談而字議。又孟氏以来所未有者。而其学徒往往滞於此而溺其心。夫既以世儒記誦詞章為俗学矣。而其為学亦未離乎言語文字之末、甚至専守一芸、而不復旁通它書、掇拾腐説　而不能自遣一辞。反俾記誦之徒嗤其陋、詞章之徒譏其拙。此則嘉定以後朱門末学之弊、而未有能救之者也。……（中略）……況止於訓詁之精、講説之密如北渓之陳、双峯之饒、則与彼記誦詞章之俗学相去何能以寸哉。

（69）『宋元学案』巻六八、北渓学案、全祖望案語。
其衛師門甚力、多所発明、然亦有操異同之見而失之道者。

（70）『北渓全集』第四門、巻一四、題跋、代跋大学。
此書乃群経之綱領、而初学入徳之門。晦庵先生解之、已明白親切詳尽矣。今得先生絶筆定本、因刻之厳陵郡庠以示学徒。其相与復之熟之、要使聖賢深長、意味源源出於中、而宏大器局、卓然呈露於前、然後知此書之為真不我誣、而聖賢大業、其可進矣。嗚呼其共勉之哉。

また、同巻「代鄭寺丞跋家礼」「代跋小学」を参照。

（71）『北渓全集』第四門、巻一六、与陳伯澡論李公晦往復書。

（72）②の時期、陳淳は曽点について「狂」であることには触れず、ひたすら孔子が与した理由を肯定的に説明していた（『北渓全集』第四門、巻一〇、答廖帥子晦一）。それに対して④の時期には、逆に実行の伴わない「狂者」であることが強調されている。

（73）『北渓全集』第四門、巻三、貫斎記。
聖門教不躐等下学而上達、未有下学之不致而可以径造。夫上達者、当時門弟中従事於此為最篤者、自顔子之外惟曽子一人。平時於聖人用処、毎随事精察而実履之。……（中略）……或曰、曽点浴沂之志、見道之大体甚明。夫子深嘆与之、豈非与参之唯、亦同一趣味歟。曰、曽氏父子之学正相反、参也由貫以達夫一、点則又専游心於一、而不必実以貫。蓋以上達為高而不屑夫下学者、所以行有不揜而不免為狂士、是固不可以同日語也。仙遊陳生沂伯澡始慕点為名、今復以貫名斎。蓋覚点之病、而欲務参之学以実之。且来講明其義、予嘉其立志之審、而用功之有序也。

（74）もちろん陳淳自身はこれが正しい偏りのない朱子学であると考えていたであろう。第二回目の師事期、そして浙東での経験がこの一方への偏りと固定化の原因となったというのは、本論が論じてきた通りであるが、もうひとつの根本的な要因として、市来津由彦氏（「陳淳論序説――「朱子学」形成の視点から――」（『東洋古典学研究』第一五集、二〇〇三）が論じられるように、陳淳ら朱熹の直弟子には、『朱子文集』『朱子語類』が未編纂であったことによって、朱子学説の全体を見ることができなかったということがある。師説を全体的に鳥瞰することができなかった直弟子にとっては、直接受けた教えこそが絶対であり全体であった。陳淳にとって、最後の直接の訓戒こそが、守り、そして伝えていくべき師説として強調されたのである。また、激しい陸学批判は単に朱子学顕彰のためになされたのではなく、過去の陳淳自身に対する反省の意味も込められていたのではないだろうか。「貫斎記」を例とすれば、「曽子下学の功」の主張は陸学批判でもあるのだが、そこで語られた言葉は、かつて朱子から陳淳に教えたことである。つまり、陳淳はかつて自分が受けた教えをそのまま陸学批判に向けなおしているのである。

（75）『朱子語類』巻四〇、論語二二、先進篇下、子路曽皙冉有公西華侍坐章、第三四条。
某嘗説、曽皙不可学。他是偶然見得如此、夫子也是一時被他説得恁地也快活人、故与之。今人若要学他、便会狂妄了。他父子之学正相反。

（76）小路口氏は、「狂」と「狂妄」を同一の意味で解釈されている。前掲註（23）、小路口論文参照。朱子には「狂」と「狂妄」を明確に区別する意図があり、この意味の相違こそ、朱子の曽点観にとって重要な問題であると考える。

（77）『孟子精義』巻一四、尽心章句下、『朱子全書』第七冊、頁八四六。
呂侍講曰、夫曽皙志不欲仕、可謂切於己者也、仲尼与之、而孟子以為狂、何也。曰、狂者、非猖狂妄行之謂也。其志大、其言高、不合於中道、故謂之狂。

（78）『論語集注』巻七、子路第一三。
狂者、志極高而行不掩。

（79）『論語』公冶長。
子在陳曰、帰与、帰与。吾党之小子狂簡、斐然成章、不知所以裁之。

（80）『論語集注』巻三、公冶長第五。
夫子初心、欲行其道於天下、至是而知其終不用也。於是始欲成就後学、以伝道於来世。又不得中行之士而思其次、以為狂士志意高遠、猶或可与進於道也。但恐其過中失正、而或陥於異端耳、故欲帰而裁之也。

(81) 『朱子語類』巻四〇、論語二二、先進篇下、子路曽晳冉有公西華侍坐章、第四四条。

或問曽点気象。曰、曽点気象、固是従容灑落。然須見得他因甚得如此、始得。若見得此意、自然見得他做得堯舜事業処。

(82) 『朱子語類』巻一一五、朱子一二、訓門人三、第五六条。

問、観書或暁其意、而不暁字義。如従容字、或曰、横出為従、寛容為容、如何。曰、這箇見不得。莫要管他横出、包容、只理会言意。

(83) 『朱子語類』巻一一六、朱子一三、訓門人四、第五条。

書有合講処、有不必講処。如主一処、定是如此了、不用講。只是便去下工夫、不要放肆、不要戯慢、整斉厳粛、便是主一、便是敬。聖賢説話、多方百面、須是如此説。但是我恁地説他箇無形無状、去何処証験。只去切己理会、此等事久自会得。

(84) 当然、まったく議論することを無価値だと考えていたのではない。「議論すべきでないもの」、「議論すべきもの」をきちんと分けて取り組んでいくことを朱子は重視した。

『朱子語類』巻一二四、陸氏、第二一条。

某向与子静説話、子静以為意見。某曰、邪意見不可有、正意見不可無。子静説、此是閑議論。某曰、閑議論不可議論、合議論則不可不議論。

(85) 『朱子語類』巻一一六、朱子一三、訓門人四、第一五条。

又一士友曰、先生涵泳之説、乃杜元凱優而柔之之意。曰、固是如此、亦不用如此解説。所謂涵泳者、只是子細読書之異名也。大率与人説話便是難。某只説一箇涵泳、一人硬来差排、一人硬来解説。此是随語生解、支離延蔓、閑説閑講、少間展転、只是添得多、説得遠。如此講書、如此聴人説話、全不是自做工夫、全無巴鼻。可知是使人説学是空談。

(86) 『朱子語類』巻四〇、論語二二、先進篇下、子路曽晳冉有公西華侍坐章、第二十四条。

或問、曽点之言如何。曰、公莫把曽点作面前人看、縦説得是、也無益。須是自家做曽点、便見得曽点之心。

(87)『朱子文集』巻四三、答陳明仲（第一四書）、『朱子全書』第二二冊、頁一九五一。
曽点見道無疑、心不累事、其胸次洒落、有非言語所能形容者。

(88)『朱子文集』巻五三、答胡季随（第一三書）、『朱子全書』第二二冊、頁二五一九。
大抵此箇地位乃是見識分明、涵養純熟之効、須従真実積累効用中来、不是一旦牽強著力做得。……（中略）……殊不知通透灑落如何令得。纔有一毫令之之心、則終身只是作意助長、欺己欺人、永不能到得灑然地位矣。

また、「灑落」「曽点」の境地に到達することについて、次の史料も参照。

『朱子文集』巻三二、答張敬夫（第一三書）、『朱子全書』第二一冊、頁一三三二。

所謂灑落、只是形容一個不疑所行、清明高遠之意、若有一豪私吝心、則何處更有此等気象邪。只如此看、有道者胸懐表裏亦自可見。若更討落著、則非言語所及、在人自見得如何。如曽点舍瑟之対、亦何嘗説破落著在甚処邪。

(89)『朱子文集』巻五二、書、答呉伯豊（第一九書）、『朱子全書』第二二冊、頁二四五一。
明道之語、亦上蔡所記、或恐須字是必然之意。言既得則自有此験、不但如此拘拘耳、非謂須要放開也。曽点之胸懐灑落、亦是自然如此、未必有意擺脱使開也。有意擺脱、則亦不能得開、而非所以為曽点矣。上蔡説恐不縝密、生病痛也。

(90)『朱子文集』巻六〇、答曽択之（第四書）、『朱子全書』第二三冊、頁二八九六。
然今日只欲想象聖賢胸襟灑落処、却未有益。須就自家下学致知力行処做功夫、覚得極辛苦不快活、便漸見好意思也。

(91)『朱子語類』巻一一七、朱子一四、訓門人五、第四六条。
淳曰、下学中、如致知時、亦有理会那上達底意思否。曰、非也。致知、今且就這事上、理会箇合做底是如何、少間、又就這事上思量合做底、因甚是恁地。便見得這事道理合恁地。又思量因甚道理合恁地。便見得這事道理源頭処。逐事都如此理会、便件件知得箇源頭処。

(92)『朱子語類』巻一一七、朱子一四、訓門人五、第五〇条。
問、事各有理、而理各有至当十分処。今看得七八分、只做到七八分処、上面欠了分数。莫是窮来窮去、做来做去、久而且熟、自能長進到十分否。曰、雖未能従容、只是熟後便自会従容。再三詠一熟字。

(93)『朱子語類』巻四四、論語二六、憲問篇、莫我知也夫章、第九五条。

(94)道理都在我時、是上達。譬如写字、初習時是下学、及写得熟、一点一画都合法度、是上達。

『朱子語類』巻三六、論語一八、子罕篇上、顔淵喟然嘆章、第九三条。

今日勉之、明日勉之、勉而至於不勉。今日思之、明日思之、思而至於不思。自生而至熟、正如写字一般。会写底、固是会、不会写底、須学他写。今日写、明日写、自生而至熟、自然写得。

(95)『中庸章句』第二〇章。

誠者、天之道也、誠之者、人之道也。誠者不勉而中、不思而得、従容中道、聖人也。誠之者、択善而固執之者也。

(96)『朱子語類』巻四〇、論語二二、先進篇下、子路曽晳冉有公西華侍坐章、第三六条。

蓋事事物物、莫非天理、初豈是安排得来。安排時、便湊合不著。這処更有甚私意来。自是著不得私意。

(97)『朱子語類』巻四〇、論語二二、先進篇下、子路曽晳冉有公西華侍坐章、第三七条。

他不是道我不要著意私安排、私意自著不得。這箇道理、是天生自然、不待安排。蓋道理流行、無虧無欠、是天生自然如此。与聖人安老、懐少、信朋友底意思相似。

(98)『朱子語類』巻五八、孟子八、万章上、伊尹以割烹要湯章、第一九条。

今人有一等杜撰学問、皆是脱空狂妄、不済一銭事。……(中略)……非礼勿視、非礼勿聴、非礼勿言、非礼勿動、只管去說。到念慮起处、却又是非礼、此皆是妄論。

(99)『朱子語類』巻一五、大学二、経下、第一〇四条。

此是当初一発同時做底工夫、及到成時、知至而后意誠耳。不是方其致知、則脱空妄語、猖狂妄行、及到誠意方始旋收拾也。

(100)『朱子語類』巻九五、程子之書一、第一四七条。

志不大則卑陋、心不小則狂妄。江西諸人便是志大而心不小者也。

『朱子語類』巻一二四、陸氏、第二三条。

此三字(除意見)誤天下学者、……某謂除去不好底意見則可、若好底意見、須是存留。……所以目視霄漢、悠悠過日、下梢只成得箇狂妄。今只理会除意見、安知除意見之心、又非所謂意見乎。

(101)『朱子語類』巻一二四、陸氏、第四二条。

呉仁父説及陸氏之学。曰、只是禅。初間猶自以吾儒之説蓋覆、如今一向説得熾、不復遮護了。渠自説有見於理、到得做処、一向任私意做去、全不睹是。

(102)『朱子語類』巻四〇、論語二二、先進篇下、子路曽晳冉有公西華侍坐章、第三〇条。

学者要須常有三子之事業、又有曽点襟懐、方始不偏。蓋三子是就事上理会、曽点是見得大意。曽点雖見大意、却少事上工夫、三子雖就事上学、又無曽点底脱灑意思。

(103)『朱子語類』巻四三、論語二五、子路篇、第五三条。

人須是気魄大、剛健有立底人、方做得事成。而今見面前人都恁地衰、做善都做不力、便做悪、也做不得那大悪、所以事事不成。故孔子歎不得中行而与之、必也狂狷乎。人須有些狂狷、方可望。

(104)『朱子語類』巻四〇、論語二二、先進篇下、子路曽晳冉有公西華侍坐章、第一二条。

曽点見処極高、只是工夫疏略。他狂之病処易見、却要看他狂之好処是如何。

(105)『論語集注』巻六、先進第一一。

曽点之学、蓋有以見夫人欲尽処、天理流行、随処充満、無少欠欠。故其動静之際、従容如此。而其言志、則又不過即其所居之位、楽其日用之常、初無舎己為人之意。而其胸次悠然、直与天地万物上下同流、各得其所之妙、隠然自見於言外。視三子之規規於事為之末者、其気象不侔矣。故夫子歎息而深許之。而門人記其本末独加詳焉、蓋亦有以識此矣。

(106)『朱子語類』巻一一七、朱子一四、訓門人五、第四六条。

孔門惟顔子・曽子・漆雕開・曽点、見得這箇道理分明。

(107)陳建『学蔀通弁』前篇巻中。

(108)前掲註(22)、銭論文を参照。

(109)『象山文集』巻二、与朱元晦。三浦國雄『朱子』(東京、講談社、一九七九)、頁三〇八—三〇九。

(110)前掲註(109)、三浦著、頁三一六の注七。

(111)李夢陽『白鹿洞書院新志』建造志第三、石志第四、『白鹿洞書院古志五種』(北京、中華書局、一九九五)。

(112)鄭廷鵠『白鹿洞志』、前掲註(111)『白鹿洞書院古志五種』所収。李燔の伝記には『宋史』巻四三〇、および『宋元学案』巻六九がある。

(113) これについては、すでに島田虔次氏によって、曽点が近世士大夫に親しまれた理由は、彼らの「山林趣味」「高踏主義」にあると論じられている。前掲註(22)、島田著、頁五四―五五。

(114) 黄震『黄氏日抄』巻二、読論語、子路曽晳冉有公西華侍坐章。以下黄震の発言の出典はすべて同じ。

四子侍坐、而夫子啓以如或知爾、則何以哉。蓋試言其用於世、当何如也。三子皆言為国之事、皆答問之正也。曽晳孔門之狂者也、無意於世者也。故自言其瀟灑之趣、此非答問之正也。夫子以行道救世為心、而時不我予、方与二三子私相講明於寂寞之浜、乃忽聞曽晳浴沂詠而帰之言、若有得其浮海居夷之云者、故不覚喟然而歎。蓋其意之所感者深矣。所与雖点而所以嘆者、豈惟与点哉。継答曽晳之問、則力道三子之美。夫子豈以忘世自楽為賢、独与点而不与三子者哉。後世談虚好高之習勝、不原夫子喟嘆之本旨、不詳本章所載之始末、単摭与点数語而張皇之、遺落世事、指為道妙。甚至謝上蔡以曽晳想像之言為実有暮春浴沂之事、云三子為曽晳独対春風冷眼看破、但欲推之使高、而不知陥於談禅。是蓋学於程子而失之者也。程子曰、子路・冉有・公西華言志、自是実事。此正論也。又曰、孔子与点、蓋与聖人之志同、便是堯舜気象。此語微過於形容。上蔡因之而遂失也。曽晳豈能与堯舜易地、皆然哉。至若謂曽晳狂者也、未必能為聖人之事、而能知夫子之志、遂以浴沂詠帰之楽、指為老安少懐之志、曽晳与夫子又豈若是其班哉。窃意、他日使二三子、盍各言爾志、此泛言所志、非指出仕之事也。今此四子侍坐、而告以如或知爾、則何以哉。此専指出仕之事、而非泛使之言志也。老安少懐之志、天覆地載之心也、適人之適者也、浴沂詠帰之楽、吟風弄月之趣也、自適其適者也。曽晳固未得与堯舜比、豈得与夫子比、而形容之過如此、亦合於其分量而審之矣。

(115) 前掲註(19)、『河南程氏外書』巻三を参照。

(116) 『黄氏日抄』巻四一、読本朝諸儒理学書九、上蔡語録。

自禅学既興、黜実崇虚。尽論語二十篇、皆無可為禅学之證、独曽子浴沂詠帰数語、迹類脱去世俗者、遂除去一章之始末、独摘数語、牽合影傍、好異慕高之士、翕然附和之。

(117) 陳登原「宋儒清談」『国史旧聞』第二冊下(瀋陽、遼寧教育出版社、二〇〇〇)、宮崎市定「宋代の士風」『宮崎市定全集』巻一一(東京、岩波書店、一九九二)、頁五十九。また最近の研究では、藤本猛「武臣の清要――南宋孝宗朝の政治状況と閤門舎人――」(『東洋史研究』第六三巻第一号、二〇〇四、のち、『風流天子と「君主独裁制」――北宋徽宗朝政治史の研究』京都、京都大学学術出版会、二〇一四)。

(118)官僚としての黄震については、戸田裕司「黄震の広徳軍社倉改革――南宋社倉制度の再検討――」(『史林』第七三巻第一号、一九九〇)を参照。また、黄震の生涯や思想全般については、張偉『黄震与東発学派』(北京、人民出版社、二〇〇三)を参照。

(119)『論語精義』巻六上、先進第一一、『朱子全書』第七冊、頁四〇八。

謝曰、子路冉有公西華未識道体、未免於意必者也。乃若曽点之意、果何在乎。道以無所倚為至、夫子与之、非止楽其不願仕、推曽点之学、雖禹稷之事、固可以優為、特其志不存焉。

(120)『論語精義』巻一〇下、堯曰第二〇、『朱子全書』第七冊、頁六三五。

謝曰、帝王之功、聖人之余事。有内聖之徳、必有外王之業、其所以存心、一言以蔽之曰、公而已。堯舜禹湯、或伝或継、其考之天則暦数有帰、稽之人則惟徳是輔、何嘗必天下戴己与。故夫子歴叙聖人之語以見其用心。然則学者苟能操行一不義、殺一不辜而得天下所以不為之心、則帝王之道豈遠乎哉。

(121)「帝王之功、聖人之余事也」は、『荘子』雑篇、譲王篇や『呂氏春秋』巻二に見える言葉である。漢の高誘注では「聖人治之、優有余裕、故曰余事」とある。

(122)これは、吉原文昭氏が『朱子文集』や『朱子語類』から断片的に残る未定『論語集注』の注釈文を拾い集め、作成されたものである。吉原文昭『南宋学研究』第Ⅱ部、論語集注研究――その改訂の跡附を中心として――、第二章、集注変遷事例(東京、研文社、二〇〇二)、頁二二一―二二七。

〔曽点之学、云云〕、曽点気象従容、辞意灑落。云云。但味其言、則見日用之間、無非天理流行之妙、而用舎行藏、了無所与於我。是雖堯舜事業、亦優為之。其視三子規規於事為之末、固有間矣。

(123)これについては、すでに三浦國雄氏の指摘がある。前掲註(21)、頁二一五―二一六。また、「是雖堯舜事業、亦優為之」は、「是雖堯舜之事業、蓋所優為」や「雖堯舜事業、亦可為」など微妙な違いが見られる。前掲註(122)、吉原著、頁二二五―二二六を参照。

(124)『朱子文集』巻六一、書、答欧陽希遜(第一書)、『朱子全書』第二三冊、頁二九五〇―二九五一。

〔欧陽謙之〕集注又云、是堯舜事業、固優為之。不知所謂事業者、就其得於己者而言、就其得於事功而言。孟子之所謂狂者、蓋謂、夷考其行而不掩焉者也。所謂行不掩焉者、若曰、言不顧行、行不顧言、所行不能掩其所言也。不知曾点行不掩焉者、何処可見。〔朱子〕曾点気象固是従容灑落、然須見得它因甚到得如此始得。若見得此意、自然見得它做得堯舜事業処、不可以一事言也。行有不掩、亦非言行背馳之謂、但行不到所見処耳。

(125)『朱子語類』巻四〇、論語二二、先進篇下、子路曽皙冉有公西華侍坐章、第四二条。三浦氏訳、前掲註(21)、頁二一三―二一四。

(126)『朱子語類』巻四〇、論語二二、先進篇下、第四〇条、頁一〇三四。

蓋三子所志者雖皆是実、然未免局於一国一君之小、向上更進不得、若曾点所見、乃是大根大本、使推而行之、則将無所不能、雖其功用之大、如堯舜之治天下、亦可為矣。蓋言其所志者大、而不可量也。譬之於水、曽点之所用力者、水之源也。三子之所用力者、水之流也。用力於派分之処、則其功止於一派。用力於源、則放之四海、亦猶是也。然使点遂行其志、則恐未能掩其言。故以為狂者也。

また、『朱子語類』巻四〇、四三条、『朱子文集』巻五九、答趙致道(第二書)などを参照。

(127)『朱子文集』巻五一、書、答万正淳(第三書)、『朱子全書』第二二冊、頁二三八九。

問、程子謂、便是堯舜気象、如何。曰、曽点却只是見得、未必能做得堯舜事。孟子所謂、狂士、其行不掩焉者也。其見到処、直是有堯舜気象。如荘子亦見得堯舜分暁。

ここにも、程子のいう曽点に「堯舜の気象」があることと、「堯舜の事業」との関係が問題となっており、朱子は明確に曽点が「堯舜の事」を為し得るわけでは無いことをいう。

集注誠有病語、中間嘗改定、亦未愜意。今復改数句、似頗無病、試更詳之。

(128)『四書章句集注』の成立とテキスト、また趙順孫『四書纂疏』については、佐野公治『四書学史の研究』第四章、四書註釈書の歴史(東京、創文社、一九八八)を参照。

(129)趙順孫『論語纂疏』巻六、先進一一。

輔曰、……(中略)……集註於此一段、凡三次改削、然後得如此平実、学者当深味之。

(130)前掲註(122)、吉原著、頁二二一―二二七。

(131)『朱子文集』巻五一、書、答萬正淳(第三書)、『朱子全書』第二二冊、頁二三八九。

曾点之学、蓋有以見夫人欲尽処天理渾然、日用之間随処発見、故其動静之際従容如此。而其言志、則又不過即其所居之位、適其所履之常、而天下之楽無以加焉。用之而行、則雖堯舜事業亦不外此、不待更有所為也。但夷考其行、或不掩焉、故不免為狂士。然其視三子者規規於事為之末、則不可同年而語矣。所以夫子歎息而深許之。

（132）『朱子文集』巻六一、答厳時亨（第二書）、『朱子全書』第二三冊、頁二九六六―二九六八。

子路・曾晳・冉有・公西華侍坐一章、夫子既語之以居則曰不吾知也、如或知爾、則何以哉、正是使之尽言一旦進用、何以自見。及三子自述其才之所能堪、志之所欲為、夫子皆不許之、而独与曾点。看来三子所言皆是実事、曾点雖答言志之問、実未嘗言其志之所欲為、有似逍遥物外、不屑当世之務者。而聖人与此而不与彼、何也。集注以為、味曾点之言、則見其日用之間、無非天理流行之妙、而用舎行蔵、了無与於我、是雖堯舜之事業、蓋所優為。其視三子規規於事為之末、不可同年而語矣。某嘗因是而思之、為学与為治、本来只是一統事、它日之所用、不外乎今日所存。三子却分作両截看了。如治軍旅、治財賦、治礼楽、与凡天下之事、皆是学者所当理会、無一件是少得底。然須先理会要教自家身心自得無欲、常常神清気定、涵養直到清明在躬、志気如神、則天下無不可為之事。程子所謂不得以天下撓己、己立後自能了当得天下事物者是矣。夫子嘗因孟武伯之問而言、由也、千乗之国、可使治其賦也、求也、千室之邑、百乗之家、可使為之宰、赤也、束帯立於朝、可使与賓客言。聖人固已深知其才所能弁、而独不許其仁。夫仁者体無不具、用無不該、豈但止於一才一芸而已。使三子不自安於其所已能、孜孜於求仁之是務、而好之楽之、則何暇規規於事為之末。縁它有這箇能解横在肚皮裏、常恐無以自見、故必欲得国而治之。一旦夫子之問有以触其機、即各述所能。子路至於率爾而対、更無推遜。求・赤但見子路為夫子所哂、故其辞謙退。畢竟是急於見其所長、聖門平日所与講切自身受用處、全然掉在一偪、不知今日所存、便是後日所用、見得它不容将為学為治分作両截看了、所以気象不宏、事業不能造到至極。如曾点浴沂風雩、自得其楽、却与夫子飯蔬食飲水楽在其中、顔子箪瓢陋巷不改其楽襟懐相似。程子謂夫子非楽蔬食飲水也、雖蔬食飲水不能改其楽也。謂顔子非楽箪瓢陋巷也、不以貧窶累其心而改其所楽也。要知浴沂風雩人人可為、而未必能得其楽者、正以窮達利害得以累其心、而不知其趣味耳。夫挙体遺用、潔身乱倫、聖門無如此事、全不可以此議曾点。蓋士之未用、須知挙天下之物不足以易吾天理自然之安、方是本分学者。曾点言志、乃是素其位而行、不願乎其外、無入而不自得者、故程子以為楽而得其所也。譬如今時士子或有不知天分初無不足、游泳乎天理之中、大小大快活、反以窮居隠処為未足以自楽、切切然要做官建立事功、方是得志、豈可謂之楽而得其所也。孟子謂、広土衆民、君子欲之、所楽不存焉。中天下而立、定四海之民、君子楽之、所性不存焉。君子所性、雖大行不加焉、雖窮居不損焉、分定故也。孟子所謂君子所性、即孔子・顔子・曽点之所楽如此、如老者安之、朋友信之、少者懐之。物各付物、与天地同量。惟顔子所楽如此、故夫子以四代礼楽許之。此浴沂風雩、識者所以知堯舜事業曽点固優為之也。然知与不知在人、用与不用在時。聖賢於此、乗流則行、遇坎則止、但未用時、只知率性循理之為楽、正以此自是一統底事故也。亀山謂堯舜所以為万世法、亦只是率性而已。外辺用計用較、仮饒立功業、只是人欲之私、与聖賢作処天地懸隔。如子路与蒯聵之難、知食焉不避其難、而不知衛輒之食不可食。季氏当於周公、而求也為之聚斂而附益之、後来所成就止於如此、正為它不知平日率性循理、便是建功立事之本、未到無入不自得処。夫子之不与、其有以知之矣。

(133)『中庸章句』第一四章。

〔本文〕君子素其位而行、不願乎其外。素富貴、行乎富貴、素貧賤、行乎貧賤、素夷狄、行乎夷狄、素患難、行乎患難、君子無入而不自得焉。〔朱注〕言君子但因見在所居之位、而為其所当為、無慕乎其外之心也。

(134)『論語集注』巻八、衛霊公第一五。

〔本文〕顔淵問為邦。子曰、行夏之時、乗殷之輅、服周之冕、楽則韶舞。放鄭声、遠佞人。鄭声淫、佞人殆。〔朱注〕顔子王佐之才、故問治天下之道。

(135)島田虔次『朱子学と陽明学』(東京、岩波書店、一九六七)、頁二七。

(136)『朱子語類』巻四〇、論語二二、先進篇下、子路曽晳冉有公西華侍坐章、第三〇条。

先生令叔重読江西厳時亨欧陽希遜問目、皆問曽点言志一段。……(中略)……先生曰、此都説得偏了、学固着学、然事亦豈可廃也。

(137)羅大経『鶴林玉露』丙編巻二、憂楽。

吾輩学道、須是打畳教心下快活。……(中略)……夫子有曲肱飲水之楽、顔子有陋巷箪瓢之楽、曽点有浴沂詠帰之楽、曽参有履穿肘見、歌若金石之楽、周程有愛蓮観艸、弄月吟風、望花随柳之楽。学道而至於楽、方是真有所得。大概於世間一切声色嗜好洗得浄、一切栄辱得喪看得破、然後快活意思方自此生。

(138)島田虔次「中国近世の主観唯心論について——万物一体の仁の思想——」(『東方学報』(京都)第二八冊、一九五八、のち、『中国思想史の研究』、京都、京都大学学術出版会、二〇〇二)。

(139) 前掲註(135)、島田著、頁一四。

(140) 村上哲見『中国文人論』文人・士大夫・読書人(東京、汲古書院、一九九四)、頁四六―四七。

(141) 余英時『朱熹的歴史世界――宋代士大夫政治文化的研究――』(台北、允晨文化実業、二〇〇三)。

(142) 『宋元学案』巻六九、滄洲諸儒学案上、隠君厳亨父先生世文。

厳世文、字時亨、一字亨父、新喩人。隠居不仕、師事朱子。有疑義問答往復書帖。

(143) 『真文忠公文集』巻二六、記、建陽県学四君子祠記。

方侯年盛志壮時、天材逸発、詞筆凌厲、蓋自眡如李謫仙之流、意其不屑州県間事也。一旦為令、邺民隠、重教道、懇懇焉有両漢循吏風。

(144) 中砂明徳氏は、劉後村(劉克荘)に関する研究の中で、「泉州で地方官としても見事な手腕を発揮したとされる真西山にしてもそうだが、道学と俗吏は両立しうるもの、いや本来同一人の中に備えるべきであった。……〔劉後村は〕朱子を頂点とする「道学+俗吏」の共存という理念の一典型に数えられたのである」と論じられている。中砂明徳『中国近世の福建人――士大夫と出版人』第一章、劉後村と南宋士人社会(名古屋、名古屋大学出版会、二〇一二、初出は『東方学報(京都)』第六六冊、一九九四)。

(145) 前掲註(141)、余英時著、第八章、理学家与政治取向、を参照。また、市来津由彦氏も北宋末から南宋にかけて、道学の思想が「心の境地に傾斜し内向化」する要因の一つとして、新法党と旧法党との党争の結果、旧法党に与する道学派(二程の弟子達)士大夫が地方官に追いやられ、中央官僚として政策に参画できなくなったことを挙げる。その結果「程学はいわば地方逼塞の精神保持の学として機能する」ようになり、「この程学を語る者は、地方の任地また郷里で講学し、立身よりは自らの根源に向かう思索を深めることとなり、それを聞く者は、程学をいっそう内面の保持の学として受けとめるであろう」(頁七五)という。前掲註(22)、市来著、第一篇第一章、北宋末における程学の展開、を参照。

第二章　朱子学的君主論——主宰としての心

はじめに

朱子にとって、危機的状況に瀕する南宋国家とは人間にたとえるなら、それはまさしく重病人であった。「俗医常薬」では如何ともしがたく、扁鵲（春秋戦国時代の名医）[1]や華佗（後漢末、曹操に仕えた名医）[2]のような名医による抜本的な治療に頼るほか再起不可能であるという[3]。朱子の社会や国家をめぐる一連の思索は、このような崩壊の瀬戸際に立たされた南宋の国家秩序に対する危機意識を前提として展開されていった。この危機の時代に生まれた朱子の政治思想において基礎となるのが、天下国家に関わるあらゆる問題の解決をすべて皇帝の「心」の問題に帰結させる、という認識である。

「壬午応詔封事」、紹興三二年（一一六二、三三歳）八月。

人君が学ぶか学ばないか、その学ぶ内容が正しいか正しくないかは、〔陛下の〕お心次第であります。しかも天下国家が治まるか治まらないかということは、そこにこのように大きく現れるのです。〔人君の学問と天下

国家の治平との〕そのつながりは決して浅いものではありません。(4)

「戊申封事」、淳熙一五年（一一八八、五九歳）一一月。

思いますに天下の大本というのは、陛下の心です。……（中略）……臣が陛下の心をもって天下の大本であるとするのは、なぜでしょうか。天下のあらゆる物事は千変万化し、その端は窮まりないのですが、一つとして人主の心に基づかないものはありません。これこそ自然の理なのです。故に人主の心が正しければ、天下の事は一つとして正しさに出ないものはなく、人主の心が正しくなければ、天下のあらゆる事は一つとして正しさに由来するものはありません。(5)

「己酉擬上封事」、淳熙一六年（一一八九、六〇歳）一二月。

〔いわゆる講学し心を正すことについて〕臣は次のように聞いております。〔あらゆる〕天下の事について、その根本は〔君主〕一人にかかっており、〔その〕一人の身体において、その主宰は一心にあります（「其主於一心」）。それゆえ、人主の心がひとたび正しくなれば、それだけで〔あらゆる〕天下の事は正され、人主の心がひとたび邪となれば、それだけで〔あらゆる〕天下の事は邪ならざることはないのです。……（中略）……それゆえに古の哲王で、その徳を天下に明らかにしようとした者は、だれひとりとして、心を正しくすることを根本としなかった者はいません。(6)

これはその例の一部に過ぎない。朱子の政治的見解を見るには、『朱子文集』に収録されている封事・奏劄を読み解くのが最も近道であり、同様の内容は、他にも「庚子応詔封事」（巻一一）、「甲寅擬上封事」（巻一二）、「癸未垂拱奏劄」（巻一三）、「辛丑延和奏劄」（巻一三）、「戊申延和奏劄」（巻一四）、「甲寅行宮便殿奏劄」（巻一四）、

「経筵留身劄子」（巻一四）などにも見ることができ、朱子の主張する要点を知ることができる。朱子は「戊申封事」において、「今日の急務」として、皇太子の教育、大臣の任命、綱紀の確立、風俗の改良、民力の回復、軍政の整備の六項目を挙げているが、天下の根本（「天下之本」）はやはり「陛下の心」にあり、天下国家の統治の成否は皇帝の心の修養如何に係っているという。(7)

このような朱子学的政治論について、かつて狩野直喜は、「朱子の封事などを見るに、天理人欲を説いて、国家の治乱は君徳の如何にありとするが如き、誠に正大の論ではあるけれども、如何にして金を防ぐべきかといふやうな実際問題には甚だ粗である。かの、国の亡びる時にあつて猶ほ舟中に於て大学を講ずる宰相があつたが如き、極端なる一例と見てよい。(8)一体、宋人は議論に長じて実行に疎い。其の弊は迂儒に傾くのである」といい、さらに古くは、かの荻生徂徠が「己が身心さへ治まり候へば天下国家もをのづからに治まり候と申候説」(9)と真っ向から批判したように、内外に多くの課題を抱える南宋国家の現状打開に政治論としてどれほど有効であったのかについて否定的な意見がある。また、丸山真男はこのような朱子学には「個人道徳と政治との連続」(10)が見られると前近代的な思惟であると位置づけた。確かに、崩壊に向かう南宋の中にあって、「迂儒」（狩野）たる道学の勢力が拡大する。南宋の滅亡を「迂儒」たる道学の政治論に求めるのは簡単かも知れない。しかし、執拗にも皇帝に天下国家の統治の要は君主の心にあることを説いた朱子の封事や奏劄での主張の根幹が君主の「正心誠意」にあったことはいうまでもない。これについては、淳熙一五年（一一八八、五九歳）に朱子が臨安に赴く途中、孝宗は朱子のいう「正心誠意」を聴くことを嫌がっているから、もう言上しないようにと忠告した者に対して、「私が平生学んでいることは、この四文字「正心誠意」だけです。禍を恐れて、いうべきこともいわずに、我が君を欺くことができましょうか」と言い、そしてこの時、孝宗に奉ったのが、「戊申封事」である。われわれは、なぜここまで朱子が君主の心の修養を重視したのか、なぜそれが危機的状況にある南宋国家の再起のカギを握ると考えたのか、朱子学における国家と君主、君主とその内面的修養（「正心誠意」）の論理的関係を問い直さなければならない。「王者の内面的道徳性の重視」こそ朱子学的王権論のメインテーマである。(11)

さて、朱子は時の皇帝（孝宗、光宗、寧宗）に対して執拗に道徳的修養を説いたのであるが、その皇帝の内面的修養と君主権力との関係はこれまでどのように論じられてきたのだろうか。紙幅の都合上、直接本論に関係するものに絞る。まず文革期を中心とした中国における研究が、朱子学を専制体制擁護の思想として批判の対象としてきたことについては周知のとおりである。(12)それに対して、それ以降の研究では、概して朱子の君主論から皇帝権力抑制の論理を読み取ろうとする傾向にある。たとえば、張立文氏は、朱子の「尊君」の思想が、皇帝の至高無上の権威を擁護する面を持つ一方、君主への修徳の要求には、君主権力の過度な膨張を制限する目的があったという。修徳によって、君主自身に「天下の大公」たることを求め、また大臣や官僚の公議を取り入れ、諫言を聞きいれる賢君明主（「開明君主」）たることを求めたのであり、ここに君主の独断への批判と、それを制限しようとする意図があるのだという。(13)また、蔡方鹿氏は張氏よりも朱子の反君主独裁の側面を強調し、超越的天理による君主権力の抑制にこそ朱子の君主論の本質があったと論じる。(14)さらに、余英時氏は、張載・程頤から陸九淵まで、宋代の理学家は、「君主権力を抑制し、士権を伸張する」ことを目指していたのであり、程頤や朱子が理想としたのは、ただ君位にあるだけの有徳の君主が、すべての国政を宰相以下の優秀な士大夫にすべて委任してしまうような体制なのだと論じた。余氏はこのような理想的な君主を「象徴性元首」や、無為にして治める「虚君」と呼ぶ。(15)

三氏の論は、朱子が皇帝に要請する修養論に「君主権力の抑制」を読み取る点で共通するだけでなく、張氏から余氏へと抑制の面をより強調する傾向にあり、特に余氏が「象徴性元首」「虚君」と語るに至ってほぼ行き着いた感がある。

日本における同様の研究として、友枝龍太郎氏が「天子の独任と私恩を斥け、公論による」統治を求める封事に注目し、「朱子の思念した宋代官僚制が、当時の古い家産制的な様式を打破するもの」であり、「没主観的な合法的支配の方向への新しき一歩を踏み出したもの」と評価している[16]。また早坂俊廣氏も、朱子の理想は、「自己や家族、側近を宰相に統御され、一挙一動を官吏の制定した法律に規制される君主」であると論じる[17]。

このような先行研究を通覧して疑問に感じるのが、朱子の理想とする有徳の君主とは、果たしてこのような窮屈な存在なのだろうか、という点である。これらの研究には、朱子学の「「独裁君主制社会の体制教学」という、公式的図式的なレッテル貼り[18]」から離れて、朱子の考えに即した公正な評価を与えようとする姿勢が感じられるのであるが、今度は逆に、本来の朱子の君主論の本質がまるで反君主権力にあるかのような印象をさえ与えるに至っている[19]。そこには何か近代立憲君主制下の君主像が無意識のうちに重ねあわされているのではないか、という疑問さえ沸き起こってくるのである[20]。

それに関連して、興味深いのが木下鉄矢氏による研究である[21]。木下氏の研究は「皇帝機関説」の用語をもって、王安石と朱子の政治学的思考を説明する点に特徴がある。まず、「政治学的認識の一つの極点に位置」する王安石の政治学に至って、皇帝は「ポスト」としての皇帝と、「生身の人間」としての皇帝とに明確に分けられた。つまり、皇帝は「国家行政の適正さによってのみ正当化される「国家機関」たるに過ぎ」ないのであり、「生身の皇帝の個人的超越性も……、国家体制の一環として制御されるべき」対象となる。そして、この皇帝が国家の「一機関」に過ぎないという考えは、当時の科挙官僚に共有されており、朱子にも認められるのである、という[22]。ところで、この「皇帝機関説」という言葉は、美濃部達吉の「天皇機関説」からの援用だと考えて間違いなかろうが[23]、その美濃部説の本質は反専制体制論にあるため[24]、「機関説」を説明概念として用いる限り、我々は必然的にそこに反専制的意味を読み取ることとなる。とすれば、木下氏の説も反独裁の側面に注目して論じたものであるといえる。

本論は、先学が論じられたように、君主に要請された「正心誠意」の修養論に、君主の無軌道な行動を規制・抑制する目的が込められていた、という指摘に反対するものではない。あとで詳論するが、確かに、朱子が皇帝の「独断」を批判していたことは事実である。ただ、それを単に権力論として皇帝権力の規制・抑制のみで捉えることができるのか、また仮に朱子学が皇帝権力を規制することを目指す思想だとして、それではなぜ後の朱子学が明清の君主独裁政治に利用され得たのかを説明できないのではないかと考える。朱子の政治学を「進歩的」で「新しき一歩を踏み出したもの」[25]として評価し、また「国家を「法人」と把捉する国家意識への歩み出し」[26]をそこに見たとしても、果たしてその歩みはまっすぐ方向を変えることなく、そのまま突き進んでいったであろうか。ここには立憲君主制のイメージに近づけるが故に見落としている点があるのではないだろうか。確かに、かつて束景南氏も戊申封事を詳細に分析し、次のように述べられた。すなわち、「君主」制から「民主」制へと展開する歴史の流れの中で、朱子が生きたのは、「民主」時代の到来がまだまだ遙か先のことである封建的「君主」制の時代であった。そこで朱子が見つけ出したのが、「君を正す」(「正君」)ことによって、君主権力を規制する方法であった。この方法は、「君主」制的なものでも、また「民主」制的なものでもなく、「君を正す」ことによって「民を愛す」(「愛民」)ことを実現する中道的な方法であった。朱子のこのような思想的立場は、君主制を肯定することと、君主権力を批判するという二重性をその内に含むこととなり、これは彼の思想体系の内奥で内在矛盾が生じていることを表している。朱子は常にこの自己分裂の状態にあったのであり、「忠君」と「罵君」が奇妙にも彼の一身の中で同居していたのだという。少々長く引用したのは、ここに重要な問題が含まれていると考えるからある。しかし、残念ながら束氏はこの朱子思想の内奥にある君主観の二面性を「内在矛盾」として理解するに止まり、朱子思想の中でどのように論理的に位置づけることができるのか、その問いには答えていない。[27]

このように、朱子の君主論について、この矛盾が説明されないまま、むしろ「君主権力の抑制」の面のみが強調されているというのが、昨今の研究状況ではないだろうか。そこで、本章ではこの問題を解決する手がかりとして、朱子の主観として独断的な君主権力の行使を当然認めないものの、その抑制の論理の中に、逆説的ではあるがより強力な君主権力を保障するものがあったのではないか、そういうものを担保する論理を持っていたのではないか、という仮説を設定し、その内実を問うことを本論の課題とする。東景南氏の言葉を使えば、朱子の思想の中で「奇妙にも」同居する「忠君」(君主制の肯定)と「罵君」(君主権力への批判・規制)の二面性を、朱子思想の内奥で「内在矛盾」する関係ではなく、論理的整合的に捉えるとすれば、朱子の君主論をその思想体系の中にどのように位置づけることができるのか、本章ではこの問題に取り組むこととする。

そこで以上の問題に取り組むため、朱子の「心」概念に関するひとつの解釈、つまり「心とは身体における主である」(「心者、身之所主也」[28])という解釈を手がかりとして議論を進める。[29] 島田虔次氏は、この「主」を「主人」と訳され、[30]「主宰」と同義であり、「君主」とも訳しうるものである。たとえば、「性は心の道理、心は身体において主宰する者」[31]、「心とは、一身の主宰である」[32]などの発言を拾うことができ、さらに「古人が言うように、志は将帥で、心とは君主」[33]とあって、『大学章句』の朱注にいう「身之所主」とは、心が身体において主宰する、端的には心が身体の中でまさに君主のごとき役割を果たす、という意味である。本論では、この「心」と「君主」との関係を、便宜的に「心＝君主」として表すこととする。

この心の「主宰」に関しては、「心」概念に関する基本的な定義の一つとして、心性論の立場からこれまで論じられてきたが、その研究上の重心は当然「心」にあった。[34] そこで本論ではやや視点を変え、「心」と君主・主宰とを重ね合わせる思考を前提として、むしろ「心」の「主宰」としての側面に注目して論じることとする。そして、この「主宰」に込めた朱子の意図を明らかにすることによって、朱子の君主観に迫り、最後に上に提起した問題――修養と君主権力との関係――に取り組むこととする。

第一節　国家と身体とのアナロジー

(一) 朱子以前の「国家有機体説」――君主＝心、もしくは元首――

それではまず、「心＝君主」とする解釈の淵源に触れておかなければならない。その古い例としては、先秦に遡り、『管子』と『荀子』の中に見ることができる。『管子』心術上篇の経文には「心の体に在るは、君の位なり。九竅の職有るは、官の分なり」とある。心が君主で、身体（人体の九つの穴）が官の関係で捉えられている。その解釈にいう。

耳や目は、視覚・聴覚を司る官である。君主たる心が、視覚や聴覚の職務に関与しなければ、官である耳や目はそれぞれの職分を守ることができる。……（中略）……心は無為にして人体の九つの穴を制御する。(35)

また、『荀子』天論篇と解蔽篇にいう、

耳や目や鼻や口や肉体などはそれぞれに外界の物と接触して〔その特殊な働きをとげるが〕互いに通用しあうことはできない、そこでこれらを天官すなわち自然な官能というのである。心は体内の最も中心にあって五官を制御している、そこでこれを天君すなわち自然な支配者というのである。（天論篇）

心というものは肉体の君であり神明（神秘的知能）の主体である。自分で命令を出すが他から命令を受けることはない。（解蔽篇）[36]

とあり、『管子』と同様に「身体＝官」の職務が明確に分業化されていること、そして「心＝君主」が命令を出す、もしくは制御する主体であり、客体ではないことをいう。命令を受け、制御されるのは「身体＝官」である[37]。このように、『管子』や『荀子』には、「君」と「官」の関係と、「心」と「体」の関係には、上から下への命令関係が見られる[38]。そこで、以下では、この関係を「君主→官」、「心→身体」として表すこととする。

また、董仲舒『春秋繁露』天地之行篇にも、同じ内容の記述を見ることができ[39]、ある程度の広がりをもって認識されていた解釈であろうと思われる。

このような「心→身体」関係と「君主→官」関係とを重ね合わせる思考は、いわゆる一種の「国家有機体説」と見做すことができる[40]。国家有機体説を人体と国家とのアナロジーというもっとも単純な定義において捉えるなら、中国の政治思想中からそれに当てはまる言説を見つけ出すことはそう困難ではない。つまり、『尚書』虞書益稷篇を典拠とする、君主を「元首」、臣を「股肱・耳目」とする認識である[41]。いうまでもなく元首が頭で、股肱は手足である。この認識についても本論とあながち無関係ではない。

さて、「元首—股肱」関係に基づく国家有機体説に関しては、渡辺信一郎氏が武則天の著作『臣軌』を題材にして詳細に論じている[42]。渡辺氏によれば、「君臣関係を元首—股肱の関係になぞらえることは先秦期にまでさかのぼり、それを一体不可分の有機体説として解釈したのが班固である。この理解は後漢期をつうじて一般化し、それを体系的な著述にしあげたのが杜恕の『体論』四巻なのであった。……（中略）……君臣同体論は、『体論』を一つの頂点として六朝期の諸書に散見する。そうして再び隋唐初期の全国統一期にいたって喧伝され、武則天の『臣軌』二巻として新たに体系化される」(頁三〇六)。『臣軌』がそれによって主張せんとしたのは、「国家支配における君臣関係の第一義性と統治者団体の強固な結合」である。それは皇帝(武則天、六二三—七〇五)を唯一の元首とし、官僚をその手足として国家統治に協同的に奉仕させることを求めたものである、という。

渡辺氏が隋唐初にあらわれた新しい君臣関係に対応するイデオロギーとして『臣軌』の君臣一体論を位置づけられているように、あくまでそれは皇帝(特に武則天)からの視点として捉えられている。ただここでは、官僚を君主の手足として位置づけようとする皇帝側の論理としてだけでなく、官僚側からの論理としても、「元首—股肱」関係が別のニュアンスを持って主張されていたことに注意しておきたい。

一つ、武則天晩年の後継者問題にまつわるエピソードを例に挙げてみよう。武氏の中から後継者を選定しようとした武則天に対して、断固として反対し、李氏による唐朝の復興を計画したのが宰相の狄仁傑(字は懐英、六三〇—七〇〇)である。彼の唐朝復活案を受け入れがたい武則天は、後継者問題を皇帝の「家事」だといい、臣下による関与を許さなかった。このような武則天に狄仁傑は次のように抵抗した。

王者は四海を家とします。四海の内に、臣妾でない者などおりましょうか、陛下の家事でないことなどありましょうか。君主は元首、臣下は股肱であり、義同一体、ましてや臣を宰相の位に補任されたのでございますから、どうして関与しないことなどできましょうや。(43)

けっきょく狄仁傑の主張通り、唐朝が復活するのであるが、ここに国家運営に関与することの正当性として、言い換えると、独断的な決定を下す君主に対する批判の論理として、臣の「股肱」としての立場が主張されているのである。(44)また端的には、「元首は独断(によって政治的決定を行って)はならない。臣下に命令して君主を補佐させなければならない。そうだとすれば、海内を安んじ、国家を正すのは、一人の力によるのではないのである」[45]というように、天下国家とは皇帝一人で統治するのではなく、臣の協力を得て統治されるべきである、というのが君臣一体論に込められたもう一方の臣側からする理念なのである。[46]『臣軌』が政治的効力を持っていた当時においても、君主からする一方的なイデオロギーとしてのみ語られたのではなかったことには注意しなければならない。[47]

そしてこの臣・官僚側から養成される君臣共治の理念が、宋代にも受け継がれていく。

〔富弼〕君臣の道は、もとより一体なのであり、君主は元首、執政は股肱（ももとひじ）・心膂（むねとせぼね）、諫官・御史・侍従・学士は耳目、内外の諸有司は筋肌支節血脈なのです。身体に器官が完全に備わって、はじめて人となることができ、君主たる者が、上下の官に具わり欠けたるところがないようにしてこそ、はじめて国をなすことができるのです。このように国というのは、まさに人の身体のようなものなのです。そのため人の身体の一脈でも不和となれば、病をなし、君主の国家の一官でも不和となれば、害をなすのです。体の不和により病をもたらす最大〔の原因〕は、股肱・心膂であり、国の不和により害をもたらす最大〔の原因〕は、執政である。そもそも執政というのは、天子の政務を補佐し、一国の大臣として、日々君主の御前に参上して天下の事を議論し、善事を賞め悪事を処罰し、賢臣を昇進し不肖の臣を降格させ、〔執政の〕喜怒は人情の苦楽好悪（「舒慘」）に繋がり、〔執政の〕邪正は朝廷の盛衰に繋がる〔存在なの〕です。執政というのは天下の人々に仰ぎ見られ、官僚たちの模範であります。〔もし〕執政の間で不和が生じれば、諸官僚はどうして互いに調和することができましょうか。諸官僚が互いに不和であれば、天下の政務をどうして処理することができましょうか。天下の政務が処理されなければ、天下の民はその弊害を被ることとなります。民が弊害をうけたからには、国家の騒乱がこれに続くことになります。これはすべてに通底する必然の理なのです。この故に国というのは、〔国が〕治まり且つ平安であるのを欲し求めるなら、天下の人々が調和した状態でなければならないのであり、天下の人々の調和を求めるならば、内外の官司がみな調和した状態でなければならない。内外の官司がみな調和していることを求めるなら、執政がまず先に調和していなければならないのです。執政というのは、朝廷の教化と命令の出るところであり、天下が治まるのかそれとも乱れるのか、それを左右するのです。どうして〔執政の中で〕不和があってよいものでしょうか(48)。

〔司馬光〕臣が聞きますに、為政には体があり、治事には要があります。古より聖帝明王による「垂拱無為にして天下大いに治まる」というのは、すべてこの道を用いているのであります。為政に体有りとはどういう意味でしょうか。君は元首で、臣は股肱で、上下〔の官司〕が互いにつながり、内外〔の官司〕が相互に連携して治めるのは、網に綱があり、糸に紀〔糸すじ〕があるようなものです。……〔中略〕……そのため、古の王者は、三公・九卿・二十七大夫・八十一元士を設けて中央官僚を綱紀し、方伯・州牧・卒正・連帥・属長を設けて地方官僚を綱紀したのです。〔官僚の〕尊卑に序列があるのは、身体が臂を使い、臂が指を使うようなもので、〔下位の官は上位の官の命令に〕従うものです。これが為政の体なのです。治事に要有りとはどういう意味でしょうか。そもそも人の智には分限があり力には限界がありますので、一人の智力をもって、天下の衆務を兼ね、すべての物事を治めようとしても、きっと手が回りきらないこととなります。そのために尊者は衆くの民を治め、卑者は寡ない民を治めるのです。多数の民を治める者は、事ごとに簡約でなければならず、少数の民を治める者は、事ごとに詳細でなければなりません。簡約であればその大体を掲げ、詳細であればその細務を尽くさなければなりません。これこそ自然の趨勢というものです。〔『尚書』〕益稷に「元首明なる哉、股肱良き哉、庶事康き哉」とあり、これは君主が明らかであれば、〔りっぱな〕臣下を選抜することができ、臣下が優秀であれば、事を治めることができるという意味である。また「元首叢脞なる哉。股肱惰る哉。万事墮つる哉」とあるのは、君主が細務を親しくすれば、臣下は力を尽くすことなく事は廃壊するという意味である。……（中略）……この故に王者の職務は材を量り人を任じ、功績を賞め、罪を罰することにあるだけである。かりにもし公卿・牧伯を慎重に選任し〔その他の選任を〕委ねてしまえば、その余の官司については〔君主が自ら〕選任しなくても精確に行われ、公卿・牧伯の賢愚善悪を注意深く調べこれの進退賞罰を適切に行えば、その他の官吏については進退賞罰を行わなくても治まる。このようであるから、王者によって選任される者は多くなく、調べることも煩雑ではないのである。これが治事の要である。……（中略）……祖宗が〔わが宋朝〕を創業し後世のために〔統治の〕法を残され、内は中書・枢密院・御史台・三司・審官・審刑など在京の諸官司、外は転運使・知州・知県などの諸官を設け、相互に連続し合ってまとまり、上下の循序がある。これがいわゆる綱紀なるものである。(49)

これらの例にみるように、富弼や司馬光には、内外のあらゆる官司が有機的に連関する一個の身体のように生々しくイメージされていた。彼ら以外にも、劉随が「君は元首、大臣は股肱、諫臣は耳目である。耳目〔の機能〕を失いそれでもよく聞こえよく見える人が、これまで存在したためしはない(50)」とか、劉摯が「たとえば人の一身のように、耳目手足、肌膚爪髪、どれ一つとして欠けてはいけない(51)」など、多かれ少なかれ、宋代の士大夫官僚にとって、官僚機構を身体として捉えることは、珍しいことではなかった。ここには執政の重要性とともに、いかなる末端の官司であっても、それぞれに働きがあり、欠くことはできないという認識があり、そこから官僚こそが統治を担うのだという宋代士大夫としての、統治に対する主体意識や気概を読み取ることもできるであろう。このように、国家における「君」と「官」を身体における「元首」と「股肱」など諸器官に例えることによって、執政を中心とする官僚機構が有機的に連関し、調和的に機能する状態が理想として語られ、君主一人では天下国家を統治することはできないという反独断・反独裁の意図を読み取ることもできよう(52)。

(二) 朱子の国家有機体説――君主＝心――

さてそこで問題の朱子であるが、当然彼も如上の理念を引き継ぐ。

そもそも天下の政治はもとより必ず一人に出ますが、しかし天下の事は一人で独任することができるものではありません。そのため君主は宮中の奥深くに居ながらその心を正し、その意を誠にした上にまた、必ず天下の敦厚誠実で、剛明公正の賢者を求めて輔相とし、この人物に士大夫中の聡明で道理をわきまえ、正直で誠実に直言を行い、忠信廉節で、そして有為〔の志〕と、かたく守るところがある人物を広く選任させ、その器と能力に応じて官位を与え、そして彼らをこもごも官職に就け、上は君主の徳を補佐し、下は国家の根本を強固にせしめ、天子が左右の側近官に乱されることのないようにします。功績があれば久しくその任に留め、〔能力が職務に〕適わなければ別に賢者を探し求めて交替させます(53)。

このような統治に関する理解は、先述の富弼や司馬光の発言にみた皇帝一人による統治ではなく、官僚機構に基づく君臣共治の理念と共通している(54)。

ところが、朱子はこの理念を主張するに際して、「元首―股肱」の比喩を用いなかった。残された彼の言葉を全体的に俯瞰してみると、朱子にとって君主は「元首」(頭)ではなく、「心」であった。たとえば、『孟子』告子篇上に「耳目の官は思わずして、物に蔽わる。物物に交われば、すなわち之を引くのみ。心の官はすなわち思う。思わば則ちこれを得るも、思わざればすなわち得ざるなり。此れ天の我に与うる所の者にして、先に其の大なる者を立つれば、すなわち其の小なる者も奪うことあたわず、此れ大人と為すのみ」とある。その朱子の注釈にいう。

官の意味は「司る」である。耳は聴くことを司り、目は視ることを司る。各々職務とする所があるが「思う」ことはできないので、〔声色などの〕外物に蔽われてしまう。「思う」ことができずに外物に蔽われてしまえば、ただの一物であるに過ぎない。〔声色などの〕外物がこの物〔すなわち耳目〕に接したら、〔耳目を〕容易に引っぱって行ってしまう。心は「思う」ことができ、「思う」ということを職務とする〔「以思為職」〕。事物に接するに際して、心がその職務を果たせば、その事物の理を得て、〔声色などの〕外物が心を蔽うことができない。もし心が職務を果たさなければ、その事物の理を得ずに、外物がやって来て心を蔽ってしまう。この心・耳・目の三者は、みな天が我々に与えたのであって、中でも心がもっとも大きなものである。もし心をしっかり確立しておくことができれば、事々に思わないことなく、耳目の私欲も心を奪うことはできない、これこそ大人たるゆえんである。(55)

耳目はそれぞれ「聴くこと」「視ること」を、そして「心」は「思う」ことを司る、つまり職務として執り行う。耳目は官僚がそれぞれの職務を果たすように、的確に「聴く」「視る」という行為を果たすべき器官である。一方、「心」は「耳目」など他の身体器官にはできない「思う」ということを職務とする。では、この「心」が「思う」という働きは、国家の官僚機構に置き換えるなら、何を意味するのか。朱子によれば、これこそ、命令主体たる「主宰」者であった。例えば、次のようにいう。

耳目とはやはり物であり、〔心が〕「思う」ことができずに〔耳目が〕外物に接すれば、〔外物が耳目を〕ひたすら引っぱって行ってしまう〔不能思而交於外物、只管引将去」〕。心の官は、もとより「思う」ことを主管するのであるから〔「主於思」〕、「思う」ことができてはじめてよいのである。もし「思う」ことをしなければ、かえってあべこべに正しからざることを正しいとし、正しきことを正しからざることとしてしまう。心は「思う」ことを主管するとはいえ、やはり必ず「思う」ことをしてこそ、はじめてその「思う」ことを為し得るのだ。もし、「思う」ことをしなければ、邪な考えや雑念が勝手にやってきて、ダメにしてしまうのだ。(56)

「先ず大なる者を立つれば、則ち小なる者奪うあたわざるなり」について。今前後不覚に陥り、心が「主宰」しなければ、物によって引っ張られて行ってしまい〔「心不主宰、被物引将去」〕、〔心が〕紛擾することとなってしまう。だからその理を窮めることが出来ないのだ。(57)

ここに見るように、「心」の職務である「思う」というのは、言い換えれば「主宰」に他ならない。

〔弟子が〕質問した。「身体の行動〔「形体之動」〕と心とは連関があるのですか」。〔朱子が〕答えた。「どうして連関がないだろうか。おのずと心が身体を動かすのだ〔「自是心使他動」〕」。〔弟子〕がまた質問した。「喜怒哀楽〔の感情〕がまだ起こらないのに、身体が運動し、耳目も見たり聴いたりする、これは心の「已発」でしょうか、それとも「未発」なのでしょうか」。〔朱子〕が答えた。「喜怒哀楽の未発についても、同じだ。しかし視聴や行動も、心がそこに向かうのだ。もし身体の行動を心が全く関知しなければ、それは心が存在しないことになり、行動はまるでほったらかしになる。いったい何を未発だというのか。未発についてもかまわずに全く自覚しないでおくのではない。やはり常にしっかりと目覚めさせておき、このようにぼんやりさせてはいけない」。(58)

この問答では、「心」と「身体の行動」(「形体之動」)との関係が問題とされている。「心」は常に「身体」を動かす主体であり、「身体」は動かされる客体であって、決してその逆ではない。「心」は「主宰」として、「身体の行動」を左右する器官である。このことについて、元代の朱子学者である呉澄(字は幼清、号は草廬、一二四九―一三三三)の次の文章は、朱子の認識を継承した簡潔な説明で、参考になる。

目の視ること(「視」)、耳の聴くこと(「聴」)、顔つき(「色」)、動作の容貌(「貌」)、口から出る言葉(「言」)、応接のこと(「事」)、すべて身体に属することであり、視ては思い、聴きては思い、色、貌、言、事すべてに思わざるはない。「思う」というのは、心が司ること(「心之官」)である。身体の職務(「身之職」)は心の官に統べられ、〔身体は〕内に〔心の〕主があり、外はその命令に従う。故に視ては明らか、聴きては聡く、顔つき容貌は、温にして恭、言と事は、忠にして敬である。これこそ顔子の視、聴、言、動、ことごとく礼により、孟子の「先にその大なる者を立つれば、小なる者奪うあたわざるなり」である。[59]

身体の各器官の職務――視、聴、色、貌、言、事――は「心」に統べられる。そのため、「心」が主宰することで、身体の各器官はその「心」の命令に従い、その働きは適正となる。このように、「思う」という「心」の働きとは、単に考えたり思索したりするようなことではなく、いわゆる「身体において主宰する」ことにほかならず、またそれは「心」が命令し、身体の各器官がその命令を受けるという、「心」と身体の各器官との間に上下の命令秩序を確立することなのである。[60] まさに『集注』において朱子が引用した范浚(字は茂明、号は香渓、一一〇二―一一五一)[61]の『心箴』では次のようにある。

古来より、この心が無かった者などいただろうか。〔しかし〕心が身体によって使役されることとなれば

〔「心為形役」〕、〔人は〕かくて獣となり禽となる。ただ口・耳・目〔の働き〕や、手足の所作に、隙が生じてしまうのは、その心に欠点があるからである。一心は微妙なるもので、多くの欲望がこの心を攻撃する。〔しかし〕これに対処する者は、ほんとうに少ないではないか。〔それに対し〕君子は誠を存し、克く念い克く敬す。〔ゆえに君子の〕心は泰然として、身体の各器官はその命令に従うのである。〔「天君泰然、百体従令」〕。〔註(55)の史料を参照〕。

范浚のいう「天君は泰然として、百体は令に従う」とは、『荀子』天論の「心、中虚に居りて以て五官を治む、夫れ是れを天君と謂う[62]」や、『管子』立政の「令するときは行はれ、禁ずるときは止み、憲の及ぶ所、俗の被る所、百体の心に従うが如きは、政の期する所なり[63]」を踏まえているであろうから、やはりここにも「心→身体」関係と「君主→官」関係の重なりを読み取ることができる。また、朱子は『集注』に引用していることからも分かるように、范浚のこの一文を高く評価しており[64]、朱子も同様の認識を持って「身体」における「心」と、国家の官僚機構における「君主」の姿を重ね合わせていたことは間違いないだろう。

では、「心」の「思う」という職務を、君主に即して見てみる。朱子は紹熙五年(一一九四)、寧宗に奉った上奏文の中で次のようにいう。

> 朝廷の紀綱につきましては、もっとも厳密にしなければなりません。上は人主より下は百官に至るまで、各々相侵すべからざる職務があります。思いますに、君主は制命を以て職務となされますが〔「以制命為職」〕、必ずこれを大臣に謀り、給事中と中書舎人〔「給舎」〕に参与させ、彼らに熟議の上、公議の所在を求めさせ、その後朝廷に上げて、はっきりと命令を出し、それを公に実施させるようにしなければなりません[65]。

このように、官僚機構における君主の職務は「制命」（命令を下すこと）にある。

ここまでの内容をまとめると、君主が分業化された官制の職務体系の一部として「制命」を職務とするように、「心」も様々な働きをもつ身体器官の一部として「思う」「主宰する」ことを職務とする。ただし、「君主」も「心」も、それぞれの職務体系の中にあって、唯一の命令主体なのであって、決して何者かによって動かされる客体ではない(66)。つまり、大臣や給舎による熟議と公議の把握が求められるのであるが、あくまで君主が命令することで官僚機構は正常に機能する。言い換えれば、朝廷の綱紀が正される。これと同様に、「身体」においても、「心」が命令することで体全体の有機的連繫が維持され、身体は適正に働く。このように、朱子の認識においても「君主↓官」関係と「心↓身体」関係が、上下の命令秩序関係として捉えられているのである。このように考えるなら、『管子』や『荀子』の説と本質的な違いはないし、「元首―股肱」の比喩と同様の君臣共治の理念としても読み取ることも可能であろう。では、一体、朱子の君主論はどこにその特徴があるのだろうか。

第二節　当為としての心の主宰

次に我々が問わなければならないのが、朱子にとって、君主が身体における「元首」（頭）――感覚的に捉えることのできる身体の一部――ではなく、特殊宋学的概念としての「心」――宋学的修養論の対象としての「心」――であったことと、君主との関係、これである(67)。それに対する回答は、身体における主宰の意味を修養論の中で明らかにすることによって可能となるだろう。そこで本節では「心」の「主宰」について論じることとする。

さて、前節において論じたように、「心」が身体における主宰者として身体の各器官に命令を出すことで、各機関は定められた機能を遂行することができるのであった。しかし、前引の『孟子集注』に関して、重要な点を我々はまだ確認していない。つまり、「もし心が職務を果たさなければ」どうなるのか、という問題である。それは「心」と身体との命令関係にどのような結果をもたらすのであろうか。

ただこの虚霊なる心が、一身の主として、かりにその正しさを得、常にここに在るようにしたならば、耳・目・鼻・口・四肢百骸は、みなその命を聞きその職務をつくす。そして動静・語黙・出入・起居において、己の駆使するところとなりながらも、一つとして理に合わないものはない。もしそうしなければ、身体はここに在って、心はかなたに馳せ、血肉の体に管理者がいなくなる。(68)

一身の主として正しさを得る、というのは、前節の「心」が「思う」「主宰する」という職務を果たした状態に等しく、「心」が正しく機能すれば、身体の働きも「心」の命令にしたがい、その活動はすべて理に合致するという意味である。それに対し、もし仮に「心」が正しく機能しなければ、「身はここに在りながら心はかなたに馳せ、血肉の体に管理者がいなくなる」。このように身体が適切に機能するかどうかは、すべて「心」の正不正にかかってくるのであり、その意味においてまさに「心焉に在らざれば、視れども見えず、聴けども聞こえず、食えども其の味わいを知らず(69)」というのと同義である。「見える」「聞こえる」「味わいを知る」ことができるかどうかは、すべて「心」のあり様に左右される。

そして、「心」の「主宰」をめぐる問題は、必然的に「心」の修養論の問題、具体的には「敬」の工夫に行き着く。『朱子文集』や『朱子語類』をみる限り、「心」の「主宰」を説くところ、「敬」に至り、「敬」を説くところ、「主宰」をいう。たとえば、「敬なる者は、一心の主宰、万事の本根なり(70)」とあり、「主宰する」とは、「敬」の工夫そのものである。(71)

格物しなければならない時、敬してこれに格り、意を誠にしなければならない時、敬してこれを誠にする。そして正心、修身以後は、一節一節常に覚醒してしっかり把持し、この心を常にしっかり在らしめてこそ、持敬することができるというものだ。……（中略）……もしこの心が常に身体に主となるなら、かならず烈火が身体にあり、犯すべからざる色があるようにしなければならない。(72)

「敬」の工夫とは、「心」を常にしっかりと把捉、覚醒しておくことであり、格物から平天下にいたるまで、人間の活動（已発）、また活動以前の状態（未発）における涵養を含み、あらゆる場において根本とすべき心的態度である。敬の工夫については、周知のところなので、ここではこれ以上贅言しないが、ただ「主宰」との関係で次の点だけはあらためて強調しておきたい。つまり、朱子が「敬する」こと（＝心の主宰を確立させておくこと）を説くのは、人間の「心」が、常に紛擾したり、外部からの欲望的刺激にさらされているからであって、裏を返せば現実の身体における主宰者としての「心」は、多くの人間にとって常に危機的状況にある、ということを言っているのである。「敬する」ことが、求められた実践であるように、「心」の「主宰」も、大抵は身体に対する「心」の実際的状況を言っているのではなく、むしろ努力目標として言っている。このことを確認しておきたい。

いま科挙からようやく免れたのだから、学問に汲汲と取り組まないといけない。学問の道、聖経賢伝の人に告げる所以のものは、すでにのこらず尽くされており、人がこの一心を存し、自分自身に身体に主宰があるようにさせることを求めるにすぎない。いまの人は心が落ちつきなく馳せ乱れ、紛擾してしまい、一個の心でさえ身体の中にはない。孟子いわく「学問の道他無し、その放心を求むるのみ」、また「その心を存し、その性を養うは、天に事うる所以なり」ということを学者はかならずしっかり認識しなければならない。(73)

いま自分の心を省みることを知らずに、胸中がなおかつ雑然と乱れても、まだ守るということを知らない。この雑乱した心でもって読書したり理を窮めたりする、だから工夫をかたっぱしからやっていっても、どうしてすべての理を理解することなどできようか。私が思うに、みなしばらく心身を収斂して、雑念を尽く払いさって、この心を光明洞達たらしめておくにこしたことはなく、そうしてこそはじめて主宰たらしめることができ、そしてようやく理がわかるのだ。そうでなければ、永遠に成就することはなかろう。(74)

「心」の紛擾・雑乱は当時の知識人に切実な問題であったようであり、その対処をめぐる問答を『朱子語類』は数多く伝えている。(75)本論の主題に即して理解するなら、「心」の紛擾に対する悩みとは、「一身において心が主宰する」、このことがいかに難しい問題であったのかということに他ならない。つまり、「心なる者は、身の主宰する所なり」(『大学章句』経一章)とは、単に「心」が「身体」における「主宰」である、ということを指しているのではなく、学ぶものとして、自己の「心」をしっかりと一身の主宰たらしめなければならないという、そういう常に求められた当為としての「心」を説明しているのだと考えられる。

もう少し、到達目標としての「心」の「主宰」について基本的なことを付け加えておく。前引の『孟子集注』に「もし心が職務を果たさなければ、その事物の理を得ずに、外物がやって来て心を蔽ってしまう」とあり、また「物が人を誘うのは固より窮りないのであるが、しかし自分自身の好悪にも節度がないから、物に誘われていってしまうのだ。もし自分に主宰があれば、どうしてそれに誘われてしまうことがあろう」(76)とあるように、現実的な問題として「心」というのは、私欲に引きずられやすく、そういう脆弱性と不安定性を常にはらんでいる。これについては、先述の范浚『心箴』にも読み取ることができる他、『尚書』大禹謨の言葉、「人心惟れ危うく、道心惟れ微かなり」も、この私欲に容易に流されていく危うさと、同時に道と合致した「心」を保持することの難しさをいったものとして朱子はよく用いている。「心」はこのように弱い存在である上に、更に私欲が容赦なく常に襲い掛かってくる。そのため、あるべき姿の「心」、「主宰する心」とは、この私欲に日々打ち勝つ（克己する）強いものでなければならない。朱子にとって、「克己復礼」の「克」とは「勝つ」、「己」とは「身の私欲」であり、まさしく私欲との闘いである。(77)「この心を助け起こして闘うのだ(78)」、「今日一物に格り、明日一物に格り、まさしく遊兵の攻囲抜守するようにすれば、人欲はおのずから消え去る。……（中略）……この「敬」の字をもって敵に抵り、つねにしっかりとこの敬を存すれば、人欲は自然と入ってくることはできないのだ(79)」というように、朱子は「心」の私欲との関係を戦争や闘いとして形容する。(80)文字通り、「克己」とは、己の私欲に打ち勝つこと、「きれいさっぱり始末してしまうこと(81)」を意味する。

『論語』公冶長篇の「子曰く、吾れ未だ剛なる者を見ず。或るひと対えて曰く、申棖。子曰く、棖や慾。焉んぞ剛なるを得ん」とある、その「朱注」に、剛とは「堅強不屈」の意味であり、人がもっとも困難とするところのものである。慾とは「嗜慾」の多いこと。剛と嗜慾とは正反対であり、剛とはこの嗜慾に勝つ者のことである。つまり、外物（私欲）に惑わされない「心」とは、この「剛－堅強不屈」の「心」である。(82)このような「心」であってこそ、「心」は身体における「主宰」となり、各器官との命令秩序を確立することができる、と朱子は考えたのである。

第三節　当為としての君主の主宰

ここまで、「心」が主宰することについて論じてきたが、以下はここまでに得た知見と国家における君主とがどのように結びついていくのかについて検討したい。そこで、本節では「封事」「奏箚」を題材として議論を進めるが、ここでは「庚子応詔封事」(『朱子文集』巻一一)の一節を取り上げることとする。[83] この封事は、淳熙七年(一一八〇、朱子五一歳)四月二一日、当時、南康軍知事として地方官の任にあった朱子が、「監司」(路の長官)や「郡守」(州や軍の長官)に民間の利益と弊害(「利病」)について意見を上申するよう詔を出した孝宗に奉ったものである。内容の概略は、朱子の統治する南康軍は、もともと瘠せた土地で、水源も涸れ気味で、人口の少ない「貧国」であるにもかかわらず、他の州に比較しても賦税が重く、特に着任以来、星子県の減税を求めてきたが重ねて要請すること、また重税の原因にもなっている軍隊の整理、そして、最も強調したのが、「天下万事の根本源流」として、孝宗の「心」を正し、綱紀を立てることであった。

いわゆる綱とは、ちょうど網に綱があるようなものであり、いわゆる紀とはちょうど糸に紀があるようなものです。網に綱がなければ自らピンと張ることはできず、糸に紀がなければ紡ぐこともできません。ゆえに一家には一家の綱紀があり、一国には一国の綱紀があるのです。郷は県に総べられ、県は州に総べられ、州は諸路に総べられ、諸路は台省(御史台と三省)に総べられ、台省は宰相に総べられ、そして宰相が多くの職務を統括し、天子とともに政策の可否を決めて政令を出すのです、これこそがすなわち天子の綱紀なのです。

封事などの上奏文でいつも朱子が問題としたのが、この綱紀である。天子を頂点として国家の末端にまで覆い被さる網がきちんと張った状態となる、これこそ正常なる秩序の確立であり、天子は宰相と協力して命令を発する主体である。「しかし綱紀は自ら立つことができず、必ず人主の心術が公平正大で、偏党反側の私心を無くして、その後綱紀は繋がり立つ」。この国家の秩序について綱紀を言うのは、先の司馬光の例にも見るように、特異な論点ではないが、朱子の議論の中で、特徴的なのが、綱紀が立つか否かを左右するのが、君主の「心」のあり方である、という点である。「公平正大、偏党反側の私無」い「心」であってこそ、綱紀は立つ。しかし、君主一人ではそのようにできないので、「必ず賢臣に親しみ、小人を遠ざけ」ることによってのみ、「心」を正すことができる。つまり、古の聖王が「師傅の官を立て、賓友の位を設け、諫諍の職を置」いたのは、まさに一刻の間断なく「心」を正しておくためである。もし、君主の「心」が不正であれば、天下に正しいものなど一つもない状態に陥ってしまう。そのために、君主の「心」は「天下の本」なのだという。

さて、この君主の「心」が正されると天下の綱紀が立つという主張は、本章の冒頭にも触れたように、内容自体はすでに周知のところである。では君主が「正心誠意」すると、なぜ天下が治まるのだろうか。

この問題を解くに際して考えなければならないのが、君主の「心」を正すことと、道心人心論との関係である。特に「戊申封事」の中で朱子自身の手になる『中庸章句』序を自ら引用しながら「道心人心」論を詳述していることからも分かるように、君主の「心」を正すことを考えるに当たっては「道心人心」論を念頭に置きながら朱子の主張を読み解かなければならない。『中庸章句』序は、かつて島田虔次氏が『大学章句』序とともに、「朱子学概論」の一つといわれたように、朱子思想の核心がコンパクトにまとめられている。(84) そこで『中庸章句』序を中心に「道心人心」論を確認しておく。(85)

そもそも、「道心」「人心」という概念は、舜が禹に伝授したといわれる『尚書』大禹謨の「人心惟れ危うし、道心惟れ微かなり、惟れ精惟れ一、允に厥の中を執れ」に基づく。虚霊にして知覚の作用をする「心」は、一個の「心」に過ぎないが、「道心」と「人心」の区別がある。それは「心」が「理」と「気」から構成されているからであって、もし「気」が濁っていれば、「理」の発現が妨害され、清い「気」であれば、中正なる「理」の発現は妨害されることはない。「道心」とは、「性命の正」に基づき、「道」(＝「理」)そのものが発現しているかのような「心」であり、「人心」は「形気の私」から生じ、人欲が混在した「心」である。ここに「知覚」としての作用（働き）にも相違が生じる原因がある。例えば腹が減り、喉が渇いている時に飲食を欲するのは、肉体的欲求に基づく「心」の作用であるため、この時の「心」は「人心」であるといえる。しかし、過度な必要以上の飲食を求めず、「飲食の正」を得ることができれば、その行為は「道心」に基づく作用であるといえる。[86]「腹が減っては食い、喉が渇いては飲むのは、人心である。これは飲食し、これは飲食しない（と判断自制する）のが道心である」[87]。「道心は道理を知覚することのできる心で、人心は声色臭味を知覚することのできる心である」。ただ、人である限り全ての人間に飲食の欲求が備わるように、「人心」そのものは、それだけで悪（「不好」）であるのではない[88]。「上智」の人、「聖人」であっても、「人心」が存在し、逆に全ての人間に「性」が付与されているため、「下愚」の人間であっても、「道心」を備え持つ。ただ、「人心」は「形気の私」「血気」つまり、肉体的欲求に基づき、常に容易に悪に流れる危険性と不安定性にさらされている（「是以或危殆而不安」『中庸章句』序）。だから、「人心惟れ危うし」というのである。また、「道心」は「性命の正」「義理の公」に基づき、微妙微細で容易に把握することができない。だから、「道心惟れ微かなり」というのである。しかも、「人心」が悪に流れる危険性に対処し、微かなる「道心」を把捉する方法を知らなければ、「危うきものは愈よ危うく、微かなるものは愈よ微か」になり、悪に流れた「心」では決して「人欲」に打ち勝つことはできなくなってしまう。そこで、「本心の正」を守って離さず、少しも間断なく、この「心」を正すことに従事し、「道心」を「一身の主」たらしめることが、皇帝を含む万人に要請される修養論である。

「庚子応詔封事」に戻り、如上の「道心人心」論を踏まえ、「心」と「君」の重ね合わせに基づけば、次のように理解することができる。「性命の正」「義理の正」に基づき、天理がそのまま発現したところに作用した「心」は「道心」であり、「形気の私」、つまり肉体的欲求に基づく「心」は「人心」である。では、賢臣に親しむ君主、小人を近づける君主はそれぞれ何か。それは、それぞれ「心」を正した君主（正心の君主）、心を正していない君主（不正心の君主）というほかない。「正心の君主」は、賢者の補佐を得ており、限りなく聖人君主に接近し、「不正心の君主」とは、小人の介入により、暴君と化す危険性を持つ。

ここでは以上のことを確認して次に進む。また、朱子の主張せんとする本旨の前置きに過ぎない。

陛下が民を救恤しようとすれば、民生は日々切迫し、財を理めようとすれば、財用は日ましに窮乏し、軍を治めようとすれば、軍政は日々紊れ、国土を恢復しようとしても、いまだに北上して中原尺寸の土地をも取りかえすことができず、仇に報い恥を雪がんとしても、いまだに単于の頸を繫ぎ、月氏の頭で飲むこともできないのです。

南宋国家の現状は、このように民生の安定から、対金戦争に至るまで、全くうまくいかない。では、その原因は何か。

宰相、台省、師傅、賓友、諫諍の臣に至るまで、皆各々の職を失い、そして陛下がともに親密にし、ともに謀議しているのは、一二の近習の臣に過ぎません。この一二の小人なる者が、上は陛下の心志を惑わし、陛下に先王の大道を信じさせようとしないで、功利を求めるいやしい説を悦ぶようにさせ、行いのりっぱな人物の直言を楽しまないで、いつもの慣れた卑しい状態に安んじさせ、下は天下中の士大夫で嗜利無恥なる者を招集してきて、文武に分けて各々その門に入れるのです。好みの人物には陰に手引きをし、抜擢して清顕の地位におき、嫌いな人物には密かに悪口を言い、公にも勝手に排斥しております。取り交わされる賄賂は陛下の財を盗んだものであり、大臣将軍の任命は陛下の柄を盗んだものなのです。

それは、時の皇帝である孝宗が親密にし、ともに国政を謀るのが「一二の近習」「一二の小人」のみであることに求められる。彼らによって惑わされ、先王の大道を信じず、功利の卑しい説を喜ぶ孝宗の「心」は、肉体的欲求に基づく「人心」であり、また、小人を近づける孝宗自身、すぐれた「正心の君主」だということはできない。そのため、宰相、台省、師傅、賓友、諫諍といった国家中枢機関も、正常に機能せず、さらにそれだけでなく、「陛下の財」や「陛下の柄」もろともその小人によって盗まれてしまっている。そして、「陛下の号令黜陟もまた朝廷より出されず、この一二人の手から出され、〔表面上は〕陛下の独断と名状されましょうが、しかし実はこの一二人が密かに陛下の権力（「柄」）を握っているのです」、これこそ、万事が成就しない理由なのだという。[89]

それでは、以上の内容を「心→身体」と「君主→官」とがパラレルの関係にあることにこだわって、読み解いてみたい。先述したように、「心」と身体との関係において、耳目鼻四肢といった身体の各機能が正常に機能しないのは、命令機関である「心」そのものが正しく機能していない、別の言い方をすれば、「主宰」者として確立されていないことに原因があった。ここにいう孝宗の状況は、まさにこれである。孝宗の君主としての立場からみれば、宰相以下の国家の中枢機関が正しく機能していないのであるから、その原因はすべて命令主体である孝宗に帰せられる。すなわち、君主としての職務を全うしていない、国家における主宰を確立していないということとなる。「〔表面上は〕陛下の独断と名状されましょうが、しかし実はこの一二人が密かに陛下の権力（「柄」）を握っているのです」というのは、まさにこの孝宗は名目上皇帝ではあるものの、国家において実質的な「主宰」者として機能していないことをいっているのである。[90]皇帝の「命卿置将」、「号令黜陟」の権とは、第一節で触れた「制命」の職務のことであり、『孟子』のいう「心」に即せば、「思う」という働きに他ならない。国家において「制命」の権を奪われた君主であり、身体にたとえるなら「思」の働きを奪われた「心」、このような機能不全の命令者であるのが、孝宗という目の前にいる皇帝なのである。そして、孝宗の「心」そのものもまた、小人によって惑わされた「心」であり（「此一二小人者、上則蠱惑陛下之心」）、その君主たるべき「心」も機能不全の命令者——一身に「主宰」者たり得ていない「心」——なのである。このような君主をいただく以上、国家における君主と臣下との命令関係は正常に機能せず、その結果として天下国家の綱紀が立たない、というのが、朱子の現状認識だった。「一身に主無く、万事に綱無し」（『朱子文集』巻一四、行宮便殿奏劄二）とはこの事情をもっとも簡潔に言ったものである。

前節で論じたように「心」が「一身の主」であることは、私欲に打ち勝ち、「心」を正すことができてこそ達成されるのであり、厳密には、「心」が一身において「主宰」たらねばならない、というべきであった。同様に、国家においても万事に綱紀ある状態、君主が国家の主宰者としての機能を正しく果たす状態、これらは多分に当為的なのである。逆をいえば、現実問題として、当時の朱子が直面した南宋国家というのは、万事に綱紀なく、皇帝があるべき国家の主宰者として機能してしない、というのが、この「一身に主無く、万事に綱無し」に含意された朱子の本意なのである。そのいうところあまりに痛烈であったというほかない[91]。事実、この時朱子は大いに孝宗の怒りを買った[92]。

下のものが法規を畏れないで形式視するばかりでなく、上のものは朝廷からしてそれをただ形式的なものとして施行するようになり、だれもかれもかならず実施するなんてことを期待していない。先晩も話したように、上下のものがみな法令をどうでもいい事と見なしている。……（中略）……朝廷のお布令は、なにかにつけてこのように綱紀がなく、だれもかれもばかにしてルーズだ[93]。

中央政府からの命令が国家統治の最前線において「どうでもいい事」とされ、正しく実施されていないこと、また官僚制度における各機関が正常に機能しないといった命令を受ける実施者側の不正常という現実に対する問題意識は、朱子が地方官として実際に直面した体験に裏打ちされた認識である。先述したように、当時の朱子は、前年の淳熙六年（一一七九）三月以来、南康軍知事として、減税の申請など貧困状態にある星子県の救済や、白鹿堂書院の再建といった文教政策に奔走していた時期に当たる。この時、南康軍の状況について、朱子は次のように報告している。

民間では〔人々が〕農事に尽力していますが、収穫できる利益では、あるいは賦税を完納するには足らないかもしれません。かならずまた別に〔増収益の〕計画を立てなければ、〔足らない分を〕補って官に納入することはできません。このようでありますので、人々には〔繁栄への〕堅い意思〔「固志」〕がなく、生活にも定業がなく、あえて農桑に力を尽くし、子々孫々末永く繁栄するための計画を立てることもしません。幸運にも豊年にめぐり合わせれば、〔収穫した〕穀物を低価で売り飛ばしてしまい、目先の一時的な安逸を享受しています。ひとたび水害や旱魃に遭遇すれば、老人を助け幼子を携え〔一家総出で〕、四方に流出し、その田畑や家屋を見るに〔その状況は〕旅先の宿屋に異なりません。おそらく郊外に出て四方を望見すれば、〔このような〕荒れた田畑や壊れた家屋が、あらゆるところにあることでしょう。（註（83）の史料を参照）。

南康軍の農民たちは、恒常的な困窮生活のために、豊かさへの期待、そしてそれに向かう努力をすでに放棄してしまっている。「天下国家の重大な責務の中で、人民を救恤することよりも大きな務めはなく、救恤の中身は賦税を軽減することにあり、賦税の軽減の中身は軍隊を整理することにあります。その軍を整理し賦税を軽減させ民を救恤することの根本は、すなわち人君がその心を正しそして綱紀を立てることに在るのみです」。このように、現場の不正常も突き詰めれば、君主という命令者の「心」に問題がある。「心焉に在らざれば、視れども見えず」である。「見えない」という目の不正常の原因は、目そのものにあるのではなく、「心焉に在ず」という命令機関の不正常に求められるのである。

このように、理解するなら、朱子が求めた君主の「正心誠意」とは、国家の命令機関を確立すること、君主がきちんと主宰者として機能することの要求であり、ただ個人的な道徳性を磨くことを求めていたのではなかった。とすれば、「心」が正されればすべてが上手くいくと考えていたのではなく、あくまで、官僚統治における君主という命令機関の正常化をまず第一に考えていたのであり、他の問題はこの命令秩序が回復された上で個別に取り組まれなければならないと考えた。そうであるなら、「正心誠意」を天下の大根本とする朱子の君主論を、「近世的国制論の不可欠の要素をなす官僚制論、法律論を捨象し、統治の問題を治者の心の問題へ還元する」[94]とするような指摘は決して的を射たものではない。職務の定められた分業的官僚制に基づく統治、そして国家の命令の貫徹こそ、朱子の政治的思考の前提をなしているのであって、また君主の「心」というのは、このような国家の命令秩序のもっとも根源に位置するのであり、その意味で、君主の「心」と身体との間にある命令関係もこの国家全体の命令秩序の一部だということができる。言い換えれば、君主の「心」と身体との関係も天下秩序の一部であり、内面の倫理的な善悪の判断、道徳的な選択は、すべて政治的問題なのである。だから、君主の「心」は「天下の大本」なのである。朱子学的政治思惟は「個人道徳と政治が連続」しているのではあるが、「その理論的性格が非政治的」[95]であるのではなく、むしろ君主の道徳倫理に関わる部分もすべて政治化されているといわなければならない。朱子の思考はあらゆる面において、きわめて政治学的表現で展開されているのである。

おわりに

人が学問しなければならないのはなぜか。それは人の心が聖人の心に及ばないからである。これこそが朱子の学問論の基本的前提である[96]。人は堯舜のような聖人たるべく努力しなければならない。他人が一の努力をするところ自分は百の努力をし、他人が十の努力をするところ自分は千の努力をする。[97]朱子の学問観を見る限り、知識の量や聡明さそのものよりも、絶え間なく学問に取り組む姿勢そのものに評価の基準があるようである。その評価軸は、あらゆる学問者に当てはめられ、皇帝ですらその例外ではない。[98]「気」の享け方の違い（「昏明清濁の異」）という、この一種運命的な決定に皇帝の資質ですら左右されてしまう。[99]天子だからといって生まれつき聡明であるとは限らない。その学問方法には、あらゆる人間が全く同じ「不完全（未完全）」なる自然人・普通人なのだという人間に対する認識が明確に貫かれている。

宰相以下の官僚がたとえ無能であっても、「尊賢」主義によって交替させればすむ。しかし「親親」主義に基づく世襲王朝制をとる限り、暗愚な君主や暴君が生まれ出る偶然的運命からは逃れられない。[100]実際、朱子の見た孝宗という現実の皇帝も常に「小人」によって惑わされ、君主としての職務を遂行していない君主であった。この自然人としての「不完全性」、悪へ流れる「不安定さ」を持つ君主像は、「人心危うく、道心微か」である「心」の「不安定性」そのものである。朱子にとって現実の皇帝を含む人間の「心」とは、まことに不完全で、不安定な存在であった。ここに、君主を一般用語としての「元首」ではなく、特殊宋学的概念としての「心」と重ね合わせる一つの意義があったといえよう。

一方、朱子の提示した理想的な君主について考えるなら、目指されるべき心が「剛」なる「心」であったように、理想的な君主もまた同じく何事にも私欲に打ち勝つ「克己する」君主であり、「剛」なる君主である。

本朝はあれこれ幾重にも官を置いて、なんとわずらわしいことか。必ず大有為の後にこれを徹底的に改めなければならない。もしただ宰相のみにその志があるだけでは、やっぱり処理できない。必ず剛健で大有為の君主が自分でやってやろうと思ってこそ、できるのだ。……（中略）……必ず剛明智勇で、人の意表に出る君主であってこそ、はじめて天下の事を樹立することができる[101]。

また封事に主張される「正心誠意」なった理想的な君主とは、天理そのものであり、なんら批判の対象にされる存在ではなく、国家運営においても、その意図がストレートに国家の末端の統治組織にまで貫徹され、あらゆる人民が帰服する君主である[102]。まさに身体における「心」が命令し、すべての器官が適切に機能し、身体全体が健全さを回復した状態である。

かつて荒木見悟氏は朱子の修養論について、次のように論じられた。「敬の工夫は、後に朱子学批判者から、身心を拘束するものとの非難を受けるに至ったが、人間を頽落させる諸条件を考慮しつつ、天理の尊厳を保持するためには、畏敬の感情こそ規矩に即した自由を保障するものであった[103]」。朱子学の「敬」の工夫による「心」の修養を、規範としての天理による身心の拘束という消極的側面でのみ理解するなら、朱子の本来の意図を読み誤ることになる。君主の道徳的修養についてもまた同じことがいえる。つまり、超越的天理によって君主に内面的反省を迫る朱子の君主論は、君主権力を限りなく拘束することを目指しているのではなく、国家における君主の「規矩に即した自由」を実現化せんとするものなのである。正心なった君主の命令の下では、すべての官僚がその命令に従い、すべての人民はその君主に帰服するのである。このような国家像こそ、綱紀が立つという状態なのであった。ここにあるのは、天理に拘束された窮屈な君主ではなく、天理そのものと化した「規矩に即した自由」なる君主である。ここに、君主を特殊宋学的概念の「心」と重ね合わせるもう一つの意義があったと言えよう。

このように考えるなら、皇帝を「天理」や「公論」によってその権力の行使を規制するのは、皇帝が「生身の人間」として常に「不完全」であるからである。近年の先行研究において、強調されてきた「君主権力の抑制」

とは、この側面を指している。しかし、「聖人学んで至るべし」をテーゼとする朱子学においては、修養による道徳的完成が最終的に目指されるべき境地であるため、皇帝を含む人間は「不完全」であるというより、むしろ「未完全」といった方が正しく、常に修養によって聖人となる道が開かれている。そのため、修養なった皇帝は、「身体」において「心」が「主宰」者として各器官を統制するように、官僚機構の末端にいたるまで命令を貫徹することができる君主となる。この君主のあらゆる行為はすでに「天理」と合致するため、「規制」される必要はない。この皇帝が国家における命令機関として正常に機能すること、主宰者として機能することこそが、「正心誠意」を要請する朱子の意図であったとすれば、朱子の君主論の本質を、「君主権力の抑制」のみに見ることはできないであろう。朱子の君主論に君主権力抑制の論理と擁護の論理という矛盾する二面性を見ることができるのは、このような理由に起因すると考えられる。

〔注〕

（1）『史記』巻一〇五、列伝、扁鵲倉公伝。また、山田慶児「扁鵲伝説」（『東方学報（京都）』第六〇冊、一九八八）を参照。

（2）『三国志』巻二九『魏書』方技、華佗伝。

（3）『朱子文集』巻一一、封事、戊申封事、『朱子全書』第二二冊、頁五九〇。
蓋臣竊観今日天下之勢、如人之有重病、内自心腹、外達四肢、蓋無一毛一髪不受病者。雖於起居飲食未至有妨、然其危迫之證、深於医者固已望之而走矣。是必得如扁鵲華佗之輩、授以神丹妙剤、為之湔腸滌胃以去病根、然後可以幸於安全。如其不然、則病日益深而病者不覚、其可寒心、殆非俗医常薬之所能及也。

（4）『朱子文集』巻一一、封事、壬午応詔封事、『朱子全書』第二二冊、頁五七二。

然則人君之学与不学、所学之正与不正、在乎方寸之間、而天下国家之治不治、見乎彼者如此其大、所繫豈浅浅哉。

（5）『朱子文集』巻一一、封事、戊申封事、『朱子全書』第一二冊、頁五九〇。

蓋天下之大本者、陛下之心也。今日之急務、則輔翼太子、選任大臣、振挙綱維、変化風俗、愛養民力、修明軍政六者是也。……（中略）……臣之輒以陛下之心為天下之大本者、何也。天下之事千変万化、其端無窮而無一不本於人主之心者、此自然之理也。故人主之心正、則天下之事無一不出於正、人主之心不正、則天下之事無一得由於正。

（6）『朱子文集』巻一二、封事、己酉擬上封事、『朱子全書』第一二冊、頁六一八。

其一、所謂講学以正心者。臣聞天下之事、其本在於一人、而一人之身、其主在於一心。故人主之心一正、則天下之事無有不正、人主之心一邪、則天下之事無有不邪。如表端而影直、源独而流汙、其理有必然者。是以古先哲王欲明其徳於天下者、莫不壹以正心為本。

（7）これについては、宋晞「朱子の政治論」『朱子学入門』（朱子学大系第一巻、東京、明徳出版社、一九七四）が、簡潔にまとめており、宋氏は「朱熹の政治に対する場合、一つの最も基本的な見方があって、それはいうまでもなく治国平天下ということであり、すべからく先ず正心・誠意から始まるということである。それゆえかれの上申書・報告文をはじめ政治論の文章に至るまで、常に君心を正し、君徳を修めることを第一の要義としている」と論じられた（頁五七四）。

（8）狩野直喜『中国哲学史』第五編　宋元明の哲学（東京、岩波書店、一九五三）、頁四〇七。

（9）荻生徂徠『徂徠先生答問書』（『学問論集』荻生徂徠全集第一巻、東京、みすず書房、一九七三）、頁四三〇。

（10）丸山真男『日本思想史研究』（東京、東京大学出版会、一九五二）、頁五九。

（11）小島毅「天道・革命・隠逸——朱子学的王権論をめぐって」『宗教と権威』（網野善彦等編、岩波講座天皇と王権を考える4、東京、岩波書店、二〇〇二）、頁七四。

（12）侯外廬主編『中国思想通史』第四巻下冊（北京、人民出版社、一九六〇）、任継愈主編『中国哲学史』第三冊（北京、人民出版社、一九六四）、楊栄国主編『簡明中国哲学史』（北京、人民出版社、一九七五）、邱漢生『四書集注簡論』（北京、中国社会科学出版社、一九八〇）など、ここでは代表的なもののみにとどめておく。

（13）張立文『朱熹思想研究』（北京、中国社会科学出版社、一九九四）、頁九八―一〇一。同『朱熹評伝』第三章、天理君権、徳刑人材（長春、長春出版社、二〇〇八）、頁五四―五六。また、近年の研究では他にも、高令印・高秀華『朱子学

通論』第三章、朱子学的基本内容、第三節、政治学説（厦門、厦門大学出版社、二〇〇七）も、皇帝に修身を要請し、「君心を正す」ことは、君主専制への反対を意味し、このような倫理的に完成された皇帝による統治を、開明専制論と呼んでいる。頁一六九―一七一。

（14）蔡方鹿『朱熹与中国文化』（貴陽、貴州人民出版社、二〇〇〇）、頁二七―二九。

（15）余英時『朱熹的歴史世界――宋代士大夫政治文化的研究――』緒説、五、理学与〝政治文化〟（台北、允晨文化実業、二〇〇三）。また、この問題に関しては、すでに拙評にて論じたことがある。「書評、余英時著『宋明理学与政治文化』」（『東洋史研究』第六六巻第一号、二〇〇七）。

（16）友枝龍太郎『朱子の思想形成』第三章、知識と実践の問題、第三節、本土防衛の説（東京、春秋社、一九六九）、頁四二七。

（17）早坂俊廣「「戊申封事」に見える朱熹の君主観」（広島哲学会『哲学』第四二集、一九九〇）。

（18）前掲註（17）、早坂論文。

（19）早坂氏は、「正心誠意」が君主「礼賛の道具にもなり得る」という側面についても論じられているが、なぜ朱子の君主論にはそのような相反する矛盾があるのか、そしてその矛盾は一体何を意味するのかについて説明されないままである。

（20）例えば、余氏のいう「虚君」という用語は、近代立憲主義者たちの用語を連想させる。梁啓超は美濃部達吉の君主機関説に基づいて、実権のない君主、「すなわち君主の権限が形式的な「虚器」でなければならない」と主張している。楠瀬正明「清末における立憲構想―梁啓超を中心にして―」（『史学研究』第一四三号、一九七九）を参照。

（21）木下鉄矢『朱熹再読』第五章、「治」より「理」へ――陸贄・王安石・朱熹――（東京、研文出版、一九九九、初出は、『東洋史研究』第五五巻第三号、一九九六）、頁三一一―三六〇。

（22）朱子の思想に見る「ポスト」と「生身の人間」との乖離については次の研究に詳説されている。木下鉄矢『朱熹哲学の視軸――続朱熹再読――』第五章、「命」と「令」――朱熹の「天命之謂性」解釈――（東京、研文出版、二〇〇九、初出は、『東洋史研究』第六四巻第一号、二〇〇五）。

（23）「現代の日本において「皇帝機関説」と言えば、当然かの「天皇機関説」の言い換えと捉えるべきであろう。」（前掲註（21）木下著、註（14）と述べられ、直接明示されてはいないが、美濃部達吉の「天皇機関説」を指していると思われる。

(24) 家永三郎『美濃部達吉の思想史的研究』（東京、岩波書店、一九六四）、頁三二一。

(25) 前掲註（16）、友枝著、頁四二七。

(26) 木下鉄矢『朱子学の位置』（東京、知泉書館、二〇〇七）、頁五九〇。

(27) 束景南『朱子大伝』第一六章、従伝統反思到現実批判（福州、福建教育出版社、一九九二、のち再版、北京、商務印書館、二〇〇三）下冊、頁七七四。頁数は、二〇〇三年再版のもの。また、朱子が紹熙五年（一一九四、六五歳）に韓侂冑一派との一連の対立の結果、中央を離れることとなったことに関して、君主権力を制限しようとする朱子と、君主による独断・専制を維持しようとする寧宗と韓侂冑ら「近習勢力」との対立が原因であったと論じ、君主権力の制限の方により朱子の主張の意義を認めているようである。同書、第二一章、入侍経筵四十六日、頁九八七—九八九。また、同氏『朱熹研究』第一一章、入侍経筵（北京、人民出版社、二〇〇八）、頁二六三も参照。

(28) 『大学章句』経一章。

心者、身之所主也。

(29) この解釈は程子の次の説に基づいていると思われるが、本論では朱子の解釈に絞って論じることとする。『程子遺書』一八に「天に在るを命と為し、義に在るを理と為し、人に在るを性と為し、身に主たるを心と為す。その実は一なり」とある。

(30) 島田虔次『大学・中庸』上（東京、朝日新聞社、一九七八）、頁六四。

(31) 『朱子語類』巻五、性理二、性情心意等名義、第六〇条。

性是心之道理、心是主宰於身者。

(32) 『朱子語類』巻五、性理二、性情心意等名義、第八八条。

心者、一身之主宰。

(33) 『朱子語類』巻一二、学六、持守、第三条。

古人言志帥、心君……。

(34) 蒙培元『理学的演変』第一章、理学集大成——朱熹、三、心性論及其矛盾、（福州、福建人民出版社、一九八四）、前掲註（13）張立文著、陳来『朱子哲学研究』第九章、心之緒説、二、心為主宰（上海、華東師範大学出版社、二〇〇〇）、など。

(35)『管子』心術上。
心之在体、君之位也。九竅之有職、官之分也。耳目者視聴之官也。心而無与於視聴之事、則官得守其分矣。……(中略)……故曰心術者、無為而制竅者也。

(36)『荀子』天論。
耳目鼻口形能、各有接而不相能也、夫是之謂天官。心居中虚以治五官、夫是之謂天君。

『荀子』解蔽。

心者、形之君也、而神明之主也、出令而無所受令。

訳は、金谷治訳注『荀子』下(東京、岩波書店、一九六二)、頁三三と頁一四九による。

(37)『荀子』解蔽。
〔楊倞註〕心出令以使百体、不為百体所使也。此六者皆由心使也、然所以為形之君也。

(38)金谷治氏は、『管子』研究において、「「人君の道」と「人臣の道」とが対照的にあげられ、それぞれにその任務を守って逸脱しないことによって一体的な治安が得られるとされている。すなわち、君臣異道の主張である。それはまず、君主と臣下との職務をひき離して、臣下に侵されることのない君主の地位の安定をねらったものである」と論じられている。金谷治『管子の研究』第四章、『管子』の思想(上)、第一節、政治思想(東京、岩波書店、一九八七)、頁一一三―一一四。

(39)『春秋繁露』天地之行。
一国之君、其猶一体之心也。……任群臣無所親、若四肢之各有職也。内有四輔、若心之有肝肺脾腎也。外有百官、若心之有形体孔竅也。……上下相承順、若肢体相為使也。

(40)国家有機体説とは、国家を有機体、つまりひとつの人間の身体にたとえ、国家の構成員がそれぞれ国家における機能を分担するという政治学的概念である。理解を助けるために、ひとつ例を挙げておく。朱子と同時代に、西洋に生きたソールズベリのジョンは、身体と国家を次のようにアナロジーしている。つまり、「魂=聖職者」「頭=君主」「心臓=元老院」「目・耳・舌=裁判官と州長官」「武装していない手=役人」「武装した手=兵士」「脇腹=君主の側近」「胃・腸=財務官と記録官」「足＝農民・職人」という具合である。身体における各器官が正しく機能することで身体全体の健全な活動が獲得されるように、国家の構成員が各々定められた職務を遂行することで、国家全体も円滑に機能すると考える。このような政治学的思考である。柴田平三郎『中世の春―ソールズベリのジョンの思想世界』（東京、慶応義塾大学出版会、二〇〇二）、頁二四八―二五六、参照。

(41) 『尚書』虞書益稷。

〔本文〕乃歌曰、股肱喜哉。元首起哉。百工熙哉。皐陶拝手稽首。颺言曰念哉。率作興事。慎乃憲欽哉。屢省乃成欽哉。乃賡載歌曰、元首明哉、股肱良哉、庶事康哉。又歌曰、元首叢脞哉。股肱惰哉。万事墮哉。帝拝曰、兪往欽哉。

〔正義〕君為元首、臣為股肱耳目、大体如一身也。足行手取、耳聴目視、身雖百体、四者為大。故挙以為言。鄭玄云動作視聴皆由臣也。

(42) 渡辺信一郎「『臣軌』小論――唐代前半期の国家とイデオロギー――」（礪波護編『中国中世の文物』京都、京都大学人文科学研究所、一九九三、のち、『中国古代国家の思想構造――専制国家とイデオロギー』東京、校倉書房、一九九四）所収。本文引用とその頁数は後者による。

(43) 『資治通鑑』巻二〇六、唐紀二二、則天后聖暦元年春二月条。

太后曰、此朕家事、卿勿預知。仁傑曰、王者以四海為家、四海之内、孰非臣妾、何者不為陛下家事。君為元首、臣為股肱、義同一体、況臣備位宰相、豈得不預知乎。

(44) その他の例としては、杜恕『体論』の同時代の楊阜の次のような発言がある。

『資治通鑑』巻七三、魏紀五、明帝青龍三年夏四月条。

陛下当以堯・舜・禹・湯・文武為法則、夏桀・殷紂・楚霊・秦皇為深誡、而乃自暇自逸、惟宮台是飾、必有顛覆危亡之禍矣。君作元首、臣為股肱、存亡一体、得失同之。臣雖駑怯、敢忘争。

(45) 『魏書』巻一一三、官氏志九。

元首不可以独断、乃命臣以佐之。然則安海内、正国家、非一人之力也。

(46) 渡辺論文引用の陸景『典語』も参照。

(47) 唐代において同様の主張を展開し、後世に残すこととなったのが、徳宗朝の陸贄による『陸宣公奏議』である。

(48)趙汝愚『宋朝諸臣奏議』巻一五、君道門、用人三、富弼、上神宗論内外大小臣不和由君子小人並処。

夫君臣之道本是一体、君者元首也、執政者股肱心膂也、諫官・御史・侍従・論思者耳目也、内外群有司者筋肌支節血脈也。体若具備、方得成人、為君者、上下之官亦具而無闕、方得成国。為国者正如為人之体也。人之体一脈不和、則為疾矣。君之国一官不和、則為害矣。体之不和為疾最大者、股肱心膂也。国之不和為害最大者執政也。夫執政者輔賛萬幾為国大臣、日至君前議論天下之事、賞善罰悪、進賢退不肖、喜怒繫乎人情之舒惨、邪正繫乎朝廷之盛衰、是執政者天下之所観望、群有司之所師表也。執政不和、則群有司安得而和哉。群有司不和、則万務安得而治哉。万務不治、則天下之民受其弊矣。民既受弊、則国家喪乱随之。此万万必然之理也。是故為国者欲求治且安、非天下人和不可也、欲天下人和、非中外官司皆和不可也。欲中外官司皆和、非執政先和不可也。執政者、乃朝廷教令之所出、天下治乱之所繫也、安得不和也。

(49)司馬光『司馬公文集』巻四〇、章奏二五、上体要疏。『宋朝諸臣奏議』巻八、君道門、政体、司馬光、上神宗論体要。

臣聞為政有体、治事有要。自古聖帝明王、垂拱無為而天下大治者、凡用此道也。何謂為政有体。君為元首、臣為股肱、上下相維、内外相制、若網之有綱、絲之有紀。故詩云、勉勉我王、綱紀四方。又云、愷悌君子、四方之綱。古之王者、設三公・九卿・二十七大夫・八十一元士以綱紀其内、設方伯・州牧・卒正・連帥・属長以綱紀其外。尊卑有序、若身之使臂、臂之使指、莫不率従。此為政之体也。何謂治事有要。夫人智有分而力有涯、以一人之智力、兼天下之衆務、欲物物而知之、日亦不給矣。是故尊者治衆、卑者治寡。治衆者、事不得不約、治寡者、事不得不詳。約則挙其大、詳則尽其細、此自然之勢也。益稷曰、元首明哉、股肱良哉、庶事康哉。言君明則能択臣、臣良則能治事也。又曰、元首叢脞哉、股肱惰哉、万事堕哉。言君親細務、則臣不尽力而事廃壊也。……(中略)……是故王者之職、在於量材任人、賞功罰罪而已。苟能謹択公卿牧伯而属任之、則其余不待択而精矣。謹察公卿牧伯之賢愚善悪、而進退誅賞之、則其餘不待進退誅賞而治矣。然則王者所択之人不為多、所察之事不為煩。此治事之要也。……(中略)……祖宗創業垂統為後世法、内則設中書・枢密院・御史台・三司・審官・審刑等在京諸司、外則設転運使・知州・知県等衆官以相統御、上下有叙。此所謂綱紀者也。

(50)『宋朝諸臣奏議』巻五一、百官門、台諫一、劉随、上仁宗論当今所切在于納諫。

君為元首也、大臣股肱也、諫臣耳目也。有人廃耳目而得聡明者、未之有也。

（51）『宋朝諸臣奏議』巻五四、百官門、台諫四、劉摯、上哲宗乞召用傅堯兪等以銷奸党。

譬如人之一身、耳目手足、肌膚爪髪、欠一誠不可、然而強四支者必以骨為主、故自古人君崇奨忠直、謂之骨鯁之臣。

（52）その他、『宋朝諸臣奏議』巻三九、天道門、災異三、張方平、上仁宗答詔論地震春雷之異、范純仁『范忠宣公集奏議』巻上、論富弼入相久謝病不出、参照。また、国家の問題を人体の病気に例える事例も見られ、本章のはじめに見た朱子の発言もこの流れの中に位置づけることができる。「〔劉述〕臣窃観方今天下之事、可謂困弊之極矣。如久疾之人、肢体羸薾、気息奄奄、不能自得、所可恃者、脈理未憊而已。誠得良医而救薬之、輔其気血、調其飲食、時其寒温、庶幾可以復全。陛下有明徳嘉道、孳孳庶政、医之良者也。所謂輔其気血者、軽徭薄賦以寛民力、以固民心、俾無怨畔是也。調其飲食者、道民務本、教之倹約、雖有水旱之苦、而無損瘠之患是也。（『宋朝諸臣奏議』巻一一、君道門、恭倹、上神宗論百姓修靡乞身先倹約）などを参照。

（53）『朱子文集』巻一三、奏劄、辛丑延和奏劄二、『朱子全書』第二〇冊、頁六四〇。

天下之治固必出於一人、而天下之事則有非一人所能独任者。是以人君既正其心、誠其意於堂阼之上突奥之中、而必深求天下敦厚誠実、剛明公正之賢以為輔相、使之博選士大夫之聡明達理、直諒敢言、忠信廉節、足以有為有守者、随其器能、置之列位、使之交修衆職、以上輔君徳、下固邦本、而左右私褻使令之賎無得以奸其間者。有功則久其任、不称則更求賢者而易之。

（54）『朱子文集』巻一〇〇、公移、州県官牒、『朱子全書』第二五冊、頁四六一四。

恭惟朝廷設官分職、等級分明、大小相維、各有承属。蓋以一人之智不能遍周衆事、所以建立司存、使相統摂。然事有統紀、雖繁而不乱。……（中略）……而比年以来、此法不挙、所謂過庁者、不過茶湯相揖而退。其於県之財賦獄訟、知県既不謀之佐官、佐官亦不請於知県、大率一出於知県一人、十数胥吏之手而已。設使知県才術過人、力能独任、亦非為治之体……。

（55）『孟子集注』巻一一、告子章句上。

〔朱注〕官之為言司也。耳司聴、目司視、各有所職而不能思、是以蔽於外物。既不能思而蔽於外物、則亦一物而已。又以外物交於此物、其引之而去不難矣。心則能思而以思為職。凡事物之来、心得其職、則得其理、而物不能蔽。失其職、則不得其理、而物来蔽之。此三者、皆天之所以与我者、而心為大、若能有以立之、則事無不思、而耳目之欲不能奪之矣。此所以為大人也。……（中略）……范浚心箴曰、茫茫堪輿、俯仰無垠。人於其間、眇然有身。是身之微、大倉稊米、参為三才、曰惟心耳。往古来今、孰無此心。心為形役、乃獣乃禽。惟口耳目、手足動静、投間抵隙、為厥心病。一心之微、衆欲攻之、其与存者、嗚呼幾希。君子存誠、克念克敬、天君泰然、百体従令。

(56)『朱子語類』巻五九、孟子九、告子上、公都子問鈞是人也章、第一六七条。
耳目亦物也、不能思而交於外物、只管引将去。心之官、固是主於思、然須是思方得。若不思、却倒把不是做是、是底却做不是。心雖主於思、又須著思、方得其所思。若不思、則邪思雑慮便順他做去、却害事。

また、次の朱子の発言も同様の内容である。『朱子語類』巻五九、一六六条。

耳目之官不能思、故蔽於物。耳目、一物也、外物、一物也。以外物而交乎耳目之物、自是被他引去。唯心之官則思、故思則得之、不思則不得、惟在人思不思之間耳。然此物乃天之与我者、所謂大者也。君子当於思処用工、能不妄思、是能先立其大者也。立字下得有力、夫然後耳目之官小者弗能奪也、是安得不為大人哉。

(57)『朱子語類』巻五九、孟子九、告子上、公都子問鈞是人也章、第一七二条。
先立乎大者、則小者不能奪。今忘前失後、心不主宰、被物引将去、致得膠擾。所以窮他理不得。

(58)『朱子語類』巻五、性理二、性情心意等名義、第三六条。
問、形体之動、与心相関否。曰、豈不相関。自是心使他動。曰、「喜怒哀楽未発之前、形体亦有運動、耳目亦有視聴、此是心已発、抑未発。曰、喜怒哀楽未発、又是一般。然視聴行動、亦是心向那裏。若形体之行動心都不知、便是心不在、行動都没理会了。説甚未発。未発不是漠然全不省、亦常醒在這裏、不恁地困。

(59)呉澄『臨川呉文正公集』巻二三、記、九思堂記。
目之視、耳之聴、見面之色、挙動之貌、出口之言、応接之事、皆属於身者、視而思、聴而思、色・貌・言・事莫不有思。思者心之官也。身之職統於心之官、内有所主、而外従其令。故以視則明、以聴則聡、色与貌、則温而恭、言与事、則忠而敬。此顔子之視・聴・言・動悉由乎礼、孟子之先立乎其大者而小者不能奪也。

(60)「主宰」としての「心」については、多くの研究者による言及があるが、本論では山田慶児氏と木下鉄矢氏の議論から多くを学んだ。山田氏は、「「主宰・運用スル底」としての心」、「個人を有機的全体として統合し、行動させるものとしての心」について、「朱子の主張によれば、感官の働きにも四肢の働きにも、心はつねにそれにかかわってゆく。心が全身をすみずみまで主宰することによって、人間ははじめて統合された有機的全体であることができる。別の角度からいえば、心が理と気の統合体であるからこそ、心には全身の主宰、有機的統合が可能なのである」と述べられている。山田慶児『朱子の自然学』終章、自然学から人間学へ（東京、岩波書店、一九七八）、頁四五二―四五三。また、木下氏が、程子の次の語「人之身有形体、未必能為主。若有人為繋虜将去、随其所処、已有不得与也。唯心則三軍之衆不可奪也。若幷心做主不得、則更有甚。」（『河南程子遺書』巻一五、伊川先生語一、入関語録、『二程集』上冊、頁一五七）にある「主」の意味について、「それ自らも含まれる或る場の有り様（状況）を中心的最終的に決定する、或はしている存在」とされる。そして、「心」と「形体」の関係について、「身体は人にどこにでも強制的に連れ去られることが有り、それを自分ではどうすることも出来ないのだから（已有不得与也）、自らの在処・状況についての最終的決定権者では必ずしもあり得ない（未必能為主）。一方「心」の方は、「形体」なきがゆえに、他者が自らに対して最後の最後まで最終決定権を振るい得ることはない。身体が最終自己決定権を持たないだけでなく、唯一最終自己決定権を奪われない存在であり得る「心」までがその最終自己決定権を発効しないとするならば、それ以上の何が始まろうか」と述べられている。前掲註（21）、木下著、第三章、頁一四五―一四八。初出は、「朱熹の存在理解について（3）――さまざまな時間（Ⅱ）――」（『岡山大学文学部紀要』第二一号、一九九四）。

（61）北宋末から南宋初期、婺州蘭渓県に生きた人物であるが、高宗朝における秦檜専権を厭い仕官しなかった。学問については、特に誰かについて学んだのではなく、「自得」によって一家を成したといわれるが、その学問内容は「治心」「養気」を中心としており、張載や二程といった道学思想と一致するところが多かったという。朱子が『心箴』を高く評価し、『孟子集注』に引用されたことから、後世まで誦習され続けることとなった。著作に『香渓集』三二巻（『四庫全書』所収）がある。『宋儒学案』巻四五、范許諸儒学案、范浚伝を参照。また、朱子の范浚との出会いは、紹興一八年（一一四八、朱子一九歳）であり、この時に朱子は、『心箴』を読み、大いに気に入り、手録して帰ったという。詳細は、束景南『朱熹年譜長編』巻上（上海、華東師範大学出版社、二〇〇一）、頁一二一―一二二を参照。

『朱子語類』巻五九、孟子九、告子上、公都子問鈞是人也章、第一七四条。

〔弟子〕問、集注所載范浚心銘、不知范曾従誰学。〔朱子〕曰、不曾従人、但他自見得到、説得此件物事如此好。向見呂伯恭甚忽之。〔弟子〕問、須取他銘則甚。〔朱子〕曰、但見他説得好、故取之。〔弟子〕曰、似恁説話、人也多説得到。〔朱子〕曰、正為少見人能説得如此者、此意蓋有在也。

(62) 前掲註(36)、『荀子』参照。

(63) 『管子』立政。

令則行、禁則止、憲之所及、俗之所被、如百体之従心、政之所期也。

(64) 前掲註(61)、『朱子語類』巻五九、第一七四条を参照。

(65) 『朱子文集』巻一四、奏箚、経筵留身面陳四事箚子、『朱子全書』第二〇冊、頁六八〇。

至於朝廷紀綱、尤所当厳。上自人主、以下至於百執事、各有職業不可相侵。蓋君雖以制命為職、然必謀之大臣、参之給舎、使之熟議以求公議之所在、然後揚于王庭、明出命令而公行之。

(66) 木下鉄矢氏の言葉を借りれば、「中心的最終的に決定する」主体としての「君主」と「心」ということができるだろう。前掲註(21)、木下著、頁一四七。

(67) 『朱子語類』巻五、性理二、性情心意等名義、第四一条。

問人心形而上下如何、曰如肺肝五臟之心、却是実有一物。若今学者所論操舍存亡之心、則自是神明不測。故五臟之心受病、則可用薬補之。這箇心、則非菖蒲、茯苓所可補也。

このように修養の対象となる「心」は、体内にある実物としての「五臓之心」とは別物である。

(68) 『大学或問』下。

惟是此心之霊既曰一身之主、苟得其正、而無不在是、則耳目鼻口四肢百骸、莫不有所聴命以供其事。而其動静語黙出入起居、唯吾所使而無不合於理。如其不然、則身在於此而心馳於彼、血肉之軀無所管摂。

(69) 『大学章句』伝七章。

〔本文〕心不在焉、視而不見、聴而不聞、食而不知其味。〔朱注〕心有不存、則無以検其身、是以君子必察乎此而敬以直之、然後此心常存而身無不脩也。

(70) 『大学或問』経。

敬者一心之主宰、而万事之本根也。

(71) 『朱子語類』巻一二、学六、持守、第九二条。

敬、只是此心自做主宰処。
また『朱子文集』巻五九、答余方叔、などを参照。

(72) 『朱子語類』巻一三、学七、力行、第三三条。
方其当格物時、便敬以格之、当誠意時、便敬以誠之。以至正心、修身以後、節節常要惺覚執持、令此心常在、方是能持敬。……(中略)……若此心常在躯殻中為主、便須常如烈火在身、有不可犯之色。

(73) 『朱子語類』巻一二〇、朱子一七、訓門人八、第八一条。
今既免此、亦須汲汲於学。為学之道、聖経賢伝所以告人者、已竭尽而無余、不過欲人存此一心、使自家身有主宰。今人馳騖紛擾、一箇心都不在躯殻裏。孟子曰、学問之道無他、求其放心而已。又曰、存其心、養其性、所以事天也。学者須要識此。

(74) 『朱子語類』巻一二一、朱子一八、訓門人九、第六三条。
今未知反求諸心、而胸中方且叢雑錯乱、未知所守。持此雑乱之心以観書察理、故凡工夫皆従一偏一角做去、何縁会見得全理。某以為諸公莫若且收歛身心、尽掃雑慮、令其光明洞達、方能作得主宰、方能見理。不然、亦終歳而無成耳。

(75) 垣内景子『「心」と「理」をめぐる朱熹思想構造の研究』第一章、心学としての朱熹の思想、第一節、「心」と「工夫」(東京、汲古書院、二〇〇五)、頁一一―三八。

(76) 『朱子語類』巻八七、礼四、小戴礼、第一三六条。
物之誘人固無窮、然亦是自家好悪無節、所以被物誘去。若自有箇主宰、如何被他誘去。此処極好玩味、且是語意渾粋。

(77) 『論語集注』巻六、顔淵第一二。
〔本文〕顔淵問仁。子曰、克己復礼為仁。一日克己復礼、天下帰仁焉。為仁由己、而由人乎哉。〔朱注〕仁者、本心之全徳。克、勝也。己、謂身之私欲也。礼者、天理之節文也。為仁者、所以全其心之徳也。蓋心之全徳、莫非天理、而亦不能不壊於人欲。故為仁者必有以勝私欲而復於礼、則事皆天理、而本心之徳復全於我矣。

(78) 『朱子語類』巻一二、学六、持守、第六八条。
扶起此心来闘。

(79)『朱子語類』巻一二、学六、持守、第七一条。
今日格一物、明日格一物、正如遊兵攻囲抜守、人欲自消鑠去。……(中略)……把箇敬字抵敵、常常存箇敬在這裏、則人欲自然来不得。
(80)他にも『朱子語類』巻一三、学七、力行、第二六条など。
(81)『朱子語類』巻四一、論語二三、顔淵篇上、顔淵問仁章、第一六条。
勝、便是打畳殺了他。
(82)『論語集注』巻三、公治長第五。
〔本文〕子曰、吾未見剛者。或対曰、申棖。子曰、棖也慾、焉得剛。〔朱注〕剛、堅強不屈之意、最人所難能者、故夫子歎其未見。……(中略)……慾、多嗜慾也。多嗜慾則不得為剛矣。……(中略)……謝氏曰、剛与慾正相反。能勝物之謂剛……。
(83)『朱子文集』巻一一、封事、庚子応詔封事、『朱子全書』第二〇冊、頁五八〇—五八八。
臣嘗謂天下国家之大務莫大於恤民、而恤民之実在省賦、省賦之実在治軍。若夫治軍省賦以為恤民之本、則又在夫人君正其心術以立紀綱而已矣……(中略)……。

臣謹按南康為郡、土地瘠薄、生物不暢、水源乾浅、易得枯涸、人民稀少、穀賎農傷、固已為貧国矣。而其賦税偏重、比之他処、或相倍蓰。民間雖復尽力耕種、所収之利或不足以了納税賦、須至別作営求、乃可陪貼輸官。是以人無固志、生無定業、不肯尽力農桑、以為子孫久遠之計。幸遇豊年、則賎糶禾穀、以苟目前之安。一有水旱、則扶老携幼、流移四出、視其田廬無異逆旅之舎。蓋出郊而四望、則荒疇敗屋、在処有之。故臣自到任之初、即嘗具奏、乞且将星子一県税銭特賜蠲減。又嘗具申提点坑冶司、乞為敷奏、将夏税所折木炭価銭量減分数。其木炭銭、已蒙聖慈曲賜開允。独減税事、漕司相度方上版曹、若得更蒙聖恩特依所請、則一方憔悴困窮之民、自此庶幾復有更生之望矣。……(中略)……此臣之所謂民之憔悴困窮而不可不恤者然也……(中略)……。

至於所謂其本在於正心術以立紀綱者、則非臣職之所当及。然天下萬事之根本源流有在於是、雖欲避而不言、有不可得者。且臣頃於隆興初元誤蒙召対、蓋已略陳其梗概矣。今請昧死復為陛下畢其説焉。夫所謂綱者、猶網之有綱也。所謂紀者猶絲之有紀也。網無綱則不能以自張、絲無紀則不能以自理。故一家則有一家之綱紀、一国則有一国之綱紀。若乃郷総於県、県総於州、州総於諸路、諸路総於台省、台省総於宰相、而宰相兼統衆職、以与天子相可否而出政令、此則天下之綱紀也。然而綱紀不能以自立、必人主之心術公平正大、無偏党反側之私、然後綱紀有所繫而立。君心不能以自正、必親賢臣、遠小人、講明義理之帰、閉塞私邪之路、然後乃可得而正也。古先聖王所以立師傅之官、設賓友之位、置諫諍之職、凡以先後縦臾、左右維持、惟恐此心頃刻之間或失其正而已。原其所以然者、誠以天下之本在是、一有不正、則天下万事将無一物得其正者、故不得不謹也。

今天下之事如前所陳、亦可見矣。陛下欲恤民、則民生日蹙、欲理財、則財用日匱、欲治軍、則軍政日紊、欲恢復土宇、則未能北向以取中原尺寸之土、欲報雪讐耻、則未能繫単于之頸而飲月氏之頭也。此其故何哉。宰相、台省、師傅、賓友、諫諍之臣皆失其職、而陛下所与親密、所与謀議者、不過一二近習之臣也。此一二小人者、上則蠱惑陛下之心志、使陛下不信先王之大道而悦於功利之卑説、不楽荘士之讜言而安於私暬之鄙態、下則招集天下士大夫之嗜利無耻者、文武彙分、各入其門、所喜則陰為引援、擢置清顕、所悪則密行訾毀、公肆擠排。交通貨賂、則所盗者皆陛下之財、命卿置将、則所窃者皆陛下之柄。雖陛下所謂宰相、師保、賓友、諫諍之臣、或反出入其門牆、承望其風旨。其幸能自立者、亦不過齪齪自守、而未嘗敢一言以斥之。其甚畏公論者、乃略能驚逐其徒党之一二、既不能深有所傷、而終亦不敢名言、以擣其嚢橐巣窟之所在。勢成威立、中外靡然向之、使陛下之号令黜陟不復出於朝廷而出於一二人之門、名為陛下之独断、而実此一二人者陰執其柄。蓋其所壊、非独壊陛下之綱紀而已、乃并与陛下所以立綱紀者而壊之。使天下之忠臣賢士深憂永歎、不楽其生、而貪利無恥、敢於為悪之人四面紛然、攘袂而起、以求逞其所欲。然則民又安可得而恤、財又安可得而理、軍政何自而脩、土宇何自而復、而宗廟之讐恥又何時而可雪耶。……（中略）……伏惟陛下曲加容貸、留神省察、奮発剛断、一正宸心、斥遠佞邪、建立綱紀、以幸四海困窮之民、則臣不勝大幸。

(84) 島田虔次『大学・中庸』下（東京、朝日新聞社、一九七八）、頁七。『中庸章句』序に関する理解については、本書を参照。また、「道心人心」論については、大濱晧『朱子の哲学』第五章、心（東京、東京大学出版会、一九八三）、頁一五六—一六四を参照。

(85) 『中庸章句』序。

中庸何為而作也。子思子憂道学之失其伝而作也。蓋自上古聖神継天立極、而道統之伝有自来矣。其見於経、則允執厥中者、尭之所以授舜也。人心惟危、道心惟微、惟精惟一、允執厥中者、舜之所以授禹也。尭之一言、至矣、尽矣。而舜復益之以三言者、則所以明夫堯之一言、必如是而後可庶幾也。蓋嘗論之、心之虚霊知覚、一而已矣。而以為有人心道心之異者、則以其或生於形気之私、或原於性命之正、而所以為知覚者不同、是以或危殆而不安、或微妙而難見耳。然人莫不有是形、故雖上智不能無人心、亦莫不有是性、故雖下愚不能無道心。二者雑於方寸之間、而不知所以治之、則危者愈危、微者愈微、而天理之公卒無以勝夫人欲之私矣。精則察夫二者之間而不雑也、一則守其本心之正而不離也。従事於斯、無少間断、必使道心常為一身之主、而人心毎聴命焉、則危者安、微者著、而動静云為自無過不及之差矣。

(86)『朱子語類』巻七八、尚書一、大禹謨、第二三条。

饑欲食、渇欲飲者、人心也。得飲食之正者、道心也。須是一心只在道上、少間那人心自降伏得不見了。人心与道心為一。恰似無了那人心相似。只是要得道心純一、道心都発見在那人心上。

(87)『朱子語類』巻七八、尚書一、大禹謨、第二一条。

饑食渇飲、人心也。如是而飲食、如是而不飲食、道心也。

(88)『朱子語類』巻七八、尚書一、大禹謨、第一七条。

道心是知覚得道理底、人心是知覚得声色臭味底。人心不全是不好、若人心是全不好底、不応只下箇危字。蓋為人心易得走従悪処去、所以下箇危字。若全不好、則是都倒了、何止於危。危、是危殆。道心惟微、是微妙、亦是微昧。若説道心天理、人心人欲、卻是有両箇心。人只有一箇心、但知覚得道理底是道心、知覚得声色臭味底是人心、不争得多

(89)次の封事は、朱子が六〇歳の時、光宗に奏上したものであるが、同じような内容である。

『朱子文集』巻一一、封事、己酉擬上封事、『朱子全書』第二〇冊、頁六二三―六二四。

臣聞人主以論相為職、宰相以正君為職。二者各得其職、然後体統正而朝廷尊、天下之政必出於一、而無多門之弊。苟当論相者求其適己而不求其正己、取其可愛而不取其可畏、則人主失其職矣。当正君者不以献可替否為事、而以趨和承意為能、不以経世宰物為心、而以容身固寵為術、則宰相失其職矣。二者交失其職、是以体統不正、綱紀不立、而左右近習皆得以窃弄威権、売官鬻獄、使政体日乱、国勢日卑。

(90)また、同様の内容の記事として、『朱子文集』巻一一、封事、己酉擬上封事、頁六二三―六二四を参照。

(91)『朱子文集』巻一一、戊申封事、巻一二、己酉擬上封事、巻一三、延和奏箚二、などに同様の議論がある。

(92)『道命録』巻五。

七年春旱、詔監司郡守条利病、先生極言近習用事之害、有莫大之禍、必至之憂、近在朝夕而陛下不悟之語、上大怒、命先生分析。趙丞相詭辞救解、乃止。

(93)『朱子語類』巻一〇六、訳は田中謙二『朱子語類』外任篇訳注』(東京、汲古書院、一九九四)、頁一〇五。

(94)水林彪「近世の法と国制研究序説(二)―紀州を素材として―」(『国家学会雑誌』第九〇巻第五・六号、一九七七)、頁二五八。

(95)前掲註(10)、丸山著。

(96)『朱子文集』巻四二、答石子重(第一書)。

(97)『中庸章句』第二〇章。

(98)『朱子文集』巻一五、経筵講義。

朱子此先王之世所以自天子至於庶人無一人之不学、而天下国家所以治日常多而乱日常少也。

また、『朱子文集』巻一三、奏劄、癸未垂拱奏劄一、『朱子全書』第二〇冊、頁六三一―六三三。

(99)『朱子語類』巻五五、孟子五、滕文公上、滕文公為世子章、第七条。

(100)「親親」主義、「尊賢」主義については、島田虔次『大学・中庸』下(東京、朝日新聞社、一九七八)、頁一二一参照。

(101)『朱子語類』巻一一二、朱子九、論官、第一七条。

本朝建官重三畳四、多少労擾。此須大有為後痛更革之。若但宰相有志、亦不能弁、必得剛健大有為之君自要做時、方可。……(中略)……須是剛明智勇、出人意表之君、方能立天下之事。

(102)『朱子文集』巻一一、封事、戊申封事。

発号施令、群聴不疑、進賢退姦、衆志咸服。

『朱子文集』巻一四、奏劄、延和奏劄五。

天下之事将惟陛下之所欲為、無不如志矣

また市川安司氏も朱熹の封事を読み解き、「上位者の意志命令が末端にまで届く、最も大事な条件として朱子はそれを考えていたのであろう」とされる。『朱子―学問とその展開』(東京、評論社、一九七四)、頁二五七。

(103)　荒木見悟「朱子学の哲学的性格——日本儒学解明のための視点設定——」(『貝原益軒室鳩巣』日本思想大系34、東京、岩波書店、一九七〇)、頁四六〇。

第三章　南宋孝宗朝における朱子の側近政治批判

――『陸宣公奏議』受容の一側面

はじめに

前章では、朱子による「心―身体」関係と、「君主―官僚」関係の重ね合わせの思考に注目し、朱子学的君主論の論理的構造を論じた。そこでは、朱子が皇帝に「正心誠意」の内面修養を要請したのは、国家における命令機関として正常に機能すること、つまり主宰者として正しく機能することの要請を意味していたのであり、「君主権力の抑制」が目的であったのではない、ということを論じた。言い換えるならば、朱子の君主論の本質は、反暴君・反暗君の思想ではあるが、反皇帝権力の思想ではない。修養なった皇帝の命令は、官僚機構の末端にまで貫徹され、ここに皇帝政治の綱紀が確立すると考えられているのである。当然ながら、これは皇帝権力の野放図な行使を容認するものでもない。その命令が貫徹され、あらゆる人民が帰服する皇帝とは、すでに「天理」そのものに合致した修養なった「聖人」皇帝である。現実に存在するのは、「不完全（未完全）」なる自然人・普通人――木下鉄矢氏の言葉を借りれば、「生身の人間」(1)――であるが故に私欲に流され、暗君となる危険性の強い、きわめて不安定な皇帝である。このように、人間が悪に流されるのと同じように、皇帝も常に暗君となる可能性に晒されている。そのために、皇帝にも「克己」の修行が求められ、さらに政治においても宰執による輔導が必要なのである。つまり、朱子が現実の皇帝に求めたのは、日々道徳的修養に励む「克己」する君主となることである。

さて、本章では朱子の君主論や、君主に対する要請を彼の生きた南宋の政治的現実の中に位置づけて論じることとする。朱子ら道学者の議論は、往々にして抽象的議論の連続であり、彼らの政治的言説はその抽象的原理からの演繹によって導き出されたかのように考えられているが、卑見の限り、彼らの議論は現実に直面した政治や社会のあり様に対処する中で紡ぎ出され、そして一般化が行われていたようである。道学の系譜の中で、朱子が受継いだ抽象的なるものと、朱子が体験した南宋社会という歴史的局面における具体的なるものと、その両者を意識した分析が必要であると思われる。

そこで、朱子が官僚として仕えた南宋の皇帝を確認しておきたい。朱子の生卒は、建炎四年(一一三〇)から慶元六年(一二〇〇)であり、朱子が生まれたのは、南宋国家の存立も危ぶまれる高宗朝の初期のことである。朱子はこの高宗朝の紹興一八年(一一四八)、一九歳で第五甲九十人の成績で科挙に合格し、同進士出身を与えられた。そして紹興二一年(一一五一)に二二歳で福建の泉州同安県主簿の任に着き、官僚生活を開始する。その後、紹興三二年(一一六二)六月、三三歳の時に高宗が退位し(高宗内禅)、孝宗が即位する。そして、淳熙一六年(一一八九)二月、朱子六〇歳の時に孝宗が退位し(孝宗内禅)、光宗が即位する。紹熙五年(一一九四)七月、朱子六五歳の時、光宗が退位し(光宗内禅)、寧宗が即位する。そして、この寧宗朝の慶元元年(一一九五)二月、韓侂冑一派により趙汝愚が罷免され、ここに慶元偽学の禁が始まり、朱子はこの党禁のさなか、七一歳で建陽の考亭において亡くなる。

このように、朱子が仕えた皇帝とは、南宋の高宗・孝宗・光宗・寧宗の四人である。それぞれに仕えた年数は、科挙に合格した紹興一八年から死去までの約五〇年の内、高宗朝に約一五年、孝宗朝に約二八年、光宗朝に約六年、寧宗朝に約七年となり(2)、孝宗朝が最も長い。また、朱子の君主をめぐる思考を分析するのに重要な史料は、前章でも論じたように、皇帝に奉った「封事」や「奏劄」であるが、朱子が積極的に中央政府に発言していくのも、紹興三二年の孝宗即位に際して奉った「壬午応詔封事」(『朱子文集』巻一一)からである。さらに孝宗が即位した頃、朱子は三三歳で、そこから官僚としても、また学者としても成熟に向かっていくことを併せ考えると、孝宗朝以降を主な分析対象とするのがよいであろう。

ただ、朱子と当時の皇帝権力との関係を見るにあたって注意しなければならないのが、高宗・孝宗・光宗ともに内禅によって帝位を譲り、退位の後も太上皇として政治的権力を握っていたということである。いわば日本の院政に比すべき状況が生じていたのであるが、これを考慮に入れると朱子が官僚として仕えた期間の太上皇帝と皇帝は次のようになる。

紹興一八年四月(一一四八)~紹興三二年六月(一一六二) 一四年三ヶ月 皇帝高宗
紹興三二年六月(一一六二)~淳熙一四年十月(一一八七) 二五年五ヶ月 太上皇帝高宗(光堯)―皇帝孝宗
淳熙一四年十月(一一八七)~淳熙一六年二月(一一八九) 一年五ヶ月 皇帝孝宗
淳熙一六年二月(一一八九)~紹熙 五年六月(一一九四) 五年五ヶ月 太上皇帝孝宗(寿皇)―皇帝光宗
紹熙 五年六月(一一九四)~紹熙 五年七月(一一九四) 一ヶ月 皇帝光宗
紹熙 五年七月(一一九四)~慶元 六年三月(一二〇〇) 五年九ヶ月 太上皇帝光宗(寿仁)―皇帝寧宗

このように、朱子が生きた政治的経験の中で最も長いのは、孝宗が皇帝として在位し、同時に高宗が太上皇帝として君臨していた期間であり、皇帝と太上皇帝であった時の期間を合算すれば、高宗との関係が三九年八ヶ月、孝宗との関係が三二年三ヶ月となり、高宗が皇帝もしくは太上皇帝として在位していた期間の方が長くなる。むしろそれよりも注目すべきは、一人の皇帝による単独の統治が行われたのが、わずかに一五年九ヶ月しかなく、朱子が思想形成を完成させていく孝宗朝以降で考えると、一年数ヶ月に過ぎない。すなわち、朱子がその思想を形成していった時代は、高宗朝から寧宗朝にかけて、皇帝権力の分裂が常態化していた時代であったことが分かる。さらに、高宗朝についても、紹興八年（一一三八）から紹興二五年（一一五五）にかけては、秦檜が約一七年間にわたり宰相の位を独占し、秦檜専政や秦檜専権といわれた時代に相当する。(3) 光宗朝についても、光宗自身が即位以来、精神的にノイローゼとなり、趙汝愚らにより廃位されてしまう。そして、寧宗朝では、その趙汝愚も慶元元年に右丞相を辞めざるを得なくなり、時代は韓侂冑による専権の時代に向かい、慶元三年（一一九七）、韓侂冑の専権体制が完成するといわれる。(4)

すなわち、朱子が官僚として生きた時代は、少なくとも一人の皇帝が強大な権力を行使し、専制的な政治を行っていた時代ではなかった。むしろ、朱子が目の当たりにしたのは、権臣による専権政治であり、皇帝権力の分裂であった。この文脈において、前章で論じたように、朱子の皇帝への「正心誠意」の要請が、国家における命令機関として正常に機能すること、言い換えると、唯一の主宰者として機能することであったことが、首肯されよう。

この時代、特に孝宗朝から寧宗朝にかけて見られた皇帝をめぐる、南宋の士大夫にとってのもう一つの大きな政治問題が、「側近政治」である。孝宗朝における側近官（近習・佞幸）の名として挙げられるのが、主に龍大淵・曽覿・張説・王抃の四人であり、彼ら亡き後の宦官甘昪である。(5) この側近政治については、近年いくつかの研究が発表されているので、先行研究に従い、その概略を確認しておきたい。

まず、安倍直之氏が、孝宗朝における四人の皇帝側近官について詳細に論じた。(6) 龍大淵と曽覿はともに元々孝宗の潜邸旧僚であり、孝宗の即位とともに昇進し、知閤門事兼幹辨皇城司に任命されている。知閤門事は各種の式典や上奏の申請の受付を掌り、幹辨皇城司は宮城内の治安維持や監察を行うポストである。なかでも皇帝側近官として重要なポストが知閤門事である。両者は乾道三年（一一六七）に一度臨安から追放される。龍大淵は翌年に死去するのであるが、曽覿は乾道六年、孝宗によって臨安に呼び戻され、彼は死去する淳熙七年（一一八〇）まで在京宮観として人事権を掌握していたという。具体的には、乾道八年（一一七二）、諫官の任命に際して孝宗が、左丞相兼枢密使の虞允文による推薦を拒否し、曽覿の推薦にしたがったこと、淳熙四年（一一七七）には、参知政事の龔茂良と曽覿とが対立し、曽覿の腹心であった謝廓然と韓彦古によって龔茂良が弾劾されたことなど、人事に介入する事件が起こり、「在京宮観就任後の曽覿は、人事面における影響力を保ち続けた」（安倍）という。また、高宗皇后呉氏の妹を妻とする張説も、高宗朝から皇帝側近官である知閤門事に就いており、孝宗即位により枢密院副都承旨を兼任し、乾道元年には都承旨に昇格する。同じく、王抃も乾道六年（一一七〇）に知閤門事となり、淳熙元年（一一七四）から枢密都承旨を兼職している。安倍氏の研究で注目すべきは、次の点である。まず、淳熙年間の前半、枢密院は皇帝の裁可を受ければ、門下省に文書を送付せずに案件を施行することができる制度的構造になっていたという点、そのため、枢密院の事務局長である枢密院都承旨に皇帝側近官が就任していたことから、「孝宗が宦官も含めた側近を通じて三省（中書・門下・尚書）の掣肘を受けずに動かしうる体制が存在して」いたこと、つまり、孝宗は宰執との合議を主体とする政治運営を行っていなかったという点、これらの点を明らかにされたことにある。

つぎに、藤本猛氏が、安倍氏の研究を敷延発展させた。特に興味深いのが、「御筆手詔」（内批・内降）と呼ばれる「皇帝の直筆により宮中から直接実施機関にまで直下される」文書を孝宗が多用したことを明らかにされている。孝宗が「絶対的な皇帝権の確立を目指す」ために「皇帝から出た文書を中書・門下を経由させずに実施機関に直接下してしまう」ことが行われた。それは、孝宗による宰相の軽視とも結びついており、「宰執無視の政治体制」こそが、宰相の空位期間の長かった孝宗朝の特徴であったと論じられた[7]。

このように、孝宗朝の政治的特徴を明らかにされた両氏の見解に共通するのが、「宰執（士大夫官僚）」対「皇帝側近・近習」の構図と、皇帝政治の現場において、宰執の合議が軽視されていた時代であるとする認識である。そのため、「大臣を疑い、近習を信じる」、「士大夫への強い不信感」（藤本）を持つ皇帝として、孝宗像が描かれている。

継いで寺地遵氏は、このような両氏の議論に対して、孝宗朝における側近官の政治的意義を、太上皇（高宗）の存在に注目して再検討された。すなわち、孝宗の近臣・近習とは、高宗が政治や人事に関与するために送り込んだ存在、「父・太上帝より子・孝宗近辺に送りこまれた liason officer（連絡将校）」であったと論じられた[8]。また同様に、余英時氏も鄭藻、曽覿、龍大淵、甘昇らを高宗が特別に孝宗の身辺に送り込んだ存在であるとみなしている[9]。この寺地氏と余氏の側近政治理解の重要な点は、孝宗朝では対金戦争や人事など政治的重要案件については、皇帝孝宗ではなく太上皇高宗に最終決定権があったと見做す点である。この孝宗朝における太上皇高宗の存在を重視する理解は、柳立言氏の研究に基づいている。柳氏は、太上皇高宗の存在による皇帝権力の分裂を「双重皇権」と名付け、太上皇高宗の「父権」の前に、孝宗の皇帝権力は完全に屈服していおり、孝宗には政治的自立性が全く見られないと論じられた[10]。

以上のように、先行研究では孝宗の側近官について、見解の相違が見られる。すなわち、安倍・藤本両氏のいうように、側近官を孝宗の腹心とするのか、それとも寺地氏や余氏のいうように太上皇高宗の腹心と見做すのか、という違いである。しかも、この相違の根底には、孝宗を皇帝権力を主体的に発揮した皇帝と見做すのか、それとも皇権の分裂の結果、太上皇帝高宗に対金政策や人事権など様々な政治的重要課題の決定権を握られ、自主性を奪われた不自由な皇帝と見做すのかという、孝宗の皇帝像の根幹にかかわる見解の違いがここに見られる。

この見解の相違を整合的にまとめたのが、小林晃氏である。小林氏は、太上皇帝高宗が関与したのは宰執人事であり、孝宗は太上皇帝高宗によって起用された宰執に不満を感じた。このような状況の中で、孝宗が主体的に政策決定を行うためにとったのが、「宰執を極力排した側近政治」であったという。[11] 小林氏は、皇帝権力の分裂という事態と、側近官の重視という孝宗朝における二つの政治史的特徴を整合的に論じられている。ただ、宋金和平や宰執人事に介入する太上皇帝高宗、そしてその影響力を排除しようとして側近武臣を重用する皇帝孝宗という、つまり太上皇帝高宗と皇帝孝宗とを対立的関係で捉えるという点では、寺地遵氏や柳立言氏、余英時氏の議論と共通しているといえるだろう。

これら孝宗朝に関する先行研究は政治史・制度史の側面から論じられたものが中心であり、当然のことであるが、「当時、それがどうであったのか」を論じたものである。本章での関心は少し異なり、むしろ、このような政治的環境において—朱子らは、孝宗をどのように見て、どのように語ったのか」という点にある。そこで、前章で論じた朱子の君主論を踏まえながら、朱子ら道学士大夫による「側近政治」批判をとりあげ、併せて孝宗がそれに対してどのように対応したのかを論じる。その際、特に注目したいのが、『陸宣公奏議』という書物が孝宗に対する皇帝教育の場（「経筵」）において教科書として用いられたことである。この書物は、唐代の名宰相として知られる陸贄の奏議集である。宋代の知識人である士大夫はこの書物をどのように読んだのか、そしてなぜこの書物が皇帝教育の場で用いられることとなったのか、また孝宗は『陸宣公奏議』を巡る士大夫官僚との議論の中で、どのように振る舞ったのか。孝宗朝における側近政治の問題に関連づけて、このような問題群を論じることによって、朱子が「君心」を「天下の大本」とし、皇帝に「正心誠意」を強く要請するその意味を、孝宗朝という南宋史の局面の中において考察することを目的とする。

第一節　朱子の孝宗に対する期待と道学の帝王学受容の要請

道学の帝王学としての側面について、土田健次郎氏が程頤の思想を分析された際に、次のように論じられている。

程頤によって道学の持つ帝王学としての側面が輝きわたったのも確かであろう。……（中略）……各個の職掌の全うという分業思想（分殊）と内的完全性を希求する哲学的要求（理一）とを見事に満足させるこの思想は、皇帝に対しても内面の陶冶を通しての責務の完遂を要求することになったのである。ここで特に重視された経書は『大学』であるが、格物致知から平天下へと進みゆく行程は士大夫も皇帝も全く同じなのであって、確かに職掌の具体的内容は異なるものの、図式に於いては皇帝も特殊な存在ではないのである。そこに生ずるのは士大夫に向かってなされるのと同じかそれ以上の皇帝に対する禁欲的日常の要求である。(12)

土田氏が論じられたのは、程頤の帝王学についてであるが、朱子にも同様のことがいえるだろう。土田氏が論じられるように、道学の帝王学の特徴は、「格物致知から平天下へと進みゆく行程は士大夫も皇帝も全く同じ」という点にある。この学習の階梯が同じで、また『大学』をテキストの根幹に据えるのも同じであるというのは、その根底に、皇帝も士大夫もともに同じ「不完全（未完全）」なる人間であるという人間存在に対する冷静な認識がある。(13)皇帝であろうが、士大夫であろうが「不完全（未完全）」なる「心」を持つ人間であるという点において同じであるために、「聖人学んで至るべし」のテーゼに導かれ、「聖人」を目指す学習階梯も同じなのである。とするならば、朱子ら道学の君主論を受入れることは、同時に道学の修養論を受入れることを意味する。

そこで、朱子「中庸章句序」に基づき、朱子自身の言葉に即して、修養論の基本を確認しておきたい。

中庸は何の為にして作れるや。子思子、道学の其の伝を失わんことを憂えて作れるなり（第一節）。蓋し、上古に聖神、天を継ぎ極を立ててより、道統の伝、よりて来ること有り。其の経に見ゆるものは、則ち「允《まこと》に厥《そ》の中《ちゅう》を執《と》れ」とは、堯の舜に授けし所以なり、「人心惟《こ》れ危《あや》うし、道心惟《こ》れ微《かす》かなり、惟れ精惟れ一、允に厥の中を執れ」とは、舜の禹に授けし所以なり（第二節）。堯の一言、至れり、尽くせり。而して舜また之に益《ま》すに三言を以てせしものは、則ち夫《か》の堯の一言、必ず是《かく》の如《ごと》くして後ち庶幾《しょき》す可きを明かにする所以なり（第三節）。蓋し嘗《こころ》みに之を論ぜん。心の虚霊知覚は、一なるのみ。而《しか》も以て人心・道心の異有りと為すものは、則ち其の或いは形気の私《わたくし》に生じ、或は性命の正に原《もと》づくを以て、知覚を為す所以のもの同じからず。是を以て或いは危殆《きたい》にして安からず、或いは微妙にして見難きのみ（第四節）。然れども人是の形を有せざる莫し、故に上智と雖も、人心無きこと能わず。また是の性を有せざる莫し、故に下愚と雖も道心無きこと能わず。二者、方寸の間に雑わりて、而も之を治むる所以を知らざれば、則ち危うきものは愈よ危うく、微かなるものは愈よ微かにして、天理の公、卒に以て夫の人欲の私に勝つこと無し（第五節）。精なれば則ち夫の二者の間を察して雑えざるなり。一なれば則ち其の本心の正を守りて離れざるなり。斯れに従事して少《いささ》かも間断なく、必ず道心をして常に一身の主《しゅ》たらしめ、而して人心毎《つね》に命を聴けば、則ち危うきものも安く、微かなるものも著われ、而して動静云為、自《おのずか》ら過・不及の差無からん（第六節）(14)。

ここで確認しておきたいのが、傍線部分である。「道」そのものであるような「道心」は、微細にしてとらえがたく、人欲の混ざった「人心」は、常に悪へ逸脱する危険性（「危殆」）がある。そのため、「心」を治める方法を知らなければ、「微」かなる「道心」は、ますます「微」かとなり、「危」うき「人心」は、ますます「危」うくなる。そして、内面における欲望（「人欲」）に勝利することはできない。つまり、ここに表明されている人間観の前提には、あらゆる人間は「人心」を持った「不完全（未完全）」なる人間存在なのだという認識である。それは同時に「道心」を持つが故に、「聖人」への可能性が開かれているのであるが、朱子の強調点は、あらゆる人間の持つ「心」の危うさと不安定さ（「危殆にして安からず」）にある。朱子学の徒となることは、この「心」の危うさと不安定さを認識し、自己が「不完全（未完全）」なる「生身の人間」であることを認識することに始まるといえよう。この認識があるからこそ、「克己」（「人欲」に克つ）という修養への道が開かれるのである。

前章で論じたのは、この「心」の危うさと不安定さが、そのまま国家における「君主」のあり様に重ね合わされているということであった。朱子にとって現実に存在する皇帝は、「不完全（未完全）」なる人間であるが故に、「主宰者」としてもまことに危うい存在である。この認識は、朱子の世襲王朝制に対する不信感となって表われる。朱子は封建制の弊害について、次のようにいう。

いまかりに方百里の地に〔天子の〕親戚とか功臣とかを封じ、かれに行かせてやらせるとする。最初の一人は出来のわるい人間と限らないが、子孫がみながみな賢者であるということは有り得ない。もしそこででたらめなことをする者がいた場合、まさか人民に議論して一国の君主をやめさせるというわけにゆくまい。もしも〔そのでたらめな〕やつが人民をひどく害めつけてるのを坐視できるかといえば、そうもいかない。〔といって〕どういう処置があるもんかね。黄義剛録。

封建について大体のところをいえば、それはむしろ聖人がみなでいっしょに民を治めるという意図だから、まっ当な理くつなんだ。だけど利害という点から見つもると、初代に封ぜられた功臣はまだしもうまくやれているが、二代めを継いで立ったものは、どれもこれもきまってわからずやだから、民をいためつける事ならなんだってやる。苦しめられてきた人民が国君を訴えて、そこでその君主をやめさせてしまうというのも良くないし、まったく対応しないのも、良くない。ほかの点はどうであろうと、この点だけでも利が少なくて害が多いから、〔封建制は〕実施できないのだ。陳淳録。(15)

これは封建制についての発言ではあるが、一人の国君（「一個国君」）の資質の低下の原因を、世襲制に見るわけであるから、本質的には皇帝位に対する認識にも敷衍し得るのではないか。やはり、世襲王朝制そのものを直接口にすることは憚られたのであろうが、「子孫がみながみな賢者であるということは有り得ない」（「子孫決不能皆賢」）や、「二代めを継いで立ったものは、どれもこれもきまってわからずやだから、民をいためつける事ならなんだってやる」（「第二世継而立者、箇箇定是不曉事、則害民之事靡所不為」）という口振りには、世襲制において暗愚な君主の出現は必然であって、避けては通れない事態であるとの認識が読み取れるだろう。

しかし、朱子にとってのジレンマは、皇帝の生まれつきの資質には期待しないものの、国家統治の根幹に皇帝の政治的手腕を据え置いたことにある。

『周礼』に取り組むには、〔自分の官僚としての〕位が宰相まで至らなければ、その事を実施することはできない。一介の低い立場から『周礼』を論じても、なお遠くにあるので、しばらくは利益のあるところに確実に取り組むべきである。もし宰相になることができても、やはり必ず文王や武王のような君主にめぐり会えなければ、その志を実施することはできない。(16)

このように、朱子は政治的な改革や善政の実現には、主体的に政治に取り組む君主の存在が必要不可欠であると考えていた。[17] このジレンマが、より朱子ら道学士大夫に、君主の「心」を如何に陶冶するのかという課題に向かわせる。

〔程頤〕治道には、根本について言うものもあれば、また事について言うものもある。根本について言うならば、君心の非を格すことである。〔君主の〕心を正しくして朝廷を正し、朝廷を正して百官を正す。もし事についていうならば、〔人々を〕救うつもりがないならそれまでだが、もしきっと救済しようとするならば、必ず変革しなければならない。大変革なら大益があるし、小変革なら小益がある。[18]

〔朱子〕天下の事には大根本があり、小根本がある。君心を正すことが大根本である。その他の万事にはそれぞれに一つずつ根本がある。理財について〔言えば〕、民を養うことが根本であり、治兵について〔言えば〕、将を人選することが根本である。

〔真徳秀〕人君たる者は、『大学』を知らなければならず、人臣たる者も『大学』を知らなければならない。人君たりて『大学』を知らなければ、国家統治の源を明白にすることはできず、人臣たりて『大学』を知らなければ、君主を正す方法〔「正君之法」〕を知り尽くすことはできない。[19]

彼らの「君心の非を格す」[20]「君心を正す」ことを国家統治の「根本」、つまり最も緊要の課題とする考えは、皇帝の主体性を奪い取ることを目的とするのではなく、名君の出現を阻む世襲王朝制の下、それでも国家を主体的に運営する「大有為の君」の到来を期待する、そういう状況において声高に主張されているのである。

秦檜が死に、上〔孝宗〕が即位された、今こそまさに大有為のその時である〔正大有為之大機会〕[21]。

ここに端的に表明されているように、朱子は孝宗の即位に「大有為の君」の到来を期待していた。「大有為の君」とは、例えば朱子は次のように言う。

本朝はあれこれ幾重にも官を置いて、なんとわずらわしいことか。必ず大有為の後にこれを徹底的に改めなければならない。もしただ宰相のみにその志があるだけでは、やっぱり処理できない。必ず剛健で大有為の君主が自分でやってやろうと思ってこそ、できるのだ。……〔中略〕……必ず剛明知勇で、人の意表に出る君主であってこそ、はじめて天下の事を樹立することができる[22]。

〔朱子が言うには〕「禍乱がすでに平定されたなら、当然ながら治道を修め明らかにし、三代の大枠を修復せんことを求めれば、ただもうそれでおわりだ。両漢以降で、まだ正心誠意に取り組もうとした君主がいたかね。必ず辺鄙な村や下町の士のような君主を連れてきて、心を治め身を修め、義理を学び明らかにさせ、それによって天下の政務を処理し、天下の人材を登用してこそ、はじめて〔統治の〕糸口が分かるというものだ」。そこでまた言われた「神廟〔北宋の神宗〕は大有為の君主で、全霊を奮い起こして治道に取り組み、事々にも必ず取り組もうとしたのだ。その時はかえってたくさんの人材がいた。もし専ら明道先生〔程顥〕を用い大臣に任命していたら、きっと大いに見るべきものがあったにちがいない……[23]。

朱子がここに具体的にいうように「大有為の君」とは、「剛明知勇」の徳を備え、強いリーダーシップを持って主体的に改革に取り組もうとする君主のことである。恐らく端的には、現今の不条理を徹底的に改革せんとする主体的な君主を指すのであろう。そして朱子は宋代における具体例として北宋の神宗こそが「大有為の君」であったという。朱子は南宋の外交・政治・社会の抜本的な変革・改革を為し得る主体的な君主の登場を求めており、そして、孝宗の即位に「大有為の君」の出現を期待したのである。皇帝高宗をも籠絡する専権宰相秦檜の死[24]と、新たな皇帝孝宗の即位は、朱子にとってまさに「大チャンス」（「大機会」）であった。この「大有為の君」たることへの期待は、同時に道学の帝王学を受入れることの要請となって表われる。

臣の学んだところによりますと、堯・舜・禹が天子の位を授受するに際して次のように言ったということです。「人心惟れ危うし、道心惟れ微かなり、惟れ精惟れ一、允に厥の中を執れ」（『書経』大禹謨）と。そもそも堯・舜・禹はいずれも大聖人でして、生まれながらにして〔道理を〕知るほどの人ですから、取り立てて学問に励まなくてもよいはずです。しかしながらなお「精」といい、「一」といい、「執る」というのは、生まれながらにして〔道理を〕知っていても、やはり学問をすることによってそれを成就することを明らかにしたのです。陛下の聖徳が純粋で豊かなことは、古の聖人に合致しております。ただし、生まれながらにして〔道理を〕知るという点については、臣の窺い知るところではありません。しかし世間の話によりますと……（中略）……近来、陛下はご自分一人で大道の要を探究され、またその上、老子や仏教の書物に非常に関心をお持ちとのことです。……（中略）……古の聖帝明王の学問は、必ず「格物致知」によって事物の変化を極め、〔自分の〕直面するあらゆる事物について、その義理のある所を、非常に微細なものについても明らかにし尽し、心に瞭然と認識し、ほんの少しの落ち度も許さないようにすれば、自然に意は誠に心は正しくなり、それゆえに天下の政務を処理することは、一二の数字を数えたり、白黒を弁別するように容易となります。……（中略）……思いますに「格物致知」は堯舜のいう「精」「一」で、「正心誠意」は、堯舜のいう「執」「中」です。古より聖人が口授心伝して行動にあらわしたのは、ただこれだけなのです。それが孔子に至って集大成されましたが、孔子は進んで官位を得て、これを天下に実行することは出来ませんでした。それ故に退いて筆録して六経を著わし、そして後世の天下国家を治める者に示したのです。その本末始終前後の順序をもっとも詳細にして明快に述べているのは、戴氏の『礼記』に見えており、いわゆる「大学」篇というのがこれです。故承議郎程顥と、その弟の崇政殿説書程頤は、近世の大儒でありまして、孔孟以来断絶していた不伝の学問を確実に継承し、この「大学」篇こそ孔子の遺書で、学ぶ者の先ず取り組むべきものだと考えました。誠に至論だといえます。臣が伏して陛下にお願い申し上げます。古なじみの無用にして軽薄な文を捨て去り、似て非なるかたよった学説を斥け、少しくこの遺経に聖意を留められ、その主旨を深く明らかにしている真儒を広く探し求めて、陛下の左右に置いて顧問に備えさせ、そして〔陛下自身で〕研究拡充され、至精至一の境地に到達するよう務め、天下国家が治まる方法はこれ以外に無いことを承知していただき、その後に体用の源は一であり、顕微には間が無いことを知り、そして堯・舜・禹・湯・文・武・周公・孔子の伝えたものをご体得することができるのです(25)。

これは孝宗の即位に際し、朱子が奉った「壬午応詔封事」の一部であり、朱子の孝宗に対する要請の根幹がまとめられている。ここでは次の三点に注目したい。一点目は、道学の「帝王の学」、つまり『大学』に基づく「格物致知」「正心誠意」の学問を天下国家が治まることの前提とし、これを学ぶことの要請である。二点目は、『尚書』大禹謨の言葉(「人心惟れ危うし、道心惟れ微かなり、惟れ精惟れ一、允に厥の中を執れ」)を引用し、堯・舜・禹とは異なり、生まれながらにして知る(「生而知之」)「大聖人」ではないからこそ、より学問に向かわなければならないことの要請である。これは先述した「不完全(未完全)」なる人間としての自覚を意味する。三点目は、『大学』の学問をよく知る「真儒」を孝宗の左右に置き、顧問として置くことの要請である。この「真儒」の対極に「小人」なる側近官や宦官が位置づけられる。

このように、孝宗に対する道学の学習の要請は、「大有為の君」たることへの期待と表裏の関係にあったことをここでは確認しておきたい。

第二節　士大夫の側近政治批判

このように朱子は孝宗に対して非常に大きな期待を寄せていた。しかし、その期待とは裏腹に、朱子ら士大夫官僚にとって看過できない状況が生まれた。それが、龍大淵・曽覿・張説・王抃・甘昪（宦官）らの側近政治である。特に朱子が最も強く側近政治批判を展開したこと、その批判の中で孝宗朝から寧宗朝の政治上の問題点を「独断」の二文字を用いて展開したことは、すでに知られている。(26) 例えば、第二章でも引用したが、「庚子応詔封事」（淳熙七年）において、「宰相、台省、師傅、賓友、諫諍の臣に至るまで、皆各々の職を失い、そして陛下がともに親密にし、ともに謀議しているのは、一二の近習の臣に過ぎません、……（中略）……〔表面上は〕陛下の独断と名状されましょうが、しかし実はこの一二人が密かに陛下の権力（「柄」）を握っているのです」というところに見ることができる。(27)

では、朱子以外ではどうか。たとえば、淳熙九年三月には、楊甲が万言書で次のようにいう。

近歳以来、権幸（君寵を受けている権臣）が権力を掌握し（「権幸用事」）、その門には市のように人々がむらがっています。内批がひとたび出されるや、疑いや誹りが乱れ飛んでいます。思いますに、陛下は左右近習を以て腹心と為し、大臣を専任せず、巡邏伺察を以て耳目として台諫をはっきりと用いられておりません。今、中外文武の官の半ばが権門の私人であり、私党と親しく交わり、要路に分布し、良臣は声を呑んでひそめ、義士は気を喪っております。[28]

龍大淵・曽覿ら近臣に対する批判は、その当初から強く展開されていた。紹興三二年六月に、龍大淵が枢密副都承旨に、曽覿が帯御器械兼幹辦皇城司に任命されると、右諫議大夫の劉度がそれに反対し、翌年には龍大淵の枢密副都承旨の職が解かれている。[29] しかし、劉度は孝宗の対応には不満が残り「臣がこれを抑えようとしても陛下はこれを揚げ、臣がこれを斥けようとしても陛下はこれを進められます。臣が近臣に戒め慎ませようとしても、陛下が指図して忌憚するところがありません。これでは臣の言葉がみな嘘偽りとなってしまいます」と近習を重用する孝宗を批判する。[30] この劉度の上疏をはじめとして士大夫官僚たちによる反対の主張が多くだされ、特に陳俊卿[31]や龔茂良が近臣勢力と一時はげしく対立することとなった。ここでは、孝宗朝における士大夫と近臣との抗争の展開を簡略にまとめた呂中『大事記』の一文を見ておこう。

> 曽覿と龍大淵が権力を掌握（「用事」）し始めると、劉度が彼らと争って去り、胡沂も争って去り、張震と周必大もまた大いに争って去った。上はこれらをすべて朋党ではないかと疑ったが、陳俊卿がひとたび言及するとたちまち二人を外に転出させた。陳俊卿が去り、反対に曽覿が復帰すると、劉恭父がそれを言い、張敬夫が言い、龔茂良も重ねて言ったが、逆に貶められてしまい、寵臣の曽覿と王抃・甘昇への寵愛は変わらなかった。陳俊卿が言うとまた（孝宗が）曽覿を疎み捨て去った。王抃は趙汝愚の一言で去り、甘昇は朱熹の一言で去った。ここにおいて、君子が退けば小人が進み、君子が盛んなら小人が衰えるということが分かる。[32]

このように、孝宗朝ではその当初から、朱子のみならず士大夫官僚による側近政治批判が繰り返し行われてきた。このあたりの事情については、安倍氏の研究に見るように、官僚機構における士大夫の合議政治を否定し、一部の側近武臣を重用する孝宗と、それを「独断」として批判する士大夫の対立という構図で理解されてきた。(33)本論では、もう少し、朱子のいう「独断」という言葉にこだわり、政治史の文脈からではなく、朱子の皇帝の「心」に対する認識と関連づけて論じてみたい。

隆興二年（一一六四）一一月、南宋と金との間での講和、いわゆる「隆興の和議」が締結される。朱子は主戦派の立場から講和派の洪适（宰相）や銭端礼（副宰相）を嫌い、様々な方面で批判を展開していくのであるが、彼は陳俊卿に宛てた書簡の中で、次のようにいう。まず、南宋国家の「大患の本」は、「講和」と「独断」と「国是」にあるという。金との「講和」の決定は、南宋国家の「三綱」（君臣・父子・夫婦の道）がくずれ、あらゆる事（「万事」）が損なわれる原因となり、孝宗に「独断」政治を行うよう促されたことによって、国の上では皇帝孝宗の心が驕慢となり（「主意驕於上」）、「国是」の説が行われて公論は下に鬱屈しているという。この「国是」の説というのは、金朝に対する外交方針に主戦と和議との対立があったが、「講和」締結の決定により、「国是」は講和で固まり、もはや異論は許されないという意味である。朱子ら道学士大夫は、当時「講和」に反対であり、彼らの和議反対という「公論」が受入れられないことへの不満を表わしている。(34)そして、この「独断」というのは、もともと「講和」を主張する者が、「講和」に反対する公論が沸き立ち、孝宗自身が和議の不可を悟るのではないかと恐れたところに作為されたものであるという。朱子の考えでは、この「独断」の禍は、「重ねて我が君を誤らせ、傲然と自ら聖なる存在として居らしめ（「傲然自聖」）、上は皇天の譴責を恐れず、下は公論の是非を恐れず、〔孝宗が〕雷の如き威勢や万鈞の重みをもって、民百姓の上で好き勝手に行動させる」に至ったという。このように、「講和」を守るために孝宗に公論を無視する「独断」を許したことは、何よりも孝宗の「心」に重大な問題をもたらす。孝宗自身に「聖なる存在」として自覚させ、「皇天の譴責」や「公論の是非」を何ものとも恐れさせない「心」のあり様は、明らかに先述した、道学の修養論の前提である「不完全（未完全）」なる人間として自己を捉えることを阻むこととなる。そのため、朱子はこの書簡を受け取った陳俊卿に「君心の非を格す」ことを期待している(35)。

次は地方官の統治に関する朱子の発言である。皇帝の「独断」とは直接関係ないようであるが、朱子が問題としている点は共通していると思われる。

楊楫——趙太守はある人の後嗣ぎ事件でまちがった裁きをされましたが、それを訴え出る人はいません。

朱子——理は心の骨だ。この骨がしゃんとしていないと、すぐに何もかも一斉に狂って来る。たとえば、はんこは彫り方がきちんとしていないと、どんなところに押したって、千も万もがみなゆがんでしまうようなものだ。人の心ってどうしてこんなにいい加減なんだろうね。あの事件は、すじがとてもはっきりしているのだ。こんな場所で、なにもかも自分でやろうとして、属官に分担させまいとするものだから、しごとが雑然とたまってきて、処理するゆとりがなく、いい加減な裁きをしてゆくのだ。法規では、ちゃんと属官は毎日長官のところへ来て、いっしょにしごとを処理することになっている。もし来ないものがあれば、もちろん有罪だ。今では、属官が行こうとしても、長官のほうで来させまいとするから、そのままですませるほかない。こういう法規の主旨は実にいいんだがね。わたくしはかつていったことがある。もし県知事をやる場合、受けたり出したりする文書〔状牒〕がどんなにうんざりするほどあっても、それはそれで処置する方法がある。訴状を受けるごとに、属官を全員集めて正庁に列ばせ、どれだけあろうと均分して、めいめいに裁定させる。裁定の結果が出せた時も、やはりそうする。もしも即座にわけなく始末できる事件は、めいめいが処断し、疑いの余地がある事件などの場合は残しておいて、みなを集めて協議のもとに決裁してゆく。すべてがまちがいなくやれれば、訴訟事件が渋滞するなんてことはない。このやり方でやってゆけば、長官たるものの手が省けるだけでなく、属官たちもめいめいが精を出したくなる。しかも、たとえば主簿とか県尉などの初任官のものに、訴えを聴き、判決を下すことを習熟させ、彼らの教育にもなるのだ。(36)

ここでの問題は、地方政治における地方長官（州知事）とその属官との関係についてである。趙太守が裁判の裁きを誤ったのであるが、その原因は「なにもかも自分でやろうとして、属官に分担させまい」（「都是要自用。不肯分委属官」）としたことにある。ここにいう「自用」は、後述するが、自分勝手にやろうとする意味で、「独断」と通じる言葉である。そして、属官に仕事を分担させ、問題のある事件については、「みなを集めて協議のもとに決裁」（「集衆較量断去」）すべきであるという。このように地方政治においても長官による「自用」（自分勝手にやること）は批判され、属官との有機的連繋と協議（「較量」）が求められる。

では、その理由は何か。それは、「人の心ってどうしてこんなにいい加減なんだろうね」（「不知人心如何恁地暗昧」）というように、「人の心」が常に不安定で危ういからである。これは、朱子が皇帝政治における「独断」に反対するのと全く同じ理由である。朱子が皇帝政治においても、地方政治においても「自用」や「独断」という事態を批判し、常に協議や合議による決定を求めるのは、やはりこの「心」に対する認識に基づいている。先述したように、「独断」は孝宗に「皇天の譴責」、「公論の是非」を恐れさせない「心」の「驕り」をもたらすものであり、言い換えれば、自己の「私」や「己」（「克己」の対象としての「己」）に固執した「心」の様態（「心」の「不完全（未完全）」への自覚の欠如）に陥り、道学の修養論を拒否することを意味した。先述の「中庸章句序」に即して、このような「心」を理解するなら、「正心誠意」の修養論の拒否は、自己の「心」に内在する「天理の公」（＝「道心」）が「人欲の私」に敗れ、「心」は「人欲の私」に制御される客体となることであった（「之を治むる所以を知らざれば、則ち危うきものは愈よ危うく、微かなるものは愈よ微かにして、天理の公、卒に以て夫の人欲の私に勝つこと無し」）。この「心」が「人欲の私」に蔽われた状態であるから、必然的にその行動は適切なものとはならず、「過・不及の差」が生じることとなるのである。

朱子ら道学にとって、皇帝政治における「独断」の問題は、単に宰執による合議や公論を皇帝が無視するという政策決定レベルで捉えられているのではなく、常に皇帝の「心」のレベルに還元されたところで語られていることに注目したい。つまり、朱子がいう「独断」や「自用」という言葉は、政治学的用語の「独裁」政治とは、意味が異なる。朱子の論理に即せば、「独断」というのは、逆説的ではあるが、「心」の主体的な働きではなく、「人欲の私」に対する敗北である。「心」の主体的な働きとは、本来「心」に備わる「天理の公」が発現し、「人欲の私」に勝利したところの「心」の働きである。

このように、朱子は「自用」や「独断」を「心」の問題として捉える。それでは、朱子はその解決のためにどのような方法を考えたのであろうか。朱子は劉珙宛書簡で次のようにいう。

二姦は去りましたが、〔朝廷の〕雰囲気〔「気象」〕はまだ修復されていないようです。上の御心では従来どおりの行いを是とされておりますし、敢えてこの情況に乗じてその非なることを〔上に〕痛言する者も出てきておりません。先日、邦彦〔陳良翰――筆者〕にも、まさに〔上に〕論じ申し上げるべきは、ただ「独断」の二字のみだと告げましたところ、〔彼も〕全くその通りだと同意されておりました。もっとも果たしてそのように申し上げることができるのかどうかは、分かりませんが。時折、『陸宣公奏議』を読んでおりますが、一つひとつ今日の病にぴったりと中っております。試みに手にとって一読されて、ゆったりと席を近づけて上のために一つひとつそれを申し上げたなら、きっと裨益あるにちがいありません。(37)

この書簡が書かれたのは、乾道三年五月(一一六七)のことで、(38)「二姦」とは、龍大淵と曽覿のことである。二姦が去ったというのは、この書簡が書かれた直前の同年二月甲戌に、龍大淵が江東総管に、曽覿が淮西副総管に出されたことを指している。(39)そして、朱子が陳良翰に語った当今の朝廷の問題は「独断」の二文字だけだというのは、文脈からでもすでに明らかであるが、ここまで論じてきたところの側近政治に基づく「独断」であり、つまりは如何に「近習の臣」を遠ざけるのかが問題だということを指している。この書簡が書かれた当時、龍大淵と曽覿は外任に出されているが、知閤門事兼枢密都承旨の張説が皇帝側近官として中央におり、また、この翌年に龍大淵が死去するが、乾道五年(一一六九)には孝宗は曽覿の中央復帰を画策したり、乾道六年(一一七〇)には王抃を知閤門事に任じ、淳熙元年(一一七四)からは彼に枢密都承旨を兼任させるなど、(40)朱子がこの手紙でいうように、龍大淵と曽覿が中央を逐われた後も、孝宗による側近官重用の政治方針に変更は見られず、朱子もこれによって問題が解決されたとは全く考えていなかった。(41)朱子が「名は陛下の「独断」ですが、実質はこの一二人の者がひそかにその柄を掌握しているのです」と「庚子応詔封事」で述べたのは、この手紙からずっと後の淳熙七年(一一八〇)のことである。また、劉珙は朱子からこの手紙を受け取った直後の同年閏七月、湖南から臨安に召還されて、孝宗に見え、やはり「独断」の言葉を用いて、側近政治批判を展開している。すなわち、「独断」は英主のなし得る事であるが(「英主之能事」)、必ず多くの者の智恵を合わせ、至公の精神で臣下に政治の是非を問いただしてこそ、その政治は「天理人心の正」に合致し、事ごとに必ず成就することとなる。もし衆議を顧みず、私見にこだわって、皇帝一人で天下を統治せんとする心があるとすると、それがまさに事理に通暁した臣下の賢明さを覆い隠し、左右の寵臣がそれに乗じて天下の公議を干犯せんとする原因となると、論じた。(42) この劉珙の孝宗に対する上奏は、やはり直前の朱子との意見交換に基づくと考えていいだろう。劉珙はこの後、孝宗が外任に出した曽覿を呼び戻そうとした時、再びその決定中止を求め、側近政治の弊害を主張している。(43)

さて、朱子の劉珙宛書簡の内容に話を戻すと、この書簡の中で注目すべきは、朱子が『陸宣公奏議』が、「今日の弊」、つまり側近政治の解決に有効であるという点である。しかも、この書物の内容を孝宗のために丁寧に論じることを提案している。具体的にいうと、これは、「経筵」という皇帝教育の場において、『陸宣公奏議』を教科書として用いることの提案として理解できるだろう。

朱子はここでこれ以上何も言わないが、おそらく彼らが孝宗の「独断」批判や側近政治批判を展開してく中で、『陸宣公奏議』を経筵で取りあげる案も、朱子の周辺から士大夫の間で説得力あるものとして知られるようになっていったものと考えられる。というのも、この書簡から一四年後の淳熙八年（一一八一）から同一三年（一一八六）にかけて、実際に経筵において『陸宣公奏議』がテキストに用いられたからである。

それでは次節では、『陸宣公奏議』を用いて経筵ではどのような議論が行われたのか、経筵官はそこに何を期待し、そして孝宗はどのような姿勢で臨んだのか、このような点について論じることとする。

第三節　経筵講義における『陸宣公奏議』の講読――南宋孝宗朝淳熙年間の事例――

『陸宣公奏議』は、唐代の名宰相と高く評価される陸贄（字は敬輿、七五四―八〇五）の奏議集である。(44) 序章で紹介したように、この書物は、宋代以降、士大夫官僚を中心に非常に熱心に読まれたようである。先行研究によれば、その読まれ方は、現代のわれわれがするように、単なる唐代史の史料として読まれたわけではなく、第一に皇帝政治を支える忠臣たるべく、「士」の教科書として読まれ[45]、第二に、それと密接に関連するのであるが、忠臣の上奏文のモデルとして、つまり文章の模範として学ばれたこと、この二点である。そして、本書が注目するのは、皇帝の教科書としての読まれ方である。

そこで、本節ではここまでの議論に即して、孝宗朝の経筵における『陸宣公奏議』の読まれ方を検討したい。一般的にこれを伝える史料に、まず蕭燧ら経筵官連名による「淳熙講筵劄子」(以下、「淳熙劄子」と略す)がある。一般的にある書物の経筵での進講・進読が終わると、それに関する記録が編纂されたのであるが、これは淳熙一三年(一一八六)五月に『陸贄奏議』の進読が終了するのに際して、孝宗の勉学ぶりを記録すべく史館に宣付せんことを要請した劄子である[46]。また、この「淳熙劄子」は南宋の経筵に関する最もまとまった史料である『宋会要輯稿』(以下、『宋会要』と略す)崇儒七「経筵」にも見ることができる[47]。その他、『宋史』、『増入諸儒講義皇宋中興聖政』(以下、『中興聖政』と略す)、『宋史全文続資治通鑑』(以下、『宋史全文』と略す)、『続宋編年資治通鑑』、『玉海』などにも断片的ながらこの時の様子を伝える記事が残されているので、これらからもいくつかの史実を補いながら、まずはこの経筵講義の経過をたどってみる。

淳熙八年(一一八一)四月甲戌(二九日)、孝宗がその前年の五月から経筵において読み進めていた真宗皇帝『正説』を読了したので、同年六月壬申、次いで読むべき書物として、『陸贄奏議』はどうかとの宣諭があった。それに対し王希呂が、陸贄の論諫がみな仁義に基づいていること、またかつて元祐年間に蘇軾が哲宗に対し、治道に有用な書物であるから、常にその座右に置き、将来経筵で進読するように乞うたこと(序章を参照)を取り上げ、孝宗の判断に賛成の意を表し、七月丙子に日々五版ずつ読み進めることが決定した。そして、講義は奇数日に邇英殿で開かれることとなった。記録に残されていないため、詳細は分からないが、この決定から間もなくして講読が始まったと思われる。それでは、この経筵での様子を時系列で逐っていこう。
翌九年四月辛亥（一一日）、講読官の同班奏事があり、孝宗と講読官との間で次のようなやりとりがあった。(48)

孝　宗――朕は陸贄が徳宗の事を論じるのを見るごとに、ゾッとせずにはおられず（「未嘗不寒心」）、つねに（己にも）徳宗の失があるのではないかと危惧している。卿らは各々〔私の治世の〕闕失を条具して上疏せよ。(49)

侍読　王　藺――徳宗の失は、「自用」（＝独断）と「遂非」（＝誤りを覆い隠すこと）、そして天下の士を疑ったことにあります。（王藺は退いた後、上疏して、徳宗の弊ならびに時政の闕失を述べた。上はそれを嘉納された。(50)）

侍読　芮　輝――陛下はまごころを持って臣下に接しておられること、この上なく尽くされているということができるでしょう。

侍講　黄　治――徳宗の猜忌刻薄については、『唐書』（『新唐書』巻七、徳宗本紀）の「賛」が言い尽くしております。(51)

孝　宗――徳宗は有能で聡明であること（「強明」）を自任して、まごころを持って臣下に接しようとしなかった。(52)奉天の離乱を経験しても、ついに悔悟すらしなかった。あのような艱難の時には、陸贄と朝晩論議してもたりないくらいなのに、いつも宦官（「左右」）を通じて詔勅を伝えるだけで、直接顔を合わせて話することもめったになかった。こんなことでどうして利害を深く究めることなどできるだろうか。これによって徳宗の不振が分かるというものだ。

侍講　崔敦詩——徳宗は軍旅に在っても、やはり宦官（「中人」）に勅旨を伝えさせていましたが、これでどうして実情が上に達することがありましょうか。

孝　宗——徳宗はこれで自身の猜忌刻薄を救おうとしたのだ。

侍読　芮　輝——このようにおっしゃる聖言は、まさに社稷の福です。

孝　宗——徳宗が聡明でなく、臣下を屈服させることができなかったから、当時の藩鎮は何憚ることなくでたらめなことができたのだ。(53)

同年九月には、「論奉天上尊号状」が読まれ、孝宗が「徳宗はこんなにも道理が分かっていない。まだ禍難を収拾できていないのに、尊号を加えようとするとは」と言ったという。(54)一一月甲戌（七日）には、「奉天論蕭復状」が進読され、次のようなやりとりがなされた。

孝　宗——徳宗は猜忌だ。不明というべきだ。

吏部尚書　鄭　丙——徳宗は道理がはっきり分からないから、いつも猜忌なのです。患難の時に当たって、陸贄の言葉は多く聞き入れられましたが、事定まった後、陸贄の言葉は懇切でしたが、〔徳宗に〕疑われることを免れませんでした。

孝　宗　――これはすべて〔徳宗の〕不学の故だ。

また、同月庚辰（一三日）には「駕幸梁州論進献瓜果人擬官第二状」が読まれた。

鄭　丙　――官爵は天下の公器ですので、人主はきっと〔授与に〕吝惜しなければなりません(55)。

孝　宗　――これは人君の世を励まし愚鈍を磨く道具だ。名と器をどうして人に与えることができようか(56)〔君主の司るものだ〕(57)。

この後、再び記録が途絶え、詳細が分からなくなるが、淳熙一三年に関する記事は多く残されている。まず、淳熙一三年二月には、どのような場面でのことか不明であるが、『陸贄奏議』にまつわる話として、孝宗は次のように言った。

孝　宗　――古より人主が読書に努めても、道理が分かるものはめったにいなかったし、たとえ分かったとしてもそれを実行に移すことができるものはほとんどいなかった。たとえば「人に与《お》いて備わるを求めず。身を検すること及ばざるが若くす」（『尚書』伊訓）の二句を、どうして人君が知らないだろうか。もちろん実行できないだけだ。甚だしきに至っては、隋や陳の君のように、ただ歌や詩を作るだけというのもいるが、畢竟〔政治に〕何の補いがあるのか。唐の徳宗もどうして書物を知らないことがあろうか。しかし行うべきことを行わないだけだ。そこで陸贄がねんごろにくり返し已むことなく論諫したのは、徳宗に知って実行するようになってほしいからである。太宗に対する魏徴の言葉は、そんなにくどくどしくない。そのうえ徳宗は禍乱の時に当たって、如何なる時も陸贄と議論するのに、すべて宦官〔「中人」〕に勅旨を伝えさせてしまった。また是非を決すべき事があれば、面と向かってくりかえし詰問駁難してもたりないくらいなのに、一刻も猶予を許さない重要な機会に、宦官に勅旨を伝えさせ、多くの事を誤ることとなった（「差了多少事」）。朕はいつも太宗を以て法と為し、徳宗を以て戒めと為している。[58]

同年三月癸卯（一三日）には、未読がまだ三帙分、字数で約三万五千余字もあったことから、以後は半帙ずつ読み進められることとなる。そして、四月庚戌（三日）には「論度支令（京兆府）折税市草事状」[59]が読まれ、

蕭　燧――古より聚斂の臣（裴延齢を指す――筆者）で、務めて人をだまし能を衒い、率先して制度をかき乱さない者はいません。[60]

孝　宗――天下は元来無事であるが、庸人がこれを乱すのだ。

同月庚申（一三日）には「論裴延齢（姦蠹）書」[61]が読まれ、

孝　宗――陸贄がかくの如くくり返し子細に裴延齢の姦悪を論じ立てている。裴延齢は極めて小人だというべきだ。

蕭　燧――裴延齢の姦は最も甚だしく、世にめったにあるものではありません。

また旨が有って、特別に一八日と二二日にも孝宗が経筵に御し、「論裴延齢（姦蠹）書」をめぐって次のような話がでた。

蕭　燧――君子は未だかつて小人を排斥しようとしなかったわけではありません。しかし常に小人が〔君子〕に勝利してきたのです。蕭望之が〔宦官の〕弘恭と石顕に敗れ、張九齢が李林甫に敗れ、

裴度が皇甫鎛に敗れた（のもみなそうです）。

孝　宗　――皇甫鎛はやっぱり裴延齢の徒だ。

こうして淳熙一三年五月、無事に『陸贄奏議』は読了され、侍読・侍講・修注官ら経筵官三二人の寄禄官が昇進せられ、また硯・金匣・筆格・鞍馬・香茶・筆墨が彼らに下賜されたという(62)。

ちなみに、『陸贄奏議』講読に際して侍講として参加していた崔敦詩に『陸宣公奏議総要』二巻という書物があったと伝えられる(63)。崔敦詩は、乙覧に供するには『陸贄奏議』があまりに「繁重」なので、「君道」から「兵事」まで部門別に分類編纂し、陸贄の「明言確論」を一目瞭然としたというから、該書はいわば多忙な孝宗のために編纂された『陸贄奏議』のダイジェスト版だといってよい。この書物が経筵においてどのように関わり合ったのか、孝宗がこの書を手にしてどのように読んだのかなど、すべて不明であるが、崔敦詩が『陸宣公奏議総要』を孝宗の智を開き、治道に裨益あるものとして期待を持って編纂した書物であったことは間違いない。

『陸贄奏議』をめぐる孝宗と経筵官との議論について非常に興味深いのは、彼らの議論の中心が、著者である陸贄にあったのではなく、唐徳宗の動向にあった、ということである。むしろ、陸贄を名臣忠臣とするその評価は、すでに自明のものとして位置づけられている。最も単純化していうならば、『陸贄奏議』を経筵講義で取り上げる目的とは、孝宗が言明しているように、唐太宗を「法」とし、唐徳宗を「戒」とすること（「朕毎事以太宗為法、以徳宗為戒」）である。いいかえれば、徳宗を反面教師として読むというのが『陸贄奏議』講読に求められた目的であった。事実、この太宗と徳宗との対比をより明々白々とするために、『陸贄奏議』に引き続いて経筵では『魏徴諫録』が読まれている。それを奏請した知建寧府程大昌によれば、唐人の中で諫言で世に名を知られたのは、陸贄と魏徴であり、両者とも仁義を主とし、事情に通達しているのであるが、陸贄は徳宗に仕えたため、その仁義も空言となり、魏徴は太宗に仕えたため、その仁義に実効があった。そこで、『陸贄奏議』と『魏徴諫録』とを続けて読むことで、徳宗の「失」の根源的な原因理由、太宗の「得」の根源的な原因理由が、明らかになるという。(64) つまり、徳宗が如何に暗君であったのか、何故に失政が行われることとなったのか、ということに注目しつつ、彼らは『陸贄奏議』を読んだわけである。

では、具体的に「徳宗の失」とは何か。それは王藺が明確に言うように、「自用」(＝独断)「遂非」(＝欠点を覆い隠す)であり、「天下の士を疑う」ことである。より具体的には君子である陸贄を遠ざけて、小人の裴延齢を重んじたことを指すであろう。一見してあきらかなように、経筵講義では徳宗が「猜忌」であったことや裴延齢が小人であったことを強調している。「論度支令京兆府折税市草事状」は裴延齢が「聚斂」の臣で国家の制度を改悪するものであることが論じられているし、「論裴延齢書」は特に裴延齢の姦詐を事細かく記し、君子小人論を展開した長大で堂々たる陸贄の代表的一文である。これを数回にわたって経筵で取り上げていることも、那辺に孝宗と経筵官の関心があったのかを示している。

そして、この「淳熙劄子」は次のように締めくくられている。

> 思いますに陛下は生まれつき学問に精進され、その大いなる徳が光り輝き、一話一言のすべてが万世に遺すに足るすばらしいものです。堯舜の聖人もこのようなものにすぎません。どうして唐の徳宗と同日に語ることができましょうか。しかし陛下の御心はおそれ慎まれ、失敗しないかと常に心配し、恐れられています。徳宗は直接陸贄の言葉を聞きながらも、彼を土の人形のように捨て去りましたが、陛下は陸贄の言葉を進んで暗誦され、それを元亀のごとく宝とされ、朝廷を退かれた後も陸贄の言葉の数千言を傾聴し全く倦むところがありません。しかも特に〔通常、講筵の行われない〕偶数日にも邇英殿に自らお出ましになり、講筵を開

かれたことは、故事にもこれまでにないことでございます。(65)

ここに描かれた孝宗は、きわめてまじめに講筵に望み、その発言内容も経筵官の期待通りのもので、極めて理想的な名君として表現されている。そもそも、経筵における皇帝の言葉が記録されることには、後世に対する鑑戒という意味と目的があり、(66)それにそぐわない発言は残されないこととなっている。そのため、「淳熙剳子」において孝宗が理想的な名君の姿で描かれるのは当然である。そして、その名君のイメージは、唐の太宗であったことは間違いない。「淳熙剳子」の目的の一つは、孝宗を唐の太宗のような名君として描くことにあったのだろう。事実、孝宗自身、常に唐の太宗を意識していたようである。(67)孝宗と唐の太宗との関係については、後に詳述する。

このように、『陸贄奏議』が士大夫に読まれるとき、当然ながら名臣としての陸贄の言行やその奏議の文体が学ばれたのであるが、かたや君主たる皇帝に読まれるとき（本論では孝宗にしぼっているが）、君主の反面教師としての徳宗に議論が集中している。そして、基本的には、財政や軍事といった特定具体的な政策問題よりも、陸贄を最後まで重用せず、佞臣裴延齢の讒言を信じた徳宗による悪政の事例を通して、君子小人論（君子を登用し、小人を排斥すべきこと）が重点的に語られていたのである。

第四節　『陸宣公奏議』と孝宗批判

端的にいって、経筵において『陸宣公奏議』が読まれた目的は、士大夫による側近政治批判であっただろう。徳宗は裴延齢のような小人を朝廷から遠ざけ、陸贄のような君子を重用すべきだった、という構造は、そのまま孝宗朝の側近政治に当てはめることができる。とするならば、先述したように、議論の中心が陸贄ではなく、徳宗であったことも首肯できる。「淳熙劄子」では孝宗を徳宗とは正反対の名君として表面的には装っている。しかし、その装いの下に見る、経筵官の本音は、孝宗こそ現在の徳宗だという、痛烈な政治批判にあったと考えられる。

たとえば、「徳宗の失」に鑑みて当今の「闕失」について想うところを述べよという孝宗に対して、王藺が「徳宗の弊」とともに「時政闕失」を上疏している。『清献集』所収の王藺伝によれば、孝宗が「悔いる」べきことは、「潜邸旧僚ということで皇帝にすがって補佐の地位に登る者があり、……（中略）……外戚が始めに用いられ、武臣がそれに続き、武臣が用いられて財利の小人でいつわってみだりに付き従う者がそれに続いています。類を引き朋をたすけ、貪欲でなければ卑しい者ばかりです。おそらく群臣が陛下を誤らせるのは、陛下の本意ではないでしょう。どうしてご自分で疑問に思い徳宗の弊があるのではと恐れられるのでしょうか」と、近臣が重んじられてきたことを、孝宗の「闕失」とするわけである。続けて、王藺は「徳宗の弊」には三つあるという。すなわち、「姑息藩鎮」「委任宦者」「聚斂財貨」である。なかでもとりわけ、「委任の弊」が最も政治を害するものであるとして、秦二世皇帝と趙高、梁武帝と朱异、隋煬帝と虞世基、唐憲宗と吐突承璀をその例として挙げ、このような歴史に鑑みなければならないと締めくくっている。[68]

近習・宦官「委任の弊」を「可不監乎」というからには、やはり王藺には具体的に思い浮かぶ対象があったのだろう。では、この当時における宦官の弊とは何か。それは、宦官の甘昪を指すと考えて間違いないだろう。寺地氏は孝宗朝の側近・寵臣の一人として名を挙げており、『宋史』佞幸伝の記事によって、王抃・曽覿・甘昪が孝宗朝の左右近習の代表格とし、甘昪については「入内内侍省押班として皇帝の左右に常侍する宦官の長官」であったと述べられている。[69]『宋史』甘昪伝によれば、[70]甘昪は曽覿・王抃と結託し、士大夫の「恥じ無き者」も彼らに争って付き従い、曽覿が死去し（淳熙七年）、王抃が逐われた後（淳熙九年正月）も、甘昇一人残って二〇年間にわたって力をふるっていたという。王藺の上奏がちょうど王抃が追放された三ヶ月後の淳熙九年四月のことであるから、『宋史』のいう甘昇が一人で力をふるっていた時期に当たる。

このように、彼らが論じた「徳宗の失」で孝宗朝の政治に引き当ててみれば、その殆どが、時政批判にも見えてくる。たとえば、他にも崔敦詩は、徳宗が宦官に勅旨を伝えさせるのみで、下情上達の原則がないがしろにされていることを取り上げているが、藤本氏によれば、孝宗朝において「御筆」を実際に伝達していたのが側近官である知閤門事の影響下にあった閤門舎人であるという。また、平田茂樹氏は、それを宦官が担っていたと論じられており(71)、孝宗の意思をダイレクトに諸官庁に伝える御筆の伝達者は、このような皇帝の近臣であった。

また、王藺は「徳宗の失」として「天下の士」を疑ったことを挙げているが、これも『宋史』巻四七〇「佞幸伝」に、孝宗が「大臣を疑い、近習を信じる」というのと符合する。芮輝が孝宗に「陛下はまごころを持って臣下に接しておられる」というのも、単なる修飾ではなく、皮肉を込めた批判として読める。

そして、何よりも裴延齢を議論すること自体が、龍大淵・曽覿・王抃・張説、さらには甘昇を重用してきた孝宗の側近政治批判となること、すでに明らかであると思う。

『陸贄奏議』を経筵で読むことを通して実現しようとした士大夫官僚たちの要請とは、孝宗朝に政治問題化していた側近政治を止めさせ、宰執との合議・合意に基づく「適切な」統治体制への復帰であった。士大夫官僚にとって皇帝側近官（知閤門事や宦官）は寵臣であり佞臣であるに過ぎないが、孝宗はそのような存在を偏信する。孝宗に側近偏重を止めさせるには、唐朝を衰退に向かわせた徳宗とその寵臣との事例を通して、孝宗が重用してきた側近官が裴延齢と同様の小人であることを認めさせることが有効であると考えられたのである。ここでは、士大夫官僚による孝宗への要請の主眼が、自身の統治の「闕失」に対する反省を迫ることにあった点に注目したい。それは、孝宗自身、『陸贄奏議』を読むたびに「寒心」せざるをえない、政治に「闕失」あれば上奏するようにと言う姿として表れている。

先述した朱子の当初の意図もこのようなものであっただろう。朱子は淳熙一五年（一一八八）、「戊申延和奏劄」を提出し、孝宗に賢者を用い、「小人」の宦官甘昇を斥けるべきことを強調して、次のように言う。

どうして君子が多すぎることを心配し、数人の小人をここに留めておかなければならないということがありましょうか。〔これは〕人の身を治めることも同じです。どうして善が多すぎることを心配して、必ず少しの悪をここに留めておかなければならないことがありましょうか。(72)

このように、「小人」といわれる皇帝の側近（この事例では、宦官甘昇）は、人の身体における「悪」と同じ存在とされる。「善」なる存在は、皇帝を輔導すべき士大夫である。

『陸宣公奏議』を巡る議論では、陸贄は「君子」たる名臣で、裴延齢は姦悪を為す「小人」である。そして徳宗は「君子」たる陸贄の言葉を受け入れず、「小人」たる裴延齢を用いた暗君である。「猜忌刻薄」と酷評される徳宗に対する評価は非常に低い。こういう価値観が皇帝孝帝にも経筵の場で共有され、その共通認識の上に議論が行われていた。(73) このような価値観に基づき、欲に流されやすい「不安定」な「心」同様に「悪」なる「小人」にとらわれる孝宗に自身の反省を促し、「不完全（未完全）」なる存在を自覚させることが朱子ら士大夫官僚の目的であったと思われる。

第五節　孝宗の二面性――名君の演出――

さて、ここで興味深いのが、経筵の事例に見るような孝宗への側近政治批判を展開するために、徳宗にまつわる故事を引用することが、すでにたびたび行われていたことである。例えば、隆興二年七月（一一六四）、江東と浙西で洪水が起こり、雹が降った。これが災異であるとして、闕失と当今の急務を疏陳させた中に、監察御史の龔茂良が、水は至陰であるから、占いでは女寵、嬖佞、小人専制、夷狄乱華の象徴だといい、そこから「左右近習」（龍大淵と曽覿）の弊害を論じた。これに対して孝宗が「二人とも宮邸旧僚で、文学の才があり、敢えて諫諍もするが、いまだかつて外事に干与したことなどない」といい、それに対して再び龔茂良は次のように言った。

徳宗が李泌（「李勉」の誤り――著者）に「人は盧杞を姦邪だと言うが、（それについて）朕は知らない」と言ったが、（李勉は）「これこそ姦邪たる所以です」（と、答えた）[74]。今、龍大淵・曽覿の行為については、行道の人がみなそれを言っていますが、しかし陛下はなお未だ理解されずに、それどころかその賢を称賛しておられます。これは臣が深く憂い何度も歎く所以です[75]。

このように、陸贄は登場しないものの、唐徳宗の故事を引用して孝宗の側近政治を批判するという構図が、淳熙八年より以前にすでに見られた。

そもそも、孝宗と『陸贄奏議』との関係を尋ねれば、経筵で読むよりもずっと前から実は十分に読み込んでいた形跡がある。まず、淳熙二年五月には、徳宗と陸贄に言及し、「君臣相遇の難」を語って、「朕嘗て奏議を覧る」という[76]。また、翌淳熙三年一二月には、皇太子に『陸贄奏議』を与えて熟読させたとあり、同時に「治道は此に尽く」というからには、孝宗自身熟読していた[77]。また、さらにさかのぼって、乾道二年一〇月には、『陸贄奏議』という書名はでないものの、徳宗と太宗とが対比されて語られ、やはり自身の「過失」がないのかを述べさせている。『陸贄奏議』の経筵でみた孝宗の謙虚な姿をすでに見ることができる。[78]

このように、孝宗は経筵で読む前から『陸贄奏議』を読んでおり、しかも折に触れて徳宗に論及したとき、経筵でみたのと同様の発言をしている。ということは、先程見た、『陸贄奏議』に関する経筵での孝宗の発言は、初発の新鮮で率直な意見であったというよりも、ずっと以前から繰り返してきた答えであったと考えられる。

前節で論じたように、士大夫たる経筵官は明確に孝宗の政治に対する批判と改善への目的を持っていた。では、それを突き付けられた孝宗はどのように答えたであろうか。第三節で引用した孝宗の言葉を見る限り、きわめて謙虚でおそらく皇帝としては正しく模範的な対応を示している。自分の統治に対する如何なる「悔悟」もなかった徳宗と異なり、孝宗は反省の意識と態度を表し、政治の「闕失」の上奏を求める。これは、臣下の意見を受け入れる用意のあることの表明である。また、陸贄との議論を避け、宦官を用いた詔勅の伝達や、臣下とほとんど面会しなかった徳宗に対する孝宗の批判は、彼が宰相大臣との合議と合意に基づく政治理念の価値を認めていることを意味する。そして、政治の道理を理解できていない徳宗を「不学之故」だというのは、学問に対する孝宗の積極的な態度の主張である。また、裴延齢を「小人」「聚斂の臣」というのは、君子を近づけ、小人を遠ざける君子小人論を理解していることを表す。そして、孝宗は、「太宗を以て法と為し、徳宗を以て戒めと為す」ことの自覚を声高に掲げ、常に唐の太宗を一つの目標として持ち出し、自己と重ね合わせようとした。[79]

このような経筵における孝宗の発言と態度に対して、侍読の芮輝が「社稷の福」だといい、「淳熙劄子」でも、「堯舜の聖人もこのようなものにすぎません」と、孝宗のみごとな名君ぶりを伝えている。また、この孝宗の発言について、『中興聖政』に載せる留正の言葉に、「寿皇聖帝（孝宗）の言葉からは、その心の誠意心情を見るようである」[80]とか、「寿皇は『陸贄奏議』を読んで、「名器は以て人に仮すべからず」と仰せられた。二八年の治世において、「官は私昵に及ばず、爵は悪徳に及ぶ罔《な》し」（『尚書』説命中）（ということを実現した）のは、深く前代の失に戒めることができ、永く万世の訓を遺されたからである」[81]とやはり孝宗の名君ぶりを伝える。

これらの美辞は明らかに、現実を超えた粉飾である。孝宗朝において側近政治がなされたことを知る当時の人々からして、「官は私昵に及ばず、爵は悪徳に及ぶ罔く」という『尚書』の言葉で孝宗の治世を言祝ぐことの虚構性に気がつかないはずがない。

また、他にも孝宗は唐の太宗と徳宗に関連して次のような発言をしている。

陳俊卿――人材の登用の事については定められた法がありますので、臣は当然謹み守らなければなりません。ただ私の浅い見識では足りないところがあると思いますので、陛下には時に〔私を〕戒めていただくよう願います。思いますに、君臣の分は厳格なものではありますが、情は通じ合わなければなりません。

孝　宗――卿《きみ》の言葉は正しい。朕にもし過失があれば、卿もまた必ず言葉を尽して諫めてくれよ。

陳俊卿――唐の太宗はただ人を導き諫言させることができましたので、貞観の治を実現することができたのです。いま陛下は臣に諫言するよう導かれました。どうしてご命令に従わないことがありましょうか。

孝　宗――朕は太宗の事績を読む度に、彼を敬慕しないことなどない。〔それに対し〕徳宗の嫉妬深く薄情で、人の諫言を受入れることを楽しまない様子を見ると、やはり彼を見下げないわけにはいかない。

陳俊卿――陛下のお言葉がこのようでありますのは、天下の幸甚です。[82]

当時、吏部侍郎であった陳俊卿と孝宗とのやりとりに見るように、君臣間の麗しい関係を物語る孝宗朝の記事は非常に多いが、このような記事もやはり孝宗が実体以上に名君として演出されていると読み取った方がいいだろう。[83]このような孝宗の士大夫に対する姿は、「大臣を疑い、近習を信じる」(『宋史』巻四七〇、佞幸伝)孝宗像と、また先行研究によって明らかにされた宰執との合議を否定する孝宗の姿と一致しない。

それでは、孝宗はこれ以外にどのような名君像を演出したのであろうか。その特徴的な美徳を孝行・好学・儆戒・倹約・安民に分け、順次見ておきたい。

第一に「孝行」であるが、孝宗が父帝高宗(実父ではない)に「孝行」を尽くしたということは、非常に知られているし、その廟号の示す通りである。『宋史』孝宗本紀の「賛」においても、仁宗の「仁」と孝宗の「孝」は、その名に恥じないという。[84]高宗は、紹興三二年(一一六二)に退位して孝宗に譲位し、死去する淳熙一四年(一一八七)まで太上皇光堯寿聖として、その存在感を保持し続けた。その間、孝宗は太上皇となった高宗の居処たる徳寿宮に一月に四度参内し孝養を尽くし、高宗の死に際しては、喪の期間を短縮せず、周囲の反対を押し切って三年の喪を遂げたこともよく知られている。[85]

第二に、皇帝として即位してからも学問に励む「好学」の姿勢を見ることができる。例えば、

朕は機務を処理する外に、なお時間に余裕が有れば、ただ読書を好むだけだ。読書すれば、智慮を開き、物事に対処するにもはっきり分かるし、惑わなくなる。前古の興亡を観て、当時の得失を考え、善きことにはそれに従い、善くないことにはそれを戒めとしている。[86]

と、孝宗は暇があっても、読書にしか楽しまなかったという。また、経筵に臨んでも、

孝宗が「『三朝宝訓』の進読はいつ終わるのか」と言われた。史浩と周必大らが奏上して言うには、「陛下は日々前殿後殿にお出ましになり、毎日遅くなってようやく朝廷のお勤めを終えられております。加えて奇数日には講筵にお出でになりますので、これを過ごされますと聖躬を壊されないかと恐れます」と。上曰く、「朕は祖宗の謨訓を聞くのが楽しい。一日に一巻読み尽くしても、まだ多いとは思わない。偶数日と休暇の日であっても、特別に坐を開くべきである」と。これより講読ごとに、上は必ず注目傾耳し、ある時は事ごとにおたずねになり、だいたい十刻経っても倦むことがなかった。[87]

と、非常に勤勉である。先にもその一端をみたが、孝宗は人君として学問の重要性を強調しており、それに自覚的に取り組んでいた。[88] 他にも暇な時間は、唐人の絶句の編纂を楽しみにしていたとか[89]、木待問の不勉強をたしなめたことなどの話が残る。[90]

第三に、「儆戒（いましめ）」の実践を孝宗が重視していることである。

前四川制置使汪応辰が面対し、箚子を読み上げて「畏天愛民」に触れるに至って、上が言われた、「人心は怠り易く、克《よ》く終わり有るは鮮《すく》なし」（『詩』大雅・蕩）、当にこれを戒めとしなければならない」と。また「朕は日々『尚書』を読んでいて、「天を畏る」（『尚書』酒誥、無逸）の心を最も大切にしている」と。応辰が奏するに、「堯・舜・禹・湯・文・武みな聖人であるのに、『尚書』中には、君臣が互いに儆戒しあうことについて、言葉が多く費やされていますが、要点はこの道に出るものではありません。お言葉がこれに及ばれ

るとは、実に天下の福です。(91)

孝宗は特に『尚書』無逸篇にある「畏天」の二文字を重視していた。(92) つまり、それは自己に対する「儆戒」いましめを意味する。そして、君主が天を畏れることの政治的重要性を自覚し、実践するために、『尚書』に語られた天に関する記事に基づいて、「敬天図」を作り、毎日朝夕それを見て我が身を「儆省」していたという。

上がいわれた、「「無逸」一篇では、国家の長久はすべて「寅《つつし》み畏れる」ことにもとづく、と述べている。朕は最近『尚書』中に載せる所の天の事に関して二つの図を作り、朝夕観覧し、自ら儆省し、それを「敬天図」と名付けている」と。虞允文が奏上した、「古人も「無逸図」を作ってそれを誇張しておりますが、陛下が書中に載せる敬天に関することを図にされたのは、はるかにそれに勝っております。(93)

この孝宗の「敬天図」は臣下にも知られていたようで、宗正少卿の程叔達がわざわざ見せてほしいと孝宗に請願している。それは快諾されたようで、図を取り出して、君臣そろって「誦読」し、君臣ともに「儆戒」の重要性を確認しあったという。(94)

このように、『陸贄奏議』を進読した経筵時と同様の謙虚さで「儆戒」を語る孝宗の姿を史料は多く伝える。そして、特に次の記事には注目したい。

乙卯、進呈された張権の劄子に、淮西では麦が熟し、米価も安定しており、秋成望むべしとあり。それをうけて上が言われた、「(現今の)太平盛世(「時和歳豊」)は、卿らの協賛の力だ。朕は当に卿らと(政治の)まだ至らないところに意を用い、天の助け(「天休」)に答えなければならない」と。虞允文が奏上した、「聖徳は無欠で、常に天心と合一されております」と。上が言われた、「君臣の間は、きっと互いに儆戒しあわなければならない。朕に過ちがあらば、卿らは悉くそれを言うべきであるし、もし卿らに至らないところがあれば、朕もまたそれを隠したりはしない。そうすれば、きっと君臣交々に修め、天の恩賜に答えることができるだろう。(95)

すなわち、君主が自ら「儆戒」するのみならず、君臣間で相互に戒めあう、というのが、孝宗の目指す君臣関係である。『陸贄奏議』を読んで、己の闕失について思い、経筵の場にいた臣下たちに、至らないところを奏上させたのと、全く同じ姿をここに見ることが出来る。この乾道七年六月の孝宗の姿と、先にわれわれが経筵でみた孝宗の姿とは連続しており、『陸贄奏議』を通して突如表された態度ではなかったことを確認しておきたい。

第四に、「倹約」する姿も孝宗によく見られる。それはまた、「朕がいまだかつて少しも無駄遣いしたことがないのは、ただひたすら人民のためである(96)」と、民のための節倹という名目なので、「安民」とも連続している。また「古より人君は艱難の時に遭遇しては、大いに節倹したし、天下太平の後には、大いに奢侈につとめるものだ。朕はこれといって何も為していないが、ただ節倹だけはできる(97)」と、倹約は孝宗の得意分野の一つであった。また、

朕は臣下に対していまだかつて少しなりとも軽侮の心を持って接したことなく、常に礼を以て対応している。玩好の物については、献上する者がいても、いまだかつて受け取ったこともなく、すぐさま「これは卿《きみ》が玩好すればよい」と教え諭して（持って帰らせるので）、一切持っていない（「一切不留」）。これはすべて読書によって習得したことだ(98)。

と、きわめてストイックな姿を誇らしげに語っている(99)。

このような事例の他にも、一年の内で農事が一切完了するまで、常に人民に心を砕く姿や、(100)「私意」に任せることの不可なること、(101)太宗の「従諫」を鑑とすべく『貞観諫録』を座右に置く（彼が太宗をモデルとしていたことは先に見た通りである）などがある。(102)

中国皇帝がこのような名君の姿を演じることは、より普遍的な現象かもしれないが、こと孝宗については、重大な力が働いていたと思われる。それが、太上皇として隠然たる権力を保持し続けている父帝高宗の存在である。先述したように、高宗は退任後も、対金戦争など国家の重大事や官僚の人事に関する決定権などを掌握しており、皇帝たる孝宗ですら父帝に対抗できる力がなかった。(103)

このような高宗の絶対的な影響下にある孝宗の精神状態を、幼少の頃以来彼のおかれた立場から考察したのが、余英時氏である。(104)そもそも、南宋中興の祖である高宗には実子がいなかった。そのため、紹興二年（一一三二）に皇太子たるべく六歳にして入宮したのが、幼き孝宗であった。だが、孝宗は当初から皇太子に立てられたのではなく、それが確定するのはずっと後年の紹興三二年（一一六二）のことで、孝宗もすでに三六歳であった。その間、孝宗は異母弟の信王と常にどちらが後継者たるに相応しいのかの競争状態に置かれていた。余氏によれば、このような環境におかれた孝宗の中心的課題とは、如何に高宗に認めてもらうのか、ということにあったという。後年、好学を称される孝宗も、入宮した当初はその凡庸魯鈍さのため、高宗は皇帝にふさわしくないのではないかと、夜も眠れなかったという。(105)だが、この三〇年間の競争にさらされた結果、孝宗は次のように称されるようになる。

普安郡王（孝宗）は宮中で育てられるようになって、すでに三〇年になった。王は生まれつき英明で、豁達大度であり、側近の者もいままでまったく喜慍の感情をあらわすのをみたことがなかった。朝に赴き列に就いても、動作にはみな常度があり、騎乗してもまったくよそ見をせず、日頃より倹約につとめ、常に経史を以てご自分の楽しみとされた。かつて府僚と語っていわれるには、声色の事はいままでまったく意に介しなかったし、珠宝瑰異の物についても、心より好まず、少しも蓄えたりもしていない。射騎翰墨はすべて絶人である。[106]

ここにあるように、ここまで述べてきた倹約に勤め、学問を好み、珠宝瑰異の物、つまり玩物には一切興味がないという孝宗の資質は、高宗の後継者たるべく競争させられた時代に培われた。このような孝宗理解を踏まえれば、「吾が子の孝行ぶりは（「吾児聖孝」『文忠集』巻一八一、記恭聖請聖語）、神明を感通せしめ、海内無事なること、二〇年に垂んとする。どうして功無しといえるだろうか[107]」という太上皇高宗による評価ほど、孝宗を喜ばせることはなかったであろう。

この太上皇高宗の存在が、孝宗の表と裏の二面性を生じさせた。その一端を見てみよう。

趙雄が奏上した、「陛下はどうして（高宗に）奉養するにも倹素に努められて、珍しい珠玉・図画の類をお送りにならないのでしょうか」。上がいわれた、「太上皇帝は百余軸もの図画を収集されて、すべて名筆なのだが、いまだかつて掛けたことがない。おそらく天性より好まれないのだろう」と。趙雄らが奏上した、「これは人知れず多くを消耗してしまいます。人主に一つ好む所があれば、多くの弊害が生じるのです。陛下は天下の事に集中され、他の如何なる嗜好もあらせられません。真に堯舜たる人主です[108]」。

孝宗が玩好を好まないというのは、すでに見たが、ここでは高宗も同じくそれを好まないと孝宗がいう。だが、これは明らかに虚構の姿である。つまり、徳寿（高宗）は北内にあって、たいへん玩好に心を寄せていた（「頗属意玩好」）。孝宗は「先意承志の道」（父母の意志を先にしてその志を受け継ぐこと）を極め、時に各地から珍品を収集して、高宗を喜ばせようとしたというように、高宗が玩好に心を寄せ、その高宗を喜ばせるべく、孝行者の孝宗は、とにかく珍奇な物を博捜し、収集したのである。このように、前の話と全く逆の様子が伝えられている。さらに、話は続き、ある時、「通犀帯」という腰帯を売る商人が現れる。それには一三の銙が付き、杖を持って立つ寿星（老人星）が付いていた。そして、孝宗はこれを非常に喜び、値段を問わずに購入を決め、元日の酒の席の楽しみに供しようとしたという逸話もある。[109] はたして、このようにすべては高宗のために、金に糸目を付けずに買いあさる孝宗を、「玩物」「玩好」に淡泊で「恭倹」であったといえるだろうか。

また、ある日、太上皇から下された新茘枝を孝宗はすべて臣下に分け与えた。それについて、孝宗がいう、

朕は方物の献上を却けるから、四方珍味嘉果について、いままでまったく手にしたことがないのだ。昨日、新茘枝を太上皇帝より賜ったから、卿らにわけあたえたのだ。朕は昨日野菜を食べたが、（茘枝は）まったく口にしていない。朕が聞くところでは、かつての京師では、これを献時新といったそうだ。遠方より新しく珍奇な物が入れば、奔走して先を争い、人々を疲れさせ、衆人を騒がせたため、害が非常に多かった。朕はこれを徹底的に革めようとして、新物を喜ばないのだ。世俗が新しいものを競えば、物が成熟するのを待たずに先を争ってつみ取ってしまうではないか。はなはだ惜しむべきだ。[110]

この言葉に対する留正らのコメントは、これこそ徽宗朝の轍に鑑みた「万世無窮の法」だと絶賛する。[111] だが、一方で孝宗は高宗の悦びを得るために、徳寿宮に西湖を模倣した人工の湖を開鑿したり、山を築くなどしている。[112]

「湖山の勝」を愛し、西湖を模造した池を開鑿し、飛来峰をかたどった人工の山を造った高宗と孝宗は、「四方花果竹石の類」を好んだ徽宗と、その造営の規模や政治や社会に及ぼした影響の大きさはともかくとして、本質的に異なっているだろうか。この人工の湖や山でできた庭園で、孝宗は山水草木、雅趣超俗の詩を詠う。このような孝宗は、はたして、読書以外に楽しみがなかったといえるだろうか。

このような孝宗の姿を見るにつけ、「好学」「恭倹」「玩好が無い」、というのも、条件付きだということが分かる。これら孝宗の美徳は、すべて高宗との関係上に築き上げられてきたのであって、高宗のために身に付け、時に演出してきたといってもよい。そのため、高宗の悦を得るためには、「恭倹」という姿は崩れ去り、「玩好」を求めて、大金を平気でつぎ込むことさえ起こりえる。

つまり、ここで強調したいのは、先に引用した孝宗の名君としての数々の姿も、作為的に作り上げられ、演出されたものであること、しかもその名君としての演出は、如何に高宗にその皇帝としての姿を認めてもらうかを目的としていた、ということである。蔣芾が高宗の居住する徳寿宮で見聞した話として次のような会話を記録している。

高宗――主上（孝宗）の勤倹については、古の帝王を越えている。

孝宗――朕も勤倹であることは、唐の太宗にも羞じないと思っています。ただ功業は遠く太宗には及びません。

蔣芾――功業はただ志如何にかかっています。陛下はすでにこの志があるのですから、これをしっかり守って怠ることがなければ、どうして功業の成らないことを患う必要がありましょうか。(113)

ここに、太上皇高宗の面前で、唐の太宗のような名君たらんとする孝宗の象徴的な姿を読み取ることができるのではないだろうか。以上の論が正しいとすれば、孝宗が経筵において熱心に『陸宣公奏議』を読み、徳宗を反面教師とし、太宗をモデルとする姿も、太上皇高宗の存在する「双重皇権」下における孝宗の名君演出の一環として理解できるだろう。

おわりに

余英時氏によれば、宋代の「理学家」（道学家）は、「士大夫とともに天下を治む」の理念のもと、皇帝と士大夫とが協力して天下国家を統治すべきだと考え、さらに理学家は「君を得て道を行う」（「得君行道」）こと、すなわち皇帝を堯や舜のような聖王とし、天下に理想的な三代の社会秩序を復活させることを最終的な目標としたという(114)。余氏が明代の政治文化との比較を通して鮮明にされたように、宋代士大夫による「君を得て道を行う」という理念には、宋代の皇帝の「心」を正すことに対する期待が込められている（頁三〇四）。この期待がさらに皇帝の「心」に問題を集約していくこととなる。この皇帝に対する期待こそが、道学の帝王学としての側面を支えている。

本論がまず注目したのが、朱子の孝宗に対する「大有為の君」となることへの期待である。この期待の歴史的背景は、高宗朝における秦檜専権時代の終焉による、主体的な皇帝政治の実現である。元来、孝宗は、高宗とは異なり、対金戦争に積極的姿勢を表わしており、朱子ら宋金間の和議に反対する道学系士大夫からすれば、第一に旧領回復への期待があった。そして、主体性の発揮による国内の諸改革への期待である。このような「大有為」の実現を朱子は孝宗に期待していたのである。第二章で論じたように、朱子の封事や奏劄に展開された「正心誠意」や「克己」の要請には、孝宗の政治に対する痛烈な批判が込められていたのであるが、そこには同時に、この批判と表裏の関係で、「大有為の君」たるべき大きな期待が込められていたのである。朱子学に基づく君主論は、朱子以降も真徳秀によって『大学衍義』が編纂されるなど受継がれ、そして東アジア世界に拡大していくこととなるが、それぞれの時代・地域において発せられた「正心誠意」の意味は、それぞれの歴史的局面において理解される必要がある。

朱子が生きた南宋における皇帝に対する「正心誠意」の要求の意味は、「双重皇権」といわれる太上皇帝の存在による皇帝権力の分裂と、武臣や宦官による「側近政治」の展開の中で理解されなければならない。近年の政治史研究では、朱子の孝宗に対する「独断」批判は、孝宗が宰執との合議を否定し、側近を重用し、「主体的」に政策決定を行おうとしたことの証左としてたびたび引用される。しかし、本論が朱子の言葉に即していうところの「主体的」の意味とは大きく異なる。政治史研究にいう孝宗の「主体的」政治運営とは、太上皇帝高宗や専権宰相らに対する孝宗の主体性についていうため[115]、朱子のいう「独断」という言葉がそのまま孝宗の主体性の説明となる。だが、本論が「独断」という言葉にこだわる理由は、朱子の論理に即せば、その意味が正反対となるからである。朱子にとって、「独断」という言葉は、明らかにそれだけで否定的な意味を持ち、現代の政治学用語としての「独裁」とは本質的に異なる。朱子思想においては、行為の様相は「心」の有り様と密接に繋がっているため、先述したように、朱子のいう「独断」や「自用」は、本来、行為者の「心」の問題に帰結する。そもそも「心」は常に悪に流れる危険性と不安定性を伴っているため、「正心」や「克己」の修養が求められ、これに加えて、一人の判断は頼りないものなので、皇帝であろうが官僚であろうが、政治的行為には複数の合議による決定や「公論」に従うことが求められる。つまり、「独断」「自用」とは、この手続きを欠いた「不完全（未完全）」なる人間の行為のことであり、「中庸章句序」にいうところの「天理の公、卒に以て夫の人欲の私に勝つこと無し」という「心」の状況となった人間の行為のことである。そのため、その行為の結果は必ず「過・不及の差」を生じる。朱子のいう「独断」や「自用」はこういう意味を持つため、必ず否定的であり、このような「人欲の私」に負けた「心」に基づく行為を「主体的」とはいわない。むしろ「道心をして常に一身の主たらしめた「克己」する君主こそ、「主体的」な「大有為の君」である。

朱子はこのような意味での主体性を孝宗に期待したのであり、その際に大きな障害となったのが、「側近政治」なのであった。そのため、朱子ら道学者の「側近政治」批判は皇帝の「心」の問題として捉えられる。そこで、次に本論では、孝宗の「独断」の問題を解決するためには『陸宣公奏議』を孝宗に読ませることが有効であるとの朱子の発言を頼りに、孝宗朝の経筵において『陸宣公奏議』がどのように読まれたのかに注目した。

そこでの士大夫側の目的は、孝宗の側近官重用を批判し、陸贄のような士大夫官僚の諫言を受入れることの要請であった。そこでは太宗を理想とし、徳宗を反面教師とする構図が固定的に語られており、孝宗もその価値観を受入れ、唐の太宗たるべきことを表明していた。例えば、王藺の発言に見られるように、『陸宣公奏議』を持ち出すことの本根は、太宗のような名君となるべきではあるが、現在の孝宗はむしろ徳宗と同じ状況にあるのだという、強烈な孝宗に対する政治批判にあった。しかし、孝宗は自己の「側近政治」が批判されているにもかかわらず、士大夫の要請に寄り添い、自己の統治を反省するきわめて謙虚な姿を見せる。

本論が注目したのは、この孝宗の二面性である。孝宗には現実の姿とは別に、名君として演出された姿がある。では何故、孝宗はこれほどまでに唐の太宗のような名君として振る舞おうとするのか。その原因は、やはり太上皇帝高宗の存在にあったのではないのか、というのが本論の推測である。そして、本論が最後に強調したいのは、この演出された名君像は、士大夫側からの要請に一致しているということである。つまり、孝宗が演出した名君像は、士大夫にとっても受入が可能であった。最後に次の史料を見ておきたい。これは、朱子が晩年の慶元元年（一一九五）に魏掞之（字は子実、一一一六—一一七三）のために書いた墓表である。彼は胡憲に師事し、朱子とも関係の深い道学系士大夫の一人であり、陳俊卿の推薦により布衣の身で入見を果たし、孝宗に知られることとなった。乾道三年（一一六七）に外任に出されていた近臣の曽覿に召還の命が降ったことに対し、再三孝宗に諫言したが受入れられなかったので、病気を理由に退官してしまう。

その後、淳熙三年（一一七六）、〔孝宗は〕鄭鑑の言葉を聞き入れられたことで、魏掞之がかつて進呈した文面を思い出され、執政の龔茂良らと〔魏掞之について〕語り合い、その忠直の人となりを歎かれ、再度召し抱えられようとしたが、すでに死去していることを耳にされた。……（中略）……おもうにこの時、孝宗皇帝は日忍によって曽覿を厚遇されていたが、しかし実際には全く〔曽覿〕を政事に関与させることはなかったのである。魏掞之や鄭鑑ら曽覿を強く批判した者についても、陛下はまったくお怒りにならず、速やかに特別にお褒めになり、生死いずれにおいてもそれは変わらず、〔この話が〕各地に広がり、人々を感歎させたのである。……（中略）……魏掞之の従弟の誠之が張栻が手書し〔刻されないままになっていた〕墓表の定本を最近手に入れ、それを兄の友人である黄仲本に見せた。仲本は慨然として石を買いそれを刻み込ませ、その上熹《わたくし》に依頼して〔魏掞之の〕贈官の事を記させ、そうすることで、孝宗が諫言を納れられ、賢者を思い、近習を抑制されたお考えが、深く後聖（後の皇帝）の手本となることを明らかにしようとしたのである。(116)

朱子がここで、孝宗は曽覿に全く政事には関与させなかったというのは、安倍氏が「特に曽覿は、在京宮観として臨安復帰を果たした後、官僚機構の頂点にいる宰相・執政の任免すらも左右している」と論じられたのと異なる。また、孝宗が諌言を受入れ、賢者を思い、近習を抑制したというのも、朱子自身が最後まで展開した孝宗に対する側近政治批判と食い違う[117]。このような記述になっている理由は、ただ単に孝宗をそのような名君として描いた方が、魏掞之を顕彰することになると考えられたからであろうか。いずれにせよ、ここでは孝宗が演出した名君像は、士大夫が要請した名君像でもあったことを理解しておきたい。宰執大臣との合議を拒否したといわれる孝宗ではあるが、彼の抱く理念としての君臣論は、実は、当時の士大夫の抱くそれと異なるものではない。そのため、時に見せるこのような孝宗の姿が、朱子ら士大夫官僚に、孝宗に対するさらなる期待を抱かせた[118]。そしてこの期待の高まりが、さらに「正心誠意」の要請となって表われたのである。先述したように余英時氏は「得君行道」の理念により、宋代理学家（道学家）は、皇帝を聖賢とすることによって天下秩序の再建を目指したと論じられたが、ここに見る皇帝に対する期待は、皇帝と士大夫官僚との間で理念とする君主論や君臣論が共有されていることが前提となる。本論はその事例を孝宗朝において見たのであるが、その共通を前提として名君としての孝宗が喧伝される。内実は側近政治が行われるなど問題が山積であったが、このような時代に生きたことが、より朱子に北宋以来受継がれてきた「君心」を「天下の大本」とする道学の基本的認識を確信させるに至ったのであろう。

本章では、朱子による孝宗の「側近政治」や「独断」批判に関連して、『陸宣公奏議』が経筵で読まれたことを取りあげ、そしてこの書物を皇帝に読ませることは、皇帝に対する痛烈な批判を意味することを併せて述べた。管見の限り中国において宋代以降の時代に経筵でこれほど熱心に『陸宣公奏議』が読まれた形跡は確認できない。孝宗朝でそれが読まれたという史実は、名君孝宗と名臣たちによる理想的な経筵講義の事例として美化されて継承されていく。しかし、もはや『陸宣公奏議』はこのようには読まれなくなり、士大夫の忠の教科書としてのみ、専ら読み継がれていくこととなるのである。では、それは如何なる理由によるものなのであろうか。次章以降では、この『陸宣公奏議』の受容について、一八世紀という時代に注目して論じることとする。何故一八世紀かというと、その時代の中国清朝と日本の尾張藩において、現在にも読み継がれている『陸宣公奏議』の註釈書が著わされているからである。それでは、一八世紀の日中における『陸宣公奏議』の読まれ方と君主に対するまなざしに注目しながら、それぞれの政治文化のあり様について論じることとする。

〔注〕

（1）木下鉄矢氏は、王安石や朱子ら宋代人の政治学的認識では、「ポスト」とそこに坐る「生身の人間」が区別されていたという。「王安石においては、皇帝は超越的な権威付けによってではなく、国家行政の適正さによってのみ正当化される「国家機関」たるに過ぎぬことになる。皇帝とは、一つの「ポスト」であり、そのポストに坐っている或る生身の人間である。「天子」という観念は、その生身の人間を神聖化し、言わば「即身呪物」化して、このポストに坐っていることをその「生身」において正当化する伝統的な心理装置である。この装置がなくなれば、そのポストに居るのにはただの人間であり、そのポストに相応しく生きることを運命付けられた、逆にその芯までがそのポストへと「当為」付けられた存在となってしまおう。当の生身の皇帝には誠に絶え難い立場である」。木下鉄矢「「治」より「理」へ——陸贄・王安石・朱熹——」（『東洋史研究』第五五巻第三号、一九九六、のち、『朱熹再読——朱子学理解への一序説——』東京、研文出版、一九九九）、頁三四二。また、木下氏によれば、この「ポスト」と「生身の人間」との関係は、皇帝のみならず、官僚機構全体にも見られるという。「朱熹は発達した当時の朝廷官僚体制において明確になっていた「ポスト」や「職務」の生身の人間との乖離、「ポスト」や「職務」が生身の人間の存在の仕方とは異なるレベルで確在し、個々の生身の人間は逆にその「ポスト」や「職務」の機能を現実化する担当者として順次投入され交替して行くという官僚体制の職務機構としての自在化を適宜な比喩として採り、語るわけである」。木下鉄矢「「命」と「令」——朱熹の「天命之謂性」解釈——」

(『東洋史研究』第六四巻第一号、二〇〇五)、頁九一。

(2) 周知のように、官僚としての朱子の経歴は、地方官として九年、中央官として四〇日と言われるように、決して長くはない。ここでは官僚として実職に就いている時と、そうではない家居の時とを分けていない。「先生登第五十年、仕于外者、僅歴同安簿、知南康軍、提挙浙東常平茶塩、知漳州・潭州、凡五任九考、及経筵纔四十日」(『宋元学案』巻四八、晦翁学案上、文公朱晦庵先生熹)。

(3) 松丸道雄等編『世界歴史大系　中国史3――五代~元――』第三章、南宋・金、抗戦か和平か――岳飛と秦檜、恐怖政治(東京、山川出版社、一九九七)、頁二八三―二八六。

(4) 寺地遵「韓侂冑専権の成立」(『史学研究』第二四七号、二〇〇五)。

(5) 『朱子文集』巻一一、戊申封事(淳熙一五年)。何忠礼・徐吉軍『南宋史稿』第五章第三節二、寵信近習(杭州、杭州大学出版社一九九九)、頁二二一―二二三。

(6) 安倍直之「南宋孝宗朝の皇帝側近官」(『集刊東洋学』第八八号、二〇〇二)。

(7) 藤本猛「「武臣の清要」――南宋孝宗朝の政治状況と閤門舎人――」(『東洋史研究』第六三巻第一号、二〇〇四、のち、『風流天子と「君主独裁制」――北宋徽宗朝政治史の研究』京都、京都大学学術出版会、二〇一四)。

(8) 前掲註(4)、寺地論文。

(9) 余英時『朱熹的歴史世界――宋代士大夫政治文化的研究――』下篇、第一二章、皇権与皇極、四、認同危機与心理挫折(台北、允晨文化実業、二〇〇三)、頁四五〇。また、劉子健氏も孝宗が近習の曽覿と龍大淵を登用したのは、最初は高宗の意思であったと言及されている。劉子健「包容政治的特点」『両宋史研究彙編』(台北、聯経出版事業公司、一九八七)、頁五三。

(10) 柳立言「南宋政治初探――高宗陰影下的孝宗」(『宋史研究集』第一九輯、台北、国立編訳館、一九八七、初出は、『中央研究院歴史語言研究所集刊』第五七本第三分、一九八六)。

(11) 小林晃「南宋孝宗朝における太上皇帝の影響力と皇帝側近政治」(『東洋史研究』巻七一巻第一号、二〇一二)。

(12) 土田健次郎『道学の形成』第七章、道学の形成と展開、第一節、晩年の程頤(東京、創文社、二〇〇二、頁四〇七―四〇八、初出は、『沼尻博士退休記念中国学論集』東京、汲古書院、一九九〇)。

(13) 前掲註(1)、木下著『朱熹再読』参照。

(14) 朱子『中庸章句』中庸章句序。訓読は、島田虔次『大学・中庸』下(中国古典選7、東京、朝日新聞社、一九七八)、頁七―一三。

(15) 『朱子語類』巻八六、礼三、周礼、地官、第五五条。

今且做把一百里地封一箇親戚或功臣、教他去做、其初一箇未必便不好、但子孫決不能皆賢。若有一箇在那裏無稽時、〔你〕不成教百姓論罷了一箇国君。若只坐視他〔恁地〕害民、又不得、却〔那裏〕如何区処。〔義剛録〕。淳録云、封建以大体言之、却是聖人公共為民底意思、是為正理。以利害計之、第一世所封之功臣、猶做得好在。第二世継而立者、箇箇定是不曉事、則害民之事靡所不為。百姓被苦来訴国君、因而罷了、也不是、不与他理会、亦不是。未論別処如何、只這一処利少而害多、便自行不得。

翻訳は、田中謙二『朱子語類外任篇訳註』(東京、汲古書院、一九九四)、頁八一を参照し、一部表現を改めた。田中謙二氏が訳註にあたって底本とされたテキスト『朝鮮古写徽州本朱子語類』(京都、中文出版社、一九八二)では、巻一〇六の「外任篇」に収録されている条文である。

(16) 『朱子語類』巻八四、礼一、論考礼綱領、第八条。

又曰、理会周礼、非立至宰相、不能行其事。自一介論之、更自遠在、且要就切実理会受用処、若做到宰相、亦須上遇文武之君、始可得行其志。

(17) 『朱子語類』巻一〇八、朱子五、論治道、第一〇条。

天下事、須是人主曉得通透了、自要去做、方得。如一事八分是人主要做、只有一二分是為宰相了做、亦做不得。

(18) 『河南程氏遺書』巻一五、伊川先生語一、入関語録、『二程集』上。また、『近思録』巻八、治体。

治道亦有従本而言、亦有従事而言。従本而言、惟従(是)格君心之非、正心以正朝廷、正朝廷以正百官。若従事而言、不救則已、若須救之、必須変。大変則大益、小変則小益。

(19) 真徳秀『西山先生真文忠公文集』巻二九、序、大学衍義序。

為人君者不可以不知大学、為人臣者不可以不知大学。為人君而不知大学、無以清出治之源、為人臣而不知大学、無以尽正君之法。

(20)「君心の非を格す」は、『孟子』を出典とする。『孟子集注』巻七、離婁章句上。
〔本文〕孟子曰、人不足与適也、政不足間也。惟大人為能格君心之非。君仁莫不仁、君義莫不義、君正莫不正。一正君而国定矣。〔朱注〕言人君用人之非、不足過讁、行政之失、不足非間。惟有大人之徳、則能格其君心之不正以帰於正、而国無不治矣。大人者、大徳之人、正己而物正者也。

(21)『朱子語類』巻一三三、本朝七、夷狄、第三〇条。
檜死、上即位、正大有為之大機会。

(22)『朱子語類』巻一一二、朱子九、論官、第一七条。
本朝建官重三畳四、多少労擾。此須大有為後痛更革之。若但宰相有志、亦不能弁、必得剛健大有為之君自要做時、方可。書曰、亶聡明作元后、元后作民父母。須是剛明智勇、出人意表之君、方能立天下之事。

(23)『朱子語類』巻第七二、易八、解、第七六条。
夫禍乱既平、正合修明治道、求復三代之規模、却只便休了。両漢以来、人主還有理会正心誠意否。須得人主如窮閻陋巷之士、治心修身、講明義理、以此応天下之務、用天下之才、方見次第。因言、神廟、大有為之主、励精治道、事事要理会過、是時却有許多人才。若専用明道為大臣、当大段有可観。

(24)『朱子語類』巻一三一、本朝五、中興至今日人物上、第五八条。
秦太師死、高宗告楊郡王云、朕今日始免得這膝褲中帯匕首。乃知高宗平日常防秦之為逆、但到這田地、匕首也如何使得。秦在虜中、知虜人已厭兵、帰又見高宗亦厭兵、心知和議必可成、所以力主和議。獺辣主事、始定和議。……(中略)……高宗初見秦能担当得和議、遂悉以国柄付之、被他入手了、高宗更収不上。高宗所悪之人、秦引而用之、高宗亦無如之何。高宗所欲用之人、秦皆擯去之。挙朝無非秦之人、高宗更動不得。

(25)『朱子文集』巻一一、封事、壬午応詔封事。『朱子全書』第二〇冊、頁五七一—五七三。
臣愚死罪、竊以為聖躬雖未有過失、而帝王之学不可以不熟講也。……(中略)……臣聞之、堯舜禹之相授也、其言曰、「人心惟危、道心惟微。惟精惟一、允執厥中」。夫堯舜禹皆大聖人也、生而知之、宜無事於学矣。而猶曰精、猶曰一、猶曰執者、明雖生而知之、亦資学以成之也。陛下聖徳純茂、同符古聖、生而知之、臣所不得而窺也。然竊聞之道路、陛下毓徳之初、親御簡策、衡石之程、不過諷誦文辞、吟咏情性而已。比年以来、聖心独詣、欲求大道之要、又頗留意於老子・釈氏之書。疎遠伝聞、未知信否。然私独以為若果如此、則非所以奉承天錫神聖之資而躋之堯舜之盛者也。……（中略）……是以古者聖帝明王之学、必将格物致知以極夫事物之変、使事物之過乎前者、義理所存、纖微畢照、瞭然乎心目之間、不容毫髪之隠、則自然意誠心正、而所以応天下之務者、若数一二、弁黒白矣。……（中略）……蓋致知格物者、堯舜所謂精一也。正心誠意者、堯舜所謂執中也。自古聖人口授心伝而見於行事者、惟此而已。至於孔子、集厥大成、然進而不得其位以施之天下、故退而筆之以為六経、以示後世之為天下国家者。於其間語其本末終始先後之序尤詳且明者、則今見於戴氏之記、所謂大学篇者是也。故承議郎程顥与其弟崇政殿説書頤、近世大儒、実得孔孟以来不伝之学、皆以為此篇乃孔氏遺書、学者所当先務、誠至論也。臣愚伏願陛下捐去旧習無用浮華之文、攘斥似是而非邪詖之説、少留聖意於此遺経、延訪真儒深明厥旨者、置諸左右、以備顧問、研究充拡、務於至精至一之地、而知天下国家之所以治者不出乎此、然後知体用之一原、顕微之無間、而独得乎堯舜禹湯文武周公孔子之所伝矣。

(26) 前掲註（6）、安倍論文参照。また、次の史料を参照。
『朱子文集』巻一一、封事、戊申封事。

至於左右便嬖之私、恩遇過当、往者淵・覿・説・抃之徒、勢焰熏灼、傾動一時、今已無可言矣。独有前日臣所面奏者、雖蒙聖慈委曲開譬、然臣之愚終窃以為此輩但当使之守門伝命、供掃除之役、不当假借崇長、使得逞邪媚、作淫巧於内、以蕩上心、立門庭、招権勢於外、以累聖政。而其有才無才、有罪無罪、自不当論。況其有才適所以為姦、有罪而不可復用乎。

(27) 『朱子文集』巻一一、庚子応詔封事。その他、『朱子文集』巻一三、辛丑延和奏箚や、巻一四、奏箚、経筵留身面陳四事箚子などを参照。

(28) 『中興聖政』巻五九、淳熙九年三月条。
是春、召対楊甲、尋除太学録。甲献書万言、大略謂、人主之職、不過聴言用人、分別邪正。而近歳以来、権幸用事、其門如市、内批一出、疑謗紛然。謂陛下以左右近習為腹心、而不専任大臣、以巡邏伺察為耳目、而不明用台諫。今中外文武、半為権門私人、親交私党、分布要近、良臣呑声、義士喪気。……（中略）……其末言、今日之事、欲正其本、則在陛下講学。

(29) 『続宋編年資治通鑑』巻八、隆興元年七月条。

以龍大淵・曾覿知閤門事、大淵為枢密承旨、覿帯御器械。去冬諫議劉度首論待小人不可無節、潜邸旧僚、宣召当有時、蓋指二人也。三月復上疏、有毋使褻御干預枢密、乃除二人閤門、蓋解枢属也。復奏不報。

(30)『建炎以来朝野雑記』乙集巻六、台諫給舎論龍曽事始末。

臣欲抑、而陛下揚之、臣欲退之、而陛下進之、臣欲使之畏戢、而陛下示之以無所忌憚。是臣所言皆為欺罔。

(31)『中興聖政』巻二九、乾道二年一二月条。

曽覿・龍大淵以旧恩窃寵、士大夫頗出其門、言事者語或及之、往往獲罪、時陳俊卿受詔館北使、大淵為副、公見外、未嘗与交一言。大淵造門納謁、亦謝不見。一日、中書舎人洪邁見俊卿曰、人言鄭聞当除右史、某当除某官、信乎。俊卿曰、不知也。詰語所従、邁以大淵対。俊卿他日入対畢、具以邁語質于上前曰、臣不知此等除目、両人実与聞乎。抑其密伺而播之于外、以窃弄陛下之威権也。上曰、朕何嘗謀及此輩。必窃聴而得之。卿言甚忠、当為卿逐之。俊卿再拝謝退、遂出二人于外、中外快之。

『中興聖政』巻四七、乾道四年七月壬戌条。

俊卿毎勧上、親忠直、納諫諍、抑僥幸、粛紀綱、講明軍政、寛恤民力……、於是上嘉俊卿之言、多所聴従、大抵政事復帰中書矣。龍劉大淵既死、上怜曽覿、詔召之。陳俊卿曰、自陛下出此両人、中外無不称誦聖徳。今欲召還、恐大失天下望。臣願先罷去。上感其言、遂止不召。

また、陳俊卿の批判については、『朱子文集』巻九六、陳俊卿行状を参照。

(32)『中興聖政』巻五六、淳熙五年九月条、所引『大事記』。

大事記曰、曽覿・龍大淵・王抃・甘昇四人憑恃恩寵、招権納賄、然四凶之寡不能以勝元凱之衆、故曽覿・龍大淵之始用事、雖劉度・張震・胡沂・周必大・金安節諸公争之、而未勝、而終以陳応求一言而去。曽覿再至、与王抃・甘昇為姦。雖劉珙・張栻・龔茂良・鄭鑑・袁枢争之未勝、而曽覿復以俊卿一言而去、王抃以趙汝愚一言而去、甘昇以朱熹一言而去。於此見孝宗之英明、塵翳終不能以滓太清也。於此見乾淳君子之多、稂莠終不能以害嘉禾也。

『宋編年資治通鑑』巻九、淳熙五年九月中条、所引『大事記』

呂中曰、方曾覿与龍大淵始用事也。劉度争之去、胡沂争之去、張震・周必大又争之去。上皆以朋党疑之、及陳俊卿一言而即出二人於外矣。俊卿既去、而曾覿復来、劉恭父言之、張敬夫言之、龔茂良重言而得貶、而覿与王汴・甘昇之寵自若也。及俊卿一言、而復疏曾覿而棄之矣。於是見君子退則小人進、君子盛則小人衰也。於此見大人能格君心之非、而人主之論相、当求其正己、不当求其適己、当求其可畏、不当求其可愛也。於此見孝宗之英明、一時之姦邪霧翳、終不能以滓穢太清也。

（33）前掲註（6）、安倍論文を参照。また、小林晃「南宋寧宗朝における史弥遠政権の成立とその意義」（『東洋学報』第九一巻第一号、二〇〇九）を参照。

（34）宋代における「国是」については、前掲註（9）、余著、上、第五章、「国是」考、頁三三九―三八七を参照。

（35）『朱子文集』巻二四、書、与陳侍郎書。

蓋講和之計決而三綱頽、万事隳、独断之言進而主意驕於上、国是之説行而公論鬱於下、此三者、其大患之本也。然為是説者、苟不乗乎人主心術之蔽、則亦無自而入。此熹所以於前日之書不暇及他、而深以夫格君心之非者有望於明公。……（中略）……而為此説者之徒懼夫公論之沸騰而上心之或悟也、則又相与作為独断之説、傅会経訓、文致姦言、以深中人主之所欲、而陰以自託其私焉。本其為説、雖原於講和之一言、然其為禍則又不止於講和之一事而已、是蓋将重誤吾君、使之傲然自聖、上不畏皇天之譴告、下不畏公論之是非、挾其雷霆之威、万鈞之重以肆於民上、而莫之敢攖者、必此之由也。

（36）『朱子語類』巻一〇六、朱子三、外任、第二七条。

楊通老問、趙守断人立後事錯了、人無所訴。曰、理却是心之骨、這骨子不端正、少間万事一斉都差了。如一箇印刊得不端正、看印在甚麼所在、千箇万箇都喎斜。不知人心如何恁地暗昧。這項事、其義甚明。這般所在、都是要自用、不肯分委属官、所以事叢雑、処置不暇、胡乱断去。在法、属官自合毎日到官長処共理会事、如有不至者、自有罪。今則属官雖要来、長官自不要他来、他也只得体（休）。這般法意是多少好。某嘗説、或是作県、看是状牒如何煩多、都自有箇措置。毎聴詞状、集属官都来、列位於庁上看、有多少均分之、各自判去。到著到時、亦復如此。若是眼前易事、各自処断。若有可疑等事、便留在、集衆較量断定、無有不当、則獄訟如何会壅。此非属為長官者省事、而属官亦各欲自效。兼是如簿尉等初官、使之決獄聴訟得熟、是亦教誨之也。

翻訳は、前掲註（15）、田中訳註、頁九九―一〇〇を参照した。

（37）『朱子文集』別集巻一、劉共甫（乾道三年五月、一一六七）、『朱子全書』第二五冊、頁四八三二―四八三三。

二姦雖去、気象全未廻。蓋上心猶以向来所為為是、未有敢乗此痛言其非者。昨告邦彦、以所当論者惟独断二字、頗以為然。又未知果能発之否。間読『陸宣公奏議』一一切中今日之病。試取一読、従容前席為上一一談之、当有助耳。

(38) 束景南『朱熹年譜長編』上巻(上海、華東師範大学出版社、二〇〇一)、頁三六八―三七〇。

(39) 『建炎以来朝野雑記』乙集巻六、孝宗黜龍曽本末、『宋史』巻四七〇、佞幸、曽覿伝。

(40) 前掲註(6)、安倍論文。

(41) 朱子や張栻はこの時、龍大淵と曽覿が地方に出されたことを一応喜ばしいこととはするが、孝宗の考えに変化が見られないので、側近政治の抜本的な解決については悲観的である。

『朱子文集』巻四〇、書、答何叔京(第八書)、『朱子全書』第二二冊、頁一八一九。

近事一二伝聞可慶、然大病新去、尤要調摂将護、不知左右一二公日夕啓沃用何説耳。此又似可慮。如何如何。

『朱子文集』巻四〇、書、答何叔京(第一〇書)、『朱子全書』第二二冊、頁一八二一。

近事久不聞、春間龍曽皆以副帥去国、英断赫然、中外震慴、而在廷無能将順此意者。今其党与布護星羅未有一人動、姦豎在途、亦復遅遅其行、亦豈尚有反予之望耶。倚伏之機、未知所決。雖在畎畝、窃不勝過計之憂。不審高明以為如何。

『朱子文集』巻四〇、書、答何叔京(第一一書)、『朱子全書』第二二冊、頁一八二三。

近日狐鼠雖去、主人未知窒其穴、継来者数倍於前。已去者未必容其復来、但独断之権、執之益固、中書行文書、邇臣具員充位而已。其姦險者観望迎合、至謂天下不患無財、皆欣然納之、此則可憂之大者。其它未易以言既也。

張栻『南軒先生文集』巻二一、書、答朱元晦秘書(第三書)、『朱子全書外編』第四冊(上海、華東師範大学出版社、二〇一〇)、頁三二八。

共甫之召、蓋是此間著績有不可掩、然善類属望、在此行也。数日来、聞二豎補外、第未知所以如何。若上心中非是見得近習決不可邇、道理分明、則恐病根猶在、二豎去、復二豎生。不然、又恐其覆出為悪。若得有見識者乗此時進沃心妙論、白発其姦、批根塞源、洗党与一空之、然後善類朋来、庶有瘳乎。

(42) 『朱子文集』巻八八、碑、観文殿学士劉公神道碑、『朱子全書』第二四冊、頁四一二〇―四一二一。また、『中興聖政』巻四六、孝宗皇帝六、乾道三年閏七月癸巳条。

三年召還、見上、首論独断雖英主之能事、然必合衆智而質之以至公、然後有以合乎天理人心之正、而事無不成。若棄僉謀、徇私見、而有独御区宇之心焉、則適所以蔽其四達之明、而左右私昵之臣、将有乗之以干天下之公議者矣。

(43)『朱子文集』巻八八、碑、観文殿学士劉公神道碑。

龍大淵・曽覿既逐去、未幾而大淵死、上憐覿、欲還之。公言、二人之去、天下方仰威断而慶盛徳之日新、奈何遽復為此。且此曹奴隷耳、憐之則厚賜之可也、若引以自近、而賓友接之、至使得以与聞幾事、進退人材、則臣懼非所以隆徳業而振綱紀也。上感其言、為止不召。

(44)『陸宣公奏議』受容について論じた研究には、谷口明夫氏の研究があり、主に文学史や書誌学史の観点から論じた研究である。谷口明夫「『陸宣公集』とその注解(上)」(『中国中世文学研究』第二五号、一九九四)、同「『陸宣公集』とその注解(中)」(『中国中世文学研究』第二七号、一九九四)、同「『陸宣公集』とその注解(下)」(『中国中世文学研究』第二八号、一九九五)、同「潘仁『唐丞相陸宣公奏議纂註』刊行考」(『中国中世文学研究』第三二号、一九九七)、同「石川香山事跡考」(『鹿児島女子短期大学紀要』一九九〇年版第二五号)。また本論がもっとも多く参考にしたのが、山城喜憲氏による『陸宣公奏議』の書誌学研究である。『陸宣公奏議』の版本に関する情報を中心に、序跋の類や所蔵図書館まで徹底的に調べられている。とりわけ注釈本に関して細心に論じられており、本論は山城氏の研究に多くを負っている。山城喜憲「陸宣公奏議諸本略解」(『斯道文庫論集』第一七輯、一九八〇)。また、陸贄その人に焦点をあてた研究には、陳松雄氏や林敬文氏の研究があるが、受容史を論じたものではない。陳松雄『陸宣公政事与文学』(台北、文史哲出版社、一九八五)。林敬文『陸宣公生平及其思想之研究』(台北、文史哲出版社二〇〇六)。

(45)権徳輿「陸宣公全集序」『陸贄集』(北京、中華書局、二〇〇六)。

公之文集有詩文賦、集表状為別集十五巻。其関於時政、昭昭然与金石不朽者、惟制誥・奏議乎。雖已流行、多謬編次。今以類相従、冠于編首、兼略書其官氏景行、以為序引、俾後之君子、覽公制作、效之為文、為臣事君之道、不其偉歟。

(46)この箚子は、『陸宣公奏議』多種版本に附され、また中華書局本『陸贄集』附録巻二にも収録されており、容易に見ることが出来る。『陸宣公奏議』を目睹した歴代の読者たちも、附録されたこの箚子によって、孝宗朝での様子を知ったのであろう。ちなみに、『玉海』巻二六、帝学に「淳熙読陸贄奏議」があり、これは史館で記録されたものかと思うが、情報量としては劄子の方が多く、本論ではあまり取り上げない。また『玉海』巻六一、芸文には「唐陸贄奏議」があり、やはり淳熙経筵について触れるが、簡略である。ここでは『宋会要』に収録された劄子の全文を掲げておく。

『宋会要輯稿』崇儒七、淳熙一三年五月一日条。

五月一日、侍読蕭燧・侍講宇文价・葛邲・蔣継周・洪邁・起居郎李巘・舍人呉燠言、恭覩淳熙八年四月甲戌、経筵読真宗皇帝正説終篇、六月壬申有旨宣諭、陸贄奏議可与不可進読。王希呂等言、贄論諫数十百篇、皆本仁義。元祐中、蘇軾等乞繕写進呈、置之座右、将来開講如令進読、実有補於治道。七月丙子、制曰可、且令日読五版。九年四月辛亥、詔講読官同班奏事。上曰、朕毎見陸贄論徳宗事、未嘗不寒心、正恐未免有徳宗之失、卿等可各条具闕失来上。侍読芮輝奏、陛下推誠待下、可謂曲尽其至。侍講黄洽言、徳宗猜忌刻薄、唐書一賛尽之矣。上曰、徳宗強明、不肯推誠待下。雖更奉天離乱、終不悔悟。当彼艱難之時、所宜与贄朝夕論議猶恐不済、而毎事但遣左右宣旨、罕嘗面論、豈能深究利害、此所以知徳宗之不振也。侍講崔敦詩言、徳宗於軍旅間亦多是中人伝旨、実情安得上達。上曰、徳宗欲以此済其猜忌刻薄。輝又奏、聖言及此、社稷之福。於是合辞奏言、臣等敢不仰遵聖訓。願竭愚忠。十三年三月癸卯、開講時、奏議猶有三帙、凡三万五千余字。有旨諭講読官、令自後毎読以半帙為率。四月庚戌、臣燧読贄論度支令折税市草事状。臣燧言、自古聚斂之臣、務為欺誕以衒能、未有不先紛更制度者。上曰、天下本無事、庸人擾之耳。庚申、臣燧読贄所論裴延齢書。上曰、贄論延齢姦悪反覆曲折如此、延齢可謂至小人。臣燧言、延齢之姦最甚、世所罕有。又有旨、特以十八日、二十二日御講筵。臣燧又読贄所論裴延齢書。読畢、臣燧言、君子未嘗不欲去小人、然常為小人所勝。如蕭望之為恭・顕所勝、張九齢為李林甫所勝、裴度為皇甫鎛所勝。上曰、皇甫鎛亦延齢之徒也。惟臣等以庸瑣之材、幸得備員華光、日侍左右。仰惟陛下以天縦典学、緝熙光明、一話一言皆足以貽諸万世。堯舜之聖不過如是、豈唐徳宗所当同日而語。然宸心惕惕、毎慮或蹈其失、以為寒心。夫徳宗親聞贄言而棄之如土梗、陛下進誦贄語而宝之如元亀、至以退朝之後傾聴数千言而不為倦厭、又特於隻日躬御邇英、蓋故事所未有。聖愚相去何止高天之与下地也。臣等不勝大願、乞宣付史館、以彰著陛下不矜不伐執古御今之意。従之。

(47) 高宗朝の建炎二年（一一二八）から寧宗朝の嘉定一四年（一二二一）までの記録がまとめられている。

(48) 『中興聖政』は、これを淳熙一三年五月己卯条に掲げているが、この時の経筵官の顔ぶれから考えても、淳熙九年四月のこととする『宋会要』と「劄子」の方が正しい。また、『宋史』孝宗本紀も、淳熙九年四月としている。

(49)『宋史』巻三五、孝宗本紀三には、「（淳熙九年夏四月）癸亥、帝覧陸贄奏議、諭講読官曰、今日之政、恐有如徳宗之弊者、卿等条陳来上、無有所隠」とある。本論で引用は、『宋会要』を訳したものである。

(50)『宋史』巻三八六、王藺伝。

一日、上袖出幅紙賜之、曰、比覧陸贄奏議、所陳深切、今日之政恐有如徳宗之弊者、可思朕之闕失、条陳来上。藺即対曰、徳宗之失、在於自用遂非、疑天下士。退即上疏、陳徳宗之弊、并及時政闕失、上嘉納之。

ここに引用した王藺の返答は、『宋会要』や「箚子」などには見られない記事である。

(51)『新唐書』巻七、徳宗本紀、賛。

賛曰、徳宗猜忌刻薄、以強明自任、恥見屈於正論、而忘受欺於姦諛。故其疑蕭復之軽己、謂姜公輔為売直、而不能容、用盧杞・趙賛、則至於敗乱、而終不悔。及奉天之難、深自懲艾、遂行姑息之政。由是朝廷益弱、而方鎮愈強、至於唐亡、其患以此。

(52)これも、『新唐書』の賛を踏まえての発言である。

(53)『中興聖政』巻六二、（淳熙九年四月？）。

上又曰、徳宗不明、不能圧服臣下、故当時藩鎮敢爾妄作。

この一文は、『宋会要』ではの直後に引用されているが、『中興聖政』に従い、ここに入れた。

(54)『中興聖政』巻五九、孝宗皇帝一九、九年九月癸未条。

御講筵。侍読鄭丙進陸贄「論奉天上尊号状」、上曰、徳宗不達理如此。禍難未平、乃欲加上尊号。

(55)『陸贄集』巻一四、駕幸梁州論進献瓜果人擬官状。

伏以爵位者、天下之公器、而国之大柄也。唯功勲・才徳、所宜処之、非此二途、不在賞典、恒宜慎惜、理不可軽。

(56)『中興聖政』巻五九、孝宗皇帝一九、九年一一月甲戌条。

吏部尚書鄭丙読陸贄奏議「奉天論蕭復状」、至「但垂睿潔、誰敢面譓。蕭復若相嘱求、則従一等、何容為隠。従一等自回互、則蕭復不当受疑」、上顧丙曰、「徳宗猜忌、可謂不明。丙奏曰、徳宗見理不明、故毎事猜忌。当患難時、陸贄之言多聴納、及事定後、贄言多懇切、亦不免見疑矣。上曰、此皆不学之故。庚辰、鄭丙読陸贄奏議「駕幸梁州論進献瓜果人擬官第二状」畢、丙奏曰、官爵天下公器、人主所当吝惜。上曰、此人君励世磨鈍之具、又曰、名器豈可仮人。

（57）『春秋左伝』成公二年。
惟器与名、不可以仮人、君之所司。

（58）『中興聖政』巻六三、孝宗皇帝二三、淳熙一三年二月丙子条。
上曰、自古人主読書少有知道、知之亦罕能行之。且如与人不求備、検身若不及二句、人君豈不知。自是不能行。甚者但作歌詩、如隋陳之君、竟亦何補。唐徳宗豈不知書、然所行不行、陸贄論諫諄復不已者、正欲徳宗知而行之。如魏徴於太宗、則語言不甚諄復。且徳宗禍乱、此何時也、而与陸贄論事、皆是使中人伝旨。且事有是非、当面反覆詰難、猶恐未尽、投機之会、間不容発、中人伝旨、差了多少事。朕毎事以太宗為法、以徳宗為戒。

（59）『陸贄集』巻二〇、論度支令京兆府折税市草事状。

（60）『陸贄集』巻二〇、論度支令京兆府折税市草事状。
〔裴〕延齢欲衒己能、頗隳旧制……。

（61）『陸贄集』巻二一、論裴延齢（姦蠹）書一首。

（62）『宋会要』崇儒七、経筵、淳熙一三年五月一三日条。また、『建炎以来朝野雑記』甲集巻五、経筵転官裁省。
侍読蕭燧、侍講宇文价、洪邁、葛邲、蔣継周、起居郎李巘、舎人呉燠上表、以進読陸贄奏議終篇、賜御筵及硯、金匣、筆格、鞍馬、香茶、筆墨、各撰成謝恩詩上進。詔宣付史館。

（63）『攻媿集』巻七二、跋陸宣公奏議総要。
阜陵喜観陸贄奏議、故紫微崔公為総要一書上之。東坡先生曰、如贄之論、開巻了然、聚古今之精英、実治乱之亀鑑。然奏議繁重、尚勤乙覧、是書摭華芟冗、因門分類、明言確論、一閲而尽得之、所以開導聡明、裨益治道多矣。易曰、納約自牖、崔公有焉。

『玉海』巻六一、唐陸贄奏議。

崔敦詩上所集唐陸宣公奏議総要二巻、刪取可行之要、始於君道、終於兵事。其推明致理之原可以法。其指陳当世之失可以監。

『宋元学案補遺』巻四〇、忠定（張九成）同調（張九成は楊亀山の弟子）。

崔敦礼、字□□、静海人。与弟敦詩同登紹興中進士。愛溧陽山水、買田築居、仕至諸王宮大小学校教授。敦詩、字大雅。官至中書舎人、加侍講・直学士院。所陳必剴切。有文集三十巻、制稿二十三巻、奏議五巻、通鑑要覧六十巻。

(64)『宋会要』崇儒七、淳熙一三年六月一三日条。
新知建寧府程大昌朝辞奏、竊見講殿進読陸贄奏議、両日而徹一巻。異代諌語、亦蒙采録、古無前比。然臣願有献唐人以諌名世者、贄外更有魏徴、率皆主本仁義、而能発達事情。贄之所事者徳宗、故其仁義為空言、徴之所事者太宗、故其仁義為実効。贄語如医家之脈書、閣於不試、則無効可考、徴書如良医、診療皆効、則其方薬悉可循用也。乞宣取魏徴諌録接続覧観、則夫徳宗之所従失、与夫太宗之所従得、皆昭昭如白黒矣。

(65)前掲註(46)、『宋会要』崇儒七を参照。

(66)『中興聖政』巻二九、乾道二年一一月甲子条。
陳岩叟等奏刑部事、上曰、寛則容姦、急則人無所措手足。此数端、皆承学之臣日夜探討、累数百語、所不能尽、而陛下蔽以一言、至明至当。然記言動之臣弗能宣究、恐非所以命侍立本意。欲望聖慈令講読官自今各以日得聖語関送修注官、仍乞因今所御殿、名曰祥曦記注、庶幾百世之下、咸仰聖学、以跡聡明文思之懿。従之。

また、平田茂樹「宋代政治史料解析法――「時政記」と「日記」を手掛かりとして――」(『東洋史研究』第五九巻第四号、二〇〇一)参照。

(67)『宋史』巻三八八、列伝、陳良祐伝。
上鋭意図治。以唐太宗自比、良祐言、太宗政要願賜省覧、択善而従、知非而戒、使臣為良臣、勿為忠臣。上曰、卿亦当以魏徴自勉。

(68)杜範『清献集』巻一九、王藺伝。
兼崇政殿説書。一日、帝袖出幅紙賜之曰、比覧陸贄奏議所陳深切、今日之政恐不如徳宗之弊者、可思朕之闕失条陳来上。藺即対曰、徳宗之失、在於自用遂非、尽疑天下之士。退上疏言、陛下聖学日益、盛徳日新、乃以徳宗自警、既往之悔、想所欲聞。有以宮僚攀附而登補佐者、貳陛下精一之心、汨陛下清明之徳、而外戚始用而武臣継之、武臣用而財利小人誕妄附麗者、又継之。引類援朋、非貪即鄙。蓋群臣誤陛下。非陛下本心、何必自疑而恐有徳宗之弊也。徳宗之弊有三。一曰、姑息藩鎮。二曰、委任宦者。三曰、聚斂財貨。今朝廷……(中略)……至於委任之弊、害政尤大。秦二世偏信趙高、梁武偏信朱异、隋煬帝偏信虞世基、唐憲宗偏信吐突承璀、可不監乎。帝嘉納之。

(69) 前掲註(4)、寺地論文。
(70) 『宋史』巻四六九、宦者四、甘昇伝。
(71) 平田茂樹「周必大『思陵録』・『奉詔録』から見た南宋初期の政治構造」(大阪市立大学大学院文学研究科紀要『人文研究』第五五巻第二分冊、二〇〇四)。
(72) 『朱子語類』巻一〇七、朱子四、内任、孝宗朝。
奏曰、豈有慮君子太多、須留幾箇小人在裏。人之治身亦然、豈有慮善太多、須留些悪在裏。
(73) 『朱子語類』巻五〇、論語三二、堯曰篇、第五条
問、猶之与人也、出納之吝、何以在四悪之数。曰、此一悪比上参悪似軽、然亦極害事。蓋此人乃是箇多猜嫌疑慮之人、賞不賞、罰不罰、疑吝不決、正如唐徳宗是也。大雅。

「猜嫌疑慮の人」の具体例として、唐徳宗の名を挙げれば理解された。また、

『朱子文集』巻五三、書、答沈叔晦。

大抵近年学者求道太迫、立論太高、往往嗜簡易而憚精詳、楽渾全而畏剖析、以此不見天理之本然、各堕一偏之私見、別立門庭。互分彼我、使道体分裂、不合不公。此今日之大患也。不識明者以為如何。子約為人固無可疑、但其門庭近日少有変異、而流伝已遠、大為学者心術之害、故不得不苦口耳。近日一派流入江西、蹴踏董仲舒而推尊管仲・王猛、又聞有非陸贄而是徳宗者、尤可駭異。

ここでは江西の学、つまり陸象山の学問における価値観の転倒をいい、「陸贄を非として、徳宗を是とする者」がいるという。この言い様は、陸贄と徳宗の価値がすでに人々の間で固定化されていることを暗示する。また、北宋の典型的な事例では、范祖禹『唐鑑』(巻一一―一六)で、徳宗が唐朝を衰亡に追いやった暗君であるとし、その批判は手厳しい。姜鵬『北宋経筵与宋学的興起』第五章、経筵講学対史学的影響(上海、上海古籍出版社、二〇一三)、頁一八八を参照。
(74) 『新唐書』巻一五〇、李勉伝
貞元初、帝起盧為刺史、袁高還詔不得下。帝問勉曰、衆謂盧姦邪、朕顧不知、謂何。勉曰、天下皆知、而陛下独不知、此所以為姦邪也。時韙其対、然自是益見疏。
(75) 『宋史全文』巻二四上、隆興二年秋七月条。また、『朝野雑記』頁九〇二にも同文あり。

是月、江東・浙西水、雨雹。……監察御史龔茂良疏略曰、夫水、至陰也。其占為女寵、為嬖佞、為小人専制、為夷狄乱華、而其間因権幸以致者、蓋十七八焉。今左右近習不過数人、衆所指目、形于謡誦。以陛下英明果断、固不至容其為婚為惤。第一二年来、進退一人材、施行一政事、命由中出、人言嘩然、指為此輩、甚者親狎之語流聞中外、賢酬之作伝播邇遐。陛下深居九重、何由知。此時内侍押班梁珂及龍大淵、曽覿皆用事、茂良疏蓋指此也。会言者論珂罪、詔与外任宮観。茂良尋遷右正言、入対、首論、積陰弗解、淫雨益甚、災惑入斗、正当呉分、天意若有所愠怒而未釈者。二人害政、甚珂百倍。上諭以、二人皆宮邸旧僚、且倶有文学、敢諫諍、未嘗預外事。茂良再上疏言、徳宗言李泌、人言盧杞姦邪、朕独不知。此其所以為姦邪也。今大淵・覿所為、行道之人、類能言之、而陛下尚未之覚、更頌其賢、此臣所以深憂屢嘆、百倍于未言之前也。

(76)『中興聖政』巻五四、淳熙二年五月辛卯条。

遂凡問中外事、葉衡等各以所聞対。上曰、自三代而下至於漢唐、治日常少、乱日常多、何故。衡奏、正為聖君不常有。如周之八百年、所称極治者、成康而已。上曰、然。朕嘗観無逸篇、見周公為成王歴数商周之君享国久遠、真後世亀鑑、未嘗不以此為戒。衡等同奏、陛下能以無逸為亀鑑、誠宗廟社稷無窮之福也。上又語及君臣相遇之難曰、如陸贄之於唐徳宗、不為不遇。朕嘗覧奏議、喜其忠直次第、見於施行。龔茂良奏、蘇軾在経筵、繳奏陸贄奏議、其表云、人臣献言、正如医者用薬、薬雖進於医手、方多伝於古人。陸贄不遇徳宗、今陛下深喜其書、欲推行之、是亦遇也。

(77)『中興聖政』巻五五、淳熙三年一二月条。

是月、以袁枢所編通紀事賜東宮、令与陸贄奏議熟読、曰治道尽於此矣。

(78)『中興聖政』巻二九、乾道二年冬一〇月乙亥条。

吏部尚書陳俊卿進対奏、臣典選事、但当謹守三尺、検柅吏姦。至于愚暗所見或未到、亦望聖慈宣諭、時時訓勅之。君臣之分雖厳、而上下之情不可不通。上曰、卿言是也。朕或有過、卿亦宜尽言。俊卿奏、自古惟唐太宗能導人使諫、所以致貞観之治。上曰、毎読太宗事、未嘗不慕之。若徳宗之忌克、不楽人言、未嘗不鄙之。上退御講筵。講罷、上曰、朕雖無大過、豈無小失。卿等不聞有所規諫、恐思慮有所未至、頼卿等補益。周執羔等奏曰、陛下聖明、事無過挙。上曰、卿等若只備位、非所望于卿等。梁克家奏、容臣等退思、苟有闕失、不敢不尽言。周執羔嘗進対、上曰、卿有所言、朕未嘗不行。朕有過失、卿当直言、有司之過失、亦当言之。進呈知温州劉孝韙箚子、以本州大水之後、乞降度牒応副修塘棣事。上因言、朕近日覧神宗紀、見是時災異甚多。何故。魏杞等奏、天出災異、譴告人君、正如父母訓飭人子者、不必問自己有過無過、但常恐懼修省而已。上曰、卿之言甚善。若不恐懼修省、自取滅亡之道也。

(79) 例えば、次の史料を参照。『建炎以来朝野雑記』乙集巻三、孝宗与近臣論徳仁功利。

乾道辛卯八月六日戊申、上召吏部侍郎王之奇能甫、太子詹事陳良翰、権礼部侍郎直学士院周必大子充同対選徳殿、賜坐、従容訪以治道。久之、袖出御筆一通、首以魏徴答唐太宗徳仁功利之問、継書其後曰、朕即位以来、於今十年、功則未能有成。至於安養黎元、俾遂生業、政今日之急務、朕未嘗不以為自治之良薬。然所行優劣、亦苦不自知、卿各極陳其当否、凡有未至、悉情毋隠。若仁徳帝王之高致、朕不敢自居、方以魏徴之言為亀鑑耳。

(80) 『中興聖政』巻五九、淳熙九年一一月甲戌条。

臣留正等曰、人主所貴乎学者、以其能明是非弁邪正、而天下之物交、不足以蔽之而已。甚矣、唐徳宗之蔽也。奉天之守実蕭復・姜公輔等是頼、徳宗雖以為相、不旋踵而疎斥之。盧杞・裴延齢之徒謀国乖戻、幾亡社稷、至死而猶以為賢。夫是非邪正、聴其所言、観其所行、亦足以知之矣。而徳宗乃顛倒錯乱如此。豈其心悪治而欲乱耶。是皆不学之蔽也。寿皇聖帝之言、若見其肺肝哉。

(81) 『中興聖政』巻五九、淳熙九年一一月庚辰甲条。

臣留正等曰、爵禄者天下之公器而国之大柄也。君以為貴、則人貴之、君以為賤、則人賤之矣。天宝之季、嬖倖傾国、爵以私受、綱紀蕩然、流弊至於粛宗。大将軍告身一通纔易一酔。名器抑可謂濫矣。徳宗且欲授官於捧瓜絜果之微。豈非家法之壊至是極耶。播遷之禍、幾至亡国、無足怪者。寿皇因読陸贄奏議、乃有名器不可以仮人之言。二十八年之治、所以官不及私昵、爵罔及悪徳者、蓋能深戒前代之失、永貽万世之訓也。

(82) 『朱子文集』巻九六、行状、少師観文殿大学士致仕魏国公贈太師謚正献陳公行状。

入謝之日、奏曰、銓綜事有成法、臣固当謹守。第愚浅之見或有不及、願陛下時警勅之。蓋君臣之分雖厳、而情不可以不通。上曰、卿言是也。朕或有過、卿亦当尽言。公曰、唐太宗唯能導人使諫、所以致貞観之治。今陛下導臣使諫、臣敢不奉詔。上曰、朕毎読太宗事、未嘗不慕之。観徳宗之忌刻、不楽受言、亦未嘗不鄙之也。公対曰、聖言及之、天下幸甚。

この記事については、また『宋史全文』巻二四下、乾道二年冬一〇月乙亥条にもある。

(83) 同様の記事として、『宋史全文』巻二五下、乾道七年七月乙未条を参照。「上曰、此事誠漢唐所無。朕常恨功業不如唐太宗、富庶及漢文・景耳」。

(84)『宋史』巻三五、孝宗本紀。

(85)『斉東野語』巻一、孝宗聖政。

(86)『中興聖政』巻五〇、淳熙六年一二月辛亥条。

朕於機務之外、猶有暇時、只好読書。唯読書則開発智慮、物来能明、事至不惑。観前古之興衰、考当時之得失、善者従之、不善者以為戒……。

(87)『中興聖政』巻五八、淳熙七年三月己卯条。

己卯、上曰進読三朝宝訓幾時終篇。史浩・周必大等奏、陛下日御前後殿、大率日旰方罷。只日又御講筵、過是恐労聖躬。上曰、朕楽聞祖宗謨訓、日尽一巻、亦未為多。雖双日及休暇、亦当特坐。自是毎講読、上必注目傾耳、或随事咨詢、率漏下十刻而無倦。

(88)『中興聖政』巻五六、淳熙五年五月庚子条。

漢・唐末世、朋党皆数十年不能解、以至禍乱、朕常嘆之、其患尽在人君之無学、所以聴納之不明也。

(89)『四明聞見録』乙集、洪景盧編唐絶句。

(90)『西湖游覧志余』巻二、帝王都会。

木応之、名待問。孝宗問之曰、木姓起於何時。罔知所対。上曰、端木、本子貢之姓、其後有木玄虚者、豈去復字之苗裔。他日、謂洪邁曰、木待問乃卿婿乎。以明経擢高第、而不知祖姓所出、卿宜勧之読書。邁拝謝而出、嘆曰、聖主万機広覧如此、為士可不研博古今耶。

(91)『中興聖政』巻四七、乾道四年一〇月辛卯条。

冬十月辛卯、前四川制置使汪応辰面対、読酇子至畏天愛民、上曰、人心易怠、鮮克有終、当以為戒。上又曰、朕日読尚書、於畏天之心尤切。応辰奏、堯舜禹湯文武皆聖人、然一部尚書中、君臣更相警戒、言語雖多、要皆不出此道。聖訓及此、実天下之福。臣留正等曰、畏天愛民、君子之常道也。……寿皇覧廷臣之奏、有曰、朕日読尚書、於畏天之心尤切、且人臣易怠、鮮克有終為戒。此足以見聖心無一日而不知畏天、亦無一日而不知愛民。他日又取尚書所載天事編為両図、名曰敬天。朝夕観覧、以自儆省、所以祈天永命、無強惟休者、端在是歟。

(92) 『尚書』無逸。

周公曰、嗚呼、我聞曰、昔在殷王中宗、厳恭寅畏天明自度、治民祇懼、不敢荒寧。肆中宗之享国七十有五年。

(93) 『中興聖政』巻五〇、乾道七年正月己亥条。

上又曰、無逸一篇、享国久長、皆本於寅畏。朕近日取尚書中所載天事編為両図、朝夕観覧、以自儆省、名之曰敬天図。允文奏、古人作無逸図、猶誇大其事、陛下尽図書中所載敬天事、又遠過之。惟聖人尽躬行之実、敬畏不已、必有効大験。

(94) 『中興聖政』巻五五、淳熙四年五月己酉条。

宗正少卿程叔達進対言、臣昨蒙玉音、許賜宣示敬天図、願得稽首拝観。上顧左右取図、図至、叔達整衿粛容進観、上亦相与誦読、毎至前代王者或不能敬畏修省、則曰、此図美悪并著、亦欲以之儆戒。又至無逸篇、則曰、無逸一篇、言人君所以享国久長、皆由厳恭所致、尤当以為法。叔達因言、陛下於敬天之事既知所以為戒、又知所以為法、宜乎聖徳日新、天之相之、有隆而罔替也。

(95) 『中興聖政』巻五〇、乾道七年六月乙卯条。

乙卯、進呈張権劄子、淮西麦熟、米価平、秋成可望。上曰、時和歳豊、卿等協賛之力。朕当与卿等講求其未至者、以答天休。虞允文奏、聖徳無欠、動合天心。上曰、君臣之間、正要更相儆戒。朕有過、卿等悉言之。卿等有未至者、朕亦無隠、庶幾君臣交修、以答天貺。

(96) 『宋史全文』巻四七、乾道四年八月乙巳条。

朕未嘗妄用一毫、只為百姓。

(97) 『中興聖政』巻四八、乾道六年六月辛酉条。

辛酉、校書郎蕭国梁論、漢武帝承富庶之後、而有虚耗之弊、蓋用之者多不止為征伐也。上曰、不独漢武帝為然、自古人君当艱難之運、未有不節倹、当承平之後、未有不奢侈。朕他無所為、止得節倹。

(98) 『中興聖政』巻五七、淳熙六年一二月辛亥条。

朕毎於臣下、未嘗有一毫軽侮之心、皆待以礼、至於玩好之物、有来献者、未嘗受之、即諭以此物是卿所玩好者、一切不留。此皆読書有得。
(99)『四朝聞見録』乙集、孝宗召周益公。
孝宗聖性簡倹、雖古帝王未有也。……必大帰語其家、歎上之簡倹。
他にも、このような孝宗の質素倹約ぶりを伝える記事は多い。
(100)『中興聖政』巻五五、淳熙四年二月丁亥条。
丁亥、龔茂良等奏、近日雨暘順序、物情熙熙、米価甚平、可以寛聖念。上曰、朕終歳憂念百姓、自初布種以至収成、其間少有旱澇、未嘗不惕然念之。毎歳常到十月以後農事一切了畢、方始放心。
(101)『中興聖政』巻四七、乾道五年三月戊午条。
三月戊午、明州州学教授鄭耕道進対、奏、太祖皇帝嘗問趙普曰、天下何物最大。対曰、道理最大。太祖皇帝屢称善。夫知道理為大、則必不以私意而失公中。上曰、固不当任私意。
(102)『宋史全文』巻五三。
新知随州蔡戡奏論唐太宗貞観諫録、上曰、従諫正是太宗所長。此書置之座右、可為規鑑。
(103)前掲註(10)、柳立言論文。前掲註(8)、寺地論文。
(104)余英時『朱熹的歴史世界——宋代士大夫政治文化的研究——』第一二章、皇権与皇極(台北、允晨文化実業、二〇〇三)。
(105)『朱子語類』巻一二七、本朝一、孝宗朝、第六〇条。
孝宗小年極鈍。高宗一日出対廷臣云、夜来不得睡。或問、何故。云、看小兒子読書、凡二三百遍、更念不得、甚以為憂。
(106)『建炎以来繋年要録』巻一八四、紹興三〇年二月甲子条。
於是普安郡王自育宮中、至是已三十年、而王天資英明、豁達大度、左右未嘗見有喜慍之色。赴朝就列、進止皆有常度。騎乗未嘗妄視、平居服御倹約、毎以経史自適。嘗与府僚曰、声色之事、未嘗略以経意、至於珠宝瑰異之物、心所不好、亦未嘗蓄之。射騎翰墨皆絶人。上嘗謂近臣曰、卿亦見普安乎。近来骨相一変、非常人比也。
(107)『中興聖政』巻五八、淳熙七年三月庚午条。また、『文忠集』巻一八一、記恭聖請聖語。

庚午、車駕詣徳寿宮起居、恭請太上皇帝・寿聖皇后至大内、開宴於凌虚閣下。上巾裹赭袍赴太上・寿聖榻前、各再拝起、捧觴上千万歳寿酒、三行、太上・寿聖聯歩輦以行、上亦歩輦従至翠寒堂、棟宇顕敞、不加丹雘。上曰、凡此鉅材、一椽已上、皆太上皇帝所賜。且瑩潔無節目。所以更不采飾。酒復数行、至堂中路石橋少憩。上捧觴勧太上、次勧寿聖、皆釂飲、上亦満引、更相勧酬者再三。上奏太上曰、苑囿池沼久已成趣、皆太上皇帝積累之勤。臣蒙成坐享、何徳以堪之。太上皇帝曰、吾児聖皇感通神明、海内無事垂二十年、安得為無功。於是曽覿退而紀実以進、詔宣付史館。

(108)『中興聖政』巻五七、淳熙六年正月癸未条。

趙雄奏、陛下豈独奉養倹素、只如珠玉・図画之珍、皆不得其門而入。上曰、太上皇帝留得図画一百余軸、皆名筆也。亦未嘗掛。蓋天性不好。雄等奏、此暗消磨多少事。人主一有所好、則衆弊生焉。陛下一意於天下事、無他嗜好、真堯舜主也。……臣留正等曰、人主惟有一心、而人人皆欲伺其所好以投之。所好一形於外、則来者紛然、皆得以乗間而入矣。……切惟寿皇聖帝於北物無所取、於滋味無所嗜、於図画無所好、豈特天性恬淡、不為外慕、亦由聖見高明、誠足以知其為有損而無益耳。移其玩物之志於万幾競業之間、此所以勤政務学、独出於百王之上、而小人終無所投其隙也与。

(109)『桯史』巻第四、寿星通犀帯。

徳寿在北内、頗属意玩好。孝宗極先意承志之道、時罔羅人間、以共（供――『西湖游覧志余』）怡顔。会将挙慶典、市有北賈、携通犀帯一、因左璫以進於内。帯十三銙、銙皆正透、有一寿星、扶杖立。上得之喜、不復問価、将以為元日寿巵之侑。賈索十万緡、既成矣。傍有璫見之、従賈求金、不得、則擿之曰、凡寿星之扶杖者、杖過於人之首、且詰曲有奇相。今杖直而短、僅至身之半、不祥物也。亟宣視之、如言、遂却之。此語既聞遍国中、無復售者。

『西湖游覧志余』巻二「帝王都会」にも同内容の一文が収録されている。

(110)『中興聖政』巻五七、淳熙六年七月甲子条。

甲子、趙雄等謝昨日蒙恩賜新茘子・流香酒。上曰、朕却献方物、所以四方珍味嘉果、倶不曽有。昨日新茘子蒙太上皇帝賜到、所以分賜卿等。朕昨日食素、亦未曽嘗。朕聞旧日京師、謂之献時新。遠方新珍之物、奔走争先、労人動衆、害物甚多。朕欲痛革此事、最不喜時新之物。蓋世俗既競時新、則不待物性成就、而争先採摘、甚可惜也。

(111)『中興聖政』巻五七、淳熙六年七月甲子条。

臣留正等曰、宣政以来、群検（憸）用事、凡四方花果竹石之類、皆仮応奉為名、水馳陸走、騒動州県、殃毒百姓、其為禍也広矣。観宣政之覆轍、則寿皇聖帝盛徳、豈不為万世無窮之法乎。

(112)『武林旧事』巻七、乾淳奉親。『西湖游覧志余』巻三、偏安佚豫。

(113)『中興聖政』巻四六、孝宗皇帝六、乾道三年二月条。

蒋芾奏臣近朝徳寿宮恭聞。主上勤倹過於古帝王。上曰、朕亦自以為勤倹無媿唐太宗。惟是功業遠不逮太宗。芾奏、功崇惟志。陛下既有此志守之以不怠、何患功業之不成。

(114)前掲註（9）、余英時著。

(115)前掲註（11）、小林論文を参照。

(116)『朱子文集』巻八三、跋、跋魏元履墓表。

元履之葬、熹実銘之、而刻石納壙中矣。其曰、事有繫安危治乱之機者、則曽覿召還之命也。時覿勢方盛、熹窃過憂、恐貽異時丘隴之禍、故不欲察察言之。而敬夫復表其墓、亦放此意、故常私念、使吾亡友尽言之忠不白於後世、其咎乃繇於我、毎窃愧焉。其後淳熙改元之三年、孝宗皇帝因納鄭鑑之言、而思元履前所進説、顧語執政龔公茂良等、歎其直諒、将復召而用之、則聞其死矣。嗟悼久之、即下詔曰、朝廷不可無直諒之士、挍之雖死、其以宣教郎・直秘閣告其第。蓋是時上雖以旧恩遇覿厚、然実未嘗及以政事。元履・自明皆深詆覿者、上皆不怒而亟寵褒之、無所間於存没、遠近伝聞、感歎興起。顧以敬夫尋亦下世、遂不及損益旧文、以伝茲事、而亦至今未及刻也。元履従弟誠之比得敬二〈三〉書定本、以視其兄之友延平使君黄仲本、仲本慨然即為買石而刻焉、且属熹復記贈官事、以明孝宗納諫思賢、抑制近習之微意、深可為後聖法。熹亦幸因得追補志銘之闕、庶有以慰元履於地下、而自贖其顧望回隠之咎云。慶元元年九月庚寅新安朱熹識。

(117)ただ、孝宗が人の言葉を受入れ、あまり怒らなかったということについては、朱子の正直な観察であったようである。『朱子語類』巻一二七、本朝一、孝宗朝、第六七条。

某嘗謂士大夫不能尽言於寿皇、真為自負。蓋寿皇儘受人言、未嘗有怒色。但不楽時、止与人分疏弁析爾。

(118)朱子の孝宗に対する期待については、『朱子語類』巻一二七、本朝一、孝宗朝所収の記事を参照。例えば、次のように朱子はいう。「寿皇合下若有一人夾持定、十五六年做多少事。」（第六五条）。

第Ⅱ部　一八世紀後半における『陸宣公全集』の受容と政治文化

第四章　一八世紀後半、尾張藩儒石川香山の生涯と思想

——徂徠学批判と『陸宣公全集釈義』

はじめに

唐代中期の徳宗朝に生きた陸贄（字は敬輿、七五四—八〇五）は、中国史上における名臣・名宰相の一人として知られている。彼は唐朝危難の時に際し、宰相として国政を立て直し、暗愚な皇帝徳宗に対して諫言を憚らなかったため、魏徴に並ぶ唐代の忠臣の代表とされる。その忌憚なき奏議を集めたのが、『陸宣公奏議』であり、制誥・詔諭をあわせて、『陸宣公全集』（もしくは『翰苑集』『陸贄集』など）と呼ばれる。この書は前近代の東アジア世界において、忠臣による奏議の手本として広くそして長く読み継がれてきた。それは、また陸贄が名臣として、統治に参画する者にとってのある種の理想像であり続けたことを意味する。この書が熱心に読まれたことの証左として、いくつかの注釈が著されたことが挙げられる。山城喜憲氏による『陸宣公奏議』の書誌学的研究によると(1)、陸贄の著作に注釈が付けられた時代は、二つに大別できる。第一期が、宋元代であり、第二期が、一八世紀である。序章および前章で南宋孝宗朝の事例を通して検討したように、第一期におけるその受容の特徴は、士大夫のみならず、皇帝も必ず読むべき書物として、むしろ必ず読ませなければならない書物として士大夫が認

識していたことにある。それは、唐の徳宗が「暗君」であることを皇帝にも認識させ、いわば徳宗を皇帝の反面教師として、その「暗君」たる所以を学び取らせることを目的としていた。そしてそこには、皇帝孝宗に自己の統治や、「心」そのものに対する反省を迫る、痛烈な政治批判が込められており、皇帝に「克己」や「心」の修養を要請する朱子の君主論とも密接に繋がる内容をもつものであった。つまり、現実に目の前にいる君主に『陸宣公奏議』を読むことの要請は、非常に強い政治的な批判を含むと同時に、君主に対し内面からその行動行為の自己規制を要請するものである、ということをここで再確認しておきたい。

本書第Ⅱ部の関心は、このような特徴を持つ『陸宣公奏議』が、一八世紀の君主にどのように読まれたのかにある。一八世紀に注目するのは、先述したように、宋元代についで『陸宣公奏議』の注釈書が著されたからである。ここで、一八世紀の注釈書というのは、清朝乾隆年間の張佩芳『唐陸宣公翰苑集注』と、江戸期日本の尾張藩儒の石川香山『陸宣公全集釈義』（以下、『釈義』と略す）及びその増補改訂版である『陸宣公全集註』（以下、『全集註』と略す）を指す。

現在容易に見ることのできるテキストは、近年、点校を付して出版された中華書局刊『陸贄集』である。[2] この中華本が底本としたのは、民国三〇年（一九四二）に董士恩（字は右岑、一八七七―一九四九）[3]が、序文を附して刊行した董本である。[4] この董本は清朝康熙末年に年羹堯が修訂し、最も精確であるといわれた、いわゆる年本を底本とし、宋代の郎曄の注釈を初めに置き、次に張佩芳の注釈を加え、そして最後に石川香山の注釈をその重複部分を削除した形で合刻したものである。[5] 特に董士恩は、石川香山の注釈を郎注や張注に比較しても、最も詳細であると高く評価している。[6] このように、石川香山の注釈書は中国に渡り再編され、彼の地の注釈と抱き合わされて、再び日本に戻り、現在われわれの手元にあるわけである。しかも、興味深いのが、張注と石川注が、注釈書として非常に似ているだけでなく（詳細は第八章で論じる）、張佩芳の生卒が、雍正一〇年から乾隆五八年まで（一七三二―一七九三）で、石川香山が元文元年から文化七年まで（一七三六―一八一〇）であり、両者は国は違うものの、海を挟んで生きた同時代人であった。さらに、注釈書の刊行時期も、張佩芳の注釈が乾隆三三年（一七六八）であり、石川香山の『釈義』が安永三年（一七七四）、増補改訂版が寛政二年（一七九〇）であり、張佩芳の注釈書と石川香山『釈義』との差はわずかに六年しかなく、やはり同時代の産物であったといえよう。

では、両者はどのような目的で、どのような政治的環境にあって、これらの注釈書を著したのだろうか。非常に似た内容を持つ両書は、やはりその学術的環境や動機にも類似性が見られるのだろうか。同時代における同様の著作であるからこそ、両者を比較することで、清朝中国の学術と江戸期日本のそれとを比較することに大きな意味があるだろう。ただ、そこに至るまでにわれわれには論じておかなければならない点があまりにも多い。というのも張佩芳にしろ石川香山にしろ、これまでの如何なる研究においても、ほどんど何も語られてこなかった人物であるからである。そこで、ここから本書では次のような順序で論を進めたい。

まず、本章において石川香山その人の生涯と思想の特質を、当時の尾張藩の学術情況の中で明らかにする。そして次章では、香山とともに生きた同じく尾張藩士であり、名古屋を代表する漢学者であった岡田新川（名は宜生、字は挺之、通称は仙太郎、号は暢園、一七三七―一七九九）を取りあげ、石川香山と比較する。そして、第六章では、本章での知見を踏まえ、『釈義』とその増補版『全集註』という浩瀚な注釈書が、一八世紀後半の名古屋で誕生したその要因を、学術面に焦点を絞って論じ、第七章では、石川注誕生の要因を、尾張藩の政治的環境の面から明らかにする。そして、最後に第八章において、清朝乾隆年間における張佩芳の注釈とそれを取り巻く環境を明らかにし、尾張藩の事例と比較することで、当時の日中における政治文化の相違を浮かび上がらせることとしたい。

それでは、ここから石川香山の生涯と思想の特質を論じようと思うが、これまで江戸儒学史や思想史の中で、石川香山という人間が問われることがあったかといえば、それはほとんど無かったとしかいいようがない。江戸思想史どころか、尾張藩学術史の中においてすら、ほとんど研究者の注意を引いてこなかった。この状況は、その注釈書が中国にまで伝えられ、現在も参照するに足る業績として利用され続けていることからすれば、非常に奇妙である。例えば、ここに『東海の先賢群像』（正・続）という書物がある。[7] この本は、近世に東海地方（愛知・岐阜・三重）で学問文芸の面で活躍した学者文化人総勢二〇〇人を、その内容は簡略ではあるものの、網羅的に紹介しており、当地における学術を知るのに格好の書籍である。だが、やはりここにも石川香山の名を見ることは出来ない。

　では、石川香山という人物が尾張学術史の中であまり注目されてこなかった理由は何であろうか。管見の限り、一八世紀後半の尾張藩における儒学史研究は、次の三点が主流となってきたようである。[8]

　第一に、清朝へも輸出されたことで知られる『群書治要』『鄭注孝経』の校訂と出版に関する研究である。これは、清朝考証学にも非常に大きな影響を与えたという意味において、中国学の分野の専門家からも注目されてきた。[9] 本章でも述べるように、『群書治要』の校訂は藩命によって実施され、天明七年（一七八七）に明倫堂版として開版されたものである。中国ではこの書が古くより亡逸していたことから、近藤重蔵の手によって清朝に輸出され、『連筠簃叢書』（道光二七年刊）や『粤雅堂叢書』第二六集（咸豊七年）に翻刻の上収録されるなど、大きな反響を得ることとなった。[10] 現在、四部叢刊にみるテキストも尾張明倫堂天明七年刊本の影印である。また『鄭注孝経』は、先述の岡田新川が私的に校訂したものであるが、これもまた『群書治要』と同時に清朝に輸出され、彼の地で『知不足斎叢書』に収録されるに至り、太宰純点本『古文孝経』、根本遜志校本『論語義疏』に並んで称賛を受けた。かつて狩野直喜氏は山井鼎『七経孟子考文補遺』の業績を日本のみに通用する学問ではないとして、すなわち「藩札学問」ならざる普遍的価値を有する業績として評価されたが、[11] この狩野氏の言葉を借りれば、まさに『群書治要』『鄭注孝経』の校訂事業も同様に「藩札学問」ならざる業績として評価されてきたといえよう。この両書が、一八世紀後半の尾張を代表する漢学の学術成果として、「此二事は、真に我が学海の快事とせざる可からず[12]」とされてきたのも当然である。後に詳述するが、『群書治要』の校訂には、藩校明倫堂の督学であった細井平洲を中心に多くの儒臣が参加していた。特に実際の校訂作業の中核を担ったのは、岡田新川・関元洲・中西衛であったといわれる[13]。実務面で最も尽力した岡田新川は、この校訂作業に関わるなかで、『群書治要』所収の『孝経』が鄭注であることを知り、さらに『知不足斎叢書』所収の『古文孝経』に付された中国清朝の学者である鮑廷博（字は以文、一七二八―一八一四、『知不足斎叢書』の編集を行った）と盧文弨（字は紹弓、一七一七―一七九五、清朝校勘学の代表的人物）の序跋を読み、中国清朝の学術界においては、すでに鄭注を佚し、求めても得られない状況であることを知った。そこで『群書治要』をもとに編輯したのが『鄭注孝経』であった。つまり、この両書の校訂に活躍した中心人物が、岡田新川であることから、新川自身及び、その師である松平君山の学術が高く評価されてきた。松平君山（名は秀雲、字は士龍、君山は号、一六九七―一七八三[14]）は、尾張藩の書物奉行として多くの編纂事業に当たり、特に尾張藩士の系譜をまとめた『士林泝洄』や、官撰の地誌である『張州府志』、博物学の書である『本草正譌』など多くの大型編纂物を遺し、その学問については「君山の学、師承なく、一に其独学力行に出づ」と、いわれるように、既存の学派に所属せず、君山学派として一家を開き、「君山書に於て窺はざるなく、然も博聞強記、目一たび過ぐれば終生忘れず、凡そ諸子百家より野史稗説、本草の学に至る迄通ぜざる所なし[15]」といわれ、著作編纂の多さと、博覧強記をその特徴とする。学問態度は、宋学よりも漢唐注疏の学を重んじる傾向にある。『群書治要』や『鄭注孝経』の業績は、この君山学派の貢献なくしては為し得なかったと考えられている。

第二に、日本古代史研究を中心とする客観的合理主義的な歴史研究が盛んであったことに関する研究である[16]。

当時行われた日本古代史研究は、さらに河村秀穎[17]・秀根[18]・益根[19]の『書紀集解』に結実する日本書紀研究と古代律令研究に二分することができる。河村父子とその『日本書紀』研究に関する研究は、かつて阿部秋生氏が網羅的に論じ尽くされたこともあり[20]、近年では新たな進展はみられないが、律令研究については、現在も法制史的・学術史的側面から盛んに続けられている[21]。『書紀集解』は、実証主義的な『日本書紀』研究の嚆矢として不朽の功績をのこし、本居宣長の『古事記伝』にならぶ古典の注釈書であり、現代においても『日本書紀』を読む際に必ず参照されている。この注釈書の特徴は、純粋漢文で書かれた『日本書紀』の「古語」(言語)について、仏典を含むあらゆる漢籍を網羅的に博捜することで、まずその出典を明らかにし、それによって、主に漢唐注疏の学(古注)に基づいてその「古義」(意味)を把握することにある。ここには、従来の国学における『日本書紀』理解からの離脱と、『日本書紀』の漢文を「古文辞」(中国の古代言語)として本文に即して理解するという、その読みの方法論的転換がある。この転換をもたらしたのが、河村益根であった。益根は自己のこの学問を「紀典学」と名付けている[22]。彼は広い国学の素養を持つが、学問的には君山学派の岡田新川に漢学を学んでおり、『書紀集解』に見られる漢唐注疏の学に関する深い素養は、この岡田新川から学び得たものである。つとに吉川幸次郎氏は、一八世紀に生きた彼ら河村父子の漢学力の高さを、現代のわれわれには到底かなわないほどのレベルにあると讃歎されている[23]。

第三に、廻村講話で名高い細井平洲(名は徳民、通称は甚三郎、字は世馨、平洲は号である。一七二八―一八〇一)の思想史研究および平洲を督学とする藩校明倫堂に関する研究である。細井平洲は、折衷学派に属し、米沢藩主の上杉治憲(鷹山)の師となり、藩校興譲館の設立にも関わったことで知られる人物である。のち尾張藩にも招聘され、一八世紀後半における尾張藩政改革に深く関わった。細井平洲については後に詳論するため、ここではこれ以上述べない[24]。

以上の三点が、一八世紀後半の尾張における儒学史研究の中心である。では、名古屋のどのような学者に関心が集中してきたのか。それは次の杉浦豊治氏の言葉に集約されている。杉浦氏は当時名古屋で「追随をゆるさぬほどに学術的価値のたかい、顕著な業績」を生み出した「群才の学」を「名古屋学」と総称し、この名古屋学の特徴として、第一に「とくに顕著な業績と目されるものの多くは、非朱子学派の学者の所産」であるとし、その例として、松平君山とその門人の岡田新川などの諸子、および『日本書紀』研究を行った河村家の秀穎・秀根・益根、そして秦鼎、鈴木朖の名を挙げる。第二に「漢学もやれば国学もやるという、まさしく和漢兼習の風」がある学問であり、その例としてやはり岡田新川『彼此合符』、河村秀根『日本書紀集解』、鈴木朖『離屋学訓』などを挙げる。そして第三に「随時の筆録にかかる『雑鈔』なるもの」として、天野信景『塩尻』、松平君山『黄耇雑録』、岡田新川『秉穂録』、河村秀根『家事雑識』、河村秀穎『楽寿筆叢』、秦鼎『一宵話』、深田正韶『天保会記』などを挙げられた。要するに、「学術的価値のたかい、顕著な業績」を名古屋において生み出したのは、第一に君山学派の松平君山・岡田新川であり、第二に『書紀集解』に結実する河村家（秀穎・秀根・益根）の学術であり、そして第三に鈴木朖らの国学者であり、ここに共通するのは「非朱子学派の学者」という点である。[25] 確かに、河村益根自身も「紀典学」について語る中で、「古書ノ意ニ不合コトニテ引用ヒ候ニモ齟齬イタシ候事故、不用方ニ御座候」と、宋学（朱子学）の解釈に対し否定的な見解を表明しており、『書紀集解』という「業績」が宋学（朱子学）と正反対の立場にある、という印象を非常に強く与える。では、本論が注目する石川香山はいずれの学派に属すか。実は、彼こそ当時の名古屋を代表する朱子学者の一人である。

この「名古屋学」という視点で一八世紀後半の尾張藩学術史を見るならば、朱子学者たる石川香山という存在は、見落とされてしまう。だが、石川香山の生涯とその著作を精査することなく、名古屋学術に対する称賛を「非朱子学派の学者」のみに与えることができるのだろうか。はたして、朱子学者石川香山は、君山学派や河村家といった「顕著な業績」を生み出したグループから区別され、等閑に付されるべき人物だったのだろうか。この点に注目しながら、石川香山の思想と『陸宣公奏議』注釈の学術的位置を名古屋の学術情況に即して明らかにしたい。

それではこれまで石川香山について専門的に論じられたものには、どの様な研究があるのか。管見の限り、谷口明夫氏による伝記的研究があるのみである[26]。谷口氏も『陸宣公奏議』の各種注釈書を論じられており、その点において、本論と関心を共有する。そのため、谷口氏も石川香山の名が必ずしも広く知られていないことから、香山の事跡を掘り起こし、彼の師弟・友人関係や学術的業績を明らかにされた。谷口氏の研究は香山に関する唯一の専論といってよい[27]。

また、石川香山を中心に論じた研究ではないが、青山政景氏が、藩校明倫堂の出版事業について論じられた研究において、明倫版の出版事業の多くが石川香山の主宰のもとに行われていたことから[28]、併せて香山にも論及され、「香山は活字版のもつ種々の困難を克服してよく事業を継続して行き、尾張の文化史上に特異の功績を残して行つた」と評価されている。ただ、香山についての紹介は簡略である。

石川香山の事跡に関する基礎史料としては、彼の弟子であった深田香実の手になる墓誌が残され[29]、またそれを基礎にした伝記が『名古屋市史』(人物編第二)にある[30]。本章は、これらの史料と谷口氏の研究に基づき、氏の論じられなかった点を補いながら、石川香山の生涯とその思想の特徴を尾張藩学術史の中で明らかにすることを目的とする。石川香山と岡田新川について詳細に論じるのは、第一にそれ自体において意義を持つからであり[31]、第二に第六章以降における議論の前提として是非とも論じておきたい内容を含むからである。

第一節　石川香山の生涯

〔元文元年（一七三六）―宝暦六年（一七五六）頃　石川香山、二〇歳頃まで〕

石川香山、名は安貞、字は順夫、通称は忠次、香山は号であり、別に覚斎の号もある。元文元年（一七三六）八月八日に、父信庸、母久野氏の次男として尾張鳴海（現、名古屋市緑区鳴海町）に生まれ、文化七年（一八一〇）一二月二日、七五歳で病死する。蓬左文庫所蔵『藩士名寄』によって、石川家の先祖について知ることができるのであるが、すでに谷口氏に論及があり、且つ本論とは関係ないので省略する。香山が生まれたのは、第七代藩主徳川宗春の時代（享保一五―元文四、一七三〇年―一七三九年）である。宗春の時代とは、倹約令を実施し緊縮財政政策をとる将軍吉宗の方針に対抗し、名古屋では自由化・開放化政策をとったことで経済発展と文化・社会面における活況を呈した時代であった[32]。それがもとで幕府に謹慎を命じられた宗春に代わって藩主となった第八代宗勝の時代（元文四―宝暦一一、一七三九年―一七六一年）に石川香山は青年期をおくり、第九代宗睦（宝暦一一―寛政一一、一七六一年―一七九九年）によって儒臣に取り立てられ、第一〇代斉朝の時代（寛政一一―文政一〇、一七九九年―一八二七年）に亡くなったこととなる。

概していえば、彼の生きた尾張藩は、名古屋が宗春の開放政策により江戸・大坂・京都に次ぐ大都市に急成長する時代であるとともに、急激な藩財政の悪化を要因とする緊縮政策がとられた時代でもあった。また、文化面でも宗春の時代には遊女屋や相撲・歌舞伎・芝居小屋が増え、武士の見学すら許可されたが、宗勝以後は綱紀の引き締めと士風の改善が進められ、宗勝の時代には巾下学問所が、宗睦の時代には藩校明倫堂が設立され、文教政策にも改革が進められた時代であった。他にも、財政再建や農政改革に重点的に取り組んだ宗睦の改革は、尾張の天明寛政改革といわれ、宗睦はいわゆる「名君」の一人に数えられている。

さて、石川香山の経歴に話を戻せば、当初、父は医者の浅井図南（一七〇六—一七八二）[33]に入門させ医学を学ばせようとした。ところが、図南は香山がまっすぐで誠実、勤苦に堪える性格であるものの、「内に機警に乏しく、外に温潤に欠く」性格からして、臨機応変を尚ぶ医学には向かないと感じ、将来名を成すには儒学を学ばせた方が賢明であると、儒者になることを勧めたことから、尾張藩の儒臣深田厚斎と小出慎斎に師事して経史を学ぶこととなる。図南はこの時「宇士新」、つまり宇野明霞が儒学で名を成した例を持ち出しており、図南は香山を一見して、かつて京で面識のあった宇野明霞を彷彿とさせる雰囲気があると感じたようである[34]。

『先哲叢談』によれば、宇野明霞（名は鼎、字は士新、通称三平、明霞と号す。一六九八—一七四五）は、「固より時輩と伍を為さず。其の学将に精究以て世を曠しくせんとす。是に於て門を杜じ軌を掃ひ、切磋甚だ勤む」、「士新、刻厲書を読む。足戸閾を踰えざること十有余年」とあり[35]、また『仮名世説』にも「京都の人の諺」として、「多病と困学とによつて実に閉戸先生の称あり[36]」、また『蘐園雑話』にも「宇士新は学術の奇僻なるのみならず言行ともに詭激なりと、士新のもとに度々行かれし人の咄なり。然れども是非とも一家の言を立つべき志にてありし故、甚だ精学は及び難きと云ふ[37]」と評される人物である。人より一歩抜きん出んがため戸を閉じ刻苦勉励し、容易に他人と打ち解けることのない姿は、後述するように確かに香山の姿と重なり合う所がある。

この記述によって、香山は図南に入門しなかったように見えるが、そうではなく「余弱ナル時、浅井図南翁ニシタガヒ、文章ヲマナヒ、左氏・荘子・韓非ノ類ヲ読ム[38]」とあるように、図南門の講席に連なっていた。浅井図南との交流は長く続くこととなるのであるが、むしろ崎門派朱子学者であった深田厚斎と小出慎斎との出会いの方が、石川香山の思想形成に大きな役割を果たした[39]。

一五歳にして本格的に学問にとりくみはじめ、鳴海から名古屋まで往復一八里の道のりを三年間毎日通い詰めた。早朝に家を出て、師の教えを受け、帰宅後その日に学んだことを筆記復習したという[40]。この若き香山の刻苦勉励の姿は、名古屋において語り継がれていたようで、幕末に著された細野要斎（名は忠陳、字は子高、通称は為蔵、仙之右衛門、一八一一—一八七八）の『諸家雑談』に次のように記されている。

> 石川香山先生、鳴海より府下に来り、深田・小出・浅井の三師に従ひて講を聞き、了て家に帰る。凡三年、風雨寒暑を避けず。まづ毎日暁寅の刻ばかりに起て、自ら茶を煮、飯を喰、家を出づ。午食は本町通海老屋の餅を五つ食ふなり。これが甚楽しみなりと云ふ。而して後家に帰る。帰て後聞たる所を劄記し、僅に寝て既に起。毎日如此。

ここに、香山のストイックなまでの学究態度を見ることができる。この学問に対する真摯な姿勢は、浅井図南が見通した本来彼が持つ勤苦に堪える性格（「能堪勤苦」）に加え、厳格な闇斎学派の門に入ったことにより形成されたのであろう。

この姿勢は、香山の朱子学者としての儒学に対する尊崇の念に支えられていたのであるが（後述）、その反面、仏者と小人とを排撃することに急であり、彼の性格には寛容の心に欠けるという側面もあり、この点は後々まで図南に匡正するよう指摘されている(41)。これもどこか「固く朱説を守り、深く己に異なる者を疾む」といわれた三宅尚斎(42)、「積習の及ぶ所、同を褒め異を貶し、殊に門戸の見を為す(43)」といわれた若林寛斎ら闇斎派門流を彷彿とさせるが、元々頑なで寛容性に欠ける香山の性格に、排他的な朱子学と符合するところがあったのだろう。後にもまた述べるが、彼の排他的排撃的な性格がその学術に及ぼした影響も少なくなかったこと、ここに確認しておきたい。

一〇代後半から二〇代前半にかけての事跡は必ずしもはっきりしない。基本的には鳴海付近の香山という山林にこもり読書に専念していたようである(44)。まさに、宇野明霞のように「門を杜じ軌を掃ひ、切磋甚だ勤め」た。

その努力もあって名古屋近辺の若い学者の間には、すでにその学力の高さを広く知られていたようである。ずっと後のことであるが、細井平洲が石川香山に宛てた書簡において、

津・宮（津田元安と宮川維徳――筆者注）の二生が江戸の私のところに学びにやってきた時、郷里の友人の中で賢明なのは誰かと問いましたら、まず石川氏の子に指を屈しました。殆ど二〇年前のことです。[45]

という。この二〇年前というのは、宝暦七年（一七五七）を遡ること数年のことで、石川香山が二〇歳頃のことである。[46]当時の香山は、文字通り山林にこもっていた（「僻処山林」）わけではなく、名古屋の学者との交流を継続させ、すでに同世代の中では注目されるほどの学識を持つようになっていたようである。

〔宝暦九年（一七五九）―明和六年（一七六九）、石川香山、二四―三四歳〕

宝暦九年、父信庸および師小出慎斎が亡くなり、同一一年（一七六一）、二六歳の時に鳴海から名古屋城南の桑名街に居宅を移した。世間と没交渉のままに学問することに疑問を覚え、学問を有用有益とするために塾を開き、「天下の英俊」を教育しようと思い立ったのだという。[47]ちなみに、そこは小出侗斎の塾のあった地でもある。[48]

〔明和七年（一七七〇）、石川香山、三五歳〕

正月、『金鏡管見』を完成させる（刊行は翌年）。研究著作の開始時期は不明であるが、遡ること数年であろう。『金鏡』は『金鏡述』ともいい、中国唐代の貞観二年に唐太宗が帝王としての心構えを述べ、後裔の戒めとしたものである。[49]帝王たるべき道を高宗のために説いた『帝範』に先だって著された。『文苑英華』巻二八「聖文」および『全唐文』巻一〇に収められており、それに注釈を付けたのが『金鏡管見』である。これについては、夙

に麓保孝氏が「この『金鏡』に就いて、我が国の尾張の藩儒石川香山に『唐太宗金鏡管見』の作のあることは注目に価する。これは一般に漢籍の中では目に触れない『金鏡』を採り上げて実に詳細な漢文の注を加えたもので、漢土では見出し得ない稀有の資料である。我が国で修己治人の帝王学がいかに重視されていたかを知る一つの証左であると謂えよう。[50]」と評されている。なぜ、石川香山がこのような注目されにくい文に注釈を付けたのかという問題は、『陸宣公全集』に対する注釈と同列に論じるべき問題であり、後述する。少なくとも同じ唐代のものであり、また政治思想に深く関わる書籍であることからも、『金鏡管見』の研究と執筆が次の『陸宣公全集』に対する注釈に繋がっていることは間違いない。

〔**明和八年**（**一七七一**）、**石川香山**、**三六歳**〕

この年の七月一五日から安永二年（一七七三）四月一〇日まで、河村秀穎を主人として、深田九皐[51]、山高信記、鈴木貞忠、稲葉通邦とともに、「六典会」と名付けた「会読」（漢籍などの書籍を共同で読み、研究する勉強会）を行う。[52]十七史、十三経、『明史』『通典』[53]『通考』[54]『字典』[55]『冊府元亀』[56]などを参考にしながら、『大唐六典』[57]を読み込んだ。この「六典会」に関する考察については、第六章で詳論する。

〔**安永元年**（**一七七二**）、**石川香山**、**三七歳**〕

二月、『陸宣公全集釈義』（以下、『釈義』と略す）を仕上げ、翌三年（一七七四）上梓する。その自序「唐陸宣公全集釈義序」に香山の陸贄に対する思いが述べられている。[58]石川香山が重視するのは「朽つるを捨て不朽に因るの道」（「捨朽因不朽之道」）である。「朽」とは、肉体（「骨」）をはじめとする世界に表出している物質、および古今の歴史にあらわれた様々な国・制度などの、総じていえば、栄枯盛衰する（「汙隆」）物質や現象をいう。「不朽」とは、「一」なるものであり、古の聖王が立てた「生民の道」[59]である。つまり、人間世界は時代とともに移り変わり、表面的には古い物は「朽」ち果て、変化するのであるが、その根底には不変「不朽」で「一」なる聖人の立てた「道」が貫いている。そのため、「朽」を捨て、「道」なる「不朽」によって、それを言葉と行動（「言事」）にあらわせば、「大道の用」をこの現実世界に実現することができる。そこで、中国の漢から唐までの時代で、この事実を認識し、言葉と行動とが二つながら備わっている者といえば、陸贄しかおらず、その他は、言葉か行動か、そのどちらかが欠けているという。香山はここではそのような陸贄の言葉を集めた『陸宣公全集』を「経芸の鼓吹」というが、後述する寛政増補版では「聖経の羽翼」と呼び、経書を補うべき書物として非常に高く評価している[60]。つまり、香山が『陸宣公全集』に注釈を付したのは、この「大道の用」を実現するために、「道」を吾が国の学士たちと学ばんがためである。

ただ、当時の香山は「寒士」たるに過ぎず、出版経費を調達することができなかった。ところが、幸運にも小納戸兼侍読の人見璣邑（安永四年には国用人となる）と竹中華卿（竹中彦左衛門か？）に『釈義』出版の意義を見出されて、藩費の補助金を得て上梓するに至る[61]。そのため、『釈義』には人見璣邑の「書陸宣公集釈義後」が巻末に付されている[62]。

〔安永六年（一七七七）、石川香山、四二歳〕

このような著述の功によって、藩主宗睦にも名を知られ、月俸五口で藩儒として召抱えられることとなる。この成功により桑名街の家塾では収容できないほど学生が集まったことから、翌年、長者街へ転居する。母を養い門人を住まわせるに十分な「儼然たる一私塾」だという[63]。つまり、桑名街に住んでいた宝暦一一年（二六歳）から安永六年（四二歳）までの一七年間こそ、鳴海の一居士から尾張藩の藩儒へと出世を遂げるに至る重要な時期だったのであり、本論がとりあげる『釈義』こそ学者としての彼の名を斯界に広めた出世作だったわけである。後述するが、細井平洲も『金鏡管見』『釈義』の二書を非常に高く評価している。

〔天明元年（一七八一）、石川香山、四六歳〕

藩儒となった香山は、藩主の命により岡田新川とともに『行水金鑑解』を撰述した。[64]『行水金鑑』（一七五巻）は、清人の傅沢洪（字は稺君、鑲紅旗漢軍）が歴代の史書などに見える水利関係の記事を抜き書きして集めた水利書である。『四庫提要』によれば、雍正三年（一七二五）に完成し、黄河や淮水、漢水、さらに運河を含め中国の河川に関する治水の沿革や漕運に関することまで、古代から清朝に至るまでの情報を網羅しており、当時の清朝においてもこの書が水利書として最も詳細であったという。[65] この時、藩政府は中国の水利史、水利事情を網羅的に把握しようと考えていたわけである。事実、当時の尾張藩では庄内川など河川の氾濫が頻発しており、治水事業こそ宗睦政権が直面した課題の一つであった。例えば明和四年（一七六七）の水害は、「七月一二日、大雨。領内諸川堤塘崩壊。田畑を損害する数百町、溺死二千余人」とあり、

是しかしながら、我過を天のせめ玉ふなりとの玉ひて、御涙を流させ給ひけるにそ、御壁書内（奥向を云）の面々皆恐入て、其日ハ、軽き法番（小使なり）に至るまて、食を絶つけり、夫よりしきりニ御工夫をめくらされ、水道分理の事ニ御心を尽され、人見弥右衛門、水野千之右衛門等、力を窮めて、今の日光川（新川を云）を掘ひらきたり……。[66]

というように、特に甚大なもので、「明和四年丁亥、尾州の大水は稀なる洪水にて、後世までも亥年の大水と人口に残れり」といわれる。[67] 藩主宗睦自ら治水には心を砕き、実務には人見弥右衛門（璣邑）と水野千之右衛門

（士惇）が当たった。明和四年に次いで被害の大きかった安永八年（一七七九）八月の洪水に際しても、「公、復歳の水害を憂ひ、御国奉行人見弥右衛門、普請奉行水野千之右衛門をして、治水の事を掌らしむ」[68]とあり、同じく彼らが治水事業を指揮していたのである。[69]特に水野千之右衛門は天明四年（一七八四）以降、庄内川の治水工事に当たり、新川を開鑿することで庄内川を分水することに成功し、「しかして後は、洪水といへども、堤の切る事なく、水難をわすれしかば、其下流に属する村々、安穏に蘇活を得たり」といわれ、この功績により下流の村々の要請によって比良村の北、新川堤の上に治水の碑文「水埜士惇君治水碑」が建てられたという。[70]

このような尾張藩の状況からすれば、『行水金鑑解』の撰述命令がやはりこの治水政策の一環として出されたと考えていいだろう。[71]また、水野をこの事業に抜擢したのが人見璣邑であったということから考えても、[72]石川香山と岡田新川をこの編纂に当たらせたのも人見璣邑の人事だったと考えていいだろう。

現在、蓬左文庫には序跋のない『行水金鑑抄』五冊が所蔵されている。[73]具体的にその一端を例示すれば、本文冒頭に『新唐書』巻一九七「韋景駿伝」が引用されており、それについて、まず「此条隄ヲ河ヨリヘダチテトヲクスルコトヲシルス」と全体の要約があり、「瀕漳」に「漳水ニチカキナリ」、「連年泛溢」に「毎年水出ル」、「旧防」に「モトノツツミ」、「迫漕渠」に「ウンソウノ河ニチカキナリ」と注が附されている。全体的にみて、注の目的は漢語を逐語的に翻訳することにあったようである。あまり難解でもない熟語にも注が付けられ、高度な漢文読解能力のない者にも読めるよう配慮してあることから考えて、『行水金鑑抄』（『行水金鑑解』）の編纂は、純学術的な目的を持ったものではなく、明らかに当時の治水問題に対処するための、きわめて実用的な要請に沿ってなされたものであることが分かる。

〔天明二年（一七八二）、石川香山、四七歳〕

中国の宋・遼・金・元・明の正史に関する「宋以後史類編集」が命じられる。この書物は寛政二年（一七九〇）に完成し、『資治五史要覧』二七五巻として藩主に奉った。『新修名古屋市史』によれば、それと時を同じくして、天明六年（一七八六）に継述館総裁の岡田新川に「御代々御記録編集之儀」が命じられ、初代藩主義直の事跡記録として『敬公実録』が文化元年（一八〇四）に完成したという。[74]

〔天明三年（一七八三）、石川香山、四八歳〕

細井平洲を総裁とする藩校明倫堂が完成し、香山は典籍として抜擢される。藩校明倫堂は、藩士およびその子弟教育の場として設立され、明治二年（一八六九）の官制改革に伴う名称改変まで存続する。明倫堂の職制には、教育職と事務職とがあるが、本論に関係する教育職に任命された者だけ記せば次の通りである。

学館総裁（明倫堂督学）
　細井平洲
学館都講（明倫堂教授）
　岡田新川
　関元洲（名は嘉、字は公徳、通称は進治）
学館典籍（明倫堂典籍）
　石川香山
　小河鼎（字は士鉉、通称は善太夫）
　南宮龍湫（名は齢、字は大年、通称は大助）

その職責であるが、総裁（督学）は明倫堂の教育における総責任者として、すべての武士の子弟を対象とした「定日講釈」や、藩校学生を対象とする「内講」をはじめ、特に細井平洲総裁の時に実施された庶民教化を目的とする「廻村講釈」を主宰する。[75]また、藩主に対する側講釈や会読も儒臣と並んでその職責とした。他にも春秋の釈奠における祭酒や、藩校の人事権の行使もその任務であった。都講（教授）は、総裁（督学）の補佐であり、藩校学生に対する「内講」も行った。これらに対して、石川香山が任命された典籍は、総裁や都講不在時に限って、代理で講義・教育を行うこともあったが、その職務の中心は明倫堂文庫の管理、すなわち書籍の出納業務であった。[76]なお、蛇足ながら付け加えれば、明倫堂文庫所蔵の書籍の量であるが、天保一五年（一八四四）の時点で、二三、一四〇冊が収蔵されていたことが分かる以外、精確な数字は不明であるという。高木靖文氏によれば明倫堂文庫の蔵書数は「尾張藩校の規模からして決して多いとはいえず……（中略）……近世藩校中でも上位の文庫であるとはいい難い」とのことであるので、香山が典籍であった頃の蔵書数は、さらに少なかったであろう。[77]

ここで問題として取り上げたいのが、香山が如何なる理由・要因によって明倫堂典籍に抜擢されたのかということである。谷口氏は「平洲の門人でなかった香山が明倫堂の典籍に任命されたということは、この時既に香山の学問が岡田新川と同じく非常に高く評価されていたことを示している」[78]というのみであり、古くは高瀬代次郎氏が細井平洲研究の中で「香山は藩命によりて五史要覧の編纂に従事しつ丶、ありし程なれば、其の典籍に新任したりとて奇とするに足らず」[79]と論じられただけで推測の域を出ない。

先ほどすこしふれたように、藩校明倫堂の人事の責任者は総裁（督学）であり、また細井平洲を尾張藩に招聘した人見璣邑も、平洲に宛てた書簡のなかでそれを明言しており、[80]この時の人選が総裁細井平洲によってなされたことは間違いない。とすれば、この問題は細井平洲の主観に即してみなければならず、平洲が香山のどのような点を高く評価したのかを問わなければならない。

先述したように、平洲がまだ江戸で塾を開いていた宝暦七年(一七五七)頃、津田と宮川からすでに若き香山の名を聞いていたはずである、両者の直接的な交流がはじまったのは、香山が藩儒として召し抱えられた安永六年(一七七七)頃で、そのきっかけは平洲「忘年の友」[81]である浅野巨卿の仲介によるものであった。[82]ちょうどその安永六年に細井平洲が石川香山宛てに書いた書簡が残っている。それによれば、まず香山は平洲を「経済儒」と呼び賞賛していたことが知られるが、平洲の香山評価も非常に高く、この時点ですでに藩の師として期待していたことが分かる。

わたくし〔細井平洲—著者注〕は二〇歳頃より四方各地に遊学してきましたが、今五〇歳になるに至ってもまだ〔学問は〕成就せず、〔わたくしのようなものは〕世の役に立たない材木のように、朽ち果てていくようなものです。幸いにも一二の公侯により礼をもって迎えられましたが、やはりただ「竽を後列に吹く」〔それだけの能力がないのに、その地位にあること〕というに過ぎません。どうして政教に益するところがあったでしょうか。貴君は世間のうわべだけの評判を誤って信用され、〔わたくしを〕経済儒と称されましたが、〔これでは〕いたずらに人を恥じ入らせ汗で衣服を濡らすようなもので、諺でいうところの、遠き花の薫りも、近く観賞すれば良くはない、でしょう。貴君にとってのわたくしも、このようなものです。……(中略)……〔貴君の〕高論には非常に説得力があり、胸襟を開かれたその内容から、〔わたくしは〕厚く教誨を承りました。良医の通否に関するお言葉に至っては、なんという憤りとお嘆きでしょうか。わたくしのような無能な者には、敢えて為し得るところではありません。もとよりこれによって、貴君の学術が多くの者から抜きんでていることをおおよそ拝察することができます。すなわち、『金鏡』や『陸集』などの注釈もまた、必ずや蒙味を啓発することができるでしょう。他日、貴君の書物を読むことができましたが、〔浅野〕巨卿は貴君もやはり「千里の物」（すぐれた若者）だと言っておりました。ただ今はご母堂への孝養のため、喜んで驥足を屈するが如く、〔優れた才能を隠しておられますが、〕孝行を尽くすことは天の福とするところです。後来、一国の師と為り、多くの俊英の模範となっていただくことは、誠に貴君に望むところであります。(83)

このように、平洲は香山の『金鏡管見』と『釈義』の成果を何よりも評価していた。ここに詳論することはできないが、第一に本書第六章で詳論するところの、注釈書としての史学考証の精確さ、漢籍を博捜し「古語」の出典を明らかにしたその漢学に対する博識、第二に第七章で述べるところの、香山の両書にこめた政治思想を平洲は高く評価したのであろう。

そもそも細井平洲は、藩校を「政治改革を実質的に担う多様でかつ有能な人材の育成」を行う場として位置づけ、藩校教育を藩政改革の根幹に据えているのであるから、(84)明倫堂の教育職に当たる者は、漢学の教養のみならず、当然ながら藩政改革の一端を担い得る人材でなければならなかった。平洲が香山に「一邦に師と為り、群英を範式する」ことを期待したということは、『金鏡管見』及び『釈義』の両書が平洲の考える明倫堂の理念に合致した内容であったことを示していよう。

平洲の人事については、「其の器を取って、其の門を問わず」といわれるように諸学併用が特徴的である。明倫堂に関する研究では、この点が注目されて、「藩校職員には朱子学派、闇斎学派から石川忠次（香山）を典籍に入れ、君山学派から岡田仙太郎（新川）を都講に任じ、その他平洲に近い学者を選んだ結果、藩校は諸学派併用の教育機関となった(85)」という説明が一般的に受け入れられているようであるが、この説明では闇斎派朱子学者としての香山に力点が置かれており、あたかも朱子学派・闇斎学派を代表して石川香山が抜擢されたかのような説明となっている。管見の限り、平洲が香山に朱子学者として活躍することを期待した文面を見たことがない。要するに、その能力に従って採用した結果として、香山がたまたま朱子学者であったというに過ぎず[86]、平洲が期待したのは、闇斎派朱子学者としての香山ではなく、『金鏡管見』『釈義』の著者としての香山であったといわなければならない。この意味で、平洲の人事は「其の器を取って、其の門を問わず」であった。

〔天明五年（一七八五）、石川香山、五〇歳〕

藩史編纂に当たる継述館校勘が設置され、香山がこれに任じられる。また明倫堂教授を兼ねる。継述館は明倫堂附属の歴史編纂を目的とする機関である[87]。

さて、この天明年間の尾張藩における一大事業といえば、『群書治要』の校訂とその出版事業である。この事業については細井平洲の「刊群書治要考例」にその概略が述べられており、また福井保氏の研究が明らかにしているので、それらによりながら『群書治要』校訂事業と香山との関係に触れておきたい。

安永年間（一七七二—一七八一）、宗睦の子、治休・治興が『群書治要』を読んで校刊に志し、侍臣とともに異本を求めて照対を行ったことに、それは始まる。だが、二人の世子は不幸にも安永中に早世する。世子を継いだ治行がその志を承けて、再び諸臣を集めてこの事業を再開した。そして前後約一〇年の歳月を費やし、天明六年末（一七八六）、校合が終わり、翌七年末にその開板成り、同年一二月二五日、校訂に当たった関係者に『群書治要』一部の賞賜があった。

この校訂に参加した儒臣を、平洲「刊群書治要考例」に従って挙げれば、

人見桼、深田正純（御書物奉行）、大塚長幹、宇野久恒、角田明、野村昌武、岡田挺之（継述館総裁）、関嘉（明倫堂教授）、中西衛（明倫堂教授）、小河鼎（明倫堂教授）、南宮齢（明倫堂教授）、細井徳民（明倫堂督学）等

の一二人となる[88]。この一二人の構成の特徴としては、細井平洲をはじめとして当時明倫堂もしくは継述館の職にあった者で半数が占められ、特に関元洲（名は嘉[89]）・小河鼎[90]・南宮龍湫[91]は平洲の弟子でもある。角田明は、字は公熙、通称は市左衛門、青渓の号で知られ、江戸に生まれ宇佐美灊水に学び、その学術と書をよくすることから人見璣邑によって尾張藩に招聘され、世子治興および治行の侍読を務め、天明八年に老病を以て致仕している[92]。大塚長幹、宇野久恒、野村昌武の三人については、かならずしもその事跡を明らかにすることができなかったが、おそらく大塚長幹がそうであるように[93]、三者とも人見璣邑の息のかかった役人であると思われる。なかでも、校訂の実務の中心となったのは、岡田挺之、関嘉、中西衛だとされ[94]、彼らはみな人見璣邑と細井平洲によってその学力を認められて抜擢された者ばかりである。

このように見ると、やはりここに明倫堂教授にして継述館校勘であった石川香山の名が見えないというのは、ひとつの大きな疑問である。特に当時の御書物奉行であった深田厚斎（名は正純）は、後述するように石川香山にとって最も重要な闇斎派朱子学の師であるし、香山が人見璣邑と細井平洲にその学術を高く評価されていたことについては、すでに述べたとおりである。谷口氏は、香山がひとり『五史要覧』編纂中であり、藩政府が香山をそれに集中させるために、『群書治要』校勘は免除するという配慮がなされたのであろうと推測されている[95]。

確かに、平洲「刊群書治要考例」にその名がないことからも、谷口氏の意見に基本的には賛成であるが、ただ全くこの事業に関与しなかったかといえば、そうではないと思う。その理由は、福井保氏の引用される史料、天明七年八月一八日条の『尾州御小納戸日記』に石川香山が藩庫から堀杏庵加点本『群書治要』を借り出していたとあることから、それを知ることができる[96]。ただし、福井氏は香山が「五史要覧の編修に参考用として借出してゐたもの」であり、やはり「考例」にその名がないことから「此の一件は天明版の校合とは無関係であろう」といわれた。

ただ、福井氏のその推測に問題がないわけではない。そもそも宋から明までの正史をまとめた『五史要覧』の編修に、何故に先秦から晋代までの経史子の書籍からの抜き書きである『群書治要』が参考と成り得るのか疑問であるし、何よりも、この記事は天明七年八月一八日の時点で香山が借り出した『群書治要』が「もはや御用相済」となったといっているが、かりに『群書治要』が『五史要覧』の編集作業に使用されていたとしても、『五史要覧』編修作業はそれより二年後の寛政元年（一七八九）まで続いているのであるから、『五史要覧』編修の参考としての用が「済」んだということではない、と考えられる。むしろ、『群書治要』校訂事業の終了と時期が一致していることから、それが「済」んだという意味で理解することはできないだろうか。もちろん、これも憶測の域を出ず、これ以上何の確証もないので、はたして香山が『群書治要』校訂に参加していたのか、参加していたのならそれはどの程度であったのか、やはり不明である。(97) 少なくとも、明倫堂教授の他、香山の師である深田厚斎も参加していることからも、香山の非常に身近なところで『群書治要』校訂作業が進行していたということは間違いない。(98)

〔寛政元年（一七八九）、石川香山、五四歳〕

『資治五史要覧』二七五巻を完成させ、翌年藩主に献上。その後、『資治通鑑證補』撰述の命が下る。(99)

〔寛政二年（一七九〇）、石川香山、五五歳〕

『釈義』を改訂増補した『陸宣公全集註』（以下、『全集註』と略す）を明倫堂版として刊行。(100) 内容面での改訂の他、新たに「凡例」と「附贈正三位近衛中将楠公事」が追加されている。詳細は後述するが、この凡例によって香山が校勘に用いた諸本を知ることができる。また後者によれば、石川香山は我が国で陸贄と同様の「学ぶ所に負かざる」人物を探すとすれば、それは楠正成であるという。そこで『全集註』一部を楠公の遺跡である医王山[101]に蔵することにしたという。[102]香山にとっての楠正成評価については後述するが、中国における陸贄と日本における楠正成とが、その名臣としての価値において同一視されているというのは、きわめて興味深い。

〔寛政四年（一七九二）―寛政一〇年（一七九八）石川香山、五七―六三歳〕

寛政四年、継述館総裁に任命される。同七年二月、督学並となり継述館総裁を兼ねる。同一〇年十二月には、岡田新川の後任として第三代明倫堂督学に昇進する。これによって、明倫堂と継述館のトップとして尾張藩の文教政策における実務面での総責任者となったことになる。そして先述したように、彼の責任の下、明倫堂版の出版事業が行われた。ただ、残念ながらこの当時の香山に関する史料が少なく、その他に関する事跡の詳細についてはよく分からない。

〔寛政一二年（一八〇〇）、石川香山、六五歳〕

初秋、『勤学俗訓』を京都の書肆、菱屋孫兵衛と林家伊兵衛のもとから出版する。[103]『勤学俗訓』は、香山の思想及び江戸時代の楠正成評価について知る上で重要な点を含むため、少し詳しく紹介しておきたい。

一言でいえば、本書は漢文で書かれた香山の他の著作とはことなり、仮名書き崩し字で、「俗言」を用いて書かれた庶民（「艸野人」）向けの訓戒の書である。[104]これが「俗訓」と名付けられた所以である。香山が楠正成を日本の陸贄として共に忻慕していたことについては先述したが、本書もまず、楠正成の話から始まる。

此書に勤学の字を冠むらせし事、贈正三位楠正成公の詞に取しなり。正成公は智仁勇の三徳を兼備へらる、に庶幾して、実に百世人倫の師なり。

というように、楠正成を「智仁勇の三徳」を兼備した「百世人倫の師」たる理想像として持ち上げる。そして、楠正成が討ち死に臨んで子の正行に与えた次の遺訓を特に重視する。すなわち、

子息正行へ遺されし書の文に、「此度隼人若下候事非別事、我最後近くは覚へ候、願くは貴殿成長の器量見届度候得共、義重所、更に難遁候。弥勤学無怠成長之後、我心中可被察」と書れし。夫討死の時に臨み外に申し遺さるゝ事も有へきに、他に及ふ事なふして、唯勤学無怠とのみ申し遺されたる事、誠に道の道たる子細を深く覚悟せられし故なるべし。

タイトルの「勤学」とはこの「勤学無怠」から取ったものである。注目すべきは、楠正成を「道」を「深く覚悟」した存在としていることである。「つらつら思へは、天下の万事皆聖人の導き玉へる教より生ずる技芸にあらぬはなし。正成公此道理を深く覚悟せられし故に……」というように、「天下の万事」は「聖人」の教えにより導き出された「技芸」であり、この「道理」を正成は理解していたという。ここにいう聖人とは、「昔我朝の明天子、唐土に聖人の教ありて、天地自然の道理を尽し、人間万世の則なる事をきこしめして……」ということからも、中国の儒教にいう聖人のことであり、技芸とは、ここでは例えば文字を挙げている。日本の仮名・片仮名も「唐土の文字を略せしもの」で、聖人の道は世界に普遍的に広がることをいう。

また、『論語』顔淵篇の一節から、人の道として必要なのが「信」であり、「信の心を失ひ畜類にも劣れる身となりて、世になからゆる時は、一日生すれば一日の世の害をなす。如此にして生ぜんより、人の人たる道を失わずして死んこそ、本意なるべし」と、「信」の人間世界における普遍性を説き、さらに「元来、心の正体の道理

は四つなり。四つとは仁義礼智これなり」と、続けて「仁義礼智」に説明が及ぶ。そして、「此仁義礼智の四つ底意より知るをさして信とは名付候なり。扨此信よりして五倫の道は立ち候なり……其五つは君臣・父子・夫婦・兄弟・朋友の道、是なり」と、話は五倫に及び、それぞれの関係におけるあるべき姿を説明し、また同時にこの「道」が滅ぶことで各々が如何なる状態となるのかをいう。要するに、香山にとって楠正成とは、この人類普遍の「道」を「深く覚悟」しているので、「百世人倫の師」と位置づけられるのである。

さて、このように石川香山は中国の陸贄と日本の楠正成を等しく「道」を理解した者と見なし、理想像として人々に提示していた。ただ、その用いた媒体に違いがあるのは、それを提示された対象が異なるからであろう。すなわち、陸贄は『陸宣公全集』という日本人にとって難解な漢文を読みこなせる（読みこなせることが期待される）「士」という統治に参与する者の理想像として語られ、楠正成は『勤学俗訓』が「艸野人」を読者対象として想定しているように、あきらかに一般の庶民（農・工・商）に提示された理想像であることが分かる。ただ、より厳密にいうなら、ここに記されたあるべき姿は君主から庶民まであらゆる階層に広がっているのであるから、一般庶民「のみ」ではなく、一般庶民「にも」適応可能な理想像としてあった、といった方がいいだろう。(105)

『勤学俗訓』は他にも、藩国家における農工商の果たすべき役割を宋学的見地から述べ、「格物致知」「気質変化」「敬」といった朱子学に関する修身論についても、その解説と実践の勧めが盛り込まれている。まさに『四書集注』『朱子語類』『朱文公文集』といった朱子の編著書から、朱子学を体系的に学ぶという方法とはまったく異なる、そうした本格的な学問受容とは異質な学問・思想形成(106)を促した書物であり、大局的に見れば、天明寛政期以降に大流行した「四書を平がなにてざっと」解説した『経典余師』などの仮名書き本が登場し流行した同時代的産物であるといえよう。(107)

〔文化六年（一八〇九）―文化七年（一八一〇）、石川香山、七四―七五歳〕

文化六年、長く学官にあり、また著述の功績が多いことにより、御園街に第宅を賜う。翌七年、七五歳でこの世を去る。子がなかったため養子とした石川魯庵（名は嘉貞）[108]が家督を継ぐ。また魯庵は香山の遺志を継ぎ『資治通鑑證補』を完成させた。『名古屋市史』の伝記では、香山の墓誌銘を引用して、「其学を勤むること、少より老に至るまで変ぜず、故を以て名声籍甚、四方笈を負ふ者、其門に出入せざるはなく、一国の学に志す者仰いで儒宗となさゞるはなし」（頁二六三）というが、石川香山の弟子として名が伝わる者はさほど多くない。養子の石川魯庵をはじめ、深田香実[109]、山口耕軒[110]、大津北圃[1]、山碕菜茹[112]、西山玄道[113]という名を拾い集めることしかできず、しかも香山の学問を継承し守ったといえるのは、養子の魯庵しかみあたらない。深田香実は香山の弟子ではあるが、深田家の家学としての闇斎派朱子学を継承していったという側面の方が強い。香山の著作には散佚したものも多いが、既述のものの他に『聖学随筆』『読書正誤』『人主之職』『唐宋八大家文楷』『侍座漫草』が現存する。特に、『聖学随筆』は『日本随筆全集』（第八巻）に、『読書正誤』は『日本儒林叢書』（第四冊）に収録されており、容易にみることができる。

第二節　石川香山の思想とその特質

（一）尾張の崎門派朱子学と香山の朱子崇拝

では、本節では石川香山の学術思想に焦点を当てて、その特質を論じることとする。そこで、まず挙げなければならないのが、朱子学者としての側面である。先述したように、香山が朱子学者となったのは、当時の名古屋を代表する朱子学者であった小出慎斎と深田厚斎に師事したことによる。『名古屋市史』学芸篇には名古屋における崎門派の学統とそれに列なる香山について、次のようにある。

此間山崎闇斎の一派朱学より出で、京師を中心として大に理義の説を伝へ、靡然として風をなす、……（中略）……門人に佐藤直方、三宅尚斎、浅見絅斎あり、〔浅見〕絅斎の門に、小出侗斎あり、〔三宅〕尚斎の門に蟹養斎あり、並びに尾張に於ける闇斎派の祖たり。……（中略）……侗斎の学は、其養嗣子慎斎、須賀精斎、千村夢沢、天木時中、横井也有、田中松洞に伝はる。慎斎の養子に千之斎あり。門人に石川香山あり、千之斎は不得已の一書を著はして、蘐園の学を駁せり。香山また深田厚斎、浅井図南に学び、読書正誤を著はし、又文章無古今論を作りて、大に物氏の学を難じ、又名分説を著はして、学問の道、天理を窮め、義利を弁じ、名分を正すにありとなし、而して其最も重きを名分に於けり。故に其学は闇斎学派に負ふ所最も大なるを見る。(114)

ここにあるように、学脈としては「山崎闇斎――浅見絅斎――小出侗斎――小出慎斎――石川香山」と、小出慎斎に学ぶことで、崎門の浅見絅斎に列なる。小出侗斎が京において浅見絅斎を師として学んだことから、その影響により子の小出慎斎も浅見絅斎の説に傾倒していたという。(115)また深田厚斎は「業を松岡恕庵に受く、故に其学朱子に本く」(116)といわれるように、松岡恕庵の弟子である。松岡恕庵は本草学者として知られるが、山崎闇斎の弟子でもあるので、ここにも「山崎闇斎――松岡恕庵――深田厚斎――石川香山」と、石川香山と山崎闇斎とを繋ぐ学脈がある。このように、石川香山は、小出慎斎・深田厚斎に学んだことで、崎門派朱子学に属することとなった。(117)

山崎闇斎の朱子崇拝が非常に厚かったことはよく知られているが、香山の朱子に対する崇敬・崇拝の念も闇斎に引けを取らない。彼の朱子崇拝の様子は次のエピソードがその雰囲気をよく伝えている。

石川恒一郎（魯庵の養子）の家に、朱子の像大幅を蔵す。……（中略）……この像、香山先生より今に三代珍蔵、猥に門人にも拝せしめず。正月元旦より三日迄は、床頭に掲ぐと云。大幅にして幅四尺許あり。画工は元の銭選字舜挙なりと云う。(118)

香山以来、石川家では朱子像を拝し、犯すべからざる崇拝の対象であった。それでは、香山が朱子学徒となるに至った頃の名古屋の闇斎学派はどのような状況であったのだろうか。

ところで、江戸時代における深田家は、堀杏庵に学んだ深田正室（名は得和）から、その子明峯（名は正清）、その養子慎斎（名は正倫）、その長子厚斎（名は正純）、およびその次子九皐（名は正益）、九皐の子香実（名は正韶）(119)、その子精一（名も精一）へと学問を受け継いで明治に至り、「尾藩儒を以て名あるもの其数多しと雖も、深田氏の如く子孫世々儒を以て仕へしは罕なりといふべきなり」(120)といわれる尾張藩儒を代表する家系である。また小出家も、小出永安（名は立庭）より、その子蓬山（名は忠）、その養子侗斎（名は晦哲）、その養子慎斎（名は孝承）および千之斎（名は惟式）へと続く儒家の家系である。このように、そもそも深田家と小出家が朱子学を家学とする家系であったことも、重要である。というのも、香山は、特に深田家との交友関係が深く、師の深田厚斎の弟である深田九皐とも親密であり、深田厚斎と九皐の墓碑は香山が書いた(121)。九皐の子の香実は香山の弟子となり、また香山の墓碑を書いた(122)。また香山の養子である魯庵の墓碑を書いたのも、深田香実である(123)。このように石川香山は、深田厚斎や小出慎斎と個人と個人との関係で繋がっていたのではなく、深田家・小出家、そして石川家として密接に交流していたと考えられる。

さて、香山が本格的に学問に志した一五歳頃（一七五〇年頃）というのは、闇斎派が尾張の学術界において最も力を持っていた時期でもあった(124)。それは、藩主宗勝による藩政改革の一貫として、官許学校の巾下学問所が設置されていた時期でもある。学問所は蟹養斎が藩当局に提出していた建学願いが寛延元年（一七四八）二月一〇日に許可されるに始まり、蟹養斎の他、深田厚斎、松平君山、須賀精斎、小出慎斎が出講を命ぜられていた。

蟹養斎（名は維安、字は子定、一七〇五―一七七八）[125]は、尾張で育ち、二一歳にして京で崎門三宅尚斎に学び、再び名古屋に帰り家塾勧善堂を開いていた人物であり、須賀精斎（名は誼安、通称は吉平次、一六八八―一七五四）は崎門浅見絅斎門下の小出侗斎に師事しているので、小出慎斎の同門でもある。また、蟹養斎の門下には小出侗斎にも学んだ中村厚斎（名は政峰、通称は覚蔵、一七一九頃―一七七九）、習斎（名は蕃政、通称は猪八、一七一九頃―一七九九）兄弟の碩学がおり、須賀精斎門下には、子の須賀亮斎（名は安貞、通称は図書、一七二五―一八〇四）や京都で神道家の玉木葦斎に垂加神道を学んだ堀尾秀斎（名は春芳、字は秋実、一七一四頃―一七九四）、そして瀬戸の製陶業を振興したことで有名な津金鴎洲（名は胤臣、字は子隣、通称は文左衛門、また黙斎と号す。一七二七―一八〇二）らを輩出している。香山は毎日往復一八里の距離を歩き、小出慎斎や深田厚斎のもとに学びにでていたのであるから、師からの直接的な教え以外にも、巾下学問所に集う様々な人士から承けた影響も少なくはなかったであろう。学問所の講師には非朱子学派の松平君山もおり、朱子学一色になったわけではないが、石川香山が深田厚斎と小出慎斎に学び始めた当時、全国的には徂徠学が一世を風靡し「信に狂するか如し」といわれ、「徂徠の説行はる、に至ては、程朱の説を習ふ人は、絶てなきと云ふへし」[126]という状況であったものの、名古屋の儒学界についていえば、闇斎派朱子学が一時的に隆盛を迎えた時代であったのである。[127]香山が熱心な朱子学の徒となり、後に激しく徂徠学を批判するに至る原因の一つは、やはりこのような時期に名古屋で学究生活をはじめたことにあったといっていいだろう。ただ、闇斎派隆盛の時代は短く、徂徠学および徂徠学に親和的な松平君山学派が「門葉頗る広く、鬱然として重きをな」すに至り、同時に蟹養斎が名古屋を去り、学問所が閉鎖されてしまう。そして、細井平洲およびその門下の折衷学派も増え、彼らの活躍した天明寛政期には、

売れるもの、古文孝経、水口屋、熊胆丸に小麦饅頭
売れぬもの、寺の奉加に大丸や、茶屋の料理と朱子学の本[128]

という落書が現れたように、名古屋における朱子学派は全くの傍流に成り下がってしまう。後述する香山の徂徠学批判と朱子学擁護も、青年期以降のこのような名古屋の状況が、それをより過激とさせていったのかもしれない。

(二) 石川香山の徂徠学批判と『陸宣公全集』

この尾張闇斎学派には、矯激なまでの反徂徠学の特質がある。蟹養斎には『非徂徠学』『弁復古』があり、「師説の絶対視・異説への不寛容という崎門に共通の立場」[129]が見られる。また、石川香山の師である小出慎斎には『木屑』があり、「近世(山崎)闇斎・(浅見)絅斎の両先生、尤儒林の豪傑にして性行顕然たる人也。ここにおいて程朱の説大に開□□のは、誠に程朱の学を中興せし人と云へし。和漢ともに程朱の説を信する人に言行のいみしかざらる人ハ少し。夫学ハ実学にして言行のいみしからんことを欲するにあらずして何の為ぞや」と、崎門派朱子学の功績を称え、程朱の学が実学であることをいい、それに対して徂徠の徒は「猖狂自恣にして程朱を排擯す。蜉蝣大樹を憾すと云へし。これより以来、邪説横議世に熾になり、黄口白面の徒往々雷同して賢をあなどり、俗を驚し、博聞に□こり、文辞を巧にして、世好に報し時誉を求るに過さるのみ。其徒のうちにいづれの言行のいみしきやある。ひとり無用の学をするのみにあらす、却て世教の害をなす事甚し。かくのごとき教を学はんよりは学なきにしかじ」[130]と、徂徠学に対する批判は手厳しい。さらに、慎斎の子であり、香山と同門でもある小出千之斎も『不得已』[131]において、徂徠学に対し執拗にして痛烈な批判を展開している。これは徂徠『弁道』お

よび太宰春台『弁道書』『倭読要領』『経済録』の文を引き、逐一その主張に反駁した書である。

そこで、香山による徂徠学批判であるが、彼の残された著作を一瞥するに、その批判の要点は大きく二つに分けることができる。一つ目は、道徳・修身論を軽視する徂徠学末流の詩文派を世の役に立たない「浮華の文人」として斥け、二つ目は徂徠の学問的な実証性に対する疑義、つまり徂徠こそ「古義」を見誤り憶測によって議論しているとして、その思想を文献学的に批判している。香山の『読書正誤』はこの第二点目に関するものであり、徂徠『論語徴』と太宰春台の『論語古訓』『論語古訓外伝』を証拠を一つひとつ挙げて実証的に反駁したものである。(132)

第二点目の実証的な批判については後述するとして、ここでは第一点目についてのみ見ておきたい。

明文の俳諧体、李于鱗か集序に……（中略）……是等は誠に軽薄児の人をなぶれる如き詞にて全く俳諧などの体なり。……（中略）……ケ様の文などを未熟の者見る故大に風俗の害をなすなり。……（中略）……〔李于鱗の文は〕皆古来の文字にてあやなせるのみにて真の古文に非す。(133)

これは明の古文辞派の李于鱗、つまり李攀竜（一五一四―一五七〇）の「軽薄」をあげつらっているように見えて、その実は、徂徠学派に対する批判であることは間違いない。特に「未熟の者」とは荻生徂徠その人を指すのだろう。他にも「浮華の詩文世に益なうして、却て害をなす」、「浮華の文人すきと世の用にたゝず、却って害を取出せし」(134)などを見れば、次の文章もその批判の対象が何であるのか、具体的には明言していないが、徂徠学を指していることは間違いないだろう。

詩賦文章に器用にて文字一通の達人となるものもありといへども、すべて聖賢の主意に暗き故に、己が心次第に高慢になりて、我儘放埒をなしては風流任達となし候て、世の軽薄放蕩を導く媒となり、俗をやぶり風を乱る、害をのこし、或は元来愚暗不才の身を以て少の書籍をのぞき候へば、国の政事は容易になる事のやうに心得候て、政事に手ざしをなして制度をかき乱り人民の難儀をのこし、世のさまたげをなすものあり。皆聖教の罪人にて誠に悲歎すべきなり。(135)

このように、石川香山による徂徠学批判は、やや表面的で感情的であることも否めないが、徂徠の古文辞派を「詩賦文章に器用」な「文字一通の達人」であるが、「浮華」「軽薄放蕩」の文人であり、「風俗の害」「俗をやぶり風を乱る、害」を為す存在で、政治的には全く役に立たない存在であると見做している。

周知のように徂徠は古文辞学の立場から、「聖人と申候も唐人、経書と申候も唐人言葉にて候故、文字をよく会得不仕候ては聖人之道は難得候。文字を会得仕候事は、古之人の書を作り候ときの心持に成不申候ば済不申儀故、詩文章を作り不申候得ば会得難成事多御座候(136)」と、経書の古語を会得するために詩文章の実作を奨励していた。徂徠はあわせて勧善懲悪的文学観を否定していたため、詩文の製作は作者の道徳的修養とは無関係となり、漢詩文の世界に没頭する者が増え、文人社会が形成されることとなる。蘐園学派の詩文派としては服部南郭（一六八三―一七五九）や高野蘭亭（一七〇四―一七五七）などが名高いが、他にも萩の山県周南、大坂の菅甘谷や菅沼東郭、京都では宇野士新・士朗兄弟らが古文辞の作風を各地に広めたという。そして、このような古文辞学に開眼された詩人たちによる活発な交遊が生まれる。それが詩社である。有名な詩社としては、田中桐江が北摂池田に興した呉江社、龍草廬（一七一五―一七九二）が京都に開いた幽蘭社、服部蘇門の長嘯社、江村北海（一七一三―一七八八）の賜杖堂、金龍道人の南社、大江玄圃の時習塾、大坂では片山北海（一七二三―一七九〇）の混沌社、江戸では安達清河（一七一七―一七九二）の市隠草堂などを挙げることが出来る。また、ここでは煩雑となるため一つひとつ挙げることはしないが、詩社を核として様々な詩集を出版することも大流行する。[137]

このように、石川香山の生きた一八世紀後半から一九世紀初は、まさに古文辞派が開いた学問の「趣味化余技化」が進行し、通儒・通人を自任する文人・畸人が世にあふれた時代であった。そのため、この道徳学とは関係ないところで趣味・余技としての詩文を楽しむ徂徠学末流の詩人・文人を、「躬行を努めず」「浮華放蕩に流れ[138]」る者とする批判は、むしろ数多く見られるのであって、その意味で香山の批判も徂徠学流行の反動という、これまた一種の流行の中にあったといえよう。[139]

このように、香山が古文辞学に勉める詩文派を「浮華の文人」として誹ること自体は、当時の思潮からして別段珍しいことではない。ただ、ここで強調しておきたいのは、香山の批判の重心が徂徠学による修身論の軽視よりも(もちろんそれと密接な関係にあるが)、政事の用に立たず、「風俗の害」を為し、藩政治の弊害となっていると主張している点である。

人の臣となりては父母・妻子・所従の安楽に住する事は全く君の御恩なる事を常々心にさしはさみ、君の下し賜へる禄は、元々は細民の千辛万苦より生せし事を深く弁へ、禄を得て已か身の幸となさず、むなしふ禄を食み費して君のため世のためともならざるは、誠にいな虫にも劣れる事を恐れ恥て、已か職分を尽して君のため世のためのみをはかり、文士は道を講して修身・治国の事を修め、武士は武を練て敵の侮を禦ぎ、人を苦むる悪徒を除きて世の苦痛をはらひ、君恩に報せん事を心懸け……(後略)……。[140]

このように「君のため世のため」に職分を尽くすこと、文士は「修身治国の事を修め」、武士は「人を苦むる悪徒を除きて世の苦痛を」はらうことを求める香山の主張は、正統朱子学的な観点から導き出された人臣論である。この観点は、明らかに、「予は決して経済のことを云ず[141]」と、経世済民には参与しないことを表明した服部南郭のような文人派とは真っ向から対立することとなる。この点について、石川香山が「人主ノ上品ノ人トナシ、取用玉フヘキハ、タ、何卒君ノ為世ノ為ニ善事ヲ為ント、ヨギナク思フ心アル人ト知玉フヘシ。惟尤悪ムヘキモノハ、志ナキモノナリ」[142]というように、藩政治において藩主が取り立て頼りとすべきは「君ノ為世ノ為ニ善事ヲ為ント、ヨギナク思フ心アル人」であり、その逆に、最も存在価値のない者は、そのような「志」を持たない者である。

また、香山は経世済民を主張した徂徠学の経世派に対しても、

> 学問の心得悪くして害を招く。宋曽子固『後耳目志』に唐人の語を引て、無以学術殺天下後世と云ふ詞あり。軽薄の学者分別も無く、政事経済の書を著し、麁忽人の為に取り用ひられて、大いに世の難義を作し、後代までの害を貽す事あり。渾て政事経済の事は賢人君子忠良臣の親く身に歴行ひし人の書たるものにあらざれば皆席上の空論と覚へ取に足らずとなすべし。[143]

という。ここにいう「軽薄の学者」による「政事経済の書」とは、荻生徂徠『太平策』『政談』や太宰春台『経済録』を指しているのであろう。香山の考えでは、「政事経済の書」というのは、賢人君子や忠良の臣であって、なおかつ直接政治に参与してきた者が書くものである。そういう、学問と政治的実践とが備わった人物の書物でなければ、それは単なる「席上の空論」に過ぎないのだという。

このように、本当に正しい有益な「政事経済の書」とは、学問と政治的実践とがふたつながらに備わった人物によって著された書物のことである。では、石川香山の考える、学問と政治的実践が備わった人物、そしてその有益なる「政事経済の書」とは何か。これこそ、唐代の陸贄であり、彼の『陸宣公奏議』（『陸宣公全集』）なのである。[144]ここに、香山がこの書を「聖経の羽翼」として尊ぶ理由がある。また、日本における同様の存在が、楠正

成であったこともすでに述べた。
香山は『陸宣公全集』に注を付けた理由について、次のように述べる。

> 私は元服して読書を知って以来、〔当今の〕学術が次第に衰退していく様子を深く憤慨し（「深慨学術陵遅」）、ひそかにその〔学術の衰微が〕政治を紊乱し世俗を破壊し、生民に毒を流し、そして聖教を塗炭に陥れるのではないかと恐れてきた。そこで善士とともに、この〔聖教の〕道を研究し、その弊害を取り除きたいと思うのである。

では、問題の根幹である「学術の陵遅」とは何か。

> 我が国で古学が復興してより、人々はみずから「驪珠」（命がけで求めなければ得られない貴重な宝玉）を得たりと言っているが、しかしその古というのも、ただ「馬を唐肆に求め、鳳を藪沢に窺う」ようなものである（得ようとしても手に入らないものである）。その故に〔彼ら古学の学問は〕民衆と関係なく、ちょうど「四角い枘穴に丸い枘」というように、互いに全く相容れない関係となっている。〔古学の中でも〕甚だしい者は、学問を遊戯に代えてしまい（「以学代弄」）、少しでも読書や詩賦が分かると、身心ともに傲慢となる。〔我が儒の〕名教を捨て去り、厳かで恭しくすること（「荘敬」）を敵視し、父祖以来代々の生業を糞土と見なし、職務を腐臭と見做す。著作の原稿は机に満載しているが、そのようなものは有っても無くてもよいものであるだけでなく、〔このように、古学は〕限りない害を残しているのである。(145)

ここに明確にいうように、香山が批判しているのは、「古学」＝徂徠学である。さらには、「世業を糞土と見なし、職務を腐臭と見做す」というのが、徂徠学中でも「予は決して経済のことを云ず」といった南郭ら詩文派文人であること、すでに明らかであろう。

(三) 石川香山の博学と考証

先述したように、石川香山は尾張の闇斎派朱子学の流れを承け、天明寛政期の朱子学に冷淡な尾張の漢学界にあって、香山の朱子尊崇の態度は異彩を放っていた。ただ、読書に対する考え方を見るに闇斎派石川香山の読書論は、一般的な闇斎学派のイメージとは大きく異なる。すなわち、闇斎の読書については「凡読む所の書数種に止まり、歴史子書の類は、一切に読に益なしとて禁之……(中略)……唯四書朱注、近思録の類を専らと」す(那波魯堂『学問源流』)、というように、朱子の『四書章句集注』と『近思録』を専らとするのみで、歴史や諸子の書は一切利益なしとして読むことを禁止するというのが、闇斎学派的な読書法であろう。

では、香山はどのような読書法を展開したのか。香山が君主は如何にあるべきかを論じた『人主之職』という書物において、人主と士大夫の読むべき書物について「先経書ヲ熟読シテ道理ノ本ヲ明メ、歴史ヲ読テ古今治乱安危ノ節ヲ弁へ」、「史ハ経ノ羽翼ニテ経ノナリヲ人事ニ行ヒシコトヲ善悪邪正千載ノコトヲ一所ニ集メ見ルコトナレハ、史学ホドヨキコトハナシ。故明王賢臣、史学ヨリ入リ玉フコト多シ」というように、経書の熟読に併せて、特に史書の重要性を主張するのが香山の読書論の特徴であり、闇斎学派のイメージと大きく異なる。具体的には、

『史記』『前漢書』『後漢書』『三国志』等ハ全史ニテ読コトヨシ。『晋書』ヨリ後ハ温公『通鑑』・朱子『綱目』等ニテ見玉フコトヨシ。其中『唐書』ハ全史ニテ見玉フコトヨシ。……(中略)……『新(唐)書』ノ方ニテ見玉フベシ。其次ハ『五代史』『北周書』ヲ読玉フベシ。(『人主之職』)。

とあり、正史の内『史記』から『三国志』までは全て読むべきであるが、ただし「君及士大夫ノ政ニ当ル御身ハ暇」がなく、これらをすべて読破することは難しいので、『晋書』以降については、唐代史は『新唐書』を読むべきであるが、正史を読破しなくても、かわりに司馬光『資治通鑑』や朱子『通鑑綱目』を読むだけでもよい。ただし、これらも大部なものなので更に読む暇がないなら、『玉堂鑑綱』『歴史綱鑑』『少微通鑑』のどれかを読むだけでだいたいの歴史は分かるだろうという(『人主之職』)。

この他、『左伝』『穀梁伝』『国語』『孔子家語』『荀子』『説苑』『新序』『塩鉄論』『貞観政要』『陸宣公集』『唐鑑』『名臣言行録』『大学衍義』『大学衍義補』は必ず読まなければならず、さらには『歴代名臣奏議』の内でもっとも深切なるところを抜粋し、特に蘇軾、王陽明の奏議は名高く、その有用なところを読むべきであり、併せて明人の徐達、于忠粛、王陽明、楊忠愍は「人臣の則」なので、彼らの文集も尊崇しなければならないという。これが君主を含め、統治に参与する者として是非とも読んでおかなければならないと、香山が考えた書目である。あくまでも、これは統治者たる君主にとって「御身に引付」け、実践のためにする読書であり、また士大夫にとっては「国家有用の臣」とならんための読書なのであって、決して政事の妨げにならない範囲に、つまり読書のための読書にならないよう、極力絞った読書リストとなっている。これが香山の考える「人主及士大夫ノ学問ノ法」である。

また、朱子の注に対する考え方も山崎闇斎と異なる。香山は基本的に「朱子の注を旨となすべし」とはいうが、

聖人の御旨を得られ候に近きは朱子の註にこゆる事なし。かく云へばとて偏窟にこりかたまりて、朱子より他の事はかたく取用ゆべからずと云ふに非ず、すべて古の賢人・君子・忠良臣・烈士・英傑の人々のなされ

し事、著されたる書は、皆取用て則となすべきなり。(146)

というように、朱子の注のみを正しとする態度を偏屈として、朱子以外の注も取り入れるべきことをいう。「四書朱注、近思録の類を専ら」とする学問態度とは大きく異なろう。

『聖学随筆』や『読書正誤』および次章で詳論するように『陸宣公全集』の注釈を見れば、儒学の経書について、朱子新注のみならず、漢唐の古注疏を含めた書を広く読み込み、歴代正史や『資治通鑑』などの史書、『大唐六典』『通典』『文献通考』等政書の類も問題なく使いこなしていたことが分かる。また明倫堂では『文選』を講義していたことも知られている。(147)

そもそも『聖学随筆』と『読書正誤』は、いわゆる考証随筆という部類に属し、和漢の言葉や物の名称、日中の制度について、その用例や典故を挙げて細々と考証した書物である。例えば、

反城の字、城中にて敵に通じ反り忠することをさし、新唐高季輔伝に反城とつかへり。反はほんの音に読べきよしと見え、旧唐には翻城とあり、しかしながら漢書に「挙兵反城」と云に注に「拠城反也」とあれば、反をはんの音に読む例もあり。文字は一つにして義一ならず。

と、「反城」について、その意味と「反」の音を、新旧『唐書』と『漢書』の用例を挙げて説明している。続けて、「明堂」という二字について許慎『五経異義』、『後漢書』、『左伝』、『礼記』からの用例とその意味を挙げ、同様に「周章」を『楚辞』、『漢書』から、「側席」を『左伝』、『礼記』、『漢書』から、「睚眦」を『史記』、陸賈『新語』からその用例を示している。(148)また、

俗ニ墨ニ染メバ黒フナリ、朱ニ染メバ丹フナル。元来墨子所染篇ニ見ユ。大戴礼曽子制言ニモ白沙在泥、与

之皆黒トアリ、又制言ニ蓬生麻中、不扶自直トアリ、荀子勧学篇ニモ出ツ、荀子ノ語先ニアリヤ、制言先ニアリヤ知ラズ。二ツナガラ出処トナスベシ。(149)

とあるように、日本の俗語の出典を漢籍から探し出すことも、大きな関心であった。

『聖学随筆』は別名『代奕雑抄』ともいうように、囲碁を知らない石川が、「講経の暇」に様々な書籍から抄出したもの、つまり暇に飽かせて書いた日々の抜書きノートである。(150) 引用された漢籍には、他にも『老学庵筆記』、『晁迥客語』(晁氏客語)、『王氏談録』、『東坡志林』、『湧幢小品』など雑説類が多く、『滄浪詩話』『六一詩話』などの詩話や『唐詩選』『唐詩箋注』も見える。『龍川集』、『蘇東坡文集』、『欧陽公集』といった宋代の著名な文集は当然のこと、方以智『通雅』、『物理小識』、楊慎『楊升庵集』もある。方以智や楊慎は博物家として江戸時代の日本人にも知られていたが、『文会雑記』(頁一九四)が彼らを含め明の博物家を「色々のことを古書の中より見出して、自慢にする也。もとちとをとりたること也」、「畢竟無益の争博と云ばかりのこと也」と述べるように、単なる博識の書物として蔑まれることもある。香山は「書籍をうかがい記憶して物しりにならんことのみ」を求めることに批判的であるが、(151) 香山自身は「無益の争博」といわれる書物にまでその読書の範囲を広げていたわけである。他にも、『北堂書鈔』『玉海』『三才図絵』『知不足斎叢書』などもあり、ともかく香山が古今の漢籍を渉猟博捜していたことが分かる。

このように、香山は和漢の書物を渉猟することで、古語や俗語の出典典故となった言葉を、漢籍中から探し出す作業を日々知的遊戯として行っていた。こういう作業を香山は名古屋で孤立的に行っていたのではない。最も知られるものでは、岡田新川『秉穂録』(『日本随筆大成』第一〇巻)がそれである。(152)

俗に、よわき人を、風にも倒るゝといふ。北周書に、崔豹喪母居喪、哀毀骨立、人云、崔九作孝風吹即倒といふに同じ。
俗に、界行紙を作る筆の、あまりて、墨つきたるを、からすといふ。盧仝詩に、忽来案上翻墨汁、塗抹詩書如老鴉と、いふに似たり。

夷堅続志に、木公ハ松也、木母ハ梅也と、梅を木母と云事、こゝに出づ。

このような出典典故の書抜きを書物として残すという文化活動が、名古屋における学術上の特徴であり、香山や新川の著作からも分かるように、当時の名古屋の学問界には、和漢を問わず、あらゆる典拠用例を知らなければ気がすまないという知的雰囲気が充満していた[153]。事実、香山はその態度を『読書正誤』に表している。それは、「道」「仁」「義」「礼」「敬」「徳」「気質」などについて、十三経注疏や先秦諸子の書、正史などから用例を挙げて、徂徠『論語徴』、太宰春台『論語古訓』『論語古訓外伝』の主張が、いかに「古義」から離れた「憶説」であり、彼らの批判する朱子の解釈の方が「古義」に合致しているのかを明らかにしたものである[154]。

例えば、徂徠が『論語徴』で、朱子の「私欲浄尽し天理流行す」(『論語集注』巻六、顔淵篇)という天理人欲説を批判していることを取り上げて、香山は『礼記』「楽記」、『漢書』「衛青伝」「傅介子伝」、『晋書』「劉頌伝」「裴頠伝」から「天理」の字の用例を挙げ、代々古書が言い伝えてきた言葉であることをいい、

飢えれば食物を欲し、寒ければ衣服を欲し、疲労しては休息を欲し、としざかりになれば妻を欲するのは、人として誰しも有ることである。それを「浄尽」せんと欲するというのは、木石として人をあしらうものだ。たとい宋儒が痴者だとしても、どうしてそのような不情の言を吐くであろうか。故に宋儒は之を尽くす

とは言わず、必ず之を節すと言うのである。宋儒の言う「浄尽」とは、欲にとらわれた者を指していうのである。酒に溺れ色に惑わされ財に穢された者のことである。ちょうど身体に病があり、苗に害虫が付き、木に木食い虫が付いたら、それを浄尽するのに勉めるようなもので、ただ種が残ることを恐れるだけである。もし種を宿して育ててしまえば、身体は必ずこれがために斃れ、苗や木は必ず枯れてしまう。それはちょうど余燼のくすぶる火を消し尽くさなければ、死灰からまた延焼するようなものだ(155)。

と、朱子のいう「私欲浄尽」とは、人としての本能に根ざす欲求そのものを否定することではなく、あくまで過剰な欲求を節制することであるという。そして、その証拠として更に、『易』「忿を懲らし欲を窒ぐ」(懲忿窒欲)、『老子』「目をして欲すべきを視ざらしめ、心をして乱れざらしむ」(使目不視可欲、使心不乱)、『荀子』「公義を以て私欲に勝つ」(以公義勝私欲)を挙げ、「徂徠の読書は精密でないので、欲を一緒くたにみなして、こんな事実の歪曲(枉誣)をしているにすぎないのである」と最後に切り捨てる。

おわりに

ここまで本章では、石川香山の生涯と思想について論じてきた。最後に彼の思想の特徴を三点にまとめ、そして次章以降の展望を述べておきたい。

石川香山の思想の特徴は、第一に非常に熱心な朱子学者だという点にある。それは崎門派朱子学の学脈に連なる深田厚斎と小出慎斎に学んだことにはじまり、朱子への尊崇の念に厚く、また一〇代の頃から学問に対する真摯な姿を見ることができた。ただ、その反面、熱心な朱子学者によくある他の学派への敵対意識が強く、特に徂徠学に対する批判と排斥の言辞は痛烈であり、そもそもやや寛容に欠ける性格の持ち主であった。

石川香山の第二の特徴は、学問と「政事」の一致である。香山の批判の対象は徂徠学派である。彼は「詩賦文章に器用」で「文字一通の達人」である詩文派を、世の役に立たない「浮華の文人」として、また「政事」に関わる経世派も「世のさまたげをなすもの」として、つまり、詩文派であろうが、経世派であろうが、徂徠学派の者を「聖教の罪人」とみなす。香山が慨嘆した当時の「学術の陵遅」とは、この徂徠学の流行を指していた。香山にとって、この「軽薄の学者」たる徂徠学の正反対に位置し、学問と政治的実践とが見事に一致していた人物こそ、中国唐代の陸贄であり、日本の楠正成であった。ここに香山が『陸宣公全集』に注目した理由があった。内に学問があり、己の職分を尽くし、「君ノ為世ノ為」に「善事」を為さんとする「志」を持った人材を育成すること、これこそが、香山がこの書に注釈を付けた目的である。石川香山が、徂徠学に批判的な朱子学者でなければ、『陸宣公全集』に注釈を付けることはなかったであろう。

石川香山の第三の特徴は、その学問態度において、漢語の「古義」（意味）を正しく把握するために、あらゆる漢籍を渉猟博捜し、「古語」の出典典故を明らかにする実証的な精神を見ることができる点である。ここにも反徂徠の立場が強く影響している。本章で引用した香山の考証がどれほど正しいのか、それはここでは問わない。ただ香山は、古典学の実証性の次元で徂徠に勝負を挑み、朱子説の正当性を主張しようとしている、という点に注目しなければならない。香山の目的は、朱子を「古義」に暗い者として貶める、その徂徠の学問こそが、実は「古義」に通じておらず、事実を歪曲し、自分の意にそぐわないことがあれば、「古義」の方を「陋」とする[156]、その主観的な「臆説」を白日の下に暴き出すことにあった。[157]

これはまさに「徂徠の経典解釈の不備に対する文献学的な批判」を展開した中井竹山や片山兼山の論証方法と同じであり、日野龍夫氏のいう徂徠の「偽証」[158]をあぶりだすものである。実証的な方法で提示された徂徠の説を

「偽証」（「臆説」）であると判断するには、証拠となる用例を挙げて実証する方法でしか成り立たず、「徂徠の批判者たちはこの徂徠の方法をもって徂徠を批判する」[159]ことが求められた。もはや、徂徠学派であろうが反徂徠学であろうが、「古語」・「古義」を明らかにする「徂徠の方法」を体得しなければならないのであって、これが徂徠学を肯定する者も、批判する者も、とにかく典故用例を重んじなければならない知的雰囲気を醸成したのである。典故用例を重んじるという学問態度は、熱心な朱子学者でありながらも、必ずしも朱子の経書解釈のみには拘泥しない態度となり、必然的にあらゆる書籍を渉猟博捜することとなる。そして石川香山の著作において、この態度が遺憾なく発揮されたのが、これもやはり『陸宣公全集』に対する注釈であった。その『陸宣公全集釈義』及び、その増補改訂版である『陸宣公全集註』に見られる注釈の大半は、「古語」の典故出典探しと漢唐注疏の学に基づく「古義」の把握で埋め尽くされているのである。この詳細な分析は第六章で行うこととする。

では、名古屋で学んできた石川香山は、どのようにしてこの学問態度に到達したのか。それはやはり、松平君山や岡田新川らを代表とする君山学派、さらには河村家の『書紀集解』などに結実した古代史研究など、当時の名古屋で大成した実証主義的な業績との関係を考えなければならない。本章ですでに引用したが、松平君山は、「書に於て窺はざるなく、然も博聞強記、目一たび過ぐれば終生忘れず、凡そ諸子百家より野史稗説、本草の学に至る迄通ぜざる所なし」といわれた。この松平君山の特徴と石川香山の思想の三点目の特徴に距離は感じられない。香山もまさにこの君山学派の知的雰囲気の中におり、香山と君山学派との学術的な距離はさほど遠くないのではないか。

それでは、第五章では、石川香山と君山学派とが、どのような関係にあったのか、これを明らかにするために、特に君山学派の岡田新川を取りあげ、その生涯と思想の特徴を明らかにしたうえで、石川香山との比較を通じて、両者の距離について論じることとする。

〔注〕

（1）山城喜憲「陸宣公奏議諸本略解」（『斯道文庫論集』第一七輯、一九八〇）。

（2）王素点校『陸贄集』（北京、中華書局、二〇〇六）。

（3）董士恩は、江蘇省銅山の人で、原名を陸洪恩（字は錫三）といい、陸贄の第四〇世の子孫である。たまたま母方のおじである董凱臣に跡継ぎがなかったことから、董氏の養子となり、董士恩を名乗るようになった。天津北洋大学堂を卒業した後、直隷候補知府、直隷宣化府知府などを歴任後、一九一二年に吉林榷運局局長、一九一七年に黒竜江省財政庁長などの任に着き、董本の編纂事業開始時の一九二七年には、全国烟酒事務署督弁の任にあった。天津市地方志編修委員会弁公室、天津市烟草専売局編著『天津通志　烟草志』董士恩（天津、天津古籍出版社、二〇〇九）。

（4）『陸贄集』点校説明、頁八。董士恩輯『陸宣公全集』二六巻（董氏儀宣閣、民国三〇年刊）。また、董本の書誌情報については、前掲註（1）、山城論文に詳しい。

（5）『陸贄集』附録巻二、陸宣公全集序（民国、董士恩撰）、凡例、頁八三七―八三八。

　各本文字間有不同、以年氏最為精覈、此刊正文及巻数次序悉依年本。註解就淮南局重刊至正本郎曄所註、希音堂本張佩芳所註、及日本石川安貞所註、匯集而成。郎註列前、次張註、再次石川註。其相同者、量為省節。

（6）董本刊行の由来は、民国一三年（一九二四）、兄の陸洪涛（字は仙槎、一八六六―一九二七）が、甘粛軍務の任にあった時、一族の遠祖である陸贄の文章が、各時代において読み継がれ、広く学ばれてきたものの、現在その注釈には「善本」が少ないので、広く捜し求めてそれを重刊するようにと勧めたことにはじまる。陸洪涛はその後まもなくして病のために亡くなるが、董士恩は民国一六年（一九二七）より全国烟酒事務署督弁の任にあって、幕友の洪雲奇と管聯第に命じて郎曄と張佩芳の注釈を編輯させていた。折良く、そこへ胡文藻という人物が、タバコ専売事業を調査研究するために日本へ赴き、その帰国に際し、石川香山による寛政版『陸宣公全集註』を持ち帰ってきた。その後、管聯第を亡くし、洪雲奇が董士恩の側を離れ、さらには民国二八年（一九三九）の天津の水害により、蓄積した多くの書籍を水没させるなどのハプニングが続き、一時重刊事業は頓挫せざるを得なかったが、職を辞して帰った洪雲奇に再び編纂を命じ、無事刊行するに至ったという。ちなみに、胡文藻が日本に赴いたことについて、次のような新聞記事がある。「英国系の人達が満洲の官憲と策応して彼地に煙草の専売制度を確立しようと試みて居ると云う事は嚢に外電の伝うる所であった、然るに最近に至り満洲より周家彦、胡文藻の両氏が我国の煙草専売事業に就て大蔵省を訪問し種々其の実状について調査研究する所あった由である」（出典：『大阪時事新報』昭和二年（一九二七）一二月二四日付「満洲の煙草専売計画」、所蔵：神戸大学経済経営研究所、新聞記事文庫、煙草(二―一一五)）。時期から考えても、胡文藻が石川香山の注釈を持ち帰ったのは、この時のことと考えられ、大蔵省を訪れた際に、東京の古書店で入手したのであろうか。

『陸贄集』附録巻二、陸宣公全集序（民国、董士恩撰）。

宣公集伝本夥矣。年羹堯氏之刊為世重而無註、淮南局本宋人郎曄僅註奏議、清張佩芳之註較詳、余無出二家外者。民国十三年春、士恩銜命迎班禅時、仲兄仙槎督甘粛軍務、睽離廿余年得相見。兄言、宣公吾家遠祖、文為世所誦習、而註釈鮮善本、弟其覓取重刊。兄病帰、旋棄世。十六年、士恩督権菸酒、涇洪雲奇、武進管聯第在幕中、属纂公集二家註、成書廿巨冊。常熟胡文藻考査菸草専売、帰自日本、以所得寛政石川安貞註宣公集為贈、視二家尤詳。擬増入、管君忽没、洪君出宰邑。遷延至廿八年津水災、所蓄図籍在巨浸中、水退、残敗不可理、公集余数巻耳。卅年、洪君卸職帰、属重編、随時付刊。以年本為主、首郎註、次張、次石川、削重複、附耆英所増詩賦以及年譜伝賛、為二十六巻。

(7) 岩田隆『東海の先賢群像』（東京、桜楓社、一九八六）、同『東海の先賢群像続篇』（東京、桜楓社、一九八七）。

(8) ここでは、儒学史に限定してその動向を述べる。尾張藩における学術研究では、岸野俊彦氏らによる一連の国学研究が盛んであるが、現在の筆者には国学研究全体を見渡す準備が無いため、割愛する。ただし、岸野氏の研究は本論とも関係するところが多く、筆者にとって非常に有益であったので、その都度折に触れて言及することとする。岸野俊彦『幕藩制社会における国学』（東京、校倉書房、一九九八）など。

(9) 福井保「天明版群書治要校刊始末（上）」（『書誌学』第六巻第三号、一九三六）、同「天明版群書治要校刊始末（下）」（『書誌学』第六巻第四号、一九三六）、同「佚存書の輸出」（『文献』第二号、一九五九）。石浜純太郎「群書治要の尾張本」（『支那学論攷』大阪、全国書房、一九四三）。尾崎康「群書治要とその現存本」（『斯道文庫論集』第二五号、一九九一）。林秀一『孝経学論集』（東京、明治書院、一九七六）など。

(10) 福井氏は、日本から清朝に輸出された書物の中でも「この時代に最も人気のあるのは『群書治要』と『佚存叢書』である」と述べられている。福井保「佚存書の輸出」（『文献』第二号、一九五九）。

(11) 狩野直喜「山井鼎と七経孟子考文補遺」(羽田亨編纂『内藤博士還暦祝賀支那学論叢』京都、弘文堂、一九二六)、頁二六。

(12)『名古屋市史』学芸篇(名古屋、名古屋市役所、一九一五)、頁四八。

(13) 前掲註(9)、福井論文を参照。

(14) 松平君山の事績については、『名古屋市史』人物篇第二、第九、儒学、四〇、松平君山(名古屋、名古屋市役所、一九三四)、頁二三三—二二六。また、より詳細な研究については、市橋鐸『松平君山考』(文化財叢書第七三号、名古屋、名古屋市教育委員会、一九七七)を参照。

(15) 前掲註(14)、『名古屋市史』を参照。

(16) 最もまとまったものとしては、榎英一『尾張名古屋の古代学——江戸時代の名古屋がみた古代——』(名古屋、名古屋市博物館、一九九五)参照。

(17) 河村秀穎、初名は秀興、字は君栗、通称は七郎、秀世の長子。生卒は、享保三年(一七一八)から天明三年(一七八三)。書物奉行を務める。神道を吉見幸和に学び、「本邦の典故に於て究窮せざる所なし」といわれるほどの博識であった。また、蔵書二万巻といわれ、安永二年に文会書庫を建てた。『名古屋市史』人物篇第二、第八、国学、一〇 河村秀穎、頁九七—九八。

(18) 河村秀根、字は君律、葎庵と号す。秀世の第二子であり、秀穎の弟であり、同じく吉見幸和に神道および有職故実を学ぶ。生卒は、享保八年(一七二三)から寛政四年(一七九二)。『名古屋市史』人物篇第二、第八、国学、一二、河村秀根、頁九九—一〇一。また、次の専門的研究がある。阿部秋生『河村秀根』(東京、三省堂、一九三二、のち、神作研一編集・阿部秋生著『河村秀根』名古屋、『河村秀根』増訂復刻版刊行会、二〇〇二)として増補復刻。また、阿部秋生解題『書紀集解』首巻(京都、臨川書店、一九六九)も詳しい。また、阿部著復刻版に「河村秀根関係研究文献目録」があり、非常に有益である。頁三三八—三四五。

(19) 河村益根、小字は鍬九郎、のち培二郎と称す、号は乾堂。秀根の第二子。岡田新川に漢学を学び、経書史書を渉猟し、国学において究めざる所なしといわれる。その学問的立場は、宋学を嫌い、その解釈を一切取らず、漢唐注疏の学を重んじた。『書紀集解』の完成には、益根の功績が最も大きかった。生卒は、宝暦六年(一七五六)から文政二年(一八一

九）。『名古屋市史』人物篇第二、第九、漢学、九一、河村乾堂、頁二八五―二八六。

(20) 前掲註（18）、阿部著。

(21) この点については、第六章で詳論するので、主なものをあげるにとどめる。利光三津夫『律令制とその周辺』第五章、律令条文復旧史の研究（東京、慶応義塾大学法学研究会、一九六七）、同『律令制の研究』第二章第五節、江戸期における律令学（東京、慶応義塾大学法学研究会、一九八一）。高塩博「養老医疾令復原の再検討」（『日本歴史』第四一七号、一九八三、のち、『日本律の基礎的研究』東京、汲古書院、一九八七）に収録。藤直幹「名古屋藩に於ける律令学の考察――稲葉通邦を中心として――」（『武家時代の社会と精神』大阪、創元社、一九六七）。伊能秀明「稲葉通邦の『令集解』研究に関する一考察――『神祇令和解』の成立をめぐって――」、「稲葉通邦の神祇令注釈研究をめぐって」（『日本古代国家法の研究』東京、巌南堂書店、一九八七）。吉岡真之「『延暦交替式』二題」（『古代文献の基礎的研究』東京、吉川弘文館、一九九四）。丸山裕美子「尾張名古屋の律令学――稲葉通邦『逸令考』を中心に――」（愛知県立大学文学部論集『日本文化学科編』第五六号、二〇〇七）など。

(22) 『河村氏家学拾説』河村益根、紀典学に関する文書（国民精神文化文献五、別冊附録、東京、国民精神文化研究所、一九四〇）。

夫此方学問ヲイツノ時カラニヤ和学ト唱申候。是ハ漢学ニ対シ申候事ニテ総テ和ノ日本ノ扶桑ノト申事容易ニ人々申間敷コト也。加様ニ申習シ広ク成タルコトナレハ、今頃世間へ流布シ和学ト申サヌ様ニモナラヌコトナレドモ、心得タル人ハ申サズ。夫故拙者流ニテハ和学ノコトヲ紀典ノ学と申候……（中略）……。（頁一三五）

右紀典ノ学通シ候へハ自ラ文字ニ通し漢土ノ書モ読可申候。去ナカラ経史ニ通スレハ文字精ク相成候故、学令ニヨリ孝経・論語・毛詩・尚書・周易・礼記・春秋、素読終リテ義理ヲ用候ハ、古註ニヨリ可申候。只今一統ニ宋学行ハレ素読ト申ハ四書扨小学ノ近思録ノト申ヲ用候。是ハ新敷候故、此方古書ノ意ニ不合コトニテ引用ヒ候ニモ齟齬イタシ候事故、不用方ニ御座候。前々之通七経ヲ用扨文選ヲ読文字能読候ハ、、史・漢書者勿論、歴代ノ史ニ通シ被申候ハ、、識モ自ラ明ニ相成候。総テ学問ハ博物ヲヨシト致シ候……（後略）……。（頁一三七）

『河村氏家学拾説』河村益根、偶談。

漢儒経書の註詁訓といふ。孔穎達疏に詁者古今異言通之使人知也と有て、其字義にくわしく通るを云。詁訓を疎にして誼を先にするは、宋儒なりまして、此方の言と字とは異なれは、詁訓を疎にしては、其誤多し。字義にうとく精ならされは、義にそむき古書に通しかたく、文章を著にも誤て字を下す先輩往々見へたるは詁訓の学にくわしからさる也……（中略）……。（頁一五二）

詁訓をくわしくしり、そのうへ熟読すれは意解といふ事ありて、経義をよく解しうれは、一事のみならす万事にかよひて活用を得る事あり。是まことの経義に通すといふへし。漢儒の経伝を本として意解をそふれは、是にて用を得へし。新異の説をよろこひて経学とおもへるは本意にあらす、異説を知るのみは禁する事にもあらし。（頁一五三）

他にも「家塾録」（頁一二九―一三二）にも紀典学の方法論が記してある。本論が引用したのは、行論の都合上、漢籍に関する部分のみである。

(23)　吉川幸次郎『本居宣長』（東京、筑摩書房、一九七七）、頁八六―八七。同「中京の二学者――河村秀根と岡田挺之と――」『吉川幸次郎全集』第一七巻（東京、筑摩書房、一九六八、初出は、一九五六年昭和三一年四月一八日付「中部日本新聞」）。

(24)　ここでは代表的な研究のみを挙げておく。高瀬代次郎『細井平洲』（東京、平洲会、一九一九）、辻本雅史「折衷学の教育思想――細井平洲を中心に――」（『近世教育思想史の研究』京都、思文閣出版、一九九〇）など。

(25)　杉浦豊治「解説」『葎の滴諸家雑談・家事雑識』（『名古屋叢書』第三編第一二巻、名古屋、名古屋市教育委員会、一九八一）。

(26)　谷口明夫「石川香山事跡考」（『鹿児島女子短期大学紀要』一九九〇年版第二五号、一九九〇）。

(27)　石川香山の名は、本論が論じる『陸宣公全集』の注釈を書いた人物としてよりも、『資治通鑑證補』の著者として知られているかもしれない。『資治通鑑證補』は、『資治通鑑』本文の出処を明らかにした「證」、不足ある本文を補った「補」、本文と内容のことなる史料を挙げた「補考」とから構成される『資治通鑑』研究の書である。この書物については、つとに島田虔次氏が『資治通鑑』研究の一つとして紹介されている（『アジア歴史研究入門』1、中国Ⅰ、島田虔次「序論」、京都、同朋舎出版、一九八三）、頁三九。やはり『資治通鑑證補』に関する研究についても、谷口明夫「『資治通鑑證補』考」（『鹿児島女子短期大学紀要』一九九一年版第二六号、一九九一）を参照。

(28)　現在知られる明倫堂蔵版には次のようなものがある。

天明七年刊本『群書治要』五〇巻
寛政二年刊本『陸宣公全集註』二四巻
寛政七年活字印本『帝範』『臣軌』共六巻
寛政七年刊本『春秋左伝杜解増註』三〇巻（塚田虎著）
享和元年活字印本『李忠定公全集』四四巻
享和二年活字印本『魏鄭公諫録』五巻
文化二年活字印本『唐丞相曲江張先生文集』一二巻
刊年不明活字印本『春秋名号帰一図』二巻
文化四年自序本『昇平日新録』一六巻（塚田虎著）
文化六年刊本『李伯紀忠義編』七巻（塚田虎著）

これらは福井保「天明版群書治要校刊始末（上）」（『書誌学』第六巻第三号、一九三六）、青山政景「尾張明倫堂の出版事業（一）（二）」『無閑之』第六三号、第六五号、一九四二）、および笠井助治『近世藩校に於ける出版書の研究』二、藩版・藩校版の解説、名古屋藩・明倫堂（東京、吉川弘文館、一九八二、頁三〇四—三一〇）で明倫堂蔵版とされたものである。このなかで石川香山が明倫堂・継述館の官員として出版を主宰したと考えられるのは、『群書治要』以外すべてである。後述するように、香山は寛政四年に史館継述館総裁となり（享和二年まで）、寛政七年からは明倫堂督学並を、同一〇年からは督学を兼任している。督学の職は文化七年に死去するまで務めていたようである。

(29) 有松庵某編『芳躅集』天の巻、一、儒者、深田正韶撰、石川香山先生墓（『名古屋叢書』第二五巻、雑纂編第二、名古屋、名古屋市教育委員会、一九六四）、頁二〇五—二〇六。
(30) 『名古屋市史』人物篇第二、第九 儒学、七四 石川香山、頁二六二—二六三。
(31) 中華書局の点校本『陸贄集』が広く流布している今、石川香山の生涯と思想を明らかにすることは、中国学研究者に対して十分意義のあることだと考える。どのような意図で、どのような学術的環境の下になされた注釈であるのか、石川香山の注釈を利用する者は知っておくべきであろう。
(32) 大石学編『規制緩和に挑んだ「名君」徳川宗春の生涯』（東京、小学館、一九九六）。

（33）浅井図南（一七〇六―一七八二）、名は惟寅、字は夙夜、図南は号であり、また幹亭、篤敬斎とも号す。浅井家は、父の東軒が享保一〇年（一七二五）に、第六代藩主継友に招聘されて藩医として召し抱えられて以来、明治二年に医学館が廃されるまで、七代一四〇有余年にわたり名古屋における医学振興に貢献してきた医学の家である。もともと、父の浅井東軒（名は正仲）は京師で著名な医師であり、図南も京に生まれ、京に育つ。享保一〇年一二月、父東軒は尾張侯継友に招聘され名古屋に赴くも、図南は名古屋に同行することを拒み、京都で医者のみならず多くの文人墨客に親しむ。七歳で岡東庵（未詳）に『小学』を学び、次いで堀南湖（一六八四―一七五三）に学ぶ。ちなみに、南湖は本居宣長の京における漢学の師である堀景山の従弟であり、宣長『在京日記』にも宝暦三年七月一一日のこととして「夜屈南湖先生没、七〇歳、諡敬節先生」（『本居宣長全集』第一六巻、東京、筑摩書房、一九六八、頁三七）とあり、若き宣長とも関係した人物である。そして、図南は一一歳にして、山崎闇斎や伊藤仁斎に学んだ本草学者の松岡恕庵（一六六八―一七四六）に四書五経および本草を学ぶ。そして、柳川滄洲（一六六六―一七三一）に詩を、田中親長に文を学ぶ。滄洲は木下順庵門下で、宇野明霞の師、親長は伊藤仁斎の高足。図南は当初、唐宋八大家の文を主としていたが、ある日、荻生徂徠門下の玄欄和尚に古文辞を学ぶように勧められる。図南はそもそも徂徠嫌いであったので、古文辞に流れることはなかったが、「韓柳欧蘇」（韓愈・柳宗元・欧陽脩・蘇軾（および蘇轍・蘇洵））を根本として、秦漢以上の文で潤色するという折衷的な立場をとっている。ただ、反徂徠の立場は生涯変わらず、柳川滄洲と堀南湖を師とする同門に徂徠学批判で有名な『弁道解蔽』を書いた石川麟洲（一七〇七―一七五九）もおり、特に親交が厚かったようである。浅井図南はまた墨竹画の名手としての側面があり、宮崎筠圃（一七一七―一七七五）、山科李蹊（一七〇二―一七四七）、御園中渠（一七〇六―一七六四）とともに「平安四竹」として当時広く知られていた。元文五年（一七四〇）には望月玉蟾（一六九二―一七五五）を師として招き、宮崎筠圃らと古書画を鑑賞する「墨竹社」を始めている。のちに流行する書画会のようなものであろうか。宝暦三年（一七五三）には父東軒が死去したことから、その継嗣として尾張藩主宗勝に招聘され、名古屋に来ることとなった。文化の中心地である京において、一流の文人墨客に交わった図南にとっては、名古屋の文人学者がものたりなかったのであろう、「張藩に官するの日、自ら謂ふ、通国の儒を見るに余右に出る者なし」（『大成』、頁二八）と豪語している。また、名古屋の諸人からも文人として敬慕され「文字墨竹を乞もの虚日なし」（『大成』、頁三二）といわれ、名古屋における中核的文人の一人となり、その弟子も多く、業を受る者千二百名といわる。香山の父が図南に弟子入りさせようとしたのも、この時流に乗ろうとしたのだろう。とはいえ、詩人としての名は全国区であったとはいえず、例えば、江村北海『日本詩史』巻之三（『日本詩史・五山堂詩話』新日本古典文学大系65、東京、岩波書店、一九九一）でも柳川滄洲の弟子として、図南その人の名を見ることはできない。著作に『篤敬斎文稿』五巻が残っており、石川香山に与えた書簡なども収められている。なお、浅井家は引き続き尾州徳川家の藩医宗として繁栄し、明治に至る。図南をはじめ浅井家の系譜・事跡については、一〇代目の浅井国幹（一八四八—一九〇三）が著した『浅井系統一覧』『浅井氏家譜大成』が詳しく、浅井国幹遺稿『浅井氏家譜大成・古医方小史』（東京、医聖社、一九八〇）に収録されている。また、国幹を顕彰した『浅井国幹先生顕彰記念文集』（名古屋、浅井国幹顕彰会事務局、一九七五）や、『浅井国幹先生告墓文百周年記念文集』（名古屋、浅井国幹顕彰会、二〇〇〇）所収の各論文にも詳しい。また、『名古屋市史』人物編第一、第一三 浅井図南、頁四五八—四六〇、前掲註（7）、『東海の先賢群像続編』浅井図南、頁九〇—九一を参照。

(34) 浅井図南『篤敬斎文稿』礼冊、賀石香山新居序（鶴舞中央図書館蔵）。
余察其為人、質直守固、能堪勤苦。惜哉、内乏機警、外欠温潤也。余在京日、曽見儒生宇士新者、維肖当以儒成名耳。因謂其父曰、医尚権変、令息非其人、強学無功、応誤一生、若易業于儒、則必当発揚也。

(35) 源了圓・前田勉校註『先哲叢談』巻之七、宇野明霞（東京、平凡社、一九九四）、頁三八三—三九〇。

(36) 大田南畝『仮名世説』（『当代江戸百化物・在津紀事・仮名世説』新日本古典文学大系97、東京、岩波書店、二〇〇〇）、頁三五九。

(37) 著者未詳『蘐園雑話』（『続日本随筆大成』第四冊、東京、吉川弘文館、一九七九）、頁八三。

(38) 石川香山『聖学随筆』巻下（『日本随筆全集』第八巻、東京、国民図書、一九二七）、頁五九八。

(39) 『名古屋市史』学芸編（名古屋、名古屋市、一九一五）には、「業を深田厚斎、浅井図南及び小出慎斎に受け、最も慎斎に負う所大なりしものの如し」（頁一八）とあり、また、川島丈内も「小出慎斎の門人中最も優俊なるものは石川香山なり」という（川島丈内『名古屋文学史』名古屋、松本書店、一九三二）、頁三〇。谷口氏もいわれるように、小出慎斎が香山二四歳にして死去するのに対して、深田厚斎は香山四八歳まで存命であったので、深田厚斎の存在の方が香山にとって大きかったと思われる。

(40) 有松庵某編『芳躅集』天の巻、一、儒者、深田正韶撰、石川香山先生墓、頁二〇六。

其在鳴海也、殆成童、毎以寅出以辰至、列師之講筵、即日還家、筆其所聞、習其所伝、夜半而寐。往来十八里、前後三年、未嘗以風寒暑雨廃一日。

(41) 浅井図南『篤敬斎文稿』義冊、与病瘧人石安貞書、(宝暦一一年、香山二六歳)。
蓋吾子崇儒而為儒所労、罵仏而為仏所役。其所崇所罵、不能如意、則愛憎之心、無昼無夜、戦於胸中、戦而不已、遂致此鼓慄耳。如此乎、与小人何択焉。……(中略)……一旦顕然鎔化儒仏愛憎之心、無所染着、則儒不必非、胸中澗然、寒熱之戦、一鼓而定、凡天下之事、得遊戯三昧、又復何病之有、是為君子治瘧妙剤也。

浅井図南『篤敬斎文稿』義冊、第二冊、賀石川生遷居序、(宝暦一二年、香山二七歳)。

吾子性悪仏与小人甚矣。是亦乱也。自悪尚可、深悪人之信、是益乱也。吾子若不是誡、必不能成大器也。為其識量之隘也。

浅井図南『篤敬斎文稿』礼冊、与石香山書。

前日蒙過訪、多幸々々、輟鑾之頃、言不尽意、今復忠告、吾子聴之、夫甘言則喜、苦則怒、此庸人常態也。……(中略)……吾子近来、憎世之讜言、而不示余以文字、……(中略)……吾子向刻陸贄集、其意全惜讜言之不用而已。吾子憎讜言、甚於徳宗也。是為人惜之、而不能自為、可不怪乎。余視吾子、猶子弟也。吾子観余猶蛇蝎也。於余無損、而於吾子豈有益乎。……(中略)……余去世後、吾子雖悔悟、不亦晩乎。吾子深念焉。

この書簡に見るように、香山は師である浅井図南の忠告をも受入れず、両者の関係は良好とはいえなかったようである。前掲註(26)、谷口論文を参照。

(42) 『先哲叢談』巻之五、三宅尚斎。

(43) 『先哲叢談続編』巻之六、若林寛斎。

(44) 『篤敬斎文稿』義冊、賀石川生遷居序。
今我僻処山林、不与世接……(後略)……。

(45) 細井平洲『嚶鳴館遺稿』巻之一〇、復石川順夫(東海市史編さん委員会編『東海市史』資料編第三巻、東海、東海市、一九七一)、頁五八六。
津宮二生東学愚生也。問其郷友之賢誰、則先屈指於石川氏之子、殆二十年前之事也。

（46）「津宮」とは、宮川維徳（字は子勤）と津田元安（字は子承）のこと。「宮子勤碑文」（『嚶鳴館遺稿』巻之八、『東海市史』資料編、第三巻、頁五五一）によれば「是為尾張熱田人宮川維徳字子勤之墓、……（中略）…及其成童、乃命之就余友田子晋学、学日進、既而与其通家之子津田子承、倶来于東都、受業於余、因寓塾而居、……宝暦丁丑夏五月戊申、罹疫而夭、時年十有九矣。」（『小語』では年十七とある。『東海市史』所収、頁一四〇）とあり、宮川維徳は一五歳（「成童」）から「田子晋」、すなわち飯田高嶺（中西淡淵の高弟、平洲同門）に学び、そののちに津田元安とともに尾張から江戸に出て細井平洲に弟子入りした。その時に平洲の「郷友の賢」は誰かとの質問に彼等は先ず石川安貞に指を屈したのである。宮川維徳は、宝暦七年（一七五七）に一九歳（もしくは一七歳）で亡くなることとなるので、江戸に出てきたのが何年のことであるのかは分からないが、石川香山が話題になったのは、早くても宝暦七年から遡ること二、三年のことであろう。とすれば、石川香山が二〇歳前後のことである。

（47）浅井図南『篤敬斎文稿』義冊、賀石川生遷居序。

我石川生、鳴海人也。立志不回、嗜学不倦、退読書于安貞、有年于斯。一旦慨然嘆曰、学所以育才也、才所以済事也、今我僻処山林、不与世接、則無用於才、無益於事、何学之為、不如掲牌於通都、以教天下英俊也。然而母老矣。不可遠遊、当試于州府也。遂遷居于城南桑名街、以教授自任……（後略）……。

（48）岸野俊彦「尾張垂加派、堀尾春芳の生涯――享保から寛政期における尾張文化の一断面――」（『名古屋自由学院短期大学研究紀要』第二三号、一九九一）、頁二九。

（49）王応麟『玉海』巻二八、聖文。

唐金鏡書一巻。一名金鏡述。実録、貞観二年正月庚午、著金鏡述以示侍臣。宣宗、大中二年二月庚子、令狐綯為翰林学士、夜召与論人間疾苦、帝出金鏡書曰、此太宗著也。按実録、是書一篇、凡千八百余言。大宝箴云、著述金鏡、窮神尽聖。四部書目、乃没其名。或謂儒家序志一巻、列諸帝範之上者、即此書。是又無所拠。或曰、金鏡述、或止曰金鏡。

（50）麓保孝『帝範・臣軌』解説（東京、明徳出版社、一九八四）、頁一一―一二。

（51）深田九皐、名は正益、通称は彦九郎、字は子謙、九皐と号す。生卒は、一七三六―一八〇二で、石川香山と同年の生まれである。深田慎斎の第二子にして、兄厚斎に子が無いことから、その後嗣となり、家学を継承する。のち出仕し、国奉行、黒門足軽頭、書庫奉行などを歴任し、用人となり、寺社奉行を兼ね、さらに側用人にまで昇進した。石川香山とは同年の生まれであり、また香山の師である厚斎の弟であり、また後嗣でもあることから、両者の関係は非常に密であった。「友人」石川香山が、深田九皐の墓誌銘を書いたということからも、その関係の深さが分かる（『芳躅集』、深田九皐之墓（頁二〇三）に、「友人、石川安貞誌並銘」とある）『名古屋市史』人物編第二、第九、儒学、九、深田九皐、頁一九八を参照。

(52) 稲葉通邦『稲葉通邦記』景跡録（西尾市岩瀬文庫蔵）。鶴舞図書館蔵『通邦二十記』は、明治四三年に名古屋市史編纂用資料として筆写された抄録本。岩瀬本で小字で書かれている文字を（ ）で示した。なお、『冊府元亀』について岩瀬文庫蔵本では縦線をいれて消去しており、鶴舞所蔵の市史編纂用資料では、書き写されていない。

〔明和八年〕七月十五日ヨリ、与河村秀興（主人）深田正益（会頭）石川忠治（次座、已下生也）山高信記・鈴木貞忠、「六典会」（十七史、十三経、『明史』、『通典』『通考』『字典』『冊府元亀』『唐類函』。安永二年四月十日会了（予無闕席）。

(53) 『通典』二〇〇巻、唐の杜佑撰。上古より唐代の天宝年間に至る諸制度を沿革的に通観したもの。八〇一年に完成。『通志』『文献通考』とともに三通と呼ばれる。

(54) 『文献通考』三四八巻、南宋元初の馬端臨撰。『通典』を継承し拡大したもの。一二〇七年までの制度を詳論している。

(55) 『康熙字典』四二巻、一七一〇年、清朝康熙帝の命により編纂され、一七五五年に完成した字書。

(56) 『冊府元亀』一〇〇〇巻、北宋の王欽若らの奉勅撰。上古より五代までの史籍から記事を抜き出し、部門別に編纂したもの。

(57) 『大唐六典』三〇巻、唐の玄宗の勅撰。開元年間の官職を基準にして、それぞれの職掌に関する律令格式および勅などの諸規定を分類編纂。『周礼』の六官の制にならい、唐の官僚制度の体系を明示しており、唐代の法令や制度を知るのに、杜佑『通典』に並ぶ貴重な史料である。宰相の李林甫らによる注が付されている。

(58) 石川香山『陸宣公集釈義』唐陸宣公全集釈義序（京都大学附属図書館蔵、安永三刊本）。

余読書至於魯男子学柳下恵、不納寡婦、与虞升卿法孫臏減其竈、未嘗不廃書而嘆也。曰、嗟乎、学者当如此。不然則人与骨皆朽、其所有者古人之糟粕耳。古昔聖人之王天下也、仰観俯察、以立生民之道也。於是乎、三才之義始備焉。

後聖相継、鞭其後者、損益以従汙隆。其朽者雖異、其不朽者一也。……（中略）……余結髪知読書、深慨学術陵遅、欲得古人捨朽因不朽、見之事与言者、以開明大道之用也。乃自漢至唐、反復求之、或有行事而無立言、或有立言而無行事、事言両存者、唯陸宣公而已矣。……（中略）……曰、吾上不負天子、下不負所学、是所謂臨大節不可奪、君子人者也。天不欲亡斯文、貽公集以為経芸鼓吹也。而其全集吾土未梓、故欲同之膾炙、与共学捨朽因不朽之道也……。

(59) 後述する寛政増補版の自序では「生民の道」を「賛化の道」に改めている。

(60) 石川香山『聖学随筆』（巻上、頁五五七）では同様の意味で、「王氏談録ニ経書ハ人ノ根本ヲ養イ、史書ハ人ノ才思ヲ開クトアリ。学問ハ経ヲ根トシ、通鑑・陸子奏議ノ如キ書ヲ枝葉ト作ベシ」とある。また、香山には史学全般を学問のなかでも特に重視する面があり、「五史要覧序」でも「学問之道、莫大於鑑古也。鑑古莫先於渉前史也。渉史莫要於達治乱存亡之所由也。治乱存亡之所由何也。所任之当否而已矣。」と述べている（蓬左文庫蔵『資治五史要覧』五史要覧序）。

(61) 石川香山『陸宣公集釈義』唐陸宣公全集釈義序。

……而寒士不能償其所費、齎志擁膝者久矣。吾藩侍臣人見子魚・竹中華卿聞而憫之、与助成余志、促之上梓。

(62) なお、この一文は人見璣邑の文集『人見桼文艸』巻五（鶴舞中央図書館蔵）にも収められている。

(63) 浅井図南『篤敬斎文稿』礼冊、賀石安貞新居序。

安永丁酉之夏、君侯聞其名、召見給五口糧、命教授於近臣、名達四境、人景慕之、戸外履満、僑居不能容、……（中略）……越明年戊戌之春、買宅於城南長者街、上棟下宇、堂奥畢具、内可以奉母氏、外可以館諸生、儼然一私塾也。

(64) 阿部直輔『尾藩世記』上巻、九、源明公、天明元年一二月条『名古屋叢書』三編第二巻（名古屋、名古屋市教育委員会、一九八八）、頁四一一。

一二月、石川忠次、岡田新川をして、行水金鑑解を撰しむ。

(65) 『欽定四庫全書総目』巻六九、史部二五、地理類二、行水金鑑　一七五巻。

国朝傅沢洪撰。沢洪字穉君、鑲紅旗漢軍。官至分巡淮揚道按察司副使。是書成於雍正乙巳。……（中略）……有明以後、著作漸繁、亦大抵偏挙一隅、専言一水。其綜括古今、臚陳利病、統前代以至国朝、四瀆分合、運道沿革之故、彙輯以成一編者、則莫若是書之最詳。巻首冠以諸図、次河水六十巻、次淮水十巻、次漢水江水十巻、次濟水五巻、次運河水七十巻、次両河総説八巻、次官司夫役漕運漕規凡十二巻。其例皆摘録諸書原文、而以時代類次、俾各条互相証明、首尾貫穿、其有原文所未備者、亦間以己意考核、附注其下。上下数千年間、地形之変遷、人事之得失、絲牽縄貫、始末犂然。

(66) 阿部直輔『尾藩世記』上巻、九、源明公、明和四年七月条、頁四〇四。
(67) 『名古屋市史』政治編第一、史料編引用『天保会記』、頁五五一。
(68) 阿部直輔『尾藩世記』上巻、九、源明公、安永八年八月条、頁四〇九。
(69) また、次の史料も参照。

有松庵某編『芳躅集』天之巻、一、儒者、樋口好古撰、人見府君紀徳碑、頁二〇〇―二〇一。

……復超為参政、与聞国政、傍掌治水、疏鑿安達川、分流庄内川、拯溺除潴。

(70) 『名古屋市史』政治編第一、史料編引用『尾張名所図会』、頁五四三―五四五。
(71) 筆者の目睹した蓬左文庫所蔵本には、『行水金鑑抄』とあり、序跋がなく、その著作の経緯を記さない。
(72) 『名古屋市史』政治編第一、資料編所収『尾張名所図会』、水埜士惇君治水碑、頁五四四。

夫子魚君挙士惇君、使君専掌治水、又使造牐、令武藤加六・藤原直逵為副、量水利、相与戮力、土功遂成焉……。

(73) 谷口氏も「『行水金鑑抄』と『行水金鑑解』との関係は不明であるが、『行水金鑑抄』が『行水金鑑解』そのものなのかも知れない」といわれるように、詳細は不明であるが、蓬左文庫の目録にも『行水金鑑抄』の著者を石川香山と岡田新川とするように、この時の撰述命令の結果、『行水金鑑抄』が残されたと考えられる。
(74) 『新修名古屋市史』第四巻、第一章第四節、尾張藩の編さん事業（名古屋市、新修名古屋市史編集委員会、一九九七）、頁四六―四七。
(75) 細井平洲の事跡については、前掲註(24)、高瀬著『細井平洲』が最も浩瀚で細心の研究であり、多くを参照した。その他、平洲の廻村講釈についての研究は多くあるが、ここでは直接関係ないので省略する。
(76) 高木靖文「尾張藩校明倫堂の職制と慣行」（『新潟大学教育学部長岡分校研究紀要』第二五号、一九八〇）。
(77) 高木靖文「明倫堂文庫の形成――その量的側面について――」（『徳川林政史研究所研究紀要』昭和五二年度号、一九七八）。

(78) 前掲註(26)、谷口論文。
(79) 前掲註(24)、高瀬著、第八章、尾張藩主宗睦公に仕ふ、二四、明倫堂の新築、職員の組織、頁二一五。
(80) 人見璣邑『人見黍文艸』巻九、送前督学平洲応米沢侯之招之其国序(鶴舞中央図書館蔵)。
……(前略)……先生自択学官員、初擢岡田挺之、関嘉、中西衛教授、石川安貞、小河鼎、南宮齢典籍、後又挙新見平、角田拡、秦鼎、某々数子……(後略)……。
(81) 細井平洲『嚶鳴館遺稿』巻之八、浅野青洲先生墓碣。
是本州処士浅野青洲先生、諱韋相、字巨卿之墓。……比壮不欲禄仕、退而業教授、傍善書、遠近受其筆法者、殆八千人云。……先生長於余一五歳、以其与余同師淡淵先生、許余為忘年之友、故余自少常服其志操美……。
(82) 高瀬代次郎『細井平洲』第一二章、諸藩の門人故旧、七、石川香山、頁七三〇。
(83) 細井平洲『嚶鳴館遺稿』巻之一〇、復石川順夫。
徳民弱冠遊四方、至半百無成、樗木散材、朽腐自分、幸受一二公侯顧盻〔盼〕、亦唯竿吹于後列耳〔亦唯吹竽于後列耳〕。何有毘益乎政教哉。高明謬信道路虚誉、輙称以経済儒、徒使人慚汗沾〔沾〕衣、諺所謂遠花之薫、近賞則非、愚生之於高明亦云爾。……(中略)……高論亹亹、不惜肺腑、厚承教誨、至良医通否之言、何其慷慨、無能如愚生、非所敢当也。固然亦因此概察高明学術、超抜群類、則如金鏡陸集等注、亦必有発蒙惑者、異日得読敬教、巨卿謂高明亦是千里之物、但為高堂之養、欣如屈驥足、至孝者天之所福、後来為師一邦、範式群英、誠所望乎高明。
(84) 辻本雅史『近世教育思想史の研究——日本における「公教育」思想の源流——』第二章、折衷学の教育思想——細井平洲を中心に——(思文閣出版、一九九〇)、頁一〇九、初出は「「名君」の思想——細井平洲の思想と学問——」(『京都大学教育学部紀要』第二三号、一九七七)。
(85) 『愛知県教育史』第一巻第一章、藩校の教育、第二節、明倫堂(名古屋、愛知県教育委員会、一九七二)、頁一五三。
(86) 人見璣邑『人見黍文艸』巻九、送前督学平洲応米沢侯之招之其国序。
見存者、概進秩升階、或散在内外官、岡(田)松平図書監門人、博学家、関父安(関元洲)師事守秀緯(守屋峨眉)出於徂徠門、中々井善太(中井竹山)門人、拠宋儒者、石(川)、深田侍読(深田厚斎)門人、侍読私淑仁斎家学、小(河)与南(宮)独由先生之門、新(見)、林祭酒弟子、角(田)亦出它門、秦(鼎)其父学服部南郭、先生之択材也、博矣、恢矣。取其器、不問其門。所謂挙爾所知者、而不党同忌異也。

(87) 前掲註(74)、『新修名古屋市史』、頁四六。

(88) 『群書治要』(『四部叢刊』上海涵芬楼景印日本天明七年刊本)。細井平洲、刊群書治要考例(天明五年春二月乙未)。

(89) 『名古屋市史』人物編第二、第九、儒学、四三、関元洲、頁二二七―二二八。

関元洲(一七五三―一八〇六)、名は嘉、字は公徳、通称は進治。……(中略)……浅井図南、元洲の謹厚にして才識あるを愛し、憐みて之を人見璣邑に薦む。安永八年俸を賜ひて其苦学を資く、細井平洲侯駕に従ひて国に就く、一たび語りて合ふ。遂に江戸に従遊し、一年にして帰る。

(90) 『名古屋市史』人物編第二、第九、儒学、一〇四、小河鼎、頁二九五。

小河鼎(?―一八〇七)、字は士鉉、通称は善太夫。長崎の人小河天門の次子なり。細井平洲の長崎に遊学せる時、天門及び飛鳥圭洲と兄弟の約を結ぶ。後皆江戸に出でて平洲と同居す。天門歿するに臨み二児を託す。是を以て平洲鼎を視ること猶ほ子の如く、其明倫堂督学たるに及び、鼎を薦めて典籍となし、後教授に昇る。

(91) 『名古屋市史』人物編第二、第九、儒学、六七、南宮龍湫、頁二五六―二五七。

南宮龍湫、名は齢、字は大年、龍湫又藍川と号す。……(中略)……大湫歿する時歳甫めて十四、喪に居て哀を極む。服闋りて平洲の嚶鳴館に寓す。平洲其親友の子なるを以て之を視る事猶ほ子の如くす。……(中略)……天明三年尾張侯宗睦学館を建て平洲をして督学たらしむ、平洲乃ち龍湫を薦めて典籍となす。

(92) 『名古屋市史』人物編第二、第九、儒学六一、角田青渓、頁二四五―二四六。また、『趨庭雑話』に「昭世子(治興)、徂徠学を信じ給ひしが、其頃、明公には専ら宋学に向はせられ、速水清次郎をもて世子の師範たらしめられしかども、聊か信用し給ハず、只一渉り講釈聞かせられしのみなりき。その後、同心より新御番に召出されし御学問相手角田市左衛門、深く御心に叶ひ、種々御会読をもなさせられしが、天性豁達におハしまし、雅俗の才あらせられし。」(『趨庭雑話』『名古屋叢書』第二四巻、頁四一五)というように、宇佐美灊水に学んだ角田は徂徠学を好む世子治興に深く信頼されていたようである。同様の話が、「御同君御側相勤候山村清兵衛談」として『尾藩老談録』下(鶴舞中央図書館蔵)にも収録されている。そこに、続けて「学術及筆道達者ニ付、人見弥右エ門吹挙ありて新御番被召出御加扶持等も被下、右之通御学問御相手」とあり、人見璣邑の抜擢であったことは間違いないようである。また、太田正弘編『補訂版　尾張著述家

綜覧』（瀬戸、太田正弘、二〇〇五）、頁一六四も参照。
(93) 小川和也『牧民の思想――江戸の治者意識――』第五章、代官の政治（平凡社、二〇〇八）、頁二六四―二六五。また、『補訂版　尾張著述家綜覧』、頁五一を参照。
(94) 前掲註（9）、福井論文「天明版群書治要校刊始末（下）」。
(95) 前掲註（26）、谷口論文。
(96) 『尾州御小納戸日記』天明七年八月一八日条。
一、野村佐太夫ヨリ左之通申越候。兼而石川忠治へ相渡置候群書治要もはや御用相済指出候ニ付御書物奉行へ指遣候筈ニ候。深田彦九郎知多浦塩湯治相越候ニ付帰府之上遣候様ニ可致旨右之本ハ源敬様御譲リ之御本之由ニ而大切ニ仕置候御本之様子ニ付其心得ニ而取計候様ニ佐太夫ヨリ申越候、群書治要、廿五册。
(97) 福井氏が詳細に論じられたように「考例」に名がないことが、そのまま校訂に参加しなかったことを意味するのではない。それは、細井平洲が校訂者の名を挙げた後に「等」の字を付けていることからも分かる。福井氏は、その代表として、片山兼山を紹介されている。
(98) 香山が『群書治要』を読んでいたということは、『聖学随筆』巻上（頁五六八）で言及していることからも分かる。
(99) 前掲註（27）、谷口論文。
(100) 本論では、長澤規矩也編『和刻本漢籍文集』第一輯（東京、汲古書院、一九七七）影印の寛政二年序名古屋永楽屋東四郎等刊本を用いた。
(101) 医王山は楠木正成が自刃した広厳寺のこと。なお、徳川光圀の手による有名な「嗚呼忠臣楠子之墓」の銘文も広厳寺に贈られたものである。
(102) 石川香山『陸宣公全集註』附贈正三位近衛中将楠公事。
陸宣公終身所用力、不負所学者也。亦有同者、我楠公其人也。公之赴湊川也、遺書於長子正行、唯勉以勤学無怠、無一言及他也。正行善継父之志以壮年辞国邑、未幾起義兵而死之。唯存忠義之名、長与居諸争光。此所謂不負所学者非耶。余恒忻慕公之徳、恐其嘉言不顕、以不負跡有似、以其事附之、且以宣公集注一部、蔵公遺跡医王山云。石川安貞謹題。

（103）筆者が目睹したのは、京都大学附属図書館蔵、寛政一二年刊本。目録カードによれば、該書はいわゆる大惣本の一冊である。大惣本は名古屋の貸本屋、大野屋惣八の旧蔵本である。『近世人の読書――大惣本をめぐって』（京都、京都大学附属図書館、一九八八）、広庭基介「京大「大惣本」購入事情の考察」（『大学図書館研究』第二四号、一九八四）参照。

（104）石川香山『勤学俗訓』石川安貞識。

余居恒慨学徒偸薄、欲与善士矯之。日月逾邁々也。耄及之。故書平生所惟以述之。其用俗言者、為便艸野人也。易曰、納約自牖、若蒙昧士、有啓発以帰忠、厚則愚考慮亦学之戸牖云。寛政甲申春三月。石川香山識。

（105）本文で論及できなかった数点について述べておきたい。第一点目に、香山の引用している正成が正行に与えた遺言であるが、これは史実としては存在せず、江戸時代になって理想像として楠正成が流行しだした時に作り出された虚構の物語である。詳しくは、今井正之助、加美宏、長坂成行校注『太平記秘伝理尽鈔』（東京、平凡社、二〇〇二）、頁四五五を参照。それによれば、古い例として『芳野拾遺物語』巻三「楠正成子息正行遺言」に、「今度隼人指遣候事非余之義候。我等最期近々ニ覚候。願ハ貴殿成長之器量、見届ヶ度候へども、義之重き処、更難遁れ候、勤学無懈怠、忠孝之勤、成長之後、我等心中可被察候。尚々此巻衣三従君拝受、具足ハ祖父より着古候へども、永形見と送候。正成。建武二年五月日。楠庄五郎殿。」とある。他にも、『南朝太平記』巻一三（『国史叢書』東京、国史研究会、一九一四）、『武備和訓』巻四（『武士道叢書』東京、博文館、一九〇五）、にほぼ同文のものが収録されている。第二点目に、本来、武士の理想像として語られた楠正成が、庶民の理想像としても語られたことについては、若尾政希氏が『河内屋可正旧記』という書物を分析し明らかにされている（若尾政希『「太平記読み」の時代――近世政治思想史の構想』東京、平凡社、一九九九）。若尾氏によれば「商人や農民も智仁勇を兼備せよと説いて」おり、「民の修身・斉家のよりどころに、また農民・商人（それぞれの職業人）としての自己形成のよりどころとなっている」と述べられている。この書物は上層農民の壺井五兵衛が元禄初年から宝永年間にかけて子孫らへの教訓として書きためたものというから、香山の例に先行する。このように、石川香山による「陸贄＝楠正成」観は、江戸時代における楠正成評価のバラエティーの一つとして理解でき、興味深い事例であると思う。

（106）前掲註（105）、若尾著、頁二九五。

（107）鈴木俊幸『江戸の読書熱――自学する読者と書籍流通――』（東京、平凡社、二〇〇七）。

(108)『名古屋市史』人物篇第二、第九、儒学、七五、石川魯庵、頁二六三―二六五。
石川魯庵（一七七三―一八四一）、名は嘉貞、字は公幹、魯庵、又、三己叟と号す。通称は順次。岐阜の町医師水野玄宅の第二子にして、石川香山に養はれて其嗣となる。……（中略）……文化八年家を襲ぎ、香山の遺跡七十五俵を給ふ。此年冢田大峯督学となり、学政一変す。魯庵家学を継承して独之を守る。文政十年奥詰となりて江戸に赴き、世子斉温に侍読す。尋で斉温封を襲ぐに及び儒者を兼ぬ。天保三年学問所総裁の事を行ひ、小納戸格となり、二百俵を給ふ……。

(109)『名古屋市史』人物編第二、第九、儒家、一〇、深田香実、頁一九九―二〇〇。石川香山の墓誌銘を書いたのは「門人」深田香実で、先述したように、香実の父である深田九皐の墓誌銘を書いたのが「友人」石川香山であったように、香山と深田家との関係は非常に深い。

(110)山口耕軒、名は貴和、字は士春、耕軒と号す。通称は和一郎。石川香山に学んだのち、大坂に行き、中井竹山に師事し、さらにその後江戸に出て昌平黌に七年間学ぶ。そして、尾張藩の国老志水氏に仕え、時習館総裁となる。『名古屋市史』人物編第二、第九、儒家、一〇七、山口耕軒、頁二九七。

(111)大津北圃、名は文広、字は季淵、北圃、また雖小斎と号す。通称は小右衛門。幼くして明倫堂で細井平洲に学んだ後、石川香山に師事した。『名古屋市史』人物編第二、第九、儒家、一一四、大津北圃、頁三〇三―三〇四。

(112)山碕菜茹、名は祖静、字は寂然、菜粥居士と号す。通称は専父。若くして儒学を磯谷滄洲と石川香山に学び、また山碕真人と浅井貞庵に医学を学んだ。のち、奥医師に任じられる医者として知られている。『名古屋市史』人物編第二、第一三、医学、一二三、山碕菜茹、頁四八〇―四八一。

(113)延岡繁氏の研究によれば、西山玄道は、美濃国から名古屋に出てきて、石川香山に医学を学んだ後、天明四年から町医師として開業し、のち藩の御目見得医となった人物であるという。ここで興味深いのが、石川香山に医学を学んだという点である。延岡氏は「当時、著名であった儒医、石川香山」に学んだと述べられている。はたして、延岡氏が基づかれたのが如何なる史料なのか不明であるが、事実であるとすれば、香山は浅井図南に医学を学び、「儒医」としての側面があったこととなる。ちなみに、香山に医学を学んだという西山玄道の次男である伊藤圭介（一八〇三―一九〇一）は、医学と本草学を修め、日本に来ていたシーボルトにも学び、のち東京大学教授となり、日本で初めて理学博士の学位を授与された人物であるという。延岡繁「伊藤圭介とスウェーデン」(中部大学女子短期大学紀要『言語文化研究』第九号、一九九八)。

(114)『名古屋市史』学芸編、第一章、文学、第二節、漢文学、第二款、闇斎学派、頁一三―一四。

(115)『名古屋市史』人物編第二第九、儒家、一七、小出慎斎、頁二〇四―二〇五。

(116)『名古屋市史』人物編第二第九、儒家、八、深田厚斎、頁一九八。

(117)ただし、興味深いことに、香山は朱子とその学問について語ることはあっても、管見の限り山崎闇斎について言及することはほとんどない。本論では『名古屋市史』以来論じられてきたところに従って、香山を闇斎学派朱子学者として論じるが、香山の闇斎に対する考えなどは必ずしも明らかではない。

(118)細野要斎『葎の滴諸家雑談』不分巻(『名古屋叢書』三編第一二巻、名古屋、名古屋市教育委員会、一九八一)、頁一四七。

(119)深田香実に関する研究に、岸野俊彦「深田香実とその交友」(『名古屋自由学院短期大学研究紀要』第一八号、一九八六)、同「深田香実とその思想(一)」(『名古屋自由学院短期大学研究紀要』第一九号、一九八七)があるが、香実の師である石川香山についてはあまり関心が払われておらず、言及は少ない。史料が多くないこともその一因だと思われる。

(120)川島丈内『名古屋文学史』第四篇、漢学及び詩文(名古屋、松本書店・東文堂書店、一九三二)、頁二一四。

(121)有松庵某編『芳躅集』天の巻、一、儒者、深田厚斎之墓、頁一九五―一九六。『芳躅集』天の巻、一、儒者、深田九皐之墓、頁二〇二―二〇三。石川香山は「門人　石川安貞謹撰」とし、「深田九皐之墓」には「友人　石川安貞誌並銘」とする。

(122)有松庵某編『芳躅集』天の巻、一、儒者、石川香山先生墓、頁二〇五―二〇六。「門人　深田正韶　謹誌」とある。

(123)有松庵某編『芳躅集』天の巻、一、儒者、魯庵石川君墓、頁二一六。「友人　深田正韶誌」とある。

(124)高木靖文氏も「(巾下学問所が設置された)このころが、闇斎学派が最も脚光を浴びた時期であった」と論じられている。「蟹養斎教授法の一考察」(『新潟大学教育学部紀要』人文社会科学編、第二六巻第二号、一九八五)。

(125)最近の蟹養斎に関する研究では、白井順「蟹養斎の講学――九州大学碩水文庫を主たる資料に仰いで[含 付録 蟹養斎活動年譜]」(九州大学大学院人文科学研究院『哲学年報』第七〇輯、二〇一一)が詳しい。

(126) 那波魯堂『学問源流』。

(127) 巾下学問所については、大口佩蘭「蟹養斎先生と巾下学問所」(『紙魚』第一一冊、一九二七)、『愛知県教育史』第一巻などを参照。松平君山については、前掲註(14)、市橋著を参照。

(128) 深田正韶編『天保会記鈔本』巻三(『名古屋叢書』三編第一三巻、名古屋、名古屋市教育委員会、一九八七)頁二〇二。

(129) 前掲註(124)、高木論文。

(130) 小出慎斎『木屑』京都大学附属図書館蔵、京大大惣本、写本。

(131) 『不得已』鶴舞中央図書館蔵、安永二年自序本。

(132) 小島康敬氏は、江戸時代に出た徂徠学批判の要点を四つに分けている。第一に、徂徠学の学問的傾向、特に修身論の軽視に対する批判、第二に徂徠学の文献学的な実証性・客観性の不備を衝いた批判、第三に徂徠学の中華主義的な考え方に対する批判、第四に徂徠の学説に対する思想的な批判、である。香山の徂徠学批判は、小島氏のいう第一と第二にあたる。小島康敬「反徂徠学の人びととその主張」(『徂徠学と反徂徠』東京、ぺりかん社、一九九四)。

(133) 石川香山『聖学随筆』上巻、頁五六六。

(134) 石川香山『聖学随筆』下巻、頁五九九。

(135) 石川香山『勤学俗訓』。

(136) 荻生徂徠『徂徠先生答問書』(『近世文学論集』日本古典文学大系94、東京、岩波書店、一九六六)、頁一七〇。

(137) 中村幸彦「文人意識の成立」(『岩波講座日本文学史』第九巻、近世、東京、岩波書店、一九五九)、日野龍夫「儒学から文学へ——徂徠学の位置——」(『徂徠学派』東京、筑摩書房、一九七五)、多治比郁夫「詩人の誕生——幽蘭社・賜杖堂・混沌詩社」(中野三敏編『日本の近世、一二 文学と美術の成熟』東京、中央公論社、一九九三)などを参照。

(138) 広瀬淡窓『儒林評』(『日本儒林叢書』第三冊、史伝書簡部書目、東京、東洋図書刊行会、一九二七)。

(139) 例えば『文会雑記』に「学問ハ何ノタメゾ。今日言行一致、修身斉家ノ道ヲ学ブナリ。蘐門ノ学士ハ経学ハ訓詁ノミニテ、文章ヲノミ専ラトスルユヘ、放蕩無頼ノモノ多シ。宋学ヲ尊奉スル儒者ハ其弊尠シ。武芸ヲ学ブヨリハ、程朱ノ学ヲ貶斥セヌガヨロシ」(頁一七〇)、「洛機ノ間ノ学問大ニ軽率浮過ナルコト也。中ニモ大坂甚シ。大坂ニテハ、子ハ来翁門人、予ハ南郭門人ナド云ヒタテ、ソレニテ口ヲキキテ、少シノ学問モナキ人多シ。学問ノ浮過ナル上ニ無頼ヲ加味シタリト、南郭モ歎息シ給ヘリ」とあり、服部南郭にも当時「浮過」「無頼」が多いと感じられたというのは興味深い。『文会雑記』（新装版『日本随筆大成』第一期第一四巻、東京、吉川弘文館、一九九三）。

(140) 石川香山『勤学俗訓』。

(141)『文会雑記』、頁一九五。

(142) 石川香山『人主之職』蓬左文庫蔵、自筆本。

(143) 石川香山『聖学随筆』巻上、頁五五七。

(144) 石川香山『陸宣公全集釈義』附、唐陸宣公全集釈義序。

於是自漢至唐、上下求之、或有行事而無立言、或有立言而無行事、事言両備者、唯陸宣公而已矣。

(145) 石川香山『陸宣公全集釈義』附、唐陸宣公全集釈義序。

余結髪知読書、深慨学術陵遅、窃恐其紊政敗俗、流毒於生民、以致聖教之塗炭也。欲与善士講窮此道、以除其弊也。吾土自復古学興焉。夫人自謂得驪珠、而其古也亦唯求馬於唐肆、窺鳳於藪沢耳。故与生民不相入、猶方鑿之圓枘也。甚者以学代弄、纔知読書賦詩、則心夸体忲。播棄名教讎視荘敬。世業以為糞土、職任以為臭腐。其殺青満案、不止有之無補、無之靡闕。其貽害不貲也。

(146) 石川香山『勤学俗訓』。

(147) 香山の弟子とされる深田香実は、明倫堂で香山による『文選』の講義に出席していた。前掲註(119)、岸野論文を参照。

(148) 石川香山『聖学随筆』巻上、頁五六三。

明堂ハ許慎五経異義ニ布政之宮トアリ、総シテ王者天下ヘ政令ヲ施シ玉フ堂ナルニ、後漢ノ范冉伝ニ明堂之奠(ママ)注ニ神明之堂謂壙中也トモアリテ、塚ノ中ノコトニツカヒ、左伝ニ明器ヲ明徳ノ器トテ重代ノ御宝物ノ事トアルヲ、礼記檀弓ニハ明器ヲ鬼器トテ死人ニ用ユル器トナシ、周章ハ楚辞ニハ物ノアマネキコトニツカイアルヲ、漢書ニハアハテフタメキタルコトニ取り、側席ハ左伝ニ晋文公ノ楚ニ子玉得臣アルコトヲ恐レテ側席セラル丶コトアリ、又礼記ニモ憂ノアル人ハ側席シテ而坐ストモアリテ、スベテ心ニ憂アル人ノ独坐シ安カラザル事ニ用ヒアレドモ、又漢書ニ坐スレハ、則側席ストツカヒシハ、君ノ御側サラズト云心ニ用ヒ、「睚眦」ハ史記等ニハ小ノ怨ノコトニ取タルヲ、又陸賈新語ニ唯諛之行ヒ唯言之聴以睚眦之間、事君者厠役也トアルハ、君ノ目ヅカヒノ様子バカリヲ考ヘ阿リ諛フコトニツカヘバ目ヅカヒノミノ事ニモツカヒ……（中略）……是等ニテ見レバ文字ヅカヒハ一概ナラズト知ルベシ。

(149) 石川香山『聖学随筆』巻上、頁五六九。

(150) 石川香山『聖学随筆』自序、頁五五五—五五六。

余不知奕棊、講経之暇以渉諸書代之。時偶抄出□為十年間、積為若干冊。□未冬撮□所有以為小冊、名以代奕雑抄。

(151) 石川香山『勤学俗訓』。

(152) 恩田仲任「秉穂録二編小引」岡田新川『秉穂録』（『日本随筆大成』第一期第一〇巻、東京、吉川弘文館、一九二八）。

吾兄挺之所嗜、唯書。九流百家仙仏之書、無不研究。浹洽与劉楊比、最愛異聞。毎有所得、筆之於書、名曰秉穂録。

(153) 前掲註（25）、杉浦解説、頁二一—二三。

(154) 石川香山『読書正誤』（『日本儒林叢書』第四冊、論弁部書目、東京、東洋図書刊行会、一九二七）、頁一。

物徂徠作論語徴、其徒太宰春台作古訓及外伝。其徴也、不徴諸古而徴臆焉。其訓也、不訓於古而訓己焉。強選奇僻以嘲宋儒、枉誣無稽之説也……。

(155) 石川香山『読書正誤』、頁八—九。

天理人欲　徴云、朱子人欲浄尽、天理流行、固其家学。又曰、天理人欲出於楽記、而不言去人欲以尽之。夫人欲浄尽、豈人之所能為乎。〔正〕楽記、滅天理而窮人欲者也。韓詩外伝、倚天理、観人情。漢衛青伝、逆天理乱人倫。傅介子伝、甚逆天理。晋劉頌伝、天理之常也。裴頠崇有論、末以忘本、則天理之真滅。天理字、歴歴古書所伝也。若夫飢而欲食、寒而欲衣、労而欲息、壮而欲室、人之所有也。欲浄尽之、是木石待人也。宋儒雖痴、豈為此不情之言哉。故宋儒不謂尽之、必謂節之也。宋儒所謂浄尽、指為欲所累者也。如湎酒惑色穢財是也。猶身之有疾、苗之有螟、木之有蠹、勉浄尽之、唯恐有遺種焉。若宿而養之、身必為之斃、苗必為之稿、木必為之枯也。猶火之有余燼、撲滅不尽、死灰復為延炎也。故易曰、懲忿塞欲。老子曰、使目不視可欲、使心不乱。荀子曰、以公義勝私欲、為畏慾之故也。徂徠読書不精、認欲為一途、為此枉誣耳。

(156) 石川香山『読書正誤』、頁一〇。

徂徠以己為師。苟有不合私意者、并古義為陋。

これは荻生徂徠が『論語徴』で「以錯為廃置、包咸之陋也」と、包咸を「陋」とするのを指している。荻生徂徠、小川

環樹訳注『論語徴』為政第二（東京、平凡社、一九九四）、頁七九。

（157）石川香山『読書正誤』、頁一一。

訓不取於荀卿・董仲舒・楊《ママ》雄、而取之臆説。

（158）日野龍夫「偽証と仮託――古代学者の遊び」（『江戸人とユートピア』（東京、朝日新聞社、一九七七）。

（159）前掲註（132）、小島著、頁二〇六。

第五章　一八世紀後半、尾張藩儒石川香山と岡田新川のあいだ

――その学術と政治意識

はじめに

尾張藩の学術史上において、一八世紀後半は最も多くの業績が生み出され、時に「〈名古屋学〉の最盛期」と呼ばれる(1)。これは主に第八代藩主宗勝（一七三九―一七六一）と第九代藩主宗睦（一七六一―一七九九）の時代にあたる。この時代の藩政府の基本方針は、質素倹約であり、これは幕府によって隠居謹慎を命じられた藩主宗春の政治に対する反動として行われた。特に宗睦によって推進された各種改革は、天明寛政改革と呼ばれ、改革を指導した宗睦は「名君」として高く評価されている。この改革では文教政策にも重点が置かれ、天明三年（一七八三）に藩校明倫堂が開設され、その附属機関として藩史や地誌の編纂にあたる継述館も設置された。藩政府主導の下で行われた編纂事業では、つねに松平君山が中心的人物として活躍し、藩士の系譜集である『士林泝回』（一七四五年）や、尾張の地誌である『張州府志』（一七五二年）が著わされた。続いて藩政の編年記録である『事績録』が編纂され、宗睦の時代には幕府の命令により、尾張家の「系譜」の見直しと『事績録』に続く藩政記録の編纂が行われ、『御記録』『御系譜』が寛政年間に完成する。『群書治要』『鄭注孝経』の校訂事業と、その清朝

への輸出、また石川香山に命じられた「宋以後史類編集」と、その結果完成した『資治五史要覧』、そして藩命により編纂された『資治通鑑證補』も、この文教政策の一環であった(2)。同時に民間においても、日本古代史研究が最盛期を迎えており、河村秀穎・秀根・益根ら河村家による『日本書紀』研究が『書紀集解』として結実し、また河村家に神村正隣、稲葉通邦らを加えて律令の研究が行われ、養老令の逸文の復元や『講令備考』の編纂が行われた。

このように、一八世紀後半の名古屋は「人材の宝庫ともいえる状況」(『新修名古屋市史』、頁四六)にあり、中でも特に注目されてきたのが、松平君山(名は秀雲、字は士龍、通称は太郎左衛門、一六九七—一七八三)にはじまり、岡田新川や河村益根に受継がれていった名古屋独特の君山学派である(3)。前章でも論じたように、朱子学者である石川香山の業績はこれまでほとんど注目されてこなかったといってよい。

前章では、石川香山の生涯と思想の概略を見た。香山の思想的特徴は、第一に熱心な朱子学者であり、また同時に反徂徠学の立場にあった。第二に、徂徠学の中でも特に詩文派といわれる政治世界とは無関係に生きようとする文人達に対する激烈な批判を展開したことである。それ故、彼は学問と政治的実践の一致を支配層に強く要請する。つまり、政治的実践の主体を涵養する書物として、香山は『陸宣公全集』を見出し、注釈を書いたのであった。第三に、「古語」の典故出典探しを重んじ、「古意」の精確な把握を目指す実証的な学問態度である。詳細は第六章で論じるが、『陸宣公全集釈義』という注釈書は、この学問態度に基づいて著されたきわめて着実で実証的な成果である。この学問態度と精神において、石川香山と君山学派との思想的距離の「近さ」を予感するのである。

そこで、本章では、君山学派の中でも岡田新川を取りあげ、その人と思想の特徴について述べ、そして石川香山との比較を行い、両者の思想的距離を確かめたい。ここで君山学派の中でも岡田新川を取りあげる理由は次の通りである。

まず、両者とも細井平洲にその学問を高く評価され、天明三年の藩校明倫堂の開校時点において、岡田新川が学館都講（明倫堂教授）、石川香山が学館典籍（明倫堂典籍）として任命され、当時の尾張藩文教政策の中枢にあったこと、さらに岡田新川は細井平洲を継ぐ第二代督学となり、さらにそれを継承した第三代督学が石川香山であり、二人は創設以来、明倫堂を支えてきた中心的存在で、非常に「近い」関係にあったからである。

しかし、両者はこのように「近い」関係ではあるものの、やはり学問的には両者の間には溝があり、複雑な関係が見られる。それは、前章で論じたように、石川香山は、「政を紊し俗を敗り、生民に毒を流す」ものとして荻生徂徠の古文辞学を、特にその末流の詩文派を真っ向から否定し、矯激なまでの排斥の言葉を連ねる崎門派朱子学者であった。一方、岡田新川に学び「紀典学」を提唱し、『書紀集解』を完成させた河村益根は、「古語」「古言」（中国の古代言語）を理解する上で、宋学・朱子学を無用の学問であると否定的に認識し、漢唐注疏の学（古注）の重要性を説いた。松平君山や岡田新川には諸学兼修の傾向があり、朱子学そのものを否定することに力を入れていたわけではないが、その学問態度は荻生徂徠の古学派・古文辞学派に近いと言われる（詳細は後述する）[4]。このように、両者の間には明確に学問的な溝が存在する。君山学派が主に注目されてきた斯界にあって、この溝こそが、朱子学者石川香山の存在を見えにくくしているのではないかと考える。

では、確かに両者の間には溝があるとしても、それがどのような溝で、どれほどの距離があるのかなど、石川香山という人物が、君山学派とどのような関係にあったのかを論じなければ、一八世紀後半の尾張における、彼の学術史的位置は定まらないのではないだろうか。

本章は、このような課題に導かれ、石川香山と岡田新川の関係を論じるものである。だが、君山学派が注目されてきたとはいうものの、実は現在までのところ、岡田新川や河村益根らについて、その生涯と思想とが多く論じられてきたわけではない。かつて吉川幸次郎氏が、河村家の学術について論じられた時、秀根については、阿部秋生氏による浩瀚な伝記と研究があるものの、これだけではまだ彼らについての研究は十分ではなく、「遺憾に思う」といわれたことがある。(5) 以来、約半世紀、附随的に彼らの名が語られることはあっても、その研究状況はあまり変わらないようである。

そこで本章では、まず岡田新川の人となりと交友関係、学問や政治に対する思想について、これまで言及されてこなかった点を論じ、次に石川香山の思想と比較することで、一八世紀後半における尾張藩の漢学者をとりまく学術状況の一端を明らかにしたいと思う。

第一節　岡田新川とその表象

岡田新川（名は宜生、字は挺之、通称は仙太郎、新川は号であり、また別に暢園、杉斎、朝陽館とも号す）は、尾張の世臣、宗愛の長子として元文二年（一七三七）七月七日に生まれ、寛政一一年（一七九九）に六五歳で没す。石川香山の一歳年下であり、約一〇年ほど先に亡くなったことになる。天明元年（一七八一）一二月、藩命により石川香山と共に『行水金鑑解』を編纂し、天明三年の明倫堂の開学時には、学館都講（明倫堂教授）として、役職は違うものの、香山とともに明倫堂に名を連ねている。そして、『尾藩世記』によれば、天明三年一一月二八日、史館が継述館と改称されるに際して、新川は継述館総裁に任命され、(6) 寛政四年（一七九二）四月には、細井平洲に代わって第二代目の明倫堂督学に就任し、それによって新川が退いた継述館総裁に石川香山が就任している。(7) そして、寛政一〇年（一七九八）一二月に、体調不良によって任を退いた新川に代わり、香山が継述館総裁のまま、第三代目の明倫堂督学を兼任することとなる。(8)

他にも、藩儒として藩を挙げての大型編纂事業・校合作業に多く参加していることでも知られる。『行水金鑑解』を香山と共同執筆したことにはすでに論及した。香山が『資治五史要覧』、『資治通鑑證補』を編纂していた頃、新川は『群書治要』校訂の中心人物の一人として藩の編纂事業に深く貢献していた。他にも、天明六年（一七八六）には、藩政の記録である『御記録』や『御系譜』の編纂に先駆けて、「御代々御記録編集之儀」が新川に申し渡されており、[9] 寛政二年（一七九〇）には、初代藩主義直の著作を校合する事業への参加を命じられ、『成功記』を担当している。[10] また、蓬左文庫には『昼簾緒論解』という書物も岡田新川の著作として蔵されている。これは新川の著作の内、あまり知られていないものであるが、書名からも分かるように、中国南宋の人である胡大初（天台人、嘉熙二年の進士）の官箴書『昼簾緒論』に注釈を付けたものである。『昼簾緒論』（一巻）は、大部の書籍ではないが、尽己、臨民、事上、寮采、御吏、聴訟、治獄、催科、理財、差役、賑恤、行刑、期限、勢利、遠嫌の一五項目に分け、「県令居官の道」を論じたもので、『四庫全書提要』の言葉を借りれば、「己を潔くすること」「心を清くすること」「民を愛すること」「政に勤めること」を官吏の「急務」とすることを説いている。[11] このような地方官としての統治の心得を説いた中国の官箴書については、当時尾張では、樋口好古が元代の張養浩『牧民忠告』に解説を付けた『牧民忠告解』を著している。岡田新川の『昼簾緒論解』には序跋もなく、著作に至る過程など不明な点が多いが、『牧民忠告解』が人見璣邑を発案者とし、藩命によって著述・出版が行われていることからして、この書も同じく藩命による編纂、特に人見璣邑あたりから命じられた注釈であったと考えていいだろう。[12]

このように、香山と新川とは年齢も近く、尾張の儒臣としても継述館総裁および明倫堂督学を前後して務めたのであり、彼らはまさにその生きた時と場を共有していた。そのため、例えば青柳文蔵『続諸家人物誌』（文政一二年序）は、松平君山門下の儒家として、磯谷滄洲・岡田新川・恩田蕙楼・千鵞湖・人見璣邑とともに石川香山を並べ「尾張人、君山ノ門人、本州ノ儒官」[13]と、新川と香山を君山門下の同門生としている。

ところが、興味深いことに藩儒としての彼らの関係がこのように密接であるにもかかわらず、藩儒という公の場を一歩離れてしまえば、彼らに密接で友好的な関係があったことを伺わせる史料を、管見の限り見出すことはできなかった。結論からいえば、彼らに活発な私的交遊がなかったといわざるをえず、『続諸家人物誌』のように単純に香山と新川とを「君山の門人」として並べることは出来ない。[14]

では岡田新川と交遊関係の深かったのは、どのような人々だったのか。主に次の二点に分けて考えることができる。第一に、師の松平君山および、その門下の磯谷滄洲、堀田恒山、そして実弟でもある恩田蕙楼ら君山学派に連なる者たちである。[15]第二に、新川を中心に結んだ詩社である暢園詩社と、新川の詩の門人たち、つまり詩を媒介に交流した人々である。暢園詩社の社友については、熊坂台州・磐谷輯『永慕後編』「附録」（上下二巻、享和元年台州序）によって知ることが出来る。これは、台州の建てた真隠亭に題詠を寄せるために、新川が社中の者に促して漢詩を作らせ、一括して寄せたものである。[16]煩を厭わずその名を次に挙げておく。

岡田挺之、　穂積良甫（字良甫、鈴木氏、尾藩人）、
岡田守常（字子平、岡田新川令嗣）、　河村益根（字培二、尾藩臣）、
重松驥（字千里、号鷲洞、尾藩臣）、　大館信臣（字子良、号東海、尾張人）、
柘植自直（字子諒、尾藩臣）、　海部高正（字子方、尾藩臣）、
安井信富（字好古、尾藩臣）、　恩田仲任（字仲任、称進治、尾藩臣）、
石川定香（字君馨、号丹丘、尾藩人）、　平野正良（字子元、尾藩臣）、
擁巻公子（氏石河、名光豊、字万年、擁巻其号、称太郎八。尾張上大夫、伊賀守石河公嗣子）

また、新川は磯谷滄洲・石作駒石と三人だけで、別に詩社を結び、社約を作り、その詩集として『莫逆編』（安永六年序）[17]を出版している。磯谷滄洲（名は正卿、字は子相、通称は覚左衛門、一七三七―一八〇二）は、君山門下でも新川の詩、滄洲の文といわれ、新川にならぶ俊才である。特に明和元年（一七六四）、甲申の朝鮮通信使が来た時、その製述官の南玉（字は時韞、号は秋月）や副使書記の元重挙（字は子才、号は玄川）に新川とともにその才学を称されたことでも名高い[18]。石作駒石（名は貞、字は士幹、通称は、一七四〇―一七九六）は君山門下ではなく、南宮大湫門下である。

また、『永慕後編』に挙げられた社友から洩れた門人では、松永国華を筆頭に[19]、奥田鶯谷、浅井貞庵（名正封、字堯甫、図南の後嗣）、深田正韶がおり、それ以外にも名古屋の蘐園学派に属する秦滄浪（名は鼎、字は士鉉）、千村鵞湖（名は諸成、字は伯就、力之、号は鵞湖、自適園）といった人びととの交流が盛んであった[20]。当然、君山学派に連なる者と新川の詩社に加わった社友とを明確に分けることは無意味であり、むしろ既存の君山学派を中心に詩社が結ばれたと言った方が良いだろう。

このように岡田新川は、漢詩で名を馳せており、彼の著作には『新川集』『晞髪偶詠』『暘園詠物詩』『暘園詩草』といった文集・漢詩集が多く残されている。しかし、それらの史料に石川香山の名を見出すことはできない。香山にも『香山集』という文集があり、鶴舞中央図書館にかつて所蔵されていたようであるが、先の戦災によってすでに失われ、いまやその内実を知るすべもない。香山側の史料によれば、知り得た情報もあったかもしれない。しかし、新川の残した詩友との記録は相当多く、そこに香山を見出せない限り、やはり大局的な変化は見込めないだろう。

そこでわれわれは、次に彼らに私的な交友関係がなかった意味を考えなければならない。やはりそこには生き方や考え方、つまり思想の相違があったであろう。それを問う前に以下では、まず岡田新川の思想及び彼が名古屋においてどのように表象（イメージ）されてきたのかについて論じてみたい。

（一）詩人としての岡田新川

岡田新川はどのように語られているのか。それは、「松平君山に師事し、博覧強記、自ら勤めて倦まず、特に詩律に於て尤も精工を極む」[21]といわれるように、博覧強記であることと、詩に長じていたこと、この二点をまず挙げなければならない。

彼が好み、得意とするところは唐律であり、また彼を知る者も一概にそのように称した。[22] 新川の子、守常がいうように、[23] 彼は終生風流詩人たることを望んだ。そして、「詩人」岡田新川の名は海を越えた。岡田新川は宝暦一四年（一七六四）の朝鮮通信使との交流でも知られ、宝暦甲申の年春二月三日、尾張性高院での記録である『表海英華』（宝暦一四年刊）という筆談唱和集を残している。[24] 製述官の南玉は筑前福岡藩の亀井南冥（名は魯、字は道載、通称は主水、一七四三―一八一四）を「海中の奇才」と称え、新川の才はその亀井と「一双の荊璧」だと評した。[25] また、正使書記の成大中（字は士執、号は龍淵）も、新川の詩を「唐人の遺風有り」[26]と称し、副使書記の元重挙に至っては、それを持ち帰って韓人に見せるべしという。[27]

事実、元重挙は帰国後に編んだ『和国志』の中でも、「名古屋では岡田宜生（新川）、源正卿（磯谷滄洲）が年少にして早くも完成している。ともに源雲（松平君山）に業を受けた。雲は温厚で、老成の風がある」と、松平君山・磯谷滄洲とともに、その名を伝えた。そして通信使の体験が親密な韓人の間で広まり、洪大容は、

斗南（細合半斎）の才、鶴台（瀧鶴台）の学、蕉中（大典顕常）の文、新川（岡田新川）の詩、蒹葭（木村蒹葭堂）・羽山（維明周奎）の画、文淵（朝比奈文淵）・大麓（草場大麓）・承明（福原映山）の筆、南宮（南宮大湫）・

太室（渋井太室）・四明（井上四明）・秋江（島村秋江？）・魯堂（那波魯堂）のさまざまな風致、これらは我が邦ではいうまでもなく、中国（「斉魯江左の間」）においても、やはり得やすいものではありません。ましてこれらの人々は必ずしも選りすぐりというわけではないのですから、その他は推して知るべしです。(28)

と、数々の名士の中でも「新川の詩」を挙げ、李徳懋は日本詩六七首を加えた『巾衍外集』や「蜻蛉国詩選」（『清脾録』巻四）に新川の詩も並べたという。(29)洪大容のいうように、朝鮮通信使が選り抜いてきたわけではないが、新川は数々出会い唱和した文人たちの内、特に唐詩に長じた者として深く記憶されていたのであり、実態以上の褒辞であったとしても、その文名は朝鮮にも伝えられたのである。

（二）博識としての岡田新川

次に岡田新川といえば、ともかく博覧強記でその名を馳せていたことを取り上げなければならない。彼の博識については、様々なエピソードが名古屋に残されている。

例えば、香山の弟子とされる深田香実も、新川の博識には感嘆しており、「いかにしてさはひろく識り給ふや、天性記臆の強きにや」と、その記憶法を新川に尋ねる。(30)また、浅井図南も新川の博識を認めていた一人である。図南がかつて名古屋の数名の名士と会合した時（五老尚歯会のことか）、多くの者が暮水老子（北条暮水）を指して「徴君」と呼んでいた。しかし、「徴君」というのは、朝廷に招かれながらも官に就かなかった者を意味するので、数十年政治に参預した後、病を以て致仕した暮水老子を「徴君」と呼ぶのは正しくないのではないか、しかも、中世以来、天子が招くことを「徴」といい、公府が招くことは「辟」というのであるから、そもそも「藩国」に仕えた者に対して用いるのは正しくないだろうという。しかし、浅井図南にはその確証が無いということで、岡田新川にそれを手紙で問い質している。名古屋に来た当初、「余の右に出る者なし」と豪語していた図南（前章を参照）をして、「足下当世の奇才、必ずや考明する所有らん」と言わしめ、字引のように新川を利用している。[31]

また、徂徠学系の学者としても名を知られた参政の人見璣邑も、次のような話を残している。かつて江戸に在りし頃、太宰春台の文中に「舞馬」という熟語を見つけた。文章の流れからして火災を意味することは理解できたが、その典故が何なのかは分からなかったので、春台の門人の松崎観海らに尋ねたが、誰にも分からなかった。数年後、試みに岡田新川にそれを問えば、後日きちんとその出所を紙に書いて贈ってくれたという。ちなみに、それは『晋書』「芸術」中の索紞伝であったと附記している。[32]

このように、当時の名古屋において、漢語の出典用例に関しては、新川に尋ねれば間違いないという空気が流れ、歩く字引として重宝がられていた。[33] このような言葉の典故出典に関する、日々の読書の中での書き抜きをまとめたのが、『秉穂録』『常語藪』『物数称謂』である。吉川幸次郎氏は河村家の『書紀集解』に加えて、これらの著作から新川を「実証精神にとんだ科学的な文献学者であった」と評されている。[34]

この新川の博識としての側面は、「古語」の意味を確かな典故に基づいて理解しようとする「実証精神」に裏打されている。そして、この側面こそが、河村益根に伝授され、そこに『書紀集解』という「業績」が生み出された。『書紀集解』の成立はこのように理解され、新川なくして『書紀集解』なし、というのが現在までの定説である。[35]

(三)「畸人」としての岡田新川

新川の博識という表象は、さらに超俗的な一種の「畸人」（＝奇人）としての像を形成した。例えば、次のような逸話が名古屋では語り継がれていた。

或時、明倫堂へ見苦しき山伏の、身にハ破れたる衣を着、背ハ六尺余にして顔色只ならす、凡人とハ見えす、中玄関に案内乞。先生に物を尋度由を云。関氏其辺にありて聞て伺ひ見るに、形相の只者ならねハ細井氏エ告之。夫ハ岡田氏を出し、応答可然と申聞ル故、右の段を云。岡田ハ写し物して罷居けるか即座に出て、何方より来り何をや問と被申けれハ、西国辺の者なるか追々人に普く尋ね侍れと不知、長豆ト云物ハ何の薬味に用る物や、其功ハ何なりと云。長豆は息合の妙薬にて陳中へたしなむもの也。委ハ本草の何冊目の何の処ニ出たりと即座に答られけれハ、聞て歓ひにたえず。多年尋聞とも不相分、本望を達したりとて門を出る。人を跡より付て伺ふに、長者町を南へ曲ると見し内に何方に行しや其形を不見。岡田氏の博学各感心と云。(36)

この物語は、どこの者とも分からぬ、「凡人」「只者」ならぬ異形の者が、誰にも答えられない質問を持って明倫堂にやって来て、それを岡田新川が答えると、また何処とも知れず去って行ってしまう、という構造になっている。

実は、このような異形の「畸人」にまつわる物語が、当時の名古屋では数多く書かれていた。例えば、『蓬左狂者伝』(37)（以下、『狂者伝』と略す）という書物がある。これは宝永正徳頃から安永年間までの尾張における畸人・狂人の物語を収集したものである。この『狂者伝』で語られた「畸人」「狂人」たちは、「形容枯槁……常にたて島のよごれ布子を夏冬となく、五月披裘（皮ごろも）の有さまなりき」（頁四九）、「其形容おろか」（頁五四）、「異風の茶人」（頁六〇）、「其形容の異様なれば……」（頁六三）などと、まず外見が異様異形である。そして「家路もさだかならず、此輩いかなる者の市に隠る、にやとゆかしかりき」（頁五四）、「城南久屋町に、毎朝いづこともなく来り、日くれていづちへか帰り去る仁作といふ狂人あり」(頁六〇)というように、何処ともなく現れては去っていくという点も、明倫堂にあらわれた異形の者と共通する。彼らはそのために一般人(「凡人」「只者」)からは疎外された存在であるが、「世をうき物に思ひ捨て」、「我は乞食にてはなし、市中の隠者なり」、「旦暮酒を愛し、春の山秋の水涯、心のゆく所に逍遙して遊ぶ」と、常に隠者の気風を漂わせている。そして、何より彼らは、「凡人」を寄せ付けぬ何らかの特殊能力を持っている。「正徳の頃老さらぼひたる法師……墨がきの竹の絵書て児輩にとらせける。其筆勢のうるはしさ、黄斌老・張昌嗣(張嗣昌)にも劣るべからず」(頁五三)とか、人の書いた「墨色」を見て過去のことをすべていい当てたり、「晴雨、得失、禍福の類、行べき方の利害一つとしていふに違はず」(頁五四)という能力を持つ者もいる。誰にも答えられぬ質問を持ってくる、というのも、やはり特殊超人的能力のひとつであろう。

つまり、岡田新川に「長豆」について質問した異形の者の物語も、形成された時期から考えて、『狂者伝』に見る物語と同様に名古屋で語られた「畸人」や「狂者」の物語の一種であったと考えられる。ただし、ここで注意すべきは、この物語の主人公が、明倫堂に現れた異形の者であったのではなく、何よりも質問に答えた博識の岡田新川であったということである。つまり、「只者」ならぬ博識という超越的能力を持った新川こそ、「畸人」(=奇人)なのである。これは、先に引用した浅井図南の手紙にも「当世の奇才」というのと符号する。岡田新川の博識は、凡人にはとうてい及ぶことのできない超越的なレベルにある、当時の読書人たちは新川をそう見ていたのである。

新川を畸人とする話はこれに止まらない。

岡田新川、江戸に在し時、吉原の一人の名妓を見んとて往れしが、新川の顔色藍の如くにて其体異様なれば、人皆これをあやしみしが、此事を名妓に達せしかば、名妓もかねて新川の名を聞きて有れば、迎へ入て談話時を移せり。名妓も才学ありしかば、種々の疑問をなしたりしが、新川一々答へられたり。他の妓は其心を知らず、甚奇としたり。しばらくして帰らんとせられし時、懐中より四文銭弐文を取出し、これを与へて曰、茶代なりと。名妓手を拍ちて曰、さすが儒者也と。(38)

新川の身なりは周囲の人が「あやしみ」見るほどに「異様」で、如何なる疑問にも答えるその博識のために彼は「奇」とされる。ここにはっきりと、「畸人」としてイメージされた新川の姿を見ることができる。

さて、そもそも遊郭通いの文人といえば、平野金華に代表されるように、「遊惰放蕩」といわれた徂徠末学を連想させる。名古屋における蘐園学派（徂徠学派）の者でいえば、「書生たる時、嘗て酒楼に飲み、娼妓の絃歌を善くする者二人を知る(39)」といわれた木村蓬莱（名は貞実、字は君恕、通称は勝吉）がいる。彼も江戸で荻生徂徠に直接学んだ一人である(40)。また宮田円陵『円陵随筆』は、「不行儀の人」、「平生行跡宜しからざる」、「真儒」にあらざる明倫堂の儒者として、秦滄浪（名は鼎、字は士鉉）、関玄洲（名は嘉、字は公徳、通称は進治）、奥田鶯谷（姓は藤原、名は永業、字は叔建、通称は与三郎）の名を挙げている。秦滄浪(41)と関玄洲は蘐園学派に属し、奥田鶯谷は岡田新川の弟子である。前章で触れたように、関玄洲は、岡田新川とともに『群書治要』の校訂作業に最も熱心に携わった人物である。鶯谷はまた河村益根とともに漢文直読の法を実践し、唐詩を好んだという(42)。君山学派と蘐園学派との関係について、「松平君山一種の古学を唱へて名あり。当時の名士多く其門に出づ。其徒磯谷滄洲・岡田新川の輩、蘐園派と親み、互に推奨して親交あり(43)」といわれるように、岡田新川ら君山学派は蘐園学派と垣根無く盛んに交際していた。他にも新川の詩の門下生には、「文は王弇州を祖」とし、「平生才を負ひ、放逸にして酒を使ふ(44)」といわれた鶯谷の兄、奥田子松（名は世文、字は仲献）、「人となり諧謔にして、卓詭不羈、善く酒を飲む……明詩を好み最も李于鱗を喜ぶ[45]」という松永国華（名は徳栄、通称は億蔵）、「人となり豪放洒落、兼ねて書を善くす。其の字を作るや敬謹を加へず、時に或いは左手に煙管を握り、右手に毫をとり、且つ吹き且つ書す。而してその書翩々として見る可し。人或いは其不敬を譲《せ》む[46]」といわれた清水丈山（名は常武、通称は金二）、風流好事にして古書画珍器を蒐集し「其居市井の中に在るも、後苑に入れば、書室瀟洒、宛も壺中の天地の如し」といわれた服部壺仙（名は徳機、字は克明）などもおり、岡田新川の周辺には、風流文雅を好む豪放洒落で、時に「放逸」にして「不行儀の人」と呼ばれるような文人気質の者が常に集まり、かつ飲み、かつ詠う文人的サークルが形成されていたのであり、その中には少なからず徂徠学派（蘐園学派）の者も混ざっていた。

しかも、彼らにとって、「放逸」「放蕩」という言葉に価値の逆転が起こる。「徂徠の教えは、……年少き時は、酒も少しは、飲みてもよし、娼婦の席にも、時々遊びてみねば、人情に通ぜず、智もひらけぬといふが如し[47]」というように、酒を飲み遊郭に出入りすることが、単なる貶辞ではなく、文人通儒としての要件であると主張する者も出てくる。さらに、伴蒿蹊の『近世畸人伝』正・続の登場が、この放蕩なる「奇人＝畸人」こそ「雅」であるとする価値判断をこの時代の人びとに印象づけた[48]。この書も『狂人伝』同様、当世の「畸人」の伝記集である[49]。その伴蒿蹊は題言で次のように言う。

しかあれど、此中産を破りて風狂し、家をわすれて放蕩せるもあり、徳行の奇にたぐひがたしといはまし。曰、風狂放蕩かくの如しといへども、其中趣味あり、取べき所あるを挙る也。玉石混淆に似たれど、彼も一奇也此も一奇也、しひて縄墨を引て咎むべからず。

このように、この書は、風狂放蕩にしてその中に「趣味」ある者を、「畸人」とするのである。そして、この寛政二年に出版された『近世畸人伝』を即座に読み、一伝ごとに一篇の七言絶句を詠い、それをまとめて『畸人詠』として出版したのが[50]、この岡田新川であった[51]。すなわち、岡田新川は、周囲から「畸人」として見られていただけでなく、彼自身も「畸人」としての生き方に価値を見出していたのである。

（四）大田南畝と江戸蘐園学派との出会い

次に大田南畝との交流から入り、岡田新川と蘐園学派との関係について、考察をより深めたい。

大田南畝の行動を年代順に編纂した『南畝集』[52]において新川が登場するのは、安永七年（一七七八）のことであるが、先学によれば、彼らの交流が始まったのは安永五年（一七七六）のことのようである[53]。『南畝集』によれば、安永七年に「病中、尾陽の岡田挺之の訪はるるを喜ぶ」（頁一八八）、「夏日、岡田挺之過らる。時に風雨驟に至る。煙字を得たり」（頁一九二）とあり、また新川の弟の恩田蕙楼に対しても「尾陽の恩田仲任に贈らるるの作に答へ、其の韻を賦す」（頁一八五）とあるように、兄弟そろって安永七年に南畝と江戸で交流を始めていることが、史料から確かめられる。同時に、南畝を介して江戸における文人たちとの交友も広まった[54]。南畝が新川を招き、岡部四溟（名は世懋、字は公修、通称は平八郎、号は梅谷、一七四五―一八一五）・菊池衡岳（本姓は関口、名は禎、字は叔成、一七四七―一八〇五）、そして山内穆亭（字は士訓）を交え宴会を開いたことも確かめられる[55]。岡部四溟と菊池衡岳は南畝とともに「牛門四友」という小さな詩社を始めたメンバーでもあり、共同で『牛門四友集』（明和五年刊）という詩集を出版している[56]。そして、山内穆亭も経済的に困窮していた南畝に金銭的援助をした良き友人として知られている人物である[57]。

さて、南畝との交流を切り口に、新川と蘐園派との関係に話を進めたい。新川と江戸の大文化人、大田南畝との交友関係は、安永七年（一七七八）に新川が江戸を離れたあとも、詩の贈答や新川の著作に序文を寄せるなどを通じて新川の晩年まで続く。時に、新川は上梓した詩集を贈ることもあったようで、南畝は『晞髪偶詠』『莫

逆編』を読んでその感想を詩にしている。(58)

そこで、新川が江戸で交流を始めた文人たちの特徴であるが、基本的に蘐園古文辞派に連なる者が多い。そもそも先述の「牛門」というのが、徂徠の住んでいた牛込にちなんで付けられた名称であり、『牛門四友集』に収められた漢詩はみな古文辞学派の擬唐詩である。そして、「牛門」諸子が学んだのが、服部南郭の門人である者山和尚であり、また南畝は太宰春台の門人である松崎観海(名は惟時、字は君修、通称は才蔵、一七二五—一七七六)にも漢学を学び、終生師と仰いでいる。そのため、南畝の漢詩はずっと蘐園流の擬唐詩であり、「南畝が学問文章は全く蘐園の学派に属したるを見るべく、詩酒風流をよろこびたる其趣味性向も、亦倶に蘐園の遺風を継承したるものと云うべし」といわれ、(59)「江戸時代の儒者も徂徠の一派は風流諧謔をよろこび、程朱の学を奉ぜし者の如く厳格ならず、門生と共に狂詩狂歌をつくるの戯れを嫌はざりし」(60)というように、狂詩人寝惚先生、狂歌師四方赤良としても、全く蘐園学徒たることの延長線上にあったのである。

そして、南畝と交友関係を持った新川以外の尾張人士では、弟の恩田蕙楼、秦滄浪、磯谷滄洲、堀田六林を『南畝集』から見出すことができる。秦滄浪が蘐園学派に分類される(父の秦峨眉は服部南郭門下)他、みな君山学派に属す。秦滄浪は古書の校正を得意としたことでも知られ、江戸では南畝との他、本田利明、近藤正斎をはじめ交友範囲が相当広く、「平居飄然として塵外の想あり。交友と与に花月の下に飲み、書画の場に遊び、和楽して人をして去るに忍びざらしむ」(61)と評される文人気質の人物であった。磯谷滄洲については、すでに述べた。堀田六林は彼らより少し先輩に当たるが、やはり君山門下で、俳諧狂歌を得意とした。後に南畝は短文ながらも「六林翁伝」(62)を書いている。ちなみに、先述の『蓬左狂者伝』の作者はこの堀田六林である。

そして、江戸きっての文化人、大田南畝との交友は、必然的にさらなる交流範囲の拡大をもたらした。南畝の紹介によって知り合った文人で、新川にとって特に重要な人物が、陸奥国伊達郡高子村の豪農、熊坂台州(名は定邦、字は子彦、通称は宇右衛門、一七三九―一八〇三）である。台州も江戸で蘐園の遺老、入江南溟（名は忠囿、字は子園、通称は幸八、一六七八―一七六五）に唐詩を学んだ東北を代表する古文辞派文人である。短時間で江戸を離れ帰郷するも、明和二年（一七六五）に南溟が亡くなった後も、江戸の松崎観海に書信を通じ弟子入りを果たす。そして、安永四年（一七七五）に再び江戸に出、師の観海をはじめ、大田南畝・岡部四溟・山内穆亭・菊池衡岳・山田松斎・樋口赤水兄弟・山崎道甫（赤楽菅江）らと詩文の宴を開いたりと、活発で友好的な交流が行われる。さらに台州は、大内熊耳（一六九七―一七七六）、稲垣白巌（一六九五―一七七七）、宇佐美灊水（一七一〇―一七七六）、横谷藍水（一七二〇―一七七九）といった「蘐園の遺老」とも積極的に交わり、その盛唐風の詩から「徂徠の余沢」を受け継ぐ者として広く知られていく。このような南畝を中核とする文人詩文のサークルに新川は加わったのであり、安永五年には南畝を介して台州に手紙を出し、恩田蕙楼・磯谷滄洲を交えた交流を求めている。このように、岡田新川が大田南畝と詩友の交わりをはじめたということは、蘐園派の詩文サークルに主体的積極的に参加したことを意味していたのである。

これ以後も新川と台州が詩文の交流をしたこと、詩集『永慕後編』に新川とその詩社である暢園詩社の社友が詩を寄せたこと、新川が名古屋の書肆風月孫助に出版の斡旋をしたこと、すでにその詳細は徳田武氏の好論が明らかにされているので、ここでは述べない。ただ、ここでは台州と交わろうとした新川の心情を、『継志編』[63]に収録されている台州宛の第一書簡「与熊坂君子彦」によって、紹介しておきたい。ここに彼の思想の特徴がよく表れている。注目すべきは二点ある。

第一に、新川のような下級武士・儒者が実際の政治（「政事」・「経済」）に参画することへのあきらめと、文芸に専念することへの正当化である。

私は平生窃かに次のように考えております。当今の国家は平安で、民衆は和らぎ楽しみ、卿相大夫は法律を遵守し、人事は適宜であり、全く〔己の〕智力を活用させる場がありません。〔われわれ〕儒者には政務に参与し、役所仕事を飾り立てることもありません。いわゆる子路の勇、子貢の弁を施すことができないというのは、至治の極みというべきです。しかるに経典を習得し、時務を大いに論じることは、やはり王者や天下に師表たる者の事業であって、身分の低い役人や庶民のつとめではないのです。そうであるならば、いったい何を職分とすればよいのでしょうか。心のありようを吟詠し、詩を作れば、太平を謳歌することができ、古今を縦横無尽にめぐって文を作れば、万世不朽に残すことができます。これこそ我々の事業なのでして、これを生涯つとめ守っておれば、何もしないよりはまだましでしょう。私はこの自説を守って、意気投合する者を数年来探し求めて参りました。(64)

ここに、蘐園詩文派の雄、服部南郭の影響を想定することは困難ではない。例えば南郭は次のようにいう。上に将軍およびそれを補佐する済済たる多士がおり、天下太平、逸楽富厚のこの時代に、朝政に参与せず、窮僻の郷に居る者が、仁義を語り、時世を横議することが、羞ずべきことだというならば「三墳五典、九流百家、以て居室と為し、朝に修し夕に誦し、筆墨を糜費して、以て衣食と為し、属辞比物、述作博渉、能と為し力と為し、たとえ用なしといえども、生涯これを尽くそう。「庶幾はくは以て其の情性を暢舒するに足らんことを」。(65) このような時世に対する心情を吐露した南郭を、新川のこの一文は彷彿とさせる。新川が南郭の一文を直接踏まえていたのかどうかは分からない。だが、この「与熊坂君子彦」を書いた新川、読んだ台州の脳裏には、南郭の名が浮かんだであろう。もちろん南郭のこの理解は「安民」、すなわち「先王の道」の実践を「君主およびその補佐者」(66) のみに限定した、徂徠の政治思想を淵源とするものであるが、それはともかく、新川はこの経済有為の士たることを捨て、詩趣風流の隠逸生活に没頭したいという文人的心情に深く共感共鳴していたということを、この手紙から読み取ることができる(67)。

第二に、新川がこの心情を共有することのできる得難き存在として、南畝を認識していた、ということである。

今たままこ東都に参勤交代のお役目に伴って来ております。東都は大都会で、五方から人びとが輻輳し、英雄が行き交い、師儒を自称する者がたくさんおります。わたしは特に優れた一〇数人の著述を少しずつ読みましたが、みな聞くほどのことはありません。彼らは大抵門戸を立て、規範〔「標格」〕を持っており、こちらが束脩を持って行き弟子の礼をとるのでなければ、会うことすら容易ではないのです。やはりあつかましく師を自称している者の常態にすぎないといえるでしょう。そうこうする内に、南畝大田子と面識を得、ともに歓楽の時をすごしました。彼は当世の都人士の類とは大いに異なり、初対面の折にも心の真情をかくさず打ち明け、学芸文章についても評論してくださり、その好悪は私と合う所が多くあります。常々彼と語り合い、それも数えきれない程になりますが、大田子はしばしば足下を称賛されております。僕もかつて〔あなたの〕『西遊紀行(68)』を拝読し、足下が東奥の名家であることを知り、久しく思慕しておりました。今、〔わたくしは〕大田子を介して足下と交友を結びたく思っており、大田子も足下が僕を容れられて拒否しないことを保証されています。これが僕が敢えて書を〔あなた様に〕致す所以なのです……(69)。

ここにあるように、新川は江戸で自分を満足させてくれる学者との交際を強く望んでおり、諸所訪ねた結果、ようやく大田南畝に出会えたという。両者は、文芸について語り合い、その文人としての価値観を共有し合っていることに気づいたのである。南畝にとって新川は数多くの文人墨客の一人に過ぎなかったかもしれないが、本場江戸の蘐園詩文派の一員であり、また新進の文化人である南畝の存在は、新川にとって己を高めるのに十分な存在であったに違いない。南畝は御目見得以下の御家人であり、下級とはいえ、れっきとした幕臣であり、新川も御三家筆頭の尾張藩士である。「邦国乂安、民庶雍熙」という時世は彼らにとって純粋に喜ぶべき事実である。ただ下級武士であると同時に儒者でもある彼らには、天下太平であるが故に、己の境遇に対して忸怩たる思いがないわけではない。それならいっそ、「俗」なる官吏としての務めを放擲し、「雅」なる隠逸・隠遁生活に入りたい。[70]しかし、それも現実的に考えて不可能であるという「官」と「隠」、「俗」と「雅」のジレンマを抱えつつ、常に「雅」なる文人的隠逸生活に憧れるその心情をまるごと彼らは共有し合っていたのである。[71]

（五）校勘学者としての岡田新川

新川が校勘学者としてその名を斯界に知られるのは、先述した『群書治要』校訂事業の中核的存在であったことと、『鄭注孝経』の出版による。[72]先述したように、これは中国・日本ともに古く亡佚した鄭玄の注釈（鄭注）を天明本『群書治要』を底本として寛政六年（一七九四）に刊行したものである。これが『群書治要』とともに清朝に輸出されて、考証学者たちを驚かせ、『知不足斎叢書』第二一集に収められた。

さて、この『鄭注孝経』が新川によって出版されるその前史であるが、ここに蘐園学派が深く関わっている。まず、『群書治要』所収の孝経の注が鄭注であることを確信し、出版しようと思い立ったのが、宇佐美灊水である。彼には鄭注を劉炫『孝経孔序直解』、陸徳明『経典釈文孝経音義』とともに三書合刻する志があったが、結局果たさずに死去した。宇佐美灊水に次いで、鄭注刊行を予定したのが、灊水の養子であった片山兼山である。兼山も結局、出版するには至らなかったのであるが、注目すべきは、兼山が尾張藩の天明版『群書治要』校訂に安永九年（一七八〇）から天明二年（一七八二）まで直接参与していたことである。林秀一氏はここに「尾張の学者に何等かの示唆を与へたる如く想像せらるるが、暫く疑を記するに留めて置く」（頁一三）と憶測による断定を避けられたが、我々は『鄭注孝経』刊行の志が徂徠後学の者に受け継がれてきたということを確認できればいいだろう。

また、自序によれば、新川が『鄭注孝経』出版に至る直接の動機は、『知不足斎叢書』に収録された太宰春台『孝経孔伝』の鮑廷博・盧文弨の序跋を読んだことにあったという。そこには中国においても鄭注がいまだ手に入らないことが記されていた。新川はその記事を読んで、鄭注を中国に伝え、天下の人とこれを共にし、鮑廷博・盧文弨の手にも自分が校訂した鄭注が渡り、そして『知不足斎叢書』にも加えられんと、望んだのである。太宰春台にも当初から『孝経孔伝』を清朝に伝える素志のあったことが知られるが、[73]岡田新川の動機も、全く同様に文献学的栄誉を清朝にも求めるところにあったわけである。『知不足斎叢書』にある「重刊鄭注孝経序」中で、銭侗が「若太宰純、山井鼎、岡田挺之者、其亦深足嘉尚已」と、『孝経孔伝』の太宰春台、『七経孟子考文』の山井鼎と同列に、『鄭注孝経』の岡田新川を称賛している。新川校訂の鄭注が叢書に収められたのは嘉慶六年（一八〇一）のことなので、残念ながら新川が銭侗の一文を読み、自分の目標が達成されたことを知るよしもなかったのであるが、やはり新川にとって、自分の仕事が蘐園の文献学者と名を連ね、彼の地で知られるに至ったことは、最大の栄誉となったであろう。銭侗の一文も、新川と蘐園学派との功績が同質・同方向のものであったことを象徴的に表している。

第二節　石川香山と岡田新川の思想的相違

（一）学問観の相違

それでは、以上述べた岡田新川の学術思想と石川香山のそれとを比較検討してみたい。すでに見たように、岡田新川は何よりも詩趣風流の詩人として自己のアイデンティティを確立し、その生き方はまさに蘐園詩文派のそれであり、大田南畝ら江戸文人たちとの交流に、自らの居場所を確認したのであった。

この新川とは異なり、石川香山は次のようにいう。

詩賦文章に器用にて文字一通の達人となるものもありといへども、すべて聖賢の主意に暗き故に、己が心次第に高慢になりて、我儘放埒をなしては風流任達となし候て、世の軽薄放蕩を導く媒となり、俗をやぶり風を乱る……聖教の罪人。(74)

前章で論じたように、ここに香山がいう「聖教の罪人」とは、徂徠学派、特に蘐園詩文派のことである。香山は名指しこそしないものの、その批判の矛先は自ずと岡田新川らに向けられることとなる。香山にとって、もっとも身近にいた「詩賦文章に器用」で「風流任達」を自任する者といえば、新川を中心とする暢園詩社の名がまず挙げられるからである。

では、香山と新川とが学派を立てて対立しあっていたのかといえば、そうではないだろう。これも前章で述べたが、香山に朱子を崇拝し、他の学派を排するのに急な一面があったことは否めない。新川はどうか。これを理解するために、やや遠回りであるが、『表海英華』に遺された宝暦一四年（一七六四）における、新川と朝鮮通信使の一員、元重挙とのやりとりを見てみよう。

元重挙——〔あなたの〕詩文は夙に熟達されています。めでたいことです。

岡田新川——恐れ入ります。

元重挙——賢才に富み、文藻豊かで、且つ人となりは温雅であり、謙虚な様子で、遠大な器量をお持ちです。小生も〔あなた様を〕尋常の人としてお相手するのではありません。残念ながら、行程が詰まって忙しく、胸襟を開いて語り尽くすことができません。嘆かわしいことです。

岡田新川——何と厚いご愛顧でしょう。

元重挙——あなた様を見てみますと、小成に安んじる方ではないようです。きっと程朱の学に潜心し、根本を立てられるのがよろしいでしょう。

岡田新川——初対面の親交にして、私に学問方法を告げていただけるとは。その知己の思い、佩服して決して忘れません。

元重挙——大変結構なお言葉です。心に斯学への志が有る者でなければ、このように楽しんで人の忠告を聞くことにはできません。しかし、ただ程朱を挙げて言いました理由は、貴邦の才傑の士が、たいてい明儒王陸の説に陥り、異心を起こして政事を害するに至っているからです。あなた様は自らの力でそこから抜け出ることが出来ますか。(75)

ここに元重挙が、日本の才傑が陥っているという「明儒王陸の学」とは、徂徠学を指す。(76)元重挙が程朱の学に潜心しろと忠告するのは、新川も程朱の学を奉じる者ではないと感じられたからであろう。注目すべきは、新川がその忠告に対して、感謝の念を表し、当たり障りのない返事をしていることである。つまり、新川は徂徠学が間違っているから程朱学に努めよといわれても、たとえば徂徠学派の瀧鶴台のように、(77)それに対して再批判し、徂徠学が正しく、程朱学が間違っているとはいわない。一七六四年という段階での、新川の徂徠学に対する理解度も問題となろうが、それはともかくとして、何も単に新川が煩わしい論争をさけるための方便として、そのような態度を取ったのではない、ということも、次の史料から伺える。

神野菊叢翁、岡田新川に就て問て曰、学術端多し。諸家の見る所各異なり。朱子に適従せんか、徂徠に適従せんか。仁斎は如何、熊沢は如何云々。新川答て曰、朱子も可也。徂徠も可也。仁斎も可也。熊沢も可也。いづれの門流も皆可也云々と。菊叢曰、先生如此の給ふては小子惑甚し。必一をさして示し給へ。新川曰、道は何れに説くも畢竟同じ。百家呶々としてその言異なりといへども、皆むしかへしはみかへし、袖を取て襟とし、襟を取て袖とし、反復顛倒してこれをあらはすのみ。書を多くよむも畢竟無益なり。その至竟は多端にあらずと。菊叢翁晩年に至りて、始めてこの言の味あるを覚ゆといへり(78)。

新川の学問態度は、この「朱子も可也。徂徠も可也。仁斎も可也。熊沢も可也。いづれの門流も皆可也」という言葉に尽くされている。新川にとって、学問とは朱子学か徂徠学かという問題ではなかった。朱子学か徂徠学かというような、門戸の争いからはもう一段上から眺める、それが新川の学問上の立場だったのだろう。そして、この立場こそ「学に常師なし(79)」とする君山学派の本領なのであって、新川はあくまでも蘐園詩文派に親和的なのであって、蘐園学派そのものではなく、程朱学を学べと忠告した元重挙に対して、さかしらに徂徠学の正しさを主張することがなかったのも、この立場に当時から立脚していたからであると考えられる。

新川のこの相対的な立場は、「徂徠先生に一つとして間違ったところはない、というのも、何と程朱を信じる者の信仰に似ていることだろうか。ああ、これもまた甚だ恥を知らないと言うべきである(80)」と徂徠学信奉者を批判し、「学問の道というのは、自得にある。ちょうど良工が木を加工するようなもので、その可なるものを取って用い、その不可なるものを棄てる」[81]といった、井上金峨(名は立元、字は純卿、通称は文平、一七三二―一七八四)などの折衷学派の立場に近い。事実、先の神野菊叢(名は景遠、字は志寧、通称は善左衛門、一七六八―一八四〇)は「一家を株守せず、博く百家に渉り、兵法・書画・詩歌・医術・律暦より、稗史・野乗に至るまで通知せざるなし」[82]といわれ、のち井上金峨の弟子である山本北山(名は信有、字は天禧、通称は喜六、一七五二―一八一二)にも従学している。

さて、話を本題にもどせば、恐らく石川香山と岡田新川との関係は、元重挙と新川との関係に見るように、朱子学者の側からみれば、ややつかみ所のないものだったのではないだろうか。通信使との交流の後、新川が程朱学に潜心努力したという気配はもちろんない。かといって、その文献学的力量を持って程朱学の非をあげつらうようなこともしない。香山がいくら新川を苦々しく思っていたとしても、新川はそれに対抗することのない、ある種の包容力を持っていたと思われる。例えば、

新見平太郎といふ者、学力多才なり。故に他所より御抱あり、明倫堂典籍となる。此者、我博識にほこり、此頃教授にて名高き岡田仙太郎なればとて、何程の事かあらんと思ひ居たれば、ある時岡田が学舎にゆき、仙太郎に申しけるは、もし今入唐被成候はば、何ぞ書を御携御座候哉。岡田答へて、元来筆墨紙は彼土に沢山也。其外に、何も書を携ふるにおよばずと申されけり。平太郎心に思ふやう、何ぞ書を携へんといはれたらば、其書につき議論せんとかねてたくみて居たりしが、岡田の答の浩大なるに感服して、是よりかげにていふにも、岡田先生、といひしとぞ。[83]

岡田新川とはこのような包容力(「浩大」)を持った人物だったのだろう。興味深いのが、その後、「新見平太郎、後に督学石川忠治と不和になり、終に故郷へ帰りし也」と、石川香山と喧嘩して帰郷してしまったらしい。[84]

博学を称せられる教授岡田新川に挑みかかる程に、新見平太郎なる人物は自尊心が強かった。(85)新川だからこそ、彼を感服させ、先生先生と慕わせることができた。それに対して、香山は敵対する相手を悪むに急な人物である。(86)新川だからこそ回避できた対立も、香山相手では真っ正面から衝突することになったのである。

このように考えるなら、岡田新川と石川香山は、その学術に対する考え方が全く異なるのであるが、両者の関係は、対立の関係であったのではなく、結びつくことも、衝突することもない、ねじれの位置にあったといえるだろう。両者を招聘した細井平洲の力も考えなければならないが、これが、藩校明倫堂において両者が同居できた理由である。

(二) 石川香山と岡田新川の政事観

次に、両者の時世や政事に対する認識がまるで違うことも論じなければならない。前章で論じたように、香山が言行ともに備わる陸贄や楠正成を理想とし、「君ノ為世ノ為ニ善事ヲ為ント、ヨギナク思フ心アル人」を統治に参画する士としてのあるべき姿とし、そのような「志」を持たない者を、無用の存在とする。そして、このような「志」を藩主と士に涵養させるために著したのが、『陸宣公全集』の注釈であった。

これに対し、統治への参画をあきらめ、詩文の世界に埋没せんことを願った岡田新川こそ、石川香山のいう「志」のない者である。しかし、やはりこれについても、香山が直接新川をそのように批判している言葉を見つけることはできなかった。ただ、石川香山以外の実務派には、岡田新川や恩田蕙楼に対して、次のような批判があったことは確かである。

津金鴎洲が狂歌に、「学者にはなりかたまりていらぬ物、信治千太を見るにつけても」。是は一休のうたに、

「仏にはなりかたまりていらぬ物、石仏等を見るにつけても」。信治とは、関信治也。千太は、岡田千太郎也。[87]

何さま腐儒偏僻タワケも御座候へ共、近頃の石川順二（魯庵）も今の秦も神野・深田もねかタワケタコトハ無御座候。世用も能通し申候。是は人により可申候。其内、恩田蕙楼先生江鈴木彦助弟新三郎養子に越候節、其実父鈴木か申ニハ、学問の事御世話強候ハヾイヤト申候由之処、蕙楼承知にて貰、鈴木風ニ任置候由承申候。蕙楼なとハ詩文と学問計にて政事の御間に合人にてハなかりしと承申候。兎角性（政か？）と芸とハ別事にて人次第の事と奉存候。[88]

関信治とは、関元洲（名は嘉、字は公徳、通称は進治）のことである。このように、当時の名古屋には、新川・蕙楼兄弟を、中国晋代の文人である陸機・陸雲兄弟に比し[89]、詩文と学問ばかりで政事の役にたたぬ者と批判する見方があった。

それは、すでに藩主宗睦の治世において、尾張藩が政事の役に立たぬ者を否定的に語らなければならない状況にあったことを理解しなければならない。つまり、藩財政の悪化による倹約令が先代の宗勝の時代から引き続き行われ、特に藩校明倫堂の設立、庶民生活の安定、農村社会の復興などを藩政再建の重要指針として掲げた藩政改革の時代であったことである。宗睦がまず直面したのは、「近年御領分稀成御損亡」で、「御国政も難取計程之御様子」なる尾張藩の危機的状況であった。それゆえ、「向後御朝夕御膳部一汁三菜、御側御定金も二千両御減被遊、自今至而御質素御手軽被遊旨被仰出[90]」と藩主が率先して倹約を実行したことは、その危機意識の表れといえよう。

そして、人見弥右衛門（璣邑）・津金文左衛門（鴎洲）・水野千之右衛門・樋口又兵衛（好古）ら実務派による改革が実施されることとなる。ここではその危機意識を、人見璣邑を通じて提出された竹中彦左衛門（御庭足軽頭兼御小納戸役）による安永三年（一七七四）の建白上申書によって見てみよう。

於諸国在々徒党がましき儀、固より御制禁に御座候へ共、法を以難制は民情故、所々に党を結之類、近年儘御座候、但徒党之起る所、其筋不一候へ共、必竟は困窮より事起り申候、太平万々年と乍申、天民之情所恨に因而、一村一郡徒党之形を為し候は、則天之所箴に御座候、……熟相考申候に、升平已に二百年に近く、奢侈極ツて天下困窮により天草已来不承馴徒党、近年所々相聞候へば、此後徒党之形漸大に相成或イは一城一郡を傾候事有之に至候而、……さ様之時節に至、上下交々其用に乏く候而は、四方海内江之御恥辱無申計奉存候……。(91)

これに続いて、「御国用御不足、御家中困窮」を解決するには、もはや「旧染之奢侈」を止めがたい「御家中」の「節倹」（倹約）に頼るという「枝葉之術」では如何ともしがたく、農政改革にこそ取り組むべきことを主張する。この主張がいわゆる所付代官制として結実するように、(92)尾張藩の現実問題として抜本的改革が求められている。特に宝暦七・八年の凶作による「困窮」に起因する農民たちの「徒党」がもはや法を以ては制し難いほど頻発しており、これは「太平万々年」とはいいながらも、天民の恨みによって起こったのであり、天の箴言である。さらにはこの徒党が拡大すれば、最悪の場合「一城一郡を傾候事有之に至」るだろうという。竹中は確実に、「太平万々年」「升平已に二百年」という天下太平を謳歌した時代が終わりゆく様子を身をもって実感していたのである。

天明七年七月に藩政府が出した申達に、「今度御切替被仰出候に付き、是迄追々と御倹約の振にては、迚も御勝手御取直の基も不相見、其上、先年の御時節とも違ひ、甚以御指支の筈に候」とあるように、藩政府はもはや「御倹約」だけでは財政の回復は見込めないと認識していた。そこで抜本的な改革を求める藩に対し細井平洲が提出した改革意見書が「細井甚三郎内考」である(93)。

この藩政に対する危機意識を人見璣邑や細井平洲も共有し、諸政策を実施した。この危機に対し改革が求められる時代にあって、石川香山は改革にあたる者の政治主体意識の涵養を目指し、『陸宣公全集』の注釈とその編纂に当たった。「君ノ為世ノ為ニ善事を為ント、ヨギナク思フ心アル人」の育成を急務とする香山にとって、政務に参与することを拒否し、「心のありようを吟詠し、詩を作」ることに自己の居場所を見つけた岡田新川を中心とする暢園詩社の詩人文人たちは、最も身近にいた「志ナキモノ」であり、「軽薄放蕩」の「聖教の罪人」であった。石川香山と岡田新川との間にはっきりと存在する溝は、この政治意識の違いであった。

おわりに

前章と本章において、それぞれ石川香山と岡田新川の人となりや思想を明らかにし、最後に両者を比較することで、その思想的距離を論じた。両者は、天明元年（一七八一）藩主宗睦の命を受け、共同事業として『行水金鏡解』を著し、天明三年（一七八三）の藩校明倫堂開設以来、石川香山と岡田新川は、一〇年以上にわたって主に明倫堂を舞台にともに仕事をしてきた。しかし、両者は、思想的に、また人間的にも好対照をなしていた。石川香山は徂徠学に否定的な極めて熱心な朱子学者であり、岡田新川は徂徠学に親和的な君山学派である。この両者の違いが最もはっきりするのが、政治意識の相違であった。別の言い方をすれば、当時の尾張藩の抱える危機意識と、その危機に対する姿勢の違いである。また、その違いは、別の観点からいえば、漢学者として自己が到達した居場所、アイデンティティの相違であった。石川香山はあくまで朱子学者として「己か職分を尽して君のため世のため」に「善事」を為すことを学問の目的に考え、「聖教の塗炭」を救うことに（それは同時に徂徠学を「聖教の罪人」として否定することに）、自己の居場所を見つけた。これを体現した理想像が、中国唐代の陸贄であり、日本の楠正成であった。ここに、『陸宣公全集釈義』を著す主観的動機があったのである。一方の岡田新川は、当時の天下太平を謳歌せんとする。「邦国乂安、民庶雍熙」という時世にあって、儒者には政治世界に、その「智力」を生かす場はなく、儒学の経書を修得し、「時務」（当今の時勢）を大いに論じることも、王者や天下に師表たる者の事業であって、自分たちの役割りではない、と考えた。では、自分たち「士庶」の儒者は如何なる世界に生きるべきか。それこそが、詩文の世界、詩趣風流の文人世界であった。ここに岡田新川は生きる居場所を見つけたのである。

ここまで論じてきたように、両者の生き方や思想を比較すれば、相異なる面が目立つ。しかし、彼らにも重要な共通点があった。それが、あらゆる漢籍を渉猟し、漢語の「古語」「古言」の典故出典を明らかにすること、つまり「古意」の把握に対する態度とその能力の高さである。前章で論じた石川香山の三つの特徴についていえば、第一、第二の特徴は新川と大きく異なるが、第三点目は共通するのである。

次章では、この両者の学派の違いを超えて共有されている学問態度に注目しながら、石川香山の『陸宣公全集釈義』の分析と、その学術的土壌について論じることとする。

〔注〕

（1）榎英一『尾張名古屋の古代学――江戸時代の名古屋人がみた古代』（名古屋、名古屋市博物館、一九九五）、頁三四。

（2）『新修名古屋市史』第四巻、第一章、宗睦の襲封と政治の刷新、第四節、尾張藩の編さん事業（名古屋、新修名古屋市史編集委員会、一九九九）、頁三七―四八。

（3）『名古屋市史』学術編、第一章、文学、第二節、漢文学、第三款、君山学派（名古屋、名古屋市役所、一九一五）、頁三〇。

松平君山、……七八歳書を読み、詩を作る、少時長崎の人大田宜春堂の名古屋に客たるに就きて詩を学びたりといふ外、曽て其師を聞かず、是れ即ち学に常師なしと称せらる、所以なり……博聞強記、諸子百家より野史稗説に至るまで渉猟せざるなく、資性愷悌、よく人を愛し、就学の者極めて多く、国中有名の士多く其門に出できといふ。

（4）『名古屋市史』学術編、君山学派、頁三〇。「門葉頗る広く、鬱然として重きをなしたるは、実に君山学派なり、君山の学、註疏を重んず、故に或は之を目して古学派となす」とある。

（5）吉川幸次郎「中京の二学者――河村秀根と岡田挺之と――」（『吉川幸次郎全集』第一七巻、東京、筑摩書房、一九六八、初出は、昭和三一年（一九五六）四月一八日「中部日本新聞」）。

（6）阿部直輔『尾藩世記』上巻、九、源明公（『名古屋叢書』三編第二巻、名古屋、名古屋市教育委員会、一九八八）、頁四一四。

令曰、堂中、追て記録所を設置すべき二付、史館を改め、継述館と称すべし。時二、岡田新川を以、総裁とす。

（7）阿部直輔『尾藩世記』上巻、九、源明公、頁四二三。

四月、細井甚三郎、請願二仍て、明倫堂督学を解かる。世子侍読、故の如し。継述館総裁岡田新川を以て、明倫堂督学二補し、明倫堂教授石川忠次を以て、継述館総裁二補す。

（8）阿部直輔『尾藩世記』上巻、九、源明公、頁四二七。

十年二月、継述館総裁石川忠次を以て、明倫堂督学二補す。総裁、故の如し。

（9）前掲註（2）、『新修名古屋市史』、頁四六。

（10）前掲註（1）、『尾張名古屋の古代学』、頁五一。

（11）『四庫全書総目提要』巻七九、史部三五、職官類、昼簾緒論一巻。

宋、胡太初撰。太初天台人、端平乙未、其外舅陶某、出宰香渓、太初因論次県令居官之道。凡十五篇以貽之。……

（中略）……太初出守處州、越明年復得是稿於其戚陶雲翔、遂鋟諸版、以授属県。其目、首曰尽己、次曰臨民、曰事上、曰寮采、曰御吏、曰聴訟、曰治獄、曰催科、曰理財、曰差役、曰賑恤、曰行刑、曰期限、曰勢利、而終之以遠嫌。……（中略）……然其大旨。以潔己清心愛民勤政爲急務。

（12）『牧民忠告解』については、小川和也『牧民の思想――江戸の治者意識』第五章、代官の政治――天明期・『牧民忠告解』・尾張藩参政人見璣邑と大代官樋口好古（東京、平凡社、二〇〇八）を参照。

（13）青柳文蔵『続諸家人物誌』京都大学附属図書館蔵、天保三年刊本。

（14）そもそも人見璣邑をも「君山ノ門人」とすることも甚だ疑問であり、『続諸家人物誌』の記述には鵜呑みにはできない部分が多い。

（15）『名古屋市史』（学芸編、君山学派）に従えば、松平君山の門人として、岡田新川、恩田蕙楼、磯谷滄洲、堀田恒山、千村白済、僧大雅の名があり、岡田新川の門人として河村乾堂（益根）、奥田鶯谷、浅井貞庵、山田竹圃、大鶴篠谷がある。

（16）熊坂台州・磐谷『永慕後編』附録（『詞華集　日本漢詩』第九巻、東京、汲古書院、一九八四）。頁三一―三三。

家君以寛政七年乙卯之秋、建一草亭、名曰真隠亭……（頁二四六）。

尾藩新川岡田君挺之、既寄題余真隠亭、且促社中諸君子、各有寄題之作。詩凡十三首。句句照乗、篇篇連城、蓬戸生光、甕牖発輝。豈非盛貺乎。因尽次其韻奉呈。聊寓木瓜之意、豈敢謝云乎哉。（頁二四八）。

（17）磯谷滄洲『莫逆編』鶴舞中央図書館蔵、安永六年序刊本。

（18）磯谷滄洲『河梁雅契』蓬左文庫蔵。滄洲の「送秋月二百韻」に対して、南玉は「二百韻詩、自古無之、非才富学博、誰能作之。忽卒未能窺、況和乎。将以短篇酬之恕之」といい、また元重挙も「夜見新川、今対滄洲。吾行万里、自以為不虚矣。矧君山老子、温厚室殻、風流儒雅、足以典刑東土。尊輩出於此人之門、宜矣。已与新川略言之、新川亦楽聞矣」という。

（19）『名古屋市史』人物編第二に「平生岡田新川と善く、其門下の俊秀に推さる。」とある（頁二六九）。

（20）磯谷滄洲は千村鵞湖『自適園集』に「自適園集序」（天明三年）を寄せ、「由津金子隣、始見君於前津別墅。爾後幾乎三十年矣」という。また岡田新川は『自適園集後編』（天明三年序）に序文を書いている。『自適園集二編』鶴舞中央図書館蔵。

(21)『名古屋市史』人物編第二、第九、儒学、七六、岡田新川（名古屋、名古屋市役所、一九三四）、頁二六五。

(22) 岡田新川『晞髪偶詠』附、淡海野公台、晞髪偶詠叙、鶴舞中央図書館蔵、安永九年刊本。

張藩新川子、所著晞髪偶詠、自畿内而諸道、名勝古跡、題詠頗徧、又取中古人物、伝誦後世者、而称嘆其美、紀述其事、句皆七言、製以唐律。其結撰之巧、風調之美、読之使人一唱三嘆、吟翫弗置、求諸古人紀勝懐古之作、未有如是富贍者也。可謂奇矣。

(23) 岡田新川『暢園詠物詩』附、岡田守常、暢園詠物詩凡例、鶴舞中央図書館蔵。

家君平生無所甚嗜、而独耽詩。自少到老、未嘗廃棄。其草凡百有余巻。今抄詠物詩以応書林之需。

(24) 岡田新川『表海英華』鶴舞中央図書館蔵、宝暦一四年刊本。「宝暦甲申春二月三日、朝鮮国使者及僚属、一宿吾尾張城南性高院。余与其製述官・書記等会晤」。なお、同日の磯谷滄洲との記録が『河梁雅契』として、松平君山・霍山・南山との記録が『三世唱和』として出版されている。また、同日に性高院で、医者の山口安斎（名は忠居、字は湛玄）が医学の問答をした記録として『和韓医話』（明和二年刊）というのがあるようだが、未見。高橋昌彦「朝鮮通信使唱和集目録稿（二）」（『福岡大学研究部論集』A九（一）、二〇〇九）。

(25) 岡田新川『表海英華』。

仙郷山水近蓬莱、清淑精英養得来、曾見藍田亀井子、一双荊璧是君才。筑前州亀井魯、海中奇才也。与余酬唱甚多。

(26) 岡田新川『表海英華』。

七体詩篇篇皆佳。無論其格力材調実有唐人遺風。不図窮海万里之外、得此絶世希音也。

(27) 岡田新川『表海英華』。

七体詩一番披閲一驚一喜、携去可使吾韓人見之。道間有暇当和之。

(28) 洪大容『湛軒書』巻三、日東藻雅跋（『影印標点韓国文集叢刊』二四八、ソウル、景仁文化社、二〇〇二）所収。

斗南之才、鶴台之学、蕉中之文、新川之詩、蒹葭・羽山之画、文淵・大麓・承明之筆、南宮・太室・四明・秋江・魯堂之種種風致、即無論我邦、求之斉魯江左間、亦未易得也。況諸人者、未必為極選、則其余足可想也。

(29) 河宇鳳著、井上厚史訳・解説『朝鮮実学者の見た近世日本』第二章第三節、李徳懋の日本観（東京、ぺりかん社、二〇〇一)、頁二二六―二二七。

(30) 深田正韶『天保会記抄本』巻二(『名古屋叢書』三編第一三巻、名古屋、名古屋市教育委員会、一九八七)、頁一六〇。

(31) 浅井図南『篤敬斎文稿』礼冊、寄岡挺之書。

僕一日詣暮水老子、見諸名士佳什、多称老子為徴君。徴君之義、大異于僕所聞。僕日聞之、朝廷屢徴、竟無所就者、世栄之呼曰徴君。如黄憲庾乗是也。未嘗聞称致仕帰老者也。素非隠者通称也。暮水老子、参預政事数十年、以病致仕、豈可謂之徴君乎。況中世以来、天子曰徴、公府曰辟、故有七徴九辟之目、豈可施之於藩国乎。……足下当世奇才、必有所考明。

(32) 人見璣邑『人見黍随筆』巻之二、鶴舞中央図書館蔵。

春台文中見舞馬字、以前後文勢、則称火災也。舞馬二字未知其拠。問之春台門人、松崎君修・杜君則等、皆不知矣。数年之後、問岡田挺之、挺之他日書其出所見贈。乃記之、晋書芸術伝索紞伝……。

(33) 松平君山門下の岡田新川・恩田蕙楼・磯谷滄洲の「博識」については、高瀬代次郎『細井平洲』第八章、尾張藩主宗睦公に仕ふ(東京、平洲会、一九一九)、頁四三一―四四〇を参照。

(34) 吉川幸次郎氏が「いずれも細心な著述であって、前者は、利潤とか利息とか旅宿とか律儀とか、ごく普通に使われているために純粋な国語と思われている語が、実はやはり漢土の書にもとづくことを、一一に考証し、後者は、刀には一張といい、車には一両といい、牛には一頭というように、物をかぞえる言葉を、これはもっぱら漢語について考証したものである」と論じられている。前掲註(5)、吉川論文。

(35) 阿部秋生『河村秀根』(東京、三省堂、一九三二、のち、神作研一編集、阿部秋生『河村秀根』名古屋、『河村秀根』増訂復刻版刊行会、二〇〇二)として増補復刻。また、阿部秋生解題『書紀集解』首巻(京都、臨川書店、一九六九)も詳しい。この理解が引き継がれて、杉浦豊治氏も、「学風として、より強力な影響を与えたのは、むしろ挺之の方であろうと、弟秀根・甥益根両人の『日本書紀』注釈の態度において、そう観察する。……河村の『日本書紀』注釈の形態が『彼此合符』の延長線上に、革新的な独特の凝固を現成したと見て、大した誤りはない」と述べられる。杉浦豊治「解説」『楽寿筆叢・十如是独言』(『名古屋叢書』三編第一一巻、名古屋、名古屋市教育委員会、一九八五)所収。また、尾張藩における国学の研究をされている岸野俊彦氏も「(『書紀集解』の)出典論については、秀根の次男益根の助力が大きかった。益根は、父の秀根に学ぶとともに岡田新川に儒学を学んだ」と阿部説を踏襲されている。岸野俊彦『幕藩制社会における国学』（東京、校倉書房、一九九八）、頁二三。また、前田勉氏も同様に論じられている。前田勉「『書紀集解』と本居宣長日本紀研究」（『国文学　解釈と鑑賞』第六四巻第三号、一九九九）。

(36)『松涛棹筆』上、巻三（『名古屋叢書』三篇第九巻、名古屋、名古屋市教育委員会、一九八四）所収、頁一一三。また、『明倫堂始原』（鶴舞中央図書館蔵）所収の『明倫堂督学之歴代』という書物にも、この逸話が引用されている。さらにこれは鈴木作助『浜の真砂』という書物から抜き書きしたものだという。『浜の真砂』については、未考であるが、名古屋においてさまざまに書き伝えられ、有名な逸話だったようである。

(37) 堀田六林『蓬左狂者伝』（『当代江戸百化物　在津紀事　仮名世説』新日本古典文学大系97、東京、岩波書店、二〇〇〇）。

(38) 細野要斎『葎の滴諸家雑談』不分巻（『名古屋叢書』三編第一二巻、名古屋、名古屋市教育委員会、一九八一）所収、頁九八。

(39)『先哲叢談後編』巻之五。

(40) 高橋博巳「尾張の漢詩人　木下蘭皐」（『金城学院大学論集』国文学編、第三〇号、一九八八）。ちなみに、高橋氏の研究によれば、木下蘭皐は、荻生徂徠以外にも、岡島冠山に「華音」（中国語）を学んだ「当時の蘐園徂徠学派のもっともオーソドックスな生徒であった」という。

(41) 秦滄浪も、特に文人的雰囲気に溢れている。「平居蕭散、飄然として塵外の想あり、交友と与に花月の下に飲み、書画の場に遊び、和楽して人をして去るに忍びざらしむ」『名古屋市史』人物編第二、第九、儒学、五八、秦滄浪、頁二四二―二四四。

(42) 深田正韶『天保会記鈔本』巻四。

予初学詩於新川岡田先生。先生没後、聞詩法及直読法於巽亭翁。今書此詩之次、併記其事焉。又云、唐朝詩法、絶于彼邦也久矣。彼邦之人、往往論之。乾堂河村翁。発明以述其法。翁、一生之間、与其伝者、唯一人云。予有故得其書而蔵。然天下滔々、唯新奇之競、莫及此等之事者矣。

(43)『名古屋市史』学芸編、頁五九―六〇。

(44)『名古屋市史』人物編第二、頁二八八。
(45)『名古屋市史』人物編第二、頁二六九。
(46)『名古屋市史』人物編第二、頁二七〇。
(47) 菅茶山『筆のすさび』(『仁斎日札　たはれ草　不尽言　無可有郷』新日本古典文学大系99、東京、岩波書店、二〇〇〇)所収。
(48) 中野三敏「近世の人物誌」(『当代江戸百化物　在津紀事　仮名世説』新日本古典文学大系97、東京、岩波書店、二〇〇〇)所収。
(49) 森銑三校註『近世畸人伝』(東京、岩波書店、一九四〇)、頁一三。
(50) 森銑三氏の解題に「寛政四年七月に成つた富小路良直の序のあるのを見れば、それらの詩は、本書が版になった一両年の後に作られたのであつた」とある。前掲註(49)、解題、頁五。
(51) 岡田新川『畸人詠』鶴舞中央図書館蔵、寛政一〇年刊本。
　余読之有概於心、尽一伝則題一篇、以消長夏、且備備忘。是特常語有韻者而已。世人不以詩観之可也。
(52)『大田南畝全集』第三巻(東京、岩波書店、一九八八)。
(53) 徳田武『近世日中文人交流史の研究』六、『吾妻鏡補』と熊坂台州・盤谷(東京、研文出版、二〇〇四)、頁一六六。
(54) 岡田新川が江戸の吉原を訪れたエピソードを紹介したが、おそらく新川と吉原を結びつけたのは、南畝であった思う。すなわち、新川が南畝を訪問した安永七年の時点で、南畝はすでに『寝惚先生文集』(明和四年刊)の出版によって広く知られた存在であったが、安永四年には洒落本『甲駅新話』を、同五年に洒落本『世説新語茶』を刊行しており、これらは新宿や深川といった遊里の世界を描いたものである。そしてそれは「実地のその場に臨んだ者でなければ描けそうもない情景がつぶさに描かれて」いるのだから(沓掛良彦『大田南畝――詩は詩仏書は米庵に狂歌おれ――』京都、ミネルヴァ書房、二〇〇七、頁八九)、安永七年頃にはすでに南畝が江戸中の遊郭の事情に通じていたことは、想像に難くない。ともかく、南畝が遊里通いを無類の楽しみとしていたことは確実であるし、後世、吉原の青楼の主人たちを狂歌の門人とする程の人物である。状況から判断するに、江戸に不案内な新川に吉原の名妓を紹介したのは、大田南畝であったか、そうでなくても南畝を中心に集った文人たちの誰かであったと考えていいであろう。

(55)『大田南畝全集』第三巻、頁一九四。
夏日、邀岡挺之宴。岡公修同関叔成・山士訓賦得長字。
(56)浜田義一郎『大田南畝』(東京、吉川弘文館、一九六四)、頁八―一四。
(57)前掲註(56)、浜田著、頁四四。
(58)『南畝集』から新川に関連する記事を抜き出したのが次である。
安永七年(一七七八)「冬日、尾陽の岡挺之の秋日に寄せらるるを和す」

安永九年(一七八〇)「『睎髪偶詠』を読みて尾陽の岡田挺之に贈る」

天明元年(一七八一)「早春、岡田挺之を憶う」

「尾陽の岡田挺之・磯谷正卿・石作士幹の『莫逆編』を読みて　三君に呈す」

「岡順之の侯駕に従って尾陽に還るを送り、兼ねて挺之に呈す」

天明三年(一七八三)「尾陽の岡挺之の明倫堂都講に擢んでらるるを賀す」

寛政元年(一七八九)「尾陽の岡田挺之の寄せらるるを和す」

寛政二年(一七九〇)「尾張の岡田挺之、余の「一柱館に集う」の韻を次ぎて寄せらる。又韻を次ぎて酬い奉る」

「尾陽の岡挺之を懐う」

寛政六年(一七九四)岡田挺之『常語藪』序
寛政十年(一七九八)岡田挺之『暢園詠物』序
また、岡田新川『暢園詩草』巻二にも「寄大田子耜」がある。
(59)永井荷風『葷斎漫筆』(大正一五年荷風自序)『荷風随筆』三(東京、岩波書店、一九八二)所収、頁二八四。
(60)前掲註(59)、永井著、頁二八八。
(61)『名古屋市史』人物編第二、頁二四三。
(62)大田南畝『一話一言』巻四一、(『大田南畝全集』第一四巻、東京、岩波書店、一九八七)、頁五九七。
(63)熊坂磐谷『継志編』(『詞華集　日本漢詩』第九巻、東京、汲古書院、一九八四)。
(64)熊坂磐谷『継志編』与熊坂君子彦。

居常窃謂、方今邦国乂安、民庶雍熙、卿相大夫、遵成法而挙措得宜、無復所用其智力矣。儒者無有預参政務、縁飾吏事、所謂子路之勇、子貢之弁、不得施者、可謂至治之極矣。而通習経典、善談時務、亦為王者師者之事、非士庶之業也。然則何事。吟咏性情、攄而為詩、可以謳歌太平、経緯今古、著而為文、可以不朽後世。是則吾儕之事、守之終身、猶賢乎已。僕持是説、以求合者、蓋有年矣。

(65) 服部南郭『南郭先生文集』三編巻之五、田大心を送る序（『徂徠学派』日本思想大系37、東京、岩波書店、一九七二）、頁二一六。また「先王ノ礼楽ヲツクリ給ヘルモ、治平ニ馴レント思召タルユヘ也。然ルニ今太平ナレバ、モハヤ礼楽ニモ及バヌコトナルベシ」（『文会雑記』一上）も参照。

(66) 吉川幸次郎「徂徠学案」（『荻生徂徠』日本思想大系36、東京、岩波書店、一九七三）、頁七二一。

(67) 服部南郭については、日野龍夫「服部南郭の生涯と思想」（日本思想大系『徂徠学派』東京、岩波書店、一九七二）を参照。

(68) 宝暦一一年、台州二三歳にして中国地方に西遊したときの紀行詩文。松崎観海の添削をへて、観海の序文を付して上梓されたもので、観海も徂徠の『峡中紀行』安藤東野『遊相紀事』の後を承けるものと評価し、江戸の諸友の間で回覧された。前掲註（53）、徳田著、頁一三四―一四一を参照。

(69) 熊坂磐谷『継志編』与熊坂君子彦。

今茲会祇役東都、東都大都会、五方輻湊、英雄所躔、号称師儒者何限。僕稍稍得其翹楚者十数家所著述而読之、皆不及所聞。其人大抵樹門戸、持標格、自非執贄造之、則不輒見人。亦強顔為師者之常態耳。既而得南畝大田子与之歓。大異一時都人士之流、一見之際披瀝情素、揚推芸文。其好悪多与僕合者。毎与之語、更僕不已。大田子屡称足下。僕亦嘗読『西遊紀行』、知足下東奥名家、嚮往久矣。今因大田子、納交足下、大田子保足下之容而不拒。是僕之所以敢於致書也……。

(70) 大田南畝の隠逸に対する憧れについては、池沢一郎「大田南畝における「吏隠」の意義」（『江戸文人論――大田南畝を中心に――』東京、汲古書院、二〇〇〇）を参照。

(71) 揖斐高氏の言葉を借りるなら、岡田新川は、南畝ら江戸の蘐園末流の文人という「自己と同質の他者」と出会い、互いに認知することによって、ようやく「みずからのアイデンティティを確認」することができた。南畝らの文人サークルこそ、新川にとっての「精神的な共同体」となったといえるだろう。（揖斐高『江戸の文人サロン――知識人と芸術家たち』東京、吉川弘文館、二〇〇九）。揖斐氏は「サロンという概念を……知識人が自由に離合集散して談笑・議論し、社交する場と規定」（頁三）し、「サロンに集った文人たちは、……文雅の交遊を媒介にして自己を表現し、同時にその場において自己と同質の他者を認識することによって、みずからのアイデンティティを確認しようとしたのである。地縁や血縁による世俗的な共同体とは別の、もう一つの精神的な共同体への帰属感を保障してくれる場、それが江戸の文人たちにおけるサロンというものであった」（頁八）と論じられている。

(72) 以下の叙述は、林秀一『孝経学論集』第一編、孝経鄭注に関する研究、孝経鄭注の輯佚及び刊行の歴史――特に日本を中心として（東京、明治書院、一九七六）による。

(73) 前掲註（72）、林著、第三編、孝経孔伝に関する研究、太宰純の孝経孔伝の校刊とその影響、頁二八八。

(74) 石川香山『勧学俗訓』。

(75) 岡田新川『表海英華』。

英華夙達、可賀（玄川）。不敢当（新川）。賢才富而彩藻且温雅、有自謙之色、遠大之器。老夫不以尋常人処之。惜乎、行忙不得展尽懐抱。可嘆（玄川）。顧愛何深（新川）。見君、非安于小成者、宜潜心程朱之学以立根本（玄川）。傾蓋之間、乃告僕以為学之方、知己之感、佩服不忘（新川）。善哉言也。非心有志於斯学者、不能若是楽聞人言也。然所以直挙程朱為言者、以貴邦才傑之士、大抵被明儒王陸之説所陥以至於生心害政故也。高明其能自抜否（玄川）。

(76) また成大中（号龍淵）にも同様に「陽春絶響復南楚、携以西帰播盛名、終識文章帰一技、願君努力学程朱、……」（『表海英華』「和新川（江戸作）」）という詩を贈られている。

(77) 夫馬進「一七六四年朝鮮通信使と日本の徂徠学」（『史林』第八九巻第五号、二〇〇六）、頁二八。

(78) 細野要斎『葎の滴諸家雑談』、頁一二四。

(79) 『名古屋市史』学芸編、頁三〇。

(80) 井上金峨『経義折衷』（『日本倫理彙編』巻之九、折衷学派の部、東京、育成会）、頁三六一。

謂先生無一可非焉、何似嚮者信程朱者之言。

(81) 井上金峨『師弁』（『続日本儒林叢書』解説部第一及雑部、東京、東洋図書刊行会）、頁一―二。

凡学問之道、在乎自得、猶良工之攻木、取其可者而用之、不可者棄之。

(82) 『名古屋市史』人物編第二、頁二九八。

(83) 朝岡正章『袂草』巻之八（『名古屋叢書』第二三巻、名古屋、名古屋市教育委員会、一九六四）、頁一二二―一二三。

(84) 新見平太郎は、天明五年（一七八五）、教授並として明倫堂に奉職している。その時、石川は教授であり新見とは同僚の関係にある。（『続未刊書目解説』上引用、大日本教育資料）。

(85) 人見璣邑『人見忝文艸』巻七、書新美教授作文後、鶴舞中央図書館蔵。

余頃読新美教授作文、掩巻嘆云、大矣哉居也、勤矣哉学也。

とあり、人見璣邑も新見平太郎の学力を高く評価していたようである。

(86) 浅井図南『篤敬斎文稿』義冊、与病瘧人石安貞書。

蓋吾子崇儒而為儒所労、罵仏而為仏所役。其所崇所罵、不能如意、則愛憎之心、無昼無夜、戦於胸中、戦而不已、遂致此鼓慄耳。

浅井図南『篤敬斎文稿』義冊、賀石川生遷居序。

吾子性悪仏与小人甚矣。是亦乱也。自悪尚可、深悪人之信、是益乱也。

(87) 朝岡正章『袂草』巻之四、頁八二。

(88) 奥村徳義『松涛棹筆』上、巻七、頁三七三。

(89) 『芳躅集』人の巻、遺愛碑併法華塔銘、新川先生遺愛碑、北野山真福寺（『名古屋叢書』第二五巻雑纂編二、名古屋、名古屋市教育委員会、一九六四）、頁三四〇―三四一。

天明中、重修国学以先生為教授、尋遷継述館総裁、無幾擢為明倫堂督学、秩三百石、人以為栄、然先生自処淡泊、如初為書生時、常吟咏以自楽、性多病晩年尤甚、旋厭職務辞就散官、……（中略）……先生弟仲任、出継恩田氏、博学能文不滅先生、世以機雲目之。

(90) 『御日記頭書』源明様御代、御日記頭書五（『名古屋叢書』第五巻記録編二、名古屋、名古屋市教育委員会、一九六二）、頁一〇二。

(91) 竹中彦左衛門「難波之塵」（『名古屋市史』政治編第一、史料、第二期、第二章、第八節、第二款、名古屋、名古屋市役

所、一九一五）所収、頁五四五―五四八。一九七九年復刻版を使用し、頁数は復刻版による。

(92) 高木傭太郎「尾張藩天明改革と所付代官設置」（岸野俊彦編『尾張藩社会の総合研究』大阪、清文堂出版、二〇〇一）。

(93) 細井平洲「細井甚三郎内考」『東海市史』資料編第三巻（東海市、愛知県東海市、一九七九）、頁二九三―二九五。

第六章　石川香山『陸宣公全集釈義』と一八世紀後半における名古屋の古代学

はじめに

ここまで、『陸宣公全集』の注釈書を著わした石川香山に注目し、その人と思想の特質を論じ、また香山と共に一八世紀後半の名古屋に生きた君山学派の岡田新川との比較を試みた。これによって明らかとなったのは、徂徠学を痛烈に批判する朱子学者石川香山と、徂徠学詩文派に親密な文人岡田新川との対照的な姿であった。そして、この相違は政治に対する意識に明確に表われていた。つまり、一八世紀後半の藩政改革の時代にあって、政治への積極的参画を「士」に求める石川香山と、詩文の世界への埋没に居場所を見つけた岡田新川との相違である。

このような点を踏まえ、本章では石川香山の『陸宣公全集釈義』（以下、『釈義』と略す）がどのような特質の注釈書であるのかを分析し、次に名古屋の学術成果の代表として知られる河村秀穎・秀根・益根ら河村家による『日本書紀』の注釈書である『書紀集解』と比較する。そして、最後に河村家をはじめとする『日本書紀』や律令学を研究していたグループと石川香山との交流の一端を論じ、それによって、『釈義』が従来より高く評価されてきた河村家らの学術成果と深い関わりを持ったところに完成した注釈書であったことを明らかにする。

第一節　『陸宣公全集釈義』の分析

それでは、石川香山の注釈の分析からはじめたい。そこで『釈義』『全集註』で引用された書籍名を一覧にしたのが本章末に付した【表：石川香山『陸宣公全集釈義』『陸宣公全集集註』引用書目】（以下、【表】と略す）である。例えば『釈義』巻一「論関中事宜状」に見える陸贄本文の「整旅」二字について、香山は「詩、皇矣文。伝、旅師」と注を付けている。これは「整旅」が、『詩』「大雅・文王之什・皇矣」の本文「王赫斯怒、爰整其旅」を出典とし、その毛伝に「旅は師なり」とあるのを『釈義』が引用しているので、【表】の「書名」に「詩」を、「注」に「毛伝」と記している。このように、【表】中に書名のあるものは、『釈義』での引用が一度以上あるということを示している。なお書名の後ろに（寛政）とあるのは、『釈義』での引用は見られないが、寛政版『全集註』では引用されている書物であることを示す。また、「（参考）河村秀根蔵書目録」は、河村秀根の蔵書目録に記載され、『釈義』に引用された書籍に対応するものである。

さて、『釈義』全巻での注は校勘を含めて約二千箇所あり、その目的と引用された漢籍は次の三種類に分類することができる。

一、本文の典故（古言と故事）をあげること、および古語やその意味の把握——十三経注疏、『史記』『漢書』『後漢書』『三国志』を中心とする正史、先秦・秦漢の諸子、『楚辞』『文選』などの主要な古典類及びその注、小学類——。

二、歴史的背景や制度、人名に関する考証——『旧唐書』『新唐書』『資治通鑑』『六典』『通典』『文献通考』

など——。

三、文字の異同、校勘——『旧唐書』『唐大詔令集』『文苑英華』『唐文粋』——

このうち第一点目が全体の大半を占め、香山は特に古語の意味の把握に力を注いでいたことが分かる。これについては、張佩芳の注釈と比較すればより鮮明である。例えば本文「競競」（巻一「論関中事宜状」）の二字について香山の『釈義』は、「書、皐陶謨、競競業業。伝、競競戒慎」を引用するのに対して、張佩芳は無注であるなど、このような例は挙げればきりがないが、張佩芳よりも石川香山の方が典故探しや古語の意味の把握に熱心である。

また、このような典故の出典として挙げられた漢籍は、字書の類を除いて、陸贄と同時代、もしくはそれより以前の書籍ばかりである。特に古義の正確な解釈につとめ、経書を引用する際は、徹底して古注疏を併せて挙げ、本文主義の立場を取っている。宋学の新注によって本文を理解しようとするものは存在しない。これは先述したように、石川香山が熱心な朱子学者であったことを踏まえると、非常に興味深い事実である。(1) 試みに、四書に関する例を挙げれば、陸贄本文「天縦聖徳」（巻一「論河及淮西利害状」）に「論語、子罕、縦之将聖。註、縦大聖之徳」と何晏集解を引用し、陸贄本文「籍而不税」（巻一三「均節賦税恤百姓六条」）に「孟子趙註、籍借也。猶人相借力助之也」と趙岐注を引用している。また、大学・中庸に関しても、「記、中庸文」「記、大学文」（巻三「奉天請数対群臣兼許令論事状」）とするように、『礼記』の一篇としてのそれであり、朱子の『大学章句』『中庸集注』として引用しているわけではない。ここに実証的な本文主義という方法論の自覚を読み取ることができる。ただし、これをもって香山が朱子学者としての立場を捨てたということを意味するものではない。

第二点目の歴史的背景や制度、人名に関する考証についても香山は少なからぬ労力を費やしている。本文に関連する唐代の政治や制度について注釈を付ける他、必要に応じて唐代以前の時代や制度についても、正史など史書を引用して説明している。香山は藩儒となって後、宋・遼・金・元・明の歴史を要約した『資治五史要覧』や『資治通鑑』に注を付けた『資治通鑑證補』の編纂を命じられるのであるが、それは彼がこの『釈義』によって中国史学に明るいことを知られるようになったからであろう。

第三点目として、香山はテキストの校訂についても細心である。『釈義』が指摘する異本には、「陳本」「陸本」「葉本」「呉本」「湯本」の五種類の版本が存在する。『全集注』の凡例によれば、陳臥子（陳仁錫）・陸基忠・葉逢春・呉継武・湯賓尹の明人によるテキストであることが分かる。また、『唐文粋』『文苑英華』『唐大詔令集』『旧唐書』とも校勘を行い、増補版『全集註』では文字を訂正している箇所も多い。清朝では、明版の流布本があまりに訛字が多いことから、年羹堯が校訂本を出版して以来[(2)]、年本が善本とされた。香山は年本を知らなかったので、校訂にも力を入れなければならなかったのである。特に『全集註』は注釈書であるのみならず、当時日本における最善の校訂本でもあった[(3)]。

このように、石川香山の『釈義』『全集註』は、典故の出典を綿密に調べ上げ、本文に即して古義を把握することを重んじる着実な注釈であり、また当時の日本における最善の校訂本だったといえる。

第二節　石川香山の注釈と河村秀根・益根『書紀集解』の比較

以上の分析に基づけば、興味深いことに、香山の『釈義』『全集註』がその注釈書としてのスタイルや方法論の点において、河村父子による『日本書紀』の注釈書『書紀集解』にきわめて似ている、ということに気付く。

類似の第一として、注釈の主要目的が古語の典故を引証することにあること、引用された漢籍が十三経注疏、正史、諸子、『文選』を中心とする唐代以前の古典で、宋学とは無縁であること、そしてそこには実証的な本文主義が貫徹されているということ、が挙げられる。すでに先学が指摘しているように、『書紀集解』における注釈の目的は、「その辞句の典拠出典をあげる事」にある。[4] その「凡例」に、「夫れ書紀の文辞は古文辞を修る者なり。或は内典に出、或は外典に出て、豊文茂記、尽く挙る可からず。浅見の能する所に非ずと雖も、勉て引書を先とす」というように、『日本書紀』の正文が古文辞によって潤色装飾された文章であるため、その古義の把握には古典からの典拠を挙げることが注釈の第一の目的となる、という自覚をここに見ることができる。それでは比較してみよう。

○本文「有渝此盟、殃及其国」（『釈義』巻二四、賜吐蕃宰相尚結賛書）
〔石川注〕左伝、僖二十八年、有渝此盟、無克祚国。註、渝変也。
○本文「臣無貳朝、若貳此盟」（『書紀集解』巻二五、天万豊日天皇（孝徳天皇））
〔河村注〕僖、二十八年伝曰、有渝此盟、明神殛之。
○本文「大猷」（『釈義』巻二、奉天論前所答奏未施行状）
〔石川注〕大猷、詩、巧言文、箋、猷道也。
○本文「大猷」『書紀集解』巻二五、天万豊日天皇（孝徳天皇）
〔河村注〕毛詩、小雅、節南山、巧言曰、秩秩大猷、聖人莫之。箋、猷道也。

これらは、もともと似ている本文の表現や熟語について、石川注、河村注ともに同じく『春秋左氏伝』と『詩経』の出典を明示している例である。多少の相違も見られるが、これは各々簡約を旨とし、本文にあわせて必要なところだけを抜き出しているからである。これ以上の例示は煩雑をおそれ割愛するが、同じ典故にたどり着いた同様の事例は多く、注釈書としてその目指す方向性は同じだといえる。また、『日本書紀』は古文辞である、という自覚に基づくため、引用された漢籍も石川注と同様に十三経及びその注疏、正史本文及び『史記』三家注『史記集解』・『史記索隠』・『史記正義』、李賢注、裴松之注に加え、『老子』『荘子』『韓非子』等の先秦諸子など漢唐以前の古典からの引用が『書紀集解』全巻にわたって見られる。(5)

類似の第二として、『六典』『通典』『貞観政要』『旧唐書』『新唐書』など唐代を中心とした中国の制度史に関する諸書、さらに『唐律疏議』や『令義解』『令集解』の律令に関する書物の引用が多く見られる。当然のことながら『日本書紀』を理解するには、中国の制度史や日中の律令に関する広範な知識が必要であり、注釈者がこのような漢籍を十分読み込んでいたことが想像できる。(6)ただ、『書紀集解』には『令義解』『令集解』以外にも、『古事記』『風土記』『類聚国史』『釈日本紀』『類聚鈔』『延喜式』『万葉集』といった日本固有の書籍や、仏典からの引用も少なからず見られ、石川注と異なるが、これは単に『陸宣公全集』と『日本書紀』という書物自体の性質の違いを示しているにすぎず、石川注と河村注の注釈書としての質的相違を示すものではない。事実、香山の『釈義』にはただ一カ所だけ『令義解』の引用が確認できる。この引用は『全集註』では削除されており、『釈義』の中でも最も奇妙な注のひとつである。(7)

類似の第三に、最善の校訂本を作ろうとする意欲である。これについても、すでに先学が「本文校訂が書紀集解に於ける一つの目標である」と論じており、新たな校訂本であることも、両書共通の功績である。(8)

さて、石川香山の注釈と河村父子の注釈の類似点は以上の表面的なものばかりではない。両書とも出典探しと古義の把握を第一の功績とするため、当然ながら注釈者に広範な漢籍の博覧渉猟と高い漢学力が求められるほか、加えて索引や字書といった工具書類を大いに利用したことも共通点として考えられる。

第一に、出典探しの常套手段として、『佩文韻府』の利用である。『書紀集解』については、吉川幸次郎氏がいくつか例を挙げて、「二字の熟語の辞典である「佩文韻府」、あるいはその母胎である「韻府群玉」などにも、頼っているであろう」と論じられた。[9]同様に香山の『釈義』にも『佩文韻府』からの引用が見られるので、[10]香山の手元にも『佩文韻府』があったことはまず間違いない。

第二に、『康熙字典』の利用である。『書紀集解』における『康熙字典』の利用については、佐藤進氏の詳細な研究がすでにある。佐藤氏によれば、単字に注をつける場合、ほどんどが『康熙字典』からの引用であり、時に『康熙字典』の誤りをそのまま引用している例も見られるという。[11]

では、石川注ではどうか。例えば、『釈義』巻二二「馬燧渾瑊副元帥招討河中制」では陸贄本文「不羈之才」について、「劉熙釈名、羈検也。所以検持制之也。」と注を付け、「劉熙」の二字が付く以外、『康熙字典』（未集中「羈」）と同文である。また次は『全集註』の例であるが、明らかに『康熙字典』を見ていた証拠である。

○本文「寀寮」（『全集註』巻一〇、謝密旨因論所宜事状）

〔石川注〕釈詁、寀寮官也。疏、官地為寀、同官為寮。

これについて『康熙字典』（寅集上、「寀」頁三二一）では「釈詁」二字の前に「爾雅」の二字が入る他、同文である。だが、『爾雅注疏』では「官地為寀、同官為寮」の八字が、「疏」ではなく「郭璞註」の文とされているので、『康熙字典』と石川注は誤って引用していることが分かる。確かに『康熙字典』で「寮」字を引けば（寅集上、「寮」頁三二六）、同じく『爾雅』を引用して、「爾雅釈言。註、同官為寮」とある。王引之『康熙字典考証』が指摘するように、[12]ここでは「釈言」を「釈詁」に訂正すべき誤りもあるが、「同官為寮」を「疏」ではなく「註」として正しく引用している。すなわち、『康熙字典』（寅集上、「寀」）が、「註」とすべきところを「疏」と誤ったのを、石川香山もそのまま引用してしまったのであろう。[13]

このように、『康熙字典』の利用を推測することも可能であるので、「字典に」や、「字書に」と出典を記さない事例も、[14]『康熙字典』のことだと判断してよいと思われる。ただ管見の限り、石川注には『佩文韻府』や『康熙字典』だけではたどり着けない注釈も多くあるし、また『康熙字典』の引用を取らない例も見られる。[15]このことから、石川香山が便利な工具書を利用していたことは明らかであるが、その利用もまた限定的であった、ということもまた事実である。『康熙字典』などの工具書は、本居宣長も『古事記伝』において大いに利用していたことが知られており、[16]彼らの事例は一八世紀後半の日本における『康熙字典』の普及と、その利用の一般化を示している。同一の工具書を使用すれば、自ずと注釈内容そのものも似通ってくるであろう。

第三節　石川香山『陸宣公全集釈義』誕生の現場と尾張の古代学

このように『釈義』『全集註』と『書紀集解』の注釈書としての類似性から考えるに、石川香山と河村益根との間に何らかの学問的な接点があったことが考えられる。ところが、残された史料から両者の密接な交友関係を証明することは出来ない。石川香山の著作には文集を含めてすでに佚した史料も少なくないが、益根の詩文集は多くが現存する。詳細は割愛するが、そこから分かるのは、岡田新川・河村益根を中心とする暢園詩社の文人グループと石川香山との間に密接な私的交友関係は無かったということである。先述したように、これは恐らく、新川・益根が蘐園学派に親密な君山学派の流れを汲むのに対し、石川香山が激しく徂徠学を批判する朱子学者であったという思想や学問の根本的な相違に基づくのであろう。そこで、益根の父・秀根（一七二三—一七九二）およびその兄・秀穎（一七一八—一七八三）（すなわち、益根の伯父）と石川香山との関係に注目してみたい。

河村秀穎・秀根兄弟はともに吉見幸和の国史官牒を重んじる実証的な国学・神道研究を学んでおり、後の『書紀集解』につながる日本書紀注釈書『日本書紀集解』を著したほか、『撰類聚国史考』『日本書紀撰者弁』『日本書聚財』などの著作が知られる。これらの著作は基本的に兄弟による共同の成果である[17]。彼らの名は日本書紀研究以外にも律令研究の分野においても知られている。特に養老令の内で『令義解』に欠けていた倉庫令と医疾令の逸文を秀穎と秀根が収集し、それを益根が校注を加えて文化八年に出版した『令義解　第八本　倉庫令補　厩牧令　医疾令補』（河村秀穎・秀根補逸、益根校注）は、律令の逸文を出版した最初の業績として現在も高く評価されている[18]。当時の名古屋には他にも、『関市令考』を著した神村正鄰（一七二八―一七七一）、河村兄弟と神村に律令を学び、『逸令考』『神祇令和解』を著した稲葉通邦（一七四四―一八〇一）[19]、朝倉景員（一七二四―一七六八）、山高信順（一七三六―一八一三）といった人々も河村秀穎・秀根とともに律令を研究していたことが知られている。そして、彼らをメンバーとする律令研究会の成果が、『講令備考』（続々群書類従所収）である。『講令備考』は「令の解釈の参考になる材料を令文の各条ごとにまとめ、意見を加えたもの」で「令の研究に随一の好参考書」である[20]。作成方法については、研究会参加者が、令の条文ごとに様々な史料から参考になりそうな文を引用して持ちより、その後共同で統合整理したと考えられている。

『講令備考』については、すでに広く知られた書物であるが、ここで注目したいのが、そこに引用された漢籍の種類である。煩を厭わず河村秀穎・秀根の引用を次に掲げる。

『書』（伝）、『詩』（集注）、『礼記』（注疏）、『周礼』（注疏）、『左伝』（注）、『論語』（集解）、『孟子』（朱注）、『孝経』、『史記』（正義）、『漢書』（顔師古注）、『後漢書』（李賢注）、『三国志』、『晋書』、『隋書』、新旧『唐書』、『六典』、『通典』、『文献通考』、『唐律疏議』、『明令』、『清律』、『史学指南』、『三才図会』、『唐類函』、『書言故事』、『孔子家語』、『呂氏春秋』、『説苑』、『列女伝』、『万病回春』、『山海経』、『釈名』、『玉篇』、『古今韻会挙要』、『字彙』、『康熙字典』

『六典』『通典』『文献通考』『唐書』百官志といった制度に関する基本文献を多く引用しているほか、経書及び古注疏からの引用も多く見られる。加えて神村正鄰が、『大戴礼』『論語義疏』『資治通鑑』胡注、『正字通』『玉海』を引用しているほか、『国語』注、『管子』、『文選』李善注、『六韜』などの引用も見える。一見して分かるように（例外もあるが）『講令備考』にはのちに『書紀集解』で引用されるのと同様の漢籍が並んでいる。当然ながら律令研究にも高い漢学力が求められ、ここに出席した彼らにはそれだけの能力が備わっていたのであろう。『講令備考』に見るように、彼らの律令研究も、河村家の日本書紀研究と同様に、漢唐以前の漢籍を使いこなすことができる漢学力が備わってこそ、可能であったのである。

それでは、彼らの漢学力はどのように養成されたのであろうか。その一端を伝える興味深い史料が、律令研究会のひとり稲葉通邦が記録した『稲葉通邦記』（以下、『通邦記』と略す）「景跡録」である。[21] ここには八歳から三四歳まで、通邦の学習過程が克明に記されており、これによって当時の名古屋において頻繁に和書・漢籍に関する勉強会が開催されていたことが分かる。煩を厭わずここに挙げれば、「令義解会」（明和三年一〇月二六日）、「儀礼経伝通解会」（明和六年五月）、「江次第会」（同右）、「世説会」（同右）、「続日本紀会」（同六月から一〇月まで）、「祝詞式会」（同秋）、松平君山「本草会」（同七年七月）、磯谷滄洲「漢書会」（同九月）、「詩会」（同一七日）、「軍器考会」（同一〇月）、「唐律会」（同一〇月）、松平君山「救衆本草会」（同八年三月）、「礼記会」（同月一六日）、「唐律会」（同右）、深田氏「説苑会」（同年五月）、「禁秘抄会」（同六月）、「六典会」（同七月）、君山「食鑑本草会」（同年七月）、「令会」（同年八月）、「続日本紀会」（同九年一〇月）、君山「大和本草会」（同九年九月）、「三代実録会」（同年一二月）、「文選会」（安永二年二月）、「左伝注疏会」（同右）、「令校正会」（同右）、「国語会」（同三月）、「戦国策会」（同五月）、「易本義会」（同三年一一月）である。これらの会は一回きりのものもあるが、明和六年の「世説会」が安永二年二月一五日まで続いているように、回数や期間の長短は様々である。[22]

さてこの書名を冠した「某会」というのが、一八世紀の日本において流行していた、いわゆる会読形式の勉強会であったことは間違いなかろう。ある一定の学識を備えた学者たちが一室に集い、特定の書物について研究討論する共同学習の場である。この会読は、荻生徂徠が「朋友の切磋」による学問の研鑽こそが学力向上に有用であると考えていたように、[23] 蘐園学派を中心に読解力向上の場として一八世紀以降急速に広まった。『通邦記』にみえる会も、同様に彼らの漢籍や和書に関する実質的な学習の場となったのであろう。そして、石川香山との関係で注目すべきなのが、明和八年に始まる「六典会」である。稲葉通邦は次のように記している。

七月十五日ヨリ、与河村秀興（主人）・深田正益（会頭）・石川忠治（次座）、（已下生也）山高信記・鈴木貞忠、六典会（十七史、十三経、『明史』、『通典』『通考』『字典』『冊府元亀』等参考）。[24] 安永二年四月十日会了。（予無闕席）『唐類函』。

それでは、六典会の参加者、期間、漢籍、会場について順次検討してみよう。

〔六典会の参加者〕

河村秀興（＝秀穎）、深田正益（＝九皐）、石川忠次（＝香山）、山高信記、鈴木貞忠、稲葉通邦。まず、彼らが『講礼備考』を作成した律令研究会と密接な関係にあることは明らかである。六典会がはじまる前年の明和七年五月、稲葉通邦の師である神村正鄰が継嗣なくして死去した。そのため、正鄰の学問の断絶と珍書異籍の散佚を防ぐために鈴木貞忠を継嗣とすることを藩に願い出たのが、河村秀穎と深田正益であった。貞忠は、深田正益の兄である深田厚斎に儒学を学んでいるから、石川香山の同門である。[25] 稲葉通邦と石川香山は、六典会直前の三月五日に面会しており、[26] これが初対面であったのかどうかは不明であるが、両者の直接的な交流はまだ日が浅かったかもしれない。ただ、稲葉通邦が親のように事えたという神村正鄰と石川香山との関係は深かったようで、神村正鄰の墓誌銘を書いたのは「友人」石川香山であり、香山が『関市令考』を高く評価していることからも[27]、少なくとも律令研究会のメンバーがどのような研究をしていたのかくらいは、香山自身認識していたであろう。むしろ彼の「温潤に欠く」排撃的な性格を加味すれば[28]、「友人」として墓誌銘を書いたという事実から推してみるに、互いの研究を理解し合い、学者として重んじ合う関係だったと考えられる[29]。深田正益は、石川香山の朱子学の師である深田厚斎の弟であり、正益の子香実が石川香山に学んでいるように、深田正益と香山との学派的な関係は非常に深い。

〔六典会の期間〕

明和八年（一七七一）七月一五日から安永二年（一七七三）四月一〇日まで。通邦の参加した会読のなかでは比較的長期間に渉り、また一度も欠席しなかったというように、相当熱心に行われたと考えられる。通邦は明和五年から律令研究を本格化させ、六典会と同時進行で唐律会や令会を開き、六典会終了後の安永二年からは、令校正会を行っており、先行研究の指摘するようにまさにこの時期こそ通邦が地道に律令研究に打ち込んでいた時期である[30]。また『講令備考』作成も、明和年間（一七六〇年代）には確実に始まっており、六典会の期間は『講令備考』作成の時期とも重なる。また高塩博氏が論じられたように、『令義解第八本』として結実する河村兄弟の令復原作業も同時期のことであり[31]、加えて日本書紀研究に関しても、ちょうど秀根が『日本書紀集解』巻八、九、十に取りかかっていた時期に当たる。そして、石川香山は、六典会の前年に『金鏡管見』を完成させ、会が行われていた安永元年に『釈義』を仕上げて自序を書き、六典会終了翌年の安永三年に『釈義』を刊行している。石川香山はちょうど『釈義』の総仕上げの段階で六典会に参加していたこととなる[32]。

いないだろう。

〔六典会で使用した漢籍〕

まず会読の中心となった『大唐六典』は、律令学を専門とする彼らに必須の漢籍で、『講令備考』にも引用されていたし、『日本書紀』の注釈、『陸宣公全集』の注釈に必要不可欠の書物であったことは、先述した通りである。さらに、これを読むために十七史、十三経、『明史』『通典』『通考』『字典』等を参考にしている。これらもすべて（『明史』は例外であるが）、香山が『釈義』で、河村父子が『書紀集解』で、また律令研究会が『講令備考』で盛んに引用した漢籍群であった。ここまでの考察からすれば、十三経には古注疏が、正史にも諸々の注が併読されたことも当然考えられるし、通邦が『字典』と記しているのも、『康熙字典』のことだと理解して間違いないだろう。

〔六典会の会場〕

河村秀穎が会の「主人」であり、また彼には柴野栗山が「図籍の富二万巻」と形容した蔵書があったことから判断して、六典会の会場は河村秀穎邸であったと考えるのだ自然であろう。そもそも河村家は父・秀世以来、尾張屈指の蔵書家であり[33]、秀穎自身も「生質書籍を好み、諸子百家の書、略見ることを得[34]」というほどの本好きであった。そして秀穎がそこに文会書庫を建てたのが[35]、はからずも六典会終了の安永二年のことである。つまり、六典会は、秀穎邸で彼の蔵書を利用しながら開かれたのである。またこの豊富な蔵書は秀穎の研究に利用された後、秀根の蔵書と併せて益根が継承し、『書紀集解』執筆に用いられた。『書紀集解』は河村家に豊かな蔵書があったからこそ生まれた業績であるといえよう。あわせて、『講令備考』もこの蔵書を利用しながら、秀穎邸で行われたと考えられているように[36]、六典会は河村家の古代研究や『講令備考』作成とその場を共有していたのである。さらに秀穎の蔵書は、広く名古屋の「有志の士」に貸し出されていたことから考えれば[37]、六典会で秀穎邸に出入りしていた石川香山もその蔵書を利用した「有志の士」のひとりであったとしても何ら不思議ではない。とするならば、『釈義』引用の一部は、『書紀集解』『講令備考』と同様に河村家所蔵の同じ書籍を用いて書かれたのかもしれない。具体的な詳細は不明なので、これ以上推測に推測を重ねるのは危険であるが、香山にとって河村秀穎邸こそが最も利用しやすい、名古屋随一の蔵書の家であったことは、まず間違いない(38)。

最後に以上をまとめれば、明和八年七月一五日から安永二年四月一〇日までの数年間は、石川香山が河村秀穎ら律令研究を専門とする学者たちとともに、十三経や十七史などを参考にしながら『六典』の読解・研究に取り組んでいた時期であり、それは香山自身が『陸宣公全集』の注釈を進め、河村兄弟や稲葉通邦らが古代律令学に関する研究を進め、同時に河村兄弟が本格的に『日本書紀』の注釈・研究に取り組んでいた時期でもあった。そして彼らは豊富な蔵書を誇る秀穎宅に集い、その同じ蔵書を利用して、各々の業績を生み出していたと考えられる。

おわりに

ここまで石川香山『陸宣公全集釈義』の分析と『書紀集解』との比較を行い、次いで香山の注釈が時と場においても、河村家の日本書紀研究や律令学研究と多くを共有していたことを明らかにした。先に『釈義』には一カ所だけ奇妙にも『令義解』の引用がみられることを指摘したが、実はこれが石川香山と律令研究会との関係を暗示していたとするなら、非常に興味深い注釈だといえる。各自が専門的に研究を進める中、定期的に集まった会読の場で何がしかの意見交換があり、それがまた各々の著作に生かされていく、そういう学問的交流の場として河村秀穎邸が機能していた、それを示す一例だったのかもしれない。彼らは当時取り組んでいた各自の研究に資する共通の漢籍として『六典』を選び、そして明確な目的意識を持って六典会に臨んでいたのである。ここにおいて石川香山の『釈義』が、江戸時代の名古屋における学問的業績を代表する『書紀集解』や律令学研究と全く同じ学術的土壌の上に成立していた、と結論づけてもいいのではなかろうか。香山が中国においても通用するほどの注釈書を完成させることができたのは、一八世紀後半の名古屋という、諸学者の漢学能力が高まり、また各種会読形式の学習・研究の場が多く設けられ、そのような機会を十分に活かしながら様々な学問的功績を世に問うた、そういう多くの学者たちとともに彼が生きたからである。これ以上の検証は別に行わなければならないが、特に出典を綿密に記した石川香山の注釈態度と、『書紀集解』を大成させた河村家のそれとの間に、両者の学派的相違を越えた方法論に関する共通点が見られたのも、これを背景とするのだろう。ここまでの理解が正しいとするならば、むしろ、名古屋の漢学力の高まりを象徴する「顕著な業績」として、「非朱子学者」の手になるものだけではなく、「朱子学者」石川香山の注釈もそこに加えなければならないだろう。それでは、何故彼は『陸宣公全集』に注釈を付けたのか。この問いについては、尾張藩天明改革を支えた、人見璣邑や細井平洲との関係に注目しながら、次章で論じることとする。

〔注〕

（1）前章で論じたように、香山は『読書正誤』で、荻生徂徠『論語徴』と太宰春台『論語古訓外伝』の古義理解が誤りであり、朱子の理解が正しかったことを実証しようとしている。

（2）年羹堯「年羹堯恭紀」『陸贄集』下（北京、中華書局、二〇〇六）、頁八二四。年本は二〇年の歳月をかけて完成した精校本といわれ、董本の底本となっている。本書第四章、はじめに、を参照。

（3）後に田口文が安政六年の跋文で、善本が少なく、石川香山の校訂本が「完善」だといっているのをみれば、安政年間になっても情況は同様だった。「田口文跋文」『陸宣公奏議』四巻（安政六年跋刊本、京都大学人文科学研究所蔵）所収。

（4）阿部秋生『河村秀根』（東京、三省堂、一九三二）、頁二三二、また、同「解説」（『書紀集解』京都、臨川書店、一九六九）、頁一六七を参照。

（5）他にも『孝経』『白虎通』『釈名』『国語』『戦国策』『孔子家語』『六韜』『孫子』『管子』『墨子』『述異記』『文選』『文苑英華』など、香山と同じ漢籍からの引用が見られる

（6）吉川幸次郎氏は『書紀集解』に結実した河村父子の漢学力を、現代の学者には到達不可能なものであると非常に高く評価している。吉川幸次郎「中京の二学者――河村秀根と岡田挺之と――」（『吉川幸次郎全集』第一七巻、東京、筑摩書房、一九六八）、同『本居宣長』（東京、筑摩書房、一九七七）、頁八六―八七。

（7）『陸宣公全集釈義』巻九、請減京東水運収脚価於縁辺州鎮儲蓄軍糧事宜状（京都大学文学部蔵、安永三年京都風月荘左衛門等刊本）。

〔陸贄本文〕綾絹絁。

〔石川注〕令義解、綾有文繪、細為絹、麁為絁。

（8）前掲註（4）、阿部著『河村秀根』、頁二一二。

（9）前掲註（6）、吉川著『本居宣長』、頁八七。

（10）『陸宣公全集釈義』巻一二、論左降官准赦合量移事状三首。

（11）佐藤進「河村家六国史集解の字書の利用に就て」（『富山大学人文学部紀要』第七号、一九八二）。

（12）王引之『康熙字典考証』寅集上、「寮」頁一八三八。本論では、『康熙字典』（上海、上海書店出版社、一九八五）を使用。

（13）また、陸贄本文「嘗漢壺之中」（『全集註』巻一四「論裴延齡姦蠹書一首」）について、香山は「釈宮、宮中衖謂之壼。

謹照原書、釈言改釈詁。

註、衖閤道門」と『康熙字典』（丑集中、「壼」頁二六〇）と同じ引用をしているが、これも註文が誤っており、正しくは「註、巷閤間道」とすべきである。

（14）『全集注』巻一「論両河及淮西利害状」、本文「蒼黄」、『釈義』巻二二「劉洽検校司空充諸道兵馬都統制」、本文「建牙

統衆」。

(15)『全集註』巻一〇、請依京兆所請折納事状。本文「螟蝛」の注釈。
〔石川注〕釋蟲、食苗心螟。

(16)千葉真也「『古事記伝』における『康熙字典』」(『相愛大学研究論集』第五巻、一九八九)。
『康熙字典』(申集中、「螟」頁一一二〇)では、「玉篇、食苗心蟲也」とある。

(17)榎英一『尾張名古屋の古代学――江戸時代の名古屋が見た古代』(名古屋、名古屋市博物館、一九九五)、および前掲註(4)、阿部秋生『河村秀根』を参照。

(18)利光三津夫「律令条文復旧史の研究」(『律令制とその周辺』慶応義塾大学法学研究会、一九六七)、同「江戸期における律令学」(『律令制の研究』慶応義塾大学研究会、一九八一)、高塩博「養老医疾令復原の再検討」(『日本律の基礎的研究』東京、汲古書院、一九八七)を参照。

(19)稲葉通邦については、花見朔巳「稲葉通邦事歴」(『歴史地理』第一七巻第一号、一九一一)のほか、藤直幹「名古屋に於ける律令学の考察――稲葉通邦を中心として――」(『武家時代の社会と精神』東京、創元社、一九六七)、伊能秀明「稲葉通邦の『令集解』研究に関する一考察――『神祇令和解』の成立をめぐって――」、「稲葉通邦の神祇令注釈研究をめぐって」(『日本古代国家法の研究』(東京、巌南堂書店、一九八七)に詳しい。

(20)前掲註(17)、榎著、頁三四。

(21)稲葉通邦『稲葉通邦記』西尾市岩瀬文庫蔵。鶴舞図書館蔵の『通邦二十記』は、明治四三年に名古屋市史編纂用資料として筆写された抄録本である。

(22)花見氏によれば、他にも中村習斎らとの中庸集略会、津金胤臣の易会、磯谷・岡田新川との後漢書会、浅井図南との尚書会もあったという。前掲註(19)、花見論文。

(23)『徂徠先生答問書』(『近世文学論集』日本古典文学大系94、東京、岩波書店、一九六六)。『文会雑記』(新装版日本随筆大成第一期一四巻、東京、吉川弘文館、一九九三)。

(24)岩瀬本で小字で書かれている文字を( )で示した。なお、『冊府元亀』について岩瀬文庫蔵本では縦線をいれて消去してあり、鶴舞所蔵の市史編纂用史料では、書き写されていない。また『唐類函』も参考の一書としての記載か不明。

(25)『名古屋市史』人物篇第二、第八、国学、二〇、神村忠貞（名古屋、名古屋市役所、一九三四）、頁一〇九。

(26)『稲葉通邦記』景跡録。

三月五日、見於石川仲治。

(27)有松庵某『芳躅集』天の巻、神村正鄰之墓（『名古屋叢書』第二五巻、名古屋、名古屋市教育委員会、一九五九）。

(28)谷口明夫「石川香山事跡考」（『鹿児島女子短期大学紀要』一九九〇年版第二五号）、同「『資治通鑑證補』考」（『鹿児島女子短期大学紀要』一九九一年版第二六号）。

(29)ちなみに深田正益の墓誌銘にも、石川は「友人石川安貞誌並銘」と書いている。

(30)丸山裕美子「尾張名古屋の律令学——稲葉通邦『逸令考』を中心に——」（『愛知県立大学文学部論集・日本文化学科編』第五六号、二〇〇七）。

(31)前掲註（18）、高塩論文を参照。

(32)『釈義』の執筆がいつから始まったのかは不明であるが、『金鏡管見』完成後だとすれば、六典会とちょうど重なる。少なくとも増補版が出版されたように、安永三年以後も手を加えていたのであるから、六典会の経験が注釈に生かされた部分も少なくなかったはずである。

(33)松平君山『弊掃集』余編、文会書庫記、柴野栗山『栗山文集』文会書庫記。

(34)『楽寿筆叢・十如是独言』序（『名古屋叢書』三編第一一巻、名古屋市教育委員会、一九八五）。

(35)文会書庫については、『楽寿筆叢・十如是独言』所収の杉浦豊治氏の「解説」、および藤川正数「「文会書庫」について」（『郷土文化』第五二巻第一号、一九九七）を参照。

(36)前掲注（17）、榎著、頁三五。

(37)松平君山「文会書庫記」、浅井図南『篤敬斎文稿』礼冊、河村君新築書庫記。前掲註（35）杉浦解説。

(38)弟の河村秀根もまた別に蔵書があった。それについては、『河村秀根蔵書目録』（藤井隆監修・編集・解説『近世三河・尾張文化人蔵書目録』第八巻、東京、ゆまに書房、二〇〇五）として蔵書目録が現存する。そこで、試みに秀根の蔵書目録に記載された漢籍と、『釈義』で引用された書籍とを比べたのが、【表】の「（参考）河村秀根蔵書目録」である。

【表：石川香山『陸宣公全集釈義』『陸宣公全集註』引用書目】

四部分類	書名	注			(参考)河村秀根蔵書目録
経部					
〔易類〕	易	王弼注 韓康伯注	孔穎達疏		十三経注疏・毛詩鄭箋
〔書類〕	書	孔安国伝	孔穎達疏		十三経注疏・書経古注
	尚書大伝				
〔詩類〕	詩	毛伝、鄭玄箋	孔穎達疏		十三経注疏
	韓詩外伝				
〔礼類〕	周礼	鄭玄注	賈公彦疏	周官義疏	十三経注疏・周礼
	礼記	鄭玄注	孔穎達疏		十三経注疏・礼記
	儀礼(寛政)	鄭玄注(寛政)			十三経注疏・儀礼
〔春秋類〕	春秋左氏伝	杜預注	孔穎達疏		十三経注疏・左伝注疏
	春秋公羊伝	何休注			十三経注疏
	春秋穀梁伝	范甯注	楊子勛疏		十三経注疏
	春秋繁露(寛政)				
〔四書類〕	論語	皇侃義疏	何晏注		十三経注疏・論語集解
	孟子	趙岐注			十三経注疏
	(大学)				
	(中庸)				
〔孝経類〕	孝経	鄭註(後漢書から)			十三経注疏・孝経孔安国伝・孝経
〔諸経総義類〕	白虎通				
	経典釈文				
〔小学類〕	爾雅	郭璞注	邢昺疏(寛政)		十三経注疏・爾雅注疏
	楊雄方言				
	釈名				劉熙釈名
	説文				
	玉篇				玉篇首書
	五音篇海				
	廣韻				
	品字箋(寛政)				

	正字通(寛政)				正字通
	康熙字典(寛政)				康熙字典
史部					
〔正史類〕	史記	裴駰集解	司馬貞索隠	張守節正義	史記集解・史記評林
	漢書	顔師古註			漢書評林
	後漢書	李賢註			後漢書(十七史)
	三国志	裴松之註			三国志(十七史)
	晋書				晋書(十七史)
	宋書				宋書(十七史)
	梁書(寛政)				梁書(十七史)
	北魏書(寛政)				北魏書(十七史)
	北斉書				北斉書(十七史)
	北周書				周書(十七史)
	隋書				隋書(十七史)
	南史(寛政)				南史(十七史)
	旧唐書				
	新唐書				唐書(十七史)
〔編年類〕	資治通鑑	胡三省注			
	資治通鑑綱目				
	資治通鑑綱目集覧				
〔古史類〕	国語	韋昭註			国語
	戦国策				戦国策
	晏子春秋				晏子春秋
	呉越春秋				
〔伝記類〕	逸周書				
	葛洪神仙伝				
〔地理類〕	華陽国志(寛政)				
	雍録				雍録
〔職官類〕	漢官儀				
	大唐六典				唐六典

〔政書類〕	通典				
	文献通考				
	唐律				唐律疏議
〔詔令奏議類〕	唐大詔令集				
〔別史類〕	漢晋春秋				
〔目録類〕	劉向別録				
子部					
〔儒家類〕	孔子家語				家語王粛註
	荀子				荀子全書
	劉向新序				劉向新序
	説苑				
	貞観政要				貞観政要
	塩鉄論				
	賈子新書				
	陸賈新語				
	楊子法言(寛政)	司馬光集注			
〔兵家類〕	六韜				七書
	孫子				七書
	司馬法				七書
	尉繚子				七書
	七略(寛政)				七書
〔法家類〕	管子	註			管子全書
	韓非子				
	商子				
〔医家類〕	太公金匱				
	本草綱目				本草綱目
〔雑家類〕	墨子				
	慎子				
	呂氏春秋				
	淮南子	高誘注			淮南子
	風俗通				
	蔡邕独断(寛政)				

〔類書類〕	北堂書鈔				
	初学記				
	佩文韻府				
〔小説家類〕	世説新語				世説新語補
	述異記				
〔道家類〕	老子	註			
	列子				列子口義
	文子				尹文子
	荘子	陸徳明音義	郭象註		荘子郭注
	楊雄太玄経（寛政）				
	素書（寛政）				
集部					
〔別集類〕	楚辞	王夫之通釈			
	鶴山大全集				
〔総集類〕	文選	李善注	呂向注	ほか	文選六臣註
	文苑英華				
	唐文粋				
その他	令義解				令義解
	風土記（寛政）				豊後風土記・出雲風土記・肥前風土記

京都大学人文科学研究所漢籍分類目録に従う。書名の後ろに（寛政）とあるのは、寛政増補改訂版のこと。

第七章　石川香山『陸宣公全集釈義』と尾張藩天明改革の時代

——一八世紀後半における江戸期日本と清朝の政治文化（上）

はじめに

本章では、石川香山の『陸宣公全集釈義』二四巻[1]（以下、これを『釈義』と略す）、及びその増補改訂版『陸宣公全集註』（以下、これを『全集註』と略す）が著された背景を、一八世紀後半における尾張藩の政治的状況や政治思想的様相の中から見出すことを目的とする。

すでに先述したように、一八世紀後半に石川香山が、名古屋において『陸宣公全集』の注釈を刊行したのとほぼ同時に、清朝中国において、張佩芳が『唐陸宣公翰苑集注』二四巻を刊行した。これも先述したように、両者の注釈は、民国時代に董士恩という人物によってその重複部分を削除した上で編輯・合冊され、近年、このテキストを底本として点校本『陸贄集』が中国の中華書局より出版されている[2]。

石川香山という人物は尾張藩の儒学史研究において、必ずしも注目されてきたとはいえないが、同様に張佩芳という人物についても、これまで全く研究がなされておらず、清朝の学者の中でも、よく知られた人物であるとはいえない。張佩芳には『希音堂集』という文集が残されており、附録として孫の張穆による「先大父泗州府君事輯」がある。これによれば、張佩芳は雍正一〇年から乾隆五八年（一七三二―一七九三）までの人なので、生国は異なるもののまず同時代人であったといえる。注釈の出版は、張佩芳が乾隆三三年（一七六八）、三七歳の時で、石川香山の『釈義』が安永三年（一七七四）、三九歳の時で、増補改訂版が寛政二年（一七九〇）五五歳の時である。香山は張佩芳に遅れること、わずか六年で『釈義』を出したこととなる。その注釈内容の比較検討については、ここで述べる余裕がないので省略するが、張佩芳が自序において、『新唐書』『旧唐書』『通典』『資治通鑑』によって、その当時の歴史的状況を明らかにし、その「故事古語」については、他書を引用して「ただ事を釈して義を加えず」、『文選』李善注の例に倣う、というところからも[3]、基本的には石川香山の注釈態度と同じだといえる。両者とも合理的な解釈に力め、経史諸子の書を渉猟博捜した考証学的成果である。もちろん、ここに香山が張注を密かに見ていたのではないかとの疑いが生じるが、筆者が両書を通覧したかぎり、そういう結論に達することはできなかった。もし香山が張注を見ていたのなら、もう少し違った引用の仕方をするであろうと思われる箇所にたびたび出くわした。やはり、両者は偶然時を同じくして現れた「暗合」の書であったと考えるべきである。内容の似通った成果が、江戸期日本と清朝において、わずか六年という間隔で出版されたというのは、非常に興味深い事実である。

さて、江戸期の日本と清朝において、よく似た儒学研究が著されたことについては、いくつかの研究もあり、よく知られている。その代表が、日本の元禄享保期における伊藤仁斎（一六二七―一七〇五）・荻生徂徠（一六六六―一七二八）・伊藤東涯（一六七〇―一七三六）らの古学と、清朝乾隆嘉慶期における戴震（一七二三―一七七七）・段玉裁（一七三五―一八一五）・王念孫（一七四四―一八三二）らの考証学とが「その動機と方法に於いて、きわめて類似」している、という指摘である[4]。それはもう少し時代の下った寛政から文化・文政期における日本考証学にも見られる。金谷治氏によれば、たとえば大田錦城（一七六五―一八二五）が『九経談』（文化元年刊）で展開した

『尚書』研究は、清朝考証学者の方法と結論とが似ており、また清人の成果が大量に輸入されたことによって、当時の江戸人も、清朝考証学との「暗合」を非常に気にしていたという。他にも「近世清人の盧見曽・畢沅・孫星衍・段玉裁・戴震・阮元等の諸家の言う所と暗合する者多し」(『先哲叢談続篇』)といわれた吉田篁墩(一七四五―一七九八)、「暗合」はよくあることだといった猪飼敬所[5]、音韻・文字学では山梨稲川(一七七一―一八二六)や松崎慊堂(一七七一―一八四四)も清朝考証学者と類似の研究を残したことで知られている[6]。このように、これまでの研究では江戸期日本と清朝における学術の「暗合」に、関心が向けられてきたようである。その意味では、一八世紀後半の清朝と日本を訪れた朝鮮知識人が、各々の地で「情の世界」を体験していたことを明らかにされた夫馬進氏の研究も、やはり日中における一種の「暗合」に注目された研究であるといえよう[7]。

そこで、本書が第七・八章で論じようとするのは、この様な先行研究とは視点を変え、石川注と張注という学術面の「暗合」の裏に、全く異質な政治的状況があったことを明らかにするものである。具体的には、石川香山と張佩芳による両者の注釈書が、どのような政治的環境のもと世に問われたのかを、一八世紀後半の尾張藩と清朝乾隆年間という時代に即して考察する。それは同時に、『陸宣公全集』が元々持つ君臣論を中心とする政治思想が、それぞれの地でどのように扱われたのかを比較することでもある。これによって日中の学術の表面的な同質性・類似性ではなく、むしろその背景にある政治文化の異質性をよりはっきりと際立たせることができるのではないかと考えている。そこで本章では、石川香山の注釈と尾張藩との関係を論じ、次章では張佩芳のそれと清朝との関係を論じ、最後に一八世紀後半における日中の政治文化の差異について比較・検討することとしたい。

第一節　石川香山の君臣論と『陸宣公全集』

それでは、なぜ石川香山は『陸宣公全集』に注釈を付けて出版しようと考えたのだろうか。

これについては、第四章においてすでに論じたように、天子に対する忠心を抱くとともに、学問があり、しかもそれに行動力が伴った人物である唐の名臣陸贄のような人材を育成するためである。また、香山は我が国における同様の人物として楠正成の名を挙げており、楠正成を「智仁勇の三徳」を兼備した「百世人倫の師」と評している。香山にとって、中国の陸贄と日本の楠正成は、「道」を理解した、当今の士たる者が学ぶべき理想的名臣であった。

では、香山は具体的に『陸宣公全集』のどのような内容に共鳴したのだろうか。本来は、その注釈から明らかにすべきであるが、前章で詳論したように、石川香山の注釈は、第一に古語古言の出典探し、およびその意味の把握、第二に唐代史に関する歴史的考証が中心であり、そこから香山の政治思想や政治的意識を読み取ることは難しい。そこで、他の著作から読み取れる思想と、『陸宣公全集』が持つ政治思想との関係を探り、また周辺の人物の思想とも比較することで、当時における彼らの注釈の位置を明らかにすることとする。

この考察の対象として最も相応しいのが、『人主之職』という書物である。この書は、君主として心掛けること、戒めること、取り組むべきことを箇条書きにしたもので、おそらくその内容から藩主よりは世子教育のために書かれたのだと思われる。確かに、香山には、「人の上たらん身」の者は、「(顔子のごとき)賢君を困窮させざる様にしたまふべき事肝要なる」ことを世子教育の場で説いた記事があることからも[8]、このような機会にあわせて著したものではないかと思われるが、序跋もなく、詳細については不明である。蓬左文庫が唯一、自筆本を蔵するのみである[9]。それでは、内容から特に香山が強調したと考えられる「民の父母」「人材の登用」「学校」「下情を尽くす」「納諫」に分けて、石川香山の君臣論を考察してみたい。

（一）「民の父母」、「万民撫育ノ為」の君主

香山の『人主之職』は開巻第一に、「人主ハ第一人主ノ職ヲワキマヘ玉フヘキナリ」から始まる。では「人主ノ職」とは何か。「人主ノ職トハ、元来天ヨリ民ヲ生シ自治玉フコト不能ユヘニ、人主ヲ建テ天ニ代リテ国土万民庶物ヲ治メ、各其所ヲ得セシム、是ヲ人主ノ職ト云」。「各其所ヲ得セシム」とは、『易』（繫辞下）にある、「包犠氏没して、神農氏作る。……日中に市を為して、天下の民を致し、天下の貨を聚め、交易して退き、各其の所を得るは、蓋し諸を噬嗑に取る」を踏まえているだろうから、つまり「人主ノ職」とは、天の代理として「国土万民庶物」を治め、万民各人に相応しい生活の位置を与え、満たされた生を享受させることに他ならない。そのため、「荀子ニモ、〝天之生民非為君也。天之立君以為民也〟ト云ヘリ。是全万民撫育ノ為ニ天ヨリ置玉フ君ニテ、天ヨリ民ヲ生シテ、君一人ニ奉スル為ニ非スト云心ニテ云ヘル詞ナリ」というように、君主とは、「全万民撫育」のために天が設置したのであって、君主のために万民がいるのではないという。これはかの有名な米沢藩第一〇代藩主、上杉治憲（鷹山、一七五一―一八二二）が隠居に際し、治広に与えた「伝国の詞」の一条に、「国家人民の為に立たる君にして、君の為に立たる国家人民には無之候」[10]という、その理念と同じである。この「全万民撫育ノ為ニ天ヨリ置玉フ君」という認識を大前提として、『人主ノ職』は議論を展開する。そのために、「万民ヲ安シ」る「安民」や、「人主ハ天ニ代テ万民撫育シ玉ヒ民ノ父母トナラセ玉フ御身ナレバ、仁ヲ本トシ玉フベシ」というように、君主は「民ノ父母」として仁にもとづく政治を行わなければならない、という理解に結びつく。

（二）人材の登用

次に、君主が「民ノ父母」として万民を治めるために重要となるのが、有能な家臣を登用し、君主の統治の輔佐とすることである。[11] そのため、「人主ノ職ハ人ノ観察ヲ以テ第一」とする。そして、天が万民庶物を統治させることを目的として生んだ「知慧材徳アル人」を挙用し、「大ナル知徳ノ者」、「小ナル知徳ノ者」を、それ相応の「大ナルコト」「小ナルコト」に任用すること、つまり「用ドコロニ当ンコトニ、日夜御心ヲ尽」さなければならない。そのため、「人ノ目利ユキト、キタルヲ以テ明主」とし、「人ノ目利タカヘルヲモテ暗主」とする。[12]

このように君主の職務として、「知慧材徳アル人」を抜擢するその観察眼が求められているわけであるが、「諸臣ハ皆君ノ天職ニ代玉フヲタスクルモノ」というように、実はそれだけ、君主の統治に参与する者としての「臣」「士」にも、きわめて重大な責任が与えているのである。「士」とは、そもそも「国土万民ヲ治ムルスシミチヲ学ヒワキマへ」た者であり、「君ニ事ヘテ天ヨリ命シ玉ヘル一事ヲ行フ」ということから名付けられた存在である。[13] そのため、要路に任用された者は特に重責を負うのであって、「君ノ耳目」に代わって配下の者を見出し挙用する職務を担う。それはまさに扇の要の如き存在であり、要路に人を得なければ、諸職全て乱れることになる。また要路以外の諸役人の存在も、張り巡らされた網の目に例えられ、職務一つひとつは些細な存在であるが、網の一目でも破れてしまえば、網全体そのものが役に立たなくなってしまうように、「諸職トモオロソカニ」することはできないと、統治に参与する者としての重要性を強調する。

このように、如何に「ウズモレヤスキ賢材」を見出すのかを重視するため、以下の議論も、どのような人材が有用なのか、またはその反対に、如何なる人物を登用してはならないのかに向かう。ここでその全てを詳細に紹介すると煩雑になるので、その一端を記すにとどめる。たとえば、「タヽ善ヲ好ミ、人ノ材徳ヲ己カ身ニ有ルコトク、喜ヘル人」は、「君ノ子孫万民ヲ、安ク保ツ良臣」であり、逆に「人ノ己ニ勝ル材徳アルモノヲ見テハ、嫉妬テサマシヲ、ヘル」者は、「子孫ヲ亡シ、国ヲ覆ス者」である。他にも、「飾ツヤアル人」は頼りにならず、「正直アル人」は頼りになり、「重厚ニシテ知慧深キ人」は必ず事を成就し、「軽薄ニシテ知短キ人」は、必ず事を敗るとか、勝れた者は自分の材徳を頼んで、人を頼ることがないので、世間に埋もれることが多く、逆に劣悪なる者の方が、頼むべき材徳に欠ける分、君子権門にへつらい頼るので、用いられることが多い。そのため、人主は「上へ求ヌホドノ人」を挙用し、「上へツルヲツタヒ、モトムルモノ」は取ってはならないという。

なかでもとりわけ登用すべき人物とは、「タ、何卒君ノ為、世ノ為ニ善事ヲ為ントヨギナク思フ心アル人」である。もちろん、その逆の「志ナキモノ」は「尤悪ムヘキモノ」である。聖人が「狂者」を「中行」の次に評価したのも、「狂者」には如何なる大事も共に為すことができる、「踏込テ、物ヲ為ント思ヘル」熱い志があるからである。そのため、香山は一歩進めて、「其人一体心直シテ、志アル人ナラハ一事ヲ仕損タレハトテ、捨玉フベカラズ」と、「君ノ為、世ノ為ニ善事ヲ為ント」する志ある人物なら少々の失敗も、君主として見逃してやることも重要であり、「一事ヲ仕アヤマリタリトテ、其人ヲ長捨玉フハ人ヲ用ユルコトヲアヤマリ玉フワケナリ」という。

このように、香山は君主の統治に参与する者として「知慧材徳アル人」の登用を要請しており、特に「君ノ為、世ノ為ニ善事ヲ為ントヨギナク思フ心アル人」、つまり少々の足らぬところがあろうと、「狂者」の如き、「踏込テ、物ヲ為ント思ヘル」熱い志こそが、「臣」「士」の第一の要件であると香山が考えていたということは、ここで強調しておきたい。

（三）学校を建てること

「人主及人臣天ニ代レル職分ヲ行ヒ尽シ玉ヘルハ、古ノ聖主賢臣ナリ」。天から人主と人臣に与えられた職分を行い尽くした理想像とは「聖主賢臣」に他ならず、現今の藩主と藩士も、この「聖主賢臣」を手本として、そうなるべきことが要求される。では、「聖主賢臣」となるにはどうすればよいのか。それは「末代君臣ノ亀鑑ニ垂レ示」された「聖賢ノ道」を学ぶほかない。「然レハ、凡天ニ代レル職分ヲ治玉フ君、天職ヲ行ニ志アル臣、一日モ聖賢ノ道ヲ忘放タセ玉フベカラズ」。そして、その道を学ぶための場として「学校」の設立が求められる(14)。つまり、それが藩校ということであるが、この学校によって人材を養成することで、「済々タル多士出来テ、君ノ天職ヲ助ケ、凡庸ノモノハ、風俗厚クナリテ、悪ニ滔ルコト」を免れ、さらには「多ノ武士ニ坐食セシメ玉フモ武備ヲ練リテ、国ノ爪牙トナリ、治ル世ニハ国土ヲ守護シ、乱ル世ニハ暴悪ヲ平ケテ、万民ヲ安シテ天職ヲ治ル」。このように、「士」の教化と、武備を練るためにも、学校が期待されているのであり、学校の設立も君主としての職分のひとつである。

(四)「下情を知る」

先述したように、君主は万民を撫育する「民の父母」として「仁」を本としなければならない。香山はそれに続けて、「民の父母」として「古ノ明王ハ朝ヨリ夕ニ至マテ、唯国土万民ノ為ニ御心ヲ尽サセ玉ヘリ」という。そしてそれを次のように例える。一堂に集まって宴会をしている時に、その中の一人が隅に向かって泣き悲しんでいると、みな興が失せて楽しめない。すなわち、現実に存在する「難義ノ情アレトモ、上ヘト、クル階モナク、或ハ冤ノ難ニ枉ラレテ、怨ヲ呑テクラスモノ」は、この隅に向かって泣き悲しむ者である。だから、このような中にあって、君主が安然と楽しむということがあってはならない。ここに「下情を尽す」ことが、君主の職務として重視される。

人主ハ下情ヲ尽シ知リ玉フヲ以テ、務トナシ玉フベシ。下情トハ一家中ヨリ、国中万民スミスミマテノヤウスヲ、色々御心ヲクハリテ、掌ノ上ニ見カ如クニナシ玉フコトナリ。

「下情ヲ尽シ知」ることとは、国中万民に関する情報を隅々まで、はっきりと認識することである。万民の様子を知ることが、「民の父母」として民をあわれみ恵むという「仁」を施す前提となる。古の天子が、天下に巡狩して民の様子を見たり、国風歌謡を取って民風を観察したのも、この「下情を知る」ためである。そのため、「君ノ御心下々臣民ニユキワタリト、コヲリナク、又臣民ノ情上へ通達シテ、ツカユルコトナク、上下交通、君民合体ス、コレホトメテタキコトハナシ」という君主と臣民との関係を理想的な関係とする。(15)

このように、古代の聖人の時代は必ず下情を知ることに尽力したのであるが、後の時代の君主は「神明ノ様」に振る舞い、臣下・万民との関係が疎遠になることが多い。香山は、これこそが国家衰亡の原因であるという。そこで、こうならないように、殷では次のような法を行ってたという。

殷ノ法ハ天子ノ内ハ民間ニ置、民ト雑処セシメテ、下情ヲ尽シ知ラシメテ、後ニ帝位ニツケシ事ノヤウニ見ヘタリ。……（中略）……高宗モ祖甲モ部屋住ノ中、皆民間ニ居リ玉ヒシコトトミユ。去程ニ殷ノ世ホド賢王多出玉ヒシハナシ。是全能下情ヲ知リ玉ヘルユヘナリ。

殷では制度として太子を民間入れ、民と雑居させたので、民情に通じた賢王を多く輩出するに至った。殷以外でも、「古ヨリ天下国家創業ノ君ハ、必明君ナリ。是全下ヨリ興出テ、下情ニ通セラル、ユヘナリ。シカラスハ本宗統ナフシテ、庶子ヨリ入テ統ヲ嗣ク君必ヨキモノナリ。是亦庶子ノ時小身ニソダ、レテ下ノ情ヲ能知ラル、故ナリ」と、創業の君主や庶子出身の君主の多くが明君となったのも、やはり帝王となる前に下々と交わり、下情に通じる下地ができていたからである。よって、「本宗ニシテ腹カラ尊フ長立《ヲイタチ》玉フ君」が、どうしても創業の君主や庶子出身の君主よりも劣るのは、ただ「御心ヲ下情ヲ知ニ用ヒ玉ハズ、政ト云コトヲ忘レ」、「君ノ職ヲ失」っているからである。ここでは君主が下情を知るための方法として、世子を「民間ニ置、民ト雑処」させることが特に有効であると、香山が力説していることに注目しておきたい。

（五）「納諫」「納言」

最後に、臣下の諫言を受け入れることについて触れておきたい。

凡上ニ立ホドノ御身ハ、夕、御心ヲ虚シテ臣下并配下ノ言ヲ受ケ納レ玉フベシ。孟子ニモ施々《ミチホコリ》テ吾已ニ知レリト云心顔色ニ見ル、トキハ、志アル士皆望ヲ絶テ退キ、夕ゞ諛言バカリ耳ニ入テ国敗亡ノ本トナルコトヲトカレタリ。昔ヨリ明王ノ虚心ニシテ臣下ノ言ヲ納玉ハヌハナシ。

香山は続けて、中国の皇帝のなかでも漢の高祖と宋の仁宗が納諫で有名であるとして、特に宋の仁宗のエピソードを紹介し、「凡人ノ君タル身ハ臣ノ諫ヲ納ル、ヲ以テ旨トス、然ルニ彼ハ朕ニ臣ノ諫ヲ納ル、コトヲ拒止ムル心ヲス、ムルモノナレバ、朕カ側ニ置ベキモノニアラストノ玉ヘリ」という仁宗の言葉を引用し、「此時如何ナル人ニテモ帝ニ諫ヲ納サル人ハナカリシトナリ」と締めくくっている。

以上『人主之職』に述べられた内容を数点にまとめてみたが、もちろんその内容はこれにつきるものではなく、他にも「賞罰を明らかにすること」「倹約のこと」「法令を厳重にすること」「租税を軽くすること」「人民を治める官を重んじること」「驕矜の心を抑えること」「身体の保養のこと」などについても記されているが、ここでの詳論は割愛する。

さて、香山が『人主之職』において主張した内容が、自身が注釈を付けた『陸宣公全集』の内容と矛盾しないものであることは、明白である。『陸宣公全集』は、陸贄の君臣論を体系的にまとめた性質の書物ではないが、先述した『人主之職』と同様の要点をそこから見つけ出すことは、難しいことではない。

例えば、「民の父母」については、貞元八年（七九二）秋七月の河南など四〇余州を襲った大洪水に際して、速やかな救恤と租税の減免を求めた上奏「請遣使臣宣撫諸道遭水州県状」の中で、『礼記』孔子間居の一節より、子夏孔子に問うて曰く「如何なる斯に人の父母と謂うべき」、孔子曰く「四方敗有れば、必ず先に之を知り斯れを人の父母と謂うべし」とあるのを引用している。ここでは、太宗李世民の「民」字の忌を避けるために、「人の父母」として陸贄は引用するが、本来は「民の父母」とするところである。そして、陸贄は続けて、次のようにいう。[16]

君主の道は、〔万民を〕わが子のように撫育することを心がけることにあります。宮廷深くに居ますとも、あまねく思慮を天下に巡らせ、安楽に過ごされている時でも、常に世の困窮する者の存在を憂えるのです。……（中略）……その故に、時に災害が起こったとしても、流亡する者はおらず、人々は必ず民情が天子の耳に達せられるを頼みにし、天子の恩沢が必ず下々に行き届くことを知るのです。このようであってこそ、母の愛が有り、父の尊があるというものです。古の聖王が、天下を以て一家とみなし、中国を以て一人とみなすことができたのは、この方法を用いたからなのです。[17]

これはまさに香山が「人主ハ天ニ代テ万民撫育シ玉ヒ民ノ父母トナラセ玉ノ御身」というように完全に一致する。また、香山は「君ノ為、世ノ為ニ善事ヲ為ントヨギナク思フ心アル人」を用いるべき臣下の理想とする。香山にとって、中国におけるこの理想が、陸贄であった。陸贄は『旧唐書』の列伝において、「天下の事を以て己の任と為す」志、すなわち天下国家に対する気概と責任意識を持ち合わせた人物として称されており、香山も注釈においてこれをを引用しているように[18]、香山は「君ノ為、世ノ為ニ善事ヲ為ントヨギナク思フ心アル人」としての陸贄の姿を『陸宣公全集』から読み取ったのである。

次に、「下情を知る」ことの重要性についても、「奉天論奏当今所切務状[19]」などに見られるし、合わせて「君臣合体」「君臣一体」「納諫」についても、陸贄の奏議中で累々述べられ、陸贄の君臣論の根幹を成している。

このように、石川香山が『人主之職』で展開した君臣論の要点を、『陸宣公全集』から逐条的に探し出すことは難しくない。つまり、我々は香山が『人主之職』で主張し、強調した論点を、香山自身が『陸宣公全集』から読み取り、価値を見出した部分であると考えていいのではないか。言い換えると、香山が『陸宣公全集』の読者に学び取って欲しいと考えていた要点は、『人主之職』の力点とほぼ等しいと考えられる。

『人主之職』の巻末には、君主と士大夫の読むべき書物について述べた一文（「人主及士大夫ノ学問ノ法」）がある。この史料は、すでに第四章にも引用し、重複するが、ここでは、『陸宣公全集』が、君主にも士大夫にも必読の書の一冊として挙げられていることに注目したい。すなわち、

君ハ古ノ明王ノ所為ヲ則トシ、亡国暗主ノ所為ヲ以て戒トナシ玉ヒ、忠良ノ臣ノ伝ヲ読玉ヒテハ、己カ忠良ノ臣ノ言トコロトナシ玉ヒ、タ、御身ニ引付玉フベシ。又士大夫ハ忠良ノ臣ノ伝ヲ読テハ、感服シテ則トナシ、姦邪讒佞ノ臣ノ伝ヲ読テハ、自省自恐テ己モ亦此悪アランコトヲ恐レ、専ニ古今治乱安危人情世態ヲ明メテ、国家有用ノ臣トナランコトヲ求ムベシ。

と、これは、国家統治に有用なる「明王賢臣」となるための読書法であることをいう。先ず四書五経の経書の熟

読に始まり、次いで、「史ハ経ノ羽翼ニテ、経ノナリヲ人事ニ行ヒシコトヲ、善悪邪正、千載ノコトヲ一所ニ集メ見ルコトナレハ、史学ホドヨキコトハナシ。故明王賢臣史学ヨリ入リ玉フコト多シ」と、史学を特に重視する点は、香山の特徴といっていいだろう。具体的には、『史記』『漢書』『後漢書』『三国志』の全編読破、『晋書』より後は、『資治通鑑』『資治通鑑綱目』を読むことに代えてもよいとする。次いで、唐代史では『旧唐書』よりは、『新唐書』を読み、『五代史』『北周書』をも併せて読む。もしこれらを読む暇がなければ『玉堂鑑綱』『歴史綱鑑』『少微通鑑』のどれかを一読し、事績の概要を知るだけでもよい。そして、その他『左伝』『穀梁伝』『国語』『家語』『荀子』『説苑』『新序』『塩鉄論』『唐貞観政要』『陸宣公集』『唐鑑』『名臣言行録』『大学衍義』『大学衍義補』を挙げる。また『歴代名臣奏議』や宋の蘇軾、明の王陽明といった名臣の奏議、明人の徐達、于忠粛、王陽明、楊忠愍といった「人臣の則」の事績を記した文集については、その重要なところを抜粋して読むべきだという。

ここで、以上のことから香山が『陸宣公全集』に注釈を付けて出版した目的を、次のようにまとめることができる。すなわち、香山は該書の読者対象として「人主」＝君、および「士大夫」＝臣の両方を想定しており、臣には当代の陸贄たるべきことを期待し、君にはそれを「忠良ノ臣」の言葉として受け止める名君たるべきことを要請したのである。そして、香山が君主に陸贄の奏議から読み取って欲しかったのは、基本的に『人主之職』で語られた内容と一致していると考えられる。

第二節　石川香山の理念と尾張藩政改革

では、ここまで見た石川香山の理念は、一八世紀後半の尾張藩という歴史の現場において、どのような状況に置かれていたのだろうか。結論からいえば、彼の理念は孤立的に存在していたのではない。しかも、当時の尾張藩を主導していた領主層にも受け入れられる内容であったと考えられる。より具体的にいうなら、藩主徳川宗睦(享保一八―寛政一一年、一七三三―一八〇〇)の治世に展開された尾張藩の天明寛政の改革を推進した執政人見璣邑、および藩政改革の象徴である明倫堂の初代総裁(督学)であった細井平洲が、藩政改革にあたって主張したのが、同様の君臣理念であったし、すでに第四章でも論じたように、そもそも、『釈義』の意義を見出し、藩費による補助を与え、この書の出版を支援した人物こそ、人見璣邑であった。[20] そのため『釈義』には人見璣邑の「書陸宣公集釈義後」が巻末に付されており、香山を「陸家の孝子」「国家の忠臣」と称している。[21] また、細井平洲による評価もきわめて高く、『釈義』出版の成果が、天明三年(一七八三)の藩校明倫堂開学時に香山が典籍として抜擢されることとなる要因の一つとなった。[22]

それでは、彼らが改革主体として活躍した当時の尾張藩は、どのような時代であったか。それは、第九代尾張藩主徳川宗睦の主導する天明寛政の改革の時代である。[23] 宗睦は宝暦一一年(一七六一)、第八代藩主宗勝の死去に伴い、急遽襲封し、藩主として改革に尽力したことから、「宗睦の治世約四〇年は、殆ど尾張藩中興の善政を布き」、「宗睦を諡して明公といふのも、決して溢美の称にあらざるなり」(『名古屋市史』)と称される。この「名君」宗睦が藩政改革に乗り出さなければならなかった重大な要因が、第一に第七代藩主宗春の時代(享保一五―元文四年、一七三〇―一七三九)に始まる深刻な藩財政の危機であり、[24] 第二に宝暦七年、明和二年、同四年、安永八年と度重なる大洪水と飢饉の発生による「凶作・悪疾などを直接のきっかけとした……貧農層の増大を背景とした農民の抵抗や村方騒動、すなわち農民層内部における矛盾の激化、そしてそれにともなう藩の支配権力の後退という現実」[25] である。

そのため、藩政改革の要点としては、第一に宗勝時代の倹約令の継承であり、第二に、農政改革である。農政改革として特に知られるのが、天明元年（一七八一）にはじまる「所付代官」の設置である。[26]そして、第三に、天明四年にはじまる庄内川の分流作業、新川の開鑿、寛政四年の日光川の開鑿といった、治水事業であり、第四に、天明三年にはじまる、藩校明倫堂の設置である。

そして、「宗睦をして寛政の治を挙げしめたるもの、璣邑与つて力あり、特に其文学に於ては、細井平洲を招聘し、明倫堂を興し、平洲と共に力を戮せて其基礎を定め、以て尾張文学の隆盛を来したることなり」[27]といわれるように、「明君」宗睦を補佐し、改革を実施したのが、参政人見璣邑と明倫堂総裁細井平洲であった。特に所付代官制度の実施における役割や、[28]細井平洲の招聘などについて、人見璣邑が重要な働きをした。そこで、続いてまず人見璣邑の思想と石川香山との関係を述べ、その後で細井平洲の思想についても論及することとする。

（一）人見璣邑の思想

人見璣邑（一七二九—一七九七）、名は黍、字は叔魚、通称は弥右衛門、璣邑はその号であり、また竹山とも号す。その伝記については、『名古屋市史』人物編一「僚吏」によって知ることができる他、[29]古くは堀川柳人の小冊子『人見璣邑』[30]によって、その概略を知ることができるが、ただ両者とも記述内容が簡略で、しかも堀川の著作は流通量そのものが非常に少なく、あまり多く読まれているとはいえないだろう。近年では、岸野俊彦氏の研究が人見家の家系を含め、伝記とその思想を詳論し、また小川和也氏の研究が尾張藩政改革と人見の政治思想との関係を論じており、両氏の研究によって、その伝記と思想が明らかとなった。[31]本論も、両氏の研究に負うところは多い。

岸野氏の研究によれば、人見璣邑の家系は本来、人見竹洞（名は節、字は宜卿、通称は又七郎、友元、一六三八—一六九六）が寛文元年（一六六一）に幕府儒者となって以来、「人見行充（璣邑の祖父）——美在（璣邑の父）——美至（璣邑の兄）――在恭」と代々幕府儒者を世襲する比較的高禄の家であり、朱子学を重んじる「徳川一門の帝王学の教師群」であったという。璣邑が尾張藩に登用されるきっかけとなったのが、父美在の弟である美雅（一六八九―一七五三）が宗睦幼少時の教育担当として少傅兼侍読となり、さらに璣邑がこの美雅の養子となったことにある。璣邑は宗睦よりも四歳年長にして、すでに二一歳頃には宗睦の近侍となっている。「璣邑、国君の挙措する所に於て啓せんと欲する所あれば、未だ嘗て其言を直くして叩いて竭さずんばあらず。国君も亦能く其言を納る。而して人をして我君の側に斯人なくんば之を如何と曰はしむるに至る」(32)と後世評される宗睦との良好な君臣関係も君主と師傅の子という少青年期からの関係が大いに影響していると考えられる。次いで璣邑は宗睦世子の治休の誕生にともない、宝暦三年（一七五三）にその少傅となり、安永元年（一七七二）治休の初入国にともなって、はじめて名古屋の地を践む。ところが、翌年六月一四日世子治休が死に(33)、翌三年四月一一日には新たに治興が世子とされるも、安永五年七月一〇日に治興も二一歳でこの世を去り(34)、翌六年正月五日には治行が新たな世子として立てられる(35)。璣邑はこの後、小納戸兼侍読を経て、安永四年（一七七五）には国用人となる。安永七年に細井平洲を米沢藩から招聘。翌八年には国奉行を兼任し、宗睦の信任の下、一連の改革を実施するに至る。この改革に邁進する璣邑について、「人見璣邑翁は豪邁の人也。平生の心得、切腹と家断絶との事を日々不忘して、御用を取扱と云々」(36)とあるところから、政治改革に対する璣邑の責任意識の強さを感じ取ることができる。天明五年一二月には病を以て職を辞し、のち再び世子の傅となるも二年で致仕し、寛政九年（一七九七）二月二日、卒す。宗睦が寛政一一年に死去しているから、璣邑は宗睦より四年早く生まれ、二年早く世を去ったわけであり、人生のほとんどを藩主宗睦と過ごしたこととなる。

〔人見璣邑の思想――「安民」、および君相・地方官の意識改革について〕

人見璣邑の思想については、これまで主に農政改革の実施との関連で、「安民」に関する内容が注目されてきた。

真の仁は慈悲心などの類にあらず。安民を究竟とする也。安民とは下たる者、余さず洩さず住よく暮しよき様にする事也。其中には四民の外なる出家・山伏・神道者・遊女・歌舞妓・俳諧師・座頭・平家語り・幸若の類、都て四民の衣食住を掠めて、世間無用の業を以て今日を渡る者、所謂遊民食ひ潰しなれ共、夫を悪しとて斬て捨つべき様なし。政を以てせば遊民少にはなるべし。遊民なき様には堯舜三代の世にもならぬ事也。是等の類迄其身を安くする事人君の職分也。「民の父母」と古書に云るも、安民を職とする故也。父母の子に於る、あしき子とて棄られもせず殺されもせず。[37]

ここの「余さず洩さず住よく暮しよき様にする」「安民」を君主の職務とする璣邑の口ぶりと、「国土万民庶物ヲ治メ、各其所ヲ得セシム、是ヲ人主ノ職ト云」と説く香山には、大きな差異はない。

そして、「安民の業は天下を陶冶して平治する大なる事にて、一人の力にあたわず、人をもちひてする事故、「知人事」なくては安民はならぬ也。……(中略)……知人とは賢者を知りて挙げ用る事也」と、「安民」実現の参画者として賢者の登用を説く。同様のことは『康済録抄解』で、より詳細に述べて、[38]「賢人仁人」を大臣以下の諸職に任じることで、「安民」が実現されるという。そこで、君主のみならず、大臣以下あらゆる有司にも、「安民」実現に向けての責務とその自覚が要請される。

大臣重職に対しては、まず「君相ノ類」が「安楽富貴」をむさぼることができるのも、「皆下ノ艱難労苦」、特に最も「艱難骨折」なる農民の苦労のおかげであることを知る必要があると、その自覚と反省を求め、そして、その反省に基づいて、「農民ノ恩」に報いるために、「君相ノ類ハ、……(中略)……唯民事ニ心ヲ用テ、飲ムモ食フモ、楽ミニモ悲ミニモ、此事ニ心ノ離レヌ」ようにしなければならず、「上タル人ハ心ヲ労シテ、下ヲ治メテ、安寧ナラシムルカ、全ク下ヘノ恩報」であり、逆に「治民ノ理ヲ忘レテハ、尸位素餐ト云国賊」たるに過ぎないという。璣邑がこのようにいうのも、現今の「国君宰輔」の一般が太平に慣れ、天職を修めず、風俗は衰え、民も憔悴するに至っているという時世認識があったからである(39)。

特に璣邑は賢臣の国政における役割を重視しており、「聖主賢王ハ絶ル時アリトモ、下ニ賢明ノ人ナキト云世ハ、上古ヨリ今日ニ至テモナキコト也」と、明君の出現は時の偶然に左右されるとしても、賢臣を登用することは、「安民」のために常に勉めるべきだという。そして、その具体的な事例として、熊本藩藩政改革における、細川重賢と堀平太左衛門の関係を挙げる(40)。細川重賢は「寐テモ寤テモ忘レス、目出度ニモ悲キニモ、トカク民事ニ心アルテナケレハ、天職モスマヌナリ。本来下民ノ為ニトテ、立テヲキシ君也」という自覚を持って政治に当たった「近世ノ賢明」であると璣邑は評価する。そして、執政の堀平太左衛門を登用したことについて、次のようにいう。

堀平太左衛門ト云人、……(中略)……其時四十余ニテ、ヨキ役人ト世上ニモ唱ルコト也。重賢卒後モ此人執政モトノ如クシ、夫ユヘ国政モ動カサリシ、此人家老トナリシ已後、重賢ハ大方、日夜詩歌・糸竹・田猟ナトシ、正ク南面スルコトノミト云姿ナリシトソ、重賢ニ継シ君ハ不慧也ケレドモ、国事ヨク治シハ、全ク堀カ徳功ト云ヘリ。

つまり、璣邑は熊本藩の国政を現実的に動かしていたのは、堀であるという。藩主重賢は「正ク南面スル」のみであり、また次君(細川治年)も「不慧」であったけれども、よく国政が治まった。それはやはり堀の功績であるという。実際、近年の吉村豊雄氏の研究によれば(41)、細川重賢は「肥後の鳳凰」と評される中期藩政改革を主導した明君の一人として知られるのであるが、「ただ不思議なことに、重賢の数多い改革事績を現実の政治過程においてほとんど確認することはでき」（頁七）ず、「反面、重賢の学問・趣味など、いわば非政治的な活動は実に多彩である」（頁一四）ことから、「堀平太左衛門「執政」下の改革政府のもとで藩主個人の資質が発揮される政治幅は限られ」（頁一六）ていた。そのため、当時から重賢が明君として種々語られてきたことについて、吉村氏は「実像を離れた藩主世評」と論じられた。確かに近年の研究に照らし合わせても、人見璣邑がいうように、藩主細川重賢は政治の人ではなく、学問・趣味の人であった。一般的にいうように、強力な政治的手腕と能力を持って藩政改革を先導していった君主を「名君」「賢君」とするならば、藩主重賢を「名君」「肥後の鳳凰」と称するのは、過賞といわざるを得ない。

だが、ここで注目したいのは、「日夜詩歌・糸竹・田猟ナトシ、正ク南面スルコトノミ」という藩主重賢の実像をも「近世ノ賢明」とする璣邑の理解である。藩主がたとえ全権を執政に「御委任」したとしても、委任されたのが「ヨキ役人」であり、「国事ヨク治」まったのなら、そのような賢臣を登用した君主は、「明君」である。この意味において、璣邑にとって、「詩歌・糸竹・田猟」といった「非政治的な活動」にいそしんだ藩主重賢を「近世ノ賢明」と評することは、けっして矛盾した評価ではない[42]。

ここに璣邑が如何に執政大臣に一国の国政を左右する重責を担わせようとしたのかを理解しなければならない[43]。「一国の安危」に責任を持つ「賢臣」の出現を求め、同時にそのような人物を登用することこそ、「明君」としての職務であるというのが、璣邑の理解である。

次に、地方官（奉行代官）についてであるが、これについては先述の小川氏の研究が、樋口好古『牧民忠告解』と関連づけて論じられている。地方官・民政官としての理想像を解説する『牧民忠告解』には「支配処中ノ百姓ヲ安穏ナラザラシムルト云ハ、奉行代官ガ仁人君子デアラフナラバ、心ニ忍ビラレヌコトジヤ」と、「「仁政」の主体として、奉行・代官自身が「君子」たること」を要請している。そして、この『牧民忠告解』は、その出版時期や内容から考えても、所付代官制によって新たに「各陣屋に派遣される代官を読者対象として書かれた」ものであり、「所付代官制の成否の鍵を握る書物」として出版されたことは明らかである。さらに、樋口好古に訳注を命じたのも、所付代官制など農政改革を指導した人見璣邑であったという。また、本論も引用した『康済録抄解』も「地方官郡奉行等カ志ヲ引起ス端ニモ」と、代官・手代などの地方官に対する民政書として書かれたものである。

確かに、安永三年（一七七四）、人見璣邑を介して提出された竹中彦左衛門の建白書にも「司農之政、多は手代より出申候、彼手代に至候而は、地理・農事共に、所経之歳月多と、下民に近きより、略其状に通じ候へ共、聊報国之志無之、上国家之善悪を不図、下細民疾苦を不顧、偏に賄賂を待て其事を謀申候(44)」と、農民に最も近い手代に全く「報国の志」なく、「国家の善悪」を図らない藩国家に対する政治的責任意識の欠如が問題とされていた。それは、また「安民」意識の欠如でもある。『牧民忠告解』や『康済録抄解』という代官手代にいかに民を安んじるのかについて論じた書物が、彼ら地方官を「報国の志」を懐き、「国家の善悪」を図るような君子たるべく著されたということは、間違いないであろう。

〔人見璣邑の思想――「下情を知る」〕

次いで、人見璣邑が君主の力めるべきこととして、やはり「下情を知る」「下情に通ず」ことを語ったことを挙げなければならない。

凡創業の主は、元祖になる程の才徳、苟且にも具する故、人を知るの明も少しは備るべし。下情にも相応に通じて、古今の事変も見聞多ければ、中主也とも継体の英主に勝るべし。継世の主は否らず。縦ひ明敏の質ありとも、下情は不通、事変は不経、平にいへば、年よつても万事うひうひしく初心也。弥以賢臣といふものなければ、小人・婦女にだまされて、毎事ぼつとして暮す也。さればとて、其明敏をたのみに自用すれば大害あり。然らば、継世の君は如何して可ならん、祖宗の法制壊れざる様に守り、一二の賢臣を師とし友とするにしくはなし。(45)

創業の君主はもとより下情に通じているものだが、世継ぎの君主はどうしても「下情は不通、事変は不経」ということになってしまう。世継ぎの君主が下情に通じるには、賢臣を近づけ、「師とし友とする」べきであるという。また、璣邑は君主が学芸文芸を習うことについても、「文武諸芸共に、世の中の為、群下の為と云目当あらば可なり」(頁一七八—一七九)と、度を過ぎ天職・本業に支障がない限り、「人並の風流芸なきも、無下に賤しき事也」として、たしなむ程度のことを勧める。ただし「人君の位にて凡天下のことごとく人情に通じ、学術を精ふして古今の事跡も見る事」は、とてもできることではないので、「理直なる人、多く事変を経たる人、世態に通じたる人、博学なる人、徳義ある人」を「耳目手足」とすることで、「文武の芸にも遊びて、時務に通じ、下情をしる事を勧め、四民を安んずる工夫」(頁一七八)をとるべきだという。つまり、時務に通じ、下情を知り、民を安んじるためにも、「文武の芸」に遊ぶことが推奨されているのである。そして、様々な特色・特徴のある臣下を「耳目手足」とすることが求められている。これは、先に引用したところにいう、「一二の賢臣を師とし友とする」ことに等しいが、また別のところでは「君臣の間親しきは、上下の情自然と通じてよき事也」(頁一七九)というのにもやはり等しい。「礼に違つて戯謔すれば、群下に侮らる、也」とはいうものの、「君臣の間親し」く、「賢臣を師とし友とする」ことこそが、「人情に通じ、学術を精ふして古今の事跡も見る」ための前提だと考えたのである。「国事に実意ある君ならば、臣下に師友とすべき人、などか出来ざらん。左あらば、其人を信じて只管に問尋ねて、塩梅にも舟棹にもする意にて、自用を好まずは、知人の姿大方整ふべし」（頁一七八）と、何事も独断を好まず、臣下を信じてひたすらに問い尋ね相談する、これこそが、璣邑の理想とする君臣関係の姿である。

そして、これが君主に「納諫」、つまり諫言を受入れることの要請に結びついていること、容易に予想できるであろう。『康済録抄解』に「荒年ノ政、人主以下、夫、勤方、守リ方、アルコト如左」と、凶荒に際して人主・宰執・監司・太守・令それぞれの行うべきことをまとめている条がある。そこに、「人主ノ行」として、「賢才ヲ求ルハ常ナレトモ、此災ニ当リテハ、弥殊ニ命シテ挙用ウ、下ヨリノ申立テ諫ノ類、心ヲ虚シクシ入ル」と、下からの諫言を虚心に聞き入れるべきことという。また、「宰執ノ行」としても、「下ノ人情隠レズ、君ノ耳へ入リ、下ノ云ハント欲スル筋、中途ニ滞ルコト、出ヌヤウニ気ヲ張ル」と、下情を隠さずに君主の耳に入れることを、その職務としてあげている。

（二）細井平洲の思想

尾張藩の天明寛政改革における重要人物といえば、細井平洲の思想に触れないわけにはいかない。細井平洲（享保一三―享和元年、一七二八―一八〇一）、名は徳民、字は世馨、通称は甚三郎、平洲はその号で、別に如来山人とも号す。尾張国知多郡平島村（現在、愛知県東海市荒尾町金山）に生まれる。(46) 学統としては、中西淡淵（名は維寧、字は文邦、通称は曽七郎、一七〇九―一七五二）の叢桂社に学び、諸学兼採の折衷学派に分類される。平洲は何よりも、明和元年（一七六四）冬、米沢藩の名君上杉鷹山の賓師として迎えられ、破産寸前の米沢藩藩政改革に携わり、藩校興譲館を興し、安永九年（一七八〇）には人見璣邑の推薦を経て尾張藩に引き抜かれ、藩主宗睦の侍講となり、また天明寛政改革の一環として天明三年に、藩校明倫堂督学に就任したことが知られる。つまり、細井平洲は鷹山・宗睦という後世名君としてその名を広く知られることとなる藩主の「師」として仕えたのである。(47)本論では、平洲の思想でも、その君臣論を中心に論じるが、先行研究としては、すでに辻本雅史氏の研究があり、以下の論述も氏の研究を大いに参考にしたことをあらかじめ断っておく。(48)

さて、平洲も君主が「民の父母」として民に臨まねばならないと説いていることについては、広く知られているので、多くを引用するまでもないだろう。(49)やはり、平洲も国家とは君主一人で治めることはできないので「一同に君の政事を手伝ひ、家国の安危を相談する」(50)多くの役人が必要だという。(51)そのため、「民の父母」たる自覚を持った君主の統治に参与する者としての臣下（奉行役人）の役割が重視され、次のようにいう。

君上は如何程の仁心あらせ給ふといふ共其心を受て施し行ふ奉行役人未熟に御座候ては、恩恵の下に届べき道は無之候故に、仁を施し可申には、先奉行役人を正直に仕候が初にて御座候。(52)

仁政を行うためにはその手足となるべき奉行役人の教育、つまり役人に「聖賢の学」を学ぶことが求められる。「いにしへの聖主賢君、かならず学宮を建て人を教る所とす。天子の学宮を辟雍といひ、諸侯の学宮を泮宮といふ。何れも徳行道芸を教る所也。この稽古所にて古聖主の身を修め人を治め、天下国家を安定し給ひし道を学びしりて、其後君の官職をうけて、奉行頭ともなり下民を教へ導き、さばきをさむる役人とはなることなり」(53)と、学宮、つまり藩校の教育は何よりも藩政治に有用なる「役人」を養成する機関として位置づけられる。

そして、善政（「ヨキ政」）を布くには、「徳アル人」を役人として用いるしか方法はないのであるが、その「徳」とは、「仁心」のことであり、「仁心」とは「オトナシキ心」のことである。つまるところ、その「オトナシキ心」のある人というのは、「爵位ノ尊ニモホコラズ、一身ノ安楽ヲネガハズ、我身一ツハ死シテモ生テモ君ノ為民ノ為ニナリテ、一人ノ身ヲ以テ、万人ヲ済ハント思フ大器量ナル人」のことである。この「大器量」の人に尊爵を与えて貴職に登用すれば、さらに「ヨキ人」を引き立ててくるので、有用な人材が揃うこととなる。また、この「オトナシキ人」は自分一人の「知恵才覚」をふるって一人で手柄を立てようとはせず、自己の能力を超えるものについては、相応しい役人と「相談」するので、一人で百人千人の知恵を持つこととなり、「何事モ成就」する。

それに対して「不徳」「不仁」の人は、「尊キ位ニ居レバ威勢権柄ニタカブリ、一身ノ栄花ヲノミ心ガケテ、君ノ為民ノ為ヲ思ハズ、人ハ倒レテモ己ヒトリハ立ツ心」がある者である。要するに、何事にも利己的で、人の手柄を妬み自分一人のみで功を立てようとする者のことである。その利己心故に、他の役人との協働関係は失われ、たとえ配下に「幾百人ノ忠臣謀士」がいたとしても役に立たず、百官百司を備えていても、一人同様で、民に疎まれ、国を乱すに至るというのが、古今の通例だという。[54]

さて、ここに平洲も役人として「我身一ツハ死シテモ生テモ君ノ為民ノ為ニナリテ、一人ノ身ヲ以テ、万人ヲ済ハント思フ大器量ナル人」でなければならないというのを確かめることができたが、「オトナシキ人」が「何事モ成就」するのは、「一人ニテ百人千人ノ知恵モ持ヨリニナ」る、つまり「百官百司」が一体となって事に当たるからだ、という点にも注目したい。別のところでは、「兎角上下一和不致候ては何事も不参届候得ば、何卒一和致候様にと被尽御心候」、「上下一和不致候て善政成就いたし候事は古今共に相見不申候」と、上下役人相互の「一和」「和合」をいう。これも家臣団が心を合わせ一致団結することである。[55]

この家臣団に加え、君主をも含めた統治集団の「和合」した状態を、人体にたとえていう。

是を人の一身にたとへてきみを元首と申候。元首は頭にて候。臣を股肱耳目と申候。手と足と耳と目の事に候。股肱耳目の四をあけて、鼻口唇舌爪牙百骸はその中にこもり候。目は見、耳は聞、手はつかみ、足はあゆみ、口はくらひ、鼻はかぎ、唇舌、爪牙百骸、上下左右に動き働きて、一身の主たる頭に随ふありさま、一人の君に下群臣の奉公をするに、ことなる事無之候。[56]

そのため、古より「賢明の君」「忠良の臣」がそろえば「一身達者無病なるものの起居運動すくやかに立廻りて、まめまめしきがごとく」健全となる。これについては、すでに辻本氏が「藩政における君臣間および群臣相互間の文字どおりの有機体的調和」、「有機体的な統合の体制」（頁一一四）と論じられている。

では、もう一歩踏み込んで、この有機的統合の重要性について、平洲はだれに、何のために力説したものなのかを考えてみたい。それは第一に、臣下を対象として、忠とは何か、忠臣とは如何なるものなのかを明らかにしようとしたものである。「左右上下一同に心力を合せ政を手伝ひ奉る」ためには、「人我相互に思ひ合て手足耳目の一身に随ふ」「国家は群臣の思ひあふを以て富強をなし、思ひ思ひなるを以て衰弱をまねく」というように、忠を「己が一官の功」「一分の功」[57]のみに考える臣下の利己心を否定し、「相互に思ひ合」った「公正忠良の臣」たることを目的としたものである。さらに、「君子の大忠」とは、「家国の上を存じ四面上下行とどく心」を持ち、「家国永久の謀を専として、自己一人の手柄をかせがず、万人のつとめをたすけはげます」ことであるという。すなわち、家臣が利己心を克服することによって、統治集団における君臣の有機的統合が達成されるという。このように、臣下に対して「股肱耳目」であることを自覚せよとの要請は、単なる国家の一機関として「一官の功」のみを追求すればそれでよいということではなく、「家国」全体の永久的繁栄に対する自覚と責任とを臣下に要求することを意味している。これは、先述した「仁心＝オトナシキ心」を持つ者の、「君ノ為民ノ為ニナリテ、一人ノ身ヲ以テ、万人ヲ済ハント思フ大器量ナル人」になることへの要求に等しいであろう。

有機的統合の重要性を説いた、第二の対象であるが、それは君主に対してである。平洲はこの世界が、上なる者が下なる者を「雇ふ」関係で成り立っていると考える。すなわち、最も大きな次元では、「天地の妙用」が「聖徳の天子」を雇い用いており[58]、次いで、天子が諸侯(国主領主)を、諸侯が家老諸役人を、家老諸役人が鑓持仲間を雇い、下の者は上に対して「奉公の働を助け」る[59]。そして、その構造と同様の関係を人体において見る。心臓が手足を、手足が大指・中指・小指の手伝いを雇っているのと同様であるという[60]。ここで明らかなように、平洲が君主に言いたかったことは、「尊き御方程雇ひを多く御入被成候事」であり、「雇ひ候事は美事なること」「恥辱にはならぬこと」であるから、「家国の大政」は、「とても君御一人にて」統治できるものではないという、君主と臣下との協働関係の主張であった。

では、君臣の「一和」「和合」は具体的にどのように達成されるのか。それを説いたのが、天明七年七月、尾張藩政府に提出した改革意見書である「細井甚三郎内考」である[61]。

御政事は大小共に公論公評にて無御座候得ば、衆心一定不仕候。衆心一定不仕、唯君臣一両人の心慮を尽し候計にて、政の成就仕る事は、古今其例相見不申候。

この一文で重要なのが、「公論公評」である。ここでは「衆心一定」というが、他にも「御役人上下同一気」とあり、「一和」「和合」というのに等しい。それは「御表向衆人広座」において、「執政大身より有司小臣迄」の政事に参画するすべての役人が、「君臣公会の上」に、「御前にて声高に利害を申合、無腹蔵直言を尽し、存含候胸中忌み嫌ひなく申上」ることである。このように、政治的議論をオープンにすることで、臣下も「上下一統に君上の御内心を明白」にしておくことができる。ここに、「親敷君臣の間」が醸成される。

そして、「公論公評」の重視が、「昔より人君は諫諍の臣を宝に被致候事に御座候」[62]という、臣下の忠諫、君主の納諫の重視につながることは明白であろう。「人君も幼年よりしばしば諫諍の臣に仕こめられ玉ひて、折々赤面を被成候程の人がいつにても名君賢将に成玉ふことに御座候」[63]や、「古今の名将賢君と中程の人は、この苦口をきく人を秘蔵致され候て、甘みを中家来を厭ひ嫌はれ候事に御座候」[64]というように、「諫諍の臣」を置くことが「名君賢将」「名将賢君」となる重要な要素であるとして、君主に求め、臣下に対しても「君に仕る臣下の心得は、聊も君に善行あらばとりはやし奉りて、一寸の善は一尺にもそだて、聊も不善あらば念比ひ諫防て一寸の悪は五分のうちにも救ひ、増長し給はぬやうにと心を尽すこと、忠臣の節これにすぎたるはなし」[65]と、諫諍を忠臣の要件としても求めていた。

さて、以上のように平洲は、君臣および群臣相互間の「有機体的調和」を、善政成就の条件としているのであるが、そこには統治集団内における「一和」「和合」「衆心一定」といった心情的情緒的な側面を強調する特徴が見られる。平洲は、当時実際には、「公論公評」が行われず「内密内評」によって政策が決定されるのが通例であると理解していたのであるが、そこにみられるのは君臣・群臣相互間の「人々の心根」まで「水くさく成りはて」、「何事もかくしつつしみ、遠慮会釈を能仁候を敬すと心得、婦人女子のかたがけにひそめき合候様」となった「誠に歎敷時勢」[66]であった。平洲によれば、そもそも「君臣は義合、同役は他人」であって「元来隔心」[67]の間柄であるので、「内密内評」によって、容易に「下の上をかたじけなく、したしみ奉る情は絶は」[68]て、「上は下をうたがひ、下は上をあやぶみ、日々の機嫌を伺ひ兼候て一日送りに間を合せ申候心」になる恐れがある。これこそが、「政令行はれ家国富強」の実現を阻む最も大きな要因なのであった。

そこで、「親敷君臣の間」、「水くさく」ない群臣関係を如何に構築するのかが、平洲にとって、問題の核心となるのであるが[69]、そこには現実的に厳然と存在する上下懸隔した君臣および家臣団内の身分関係がそれを阻むこととなる。もちろん、それは当時の幕藩体制の根幹にかかわることでもあり、社会の隅々に設定された身分関係をすべて破棄すべきであると平洲が考えていたとは思われないが、ただ次に見るように、すべて縦の上下関係で規定されていた統治集団内の身分差を一旦放棄し、横の関係でつなぎ合わせたいとする欲求を読み取ることができる。

たとえば、家臣団内の上下関係を一旦リセットしてしまう装置として、酒宴の場が持ち出されている。平洲は米沢での経験談として、次のようにいう。

其節家老大臣一統に申合候て、一月三度宛政事に預り候程の役方は一席に会合致し、講書など致候て跡にては四方山の事政事の心得にも可相成咄を致し候。其節は老臣銘々酒肴なども相携候て、酒も汲かはし申事に候。……（中略）……藩士諸互に酌を致し候、時々は上座執政の人もかはるかはる立候て酌をいたし、末々役筋へもたべさせ申候程に一堂の上にて底意なくおもひおもひの了簡を申談し、是非邪正の評議を公に致し候に付いつとなく人心一和たし、其節の取扱万事模様よく政事も相立候て、主君にも甚満足の事に候ひき。(70)

もちろん、これは役方のみの限定的な会合ではあるが、酒宴という一種日常とは異質な空間を作り出し、一時的にも上下関係を放棄して「底意なくおもひおもひの了簡を申談」できる横の関係に組み替え、「人心一和」を実現したものである。ここで重要なのは、その酒宴の場に、「政事の心得」を持ち込んだ点にある。非政治的空間であるが故に上下関係を逸脱することが可能であった酒宴の場に、政治を持ち込むわけである。ここには上下身分関係を放棄したところで、政治を語り合うことが有益であるとの主張がある。

また、同様の要求は君臣関係においても主張される。それは「聖賢の君」になるべき「学問」の場において問題となる。通常「軽き身分の人」は、学問上の師匠と朋友と常々親しく問答をもし、心やすく議論もするので、師匠とも「心もとけ」「むつまじ」くなり、朋友とも気遣いなく、是非を争い、学問もおもしろくなる。しかし、

「貴人」ともなれば、師範とて家来であり、まして「学問御相手に相成候輩」も決して「学問友達」とは言い難く、これでは主君が学問をおもしろく思うはずはない。

されば君の学び給ふ臣は師臣と称し、又は賓客賓師など申名目も有之候。総て学問の御稽古計は常礼常格をはづし、師は実の師、学友は実の学友と申姿に参り候様に可被成事に御座候。

やはりここにも学問稽古の場という非日常的で一時的な場のみに限り、「常礼常格」をはずす、つまり君臣という縦の関係を師弟関係、学友関係という横の関係に置き換えることで、「心もとけ」「むつまじ」く、気遣いのない関係を構築しようとする考えを読み取ることが出来る。

当然、現実に存在する「君臣心を隔て礼法のみに拘」る懸隔した身分社会において、君臣関係を横の関係に作り替えることは不可能に近く、「細井甚三郎内考」で展開された「御表向衆人広座」における「公論公評」も「衆心一定」「親敷君臣の間」の構築を目的とするものであり、決して社会全般における上下の身分関係を全否定するものではなく、あくまで上下の距離を縮めようとするものに過ぎなかった。その現実を前提とするため、学問稽古の場という限定的で一時的な空間に限られるものの、「常礼常格」をはずし、一旦横の関係に組み直すことが、平洲の考えにあったことを、ここでは確認しておきたい。

（三）『陸宣公全集』と尾張藩政改革の時代

石川香山が『人主之職』において強調した君臣論は、基本的に人見璣邑と細井平洲が藩政改革においてその理念としたところと共通する。そしてその理念は、『陸宣公全集』が受け入れられるに十分な内容であったこと、すでに明らかであろう。『釈義』の出版は、人見璣邑と竹中華卿に見出されて可能となったことについてもすすでに述べたが、やはりそれは藩政改革の政治主体となるべき名君賢宰の理念に合致していたからである。璣邑は『釈義』附録の「書陸宣公集釈義後」において、君主に対する友愛の念、万民に対する憂い、そしてその忠憤義烈の気を評している。それは、まさに璣邑や平洲が改革主体として執政大臣以下諸有志の家臣団に要請してきた資質である。そして、興味深いことに、『釈義』を読むことの効用を臣下についていうのみならず、やはり君主の民に対する姿勢についても期待している。(71) つまり、璣邑は藩政改革を推進するに際して、藩主も『釈義』を読むべきだと理解していたのである。

それはまた、璣邑の学徳に慕ってきた小泉侯、すなわち大和小泉藩主片桐貞芳（一七四〇―一八〇五）に儒臣岳某（未詳）を通じて『釈義』一部を献上していることからも予想される。その詳細については不明な部分もあるが、おそらく璣邑は藩主の読むべき政事に有用なる書物として献上したのではないだろうか。(72)

また、璣邑は『康済録抄解』で陸贄と徳宗について次のようにいう。

忠臣ノ君ノ心ノ非ヲ格ス有難キコト也。カヽル忠誠ノ臣有ナカラ、夫ヲ沈淪サセシハ、徳宗ノ穢徳ト云ヘシ。併此徳宗モ棄テヤル程ノ愚君ニモ非ス、少々黒白ノ分チモアレトモ、贄ヲ所々ヨリ讒言セシヲ用テ、罷ラシ後ハ、秕政ノミ多ク、陽城モ韓愈モ貶セラレシ也。中君ト云モノハ、輔相次第危キモノ也。贄ハ罷後モ替ラス志ヲ天下ニ懸テ、少ナリトモ安民ノ術ト思ヒ、医道ニマテ心ヲ用ヒシ、貴ヒテモ余アル君子也。夫ヲ用ヒモ終ラズ、小人ニ欺レシ徳宗ハ、愚君ト名クルモ不誣ニヤ。

ここにも、「君ノ心ノ非ヲ格ス」「忠誠ノ臣」にして、「志ヲ天下ニ懸テ」「安民ノ術」に心を尽くす「君子」としての陸贄が語られ、加えてその忠臣を重用しなかった徳宗こそ「愚君」であるという。名君が賢宰賢臣を登用し、志を持った家臣団をまとめ上げて改革に当たる、これこそが、人見璣邑が尾張天明寛政改革を主導していくための理念であった。この「忠誠ノ臣」としての陸贄と、「愚君」としての徳宗というモチーフは、君主（藩主や世子）に対して、賢臣を登用することの重要性を教えてくれる反面教師となったであろうし、執政大臣をはじめ奉行など家臣団に対しては、諫諍の臣、天下国家に対する志を持ち「安民」に尽くした有為の臣としての姿が、「報国の志」を持ち、「国家の善悪」を図り、「細民疾苦」を顧みる役人が求められた時代において[73]、十分その理想となりえた。このように見るならば、人見璣邑が『釈義』を著した香山を「陸家の孝子」「国家の忠臣」[74]、また「順夫の功、陸子の下に在らず」[75]と大いに評価したことも理解されるであろう。

学派・学統からのみみるならば、本来、徂徠学系統の人見璣邑と強烈な反徂徠学の石川香山とが結びつくことはありえない。確かに人見璣邑は崎門派朱子学者の固陋を嫌悪し、石川香山は徂徠学者を仇敵の如く激しく批判した[76]。その両者を結びつけたのは、尾張が藩政改革に向かう当時における、彼らの時世に対する危機意識であり、またその意識を土台とした上に追求された名君賢宰の理念であった[77]。また、平洲が香山を大いに評価したのも、『金鏡管見』と『釈義』であったこと、すでに述べた。この学派の異なる三者の思想が最大公約数的に重なり合ったところに、陸贄の『陸宣公全集』はあったのである。人見璣邑の主導する尾張藩政改革は、徂徠学の政治思想の影響が強かったといわれる[78]。しかし、本章で詳論したように、改革主体を養成せんとする政治論や君臣論については、学派間を越えて理解し合える部分は少なからず存在したのである。そうだとすれば、これまで徂徠学の影響のみが強調されてきたことが、やはり石川香山の存在意義を薄めさせてしまった原因であるといえよう。

『陸宣公全集釈義』という『陸宣公全集』に対する注釈書が、何故一八世紀後半の尾張藩において出現したのか。近世中期の藩政改革は一般に「名君賢宰型」の改革と呼ばれる[79]。それは米沢藩の名君上杉鷹山・賢宰竹俣当綱と莅戸善政や、熊本藩の名君細川重賢・賢宰堀平太左衛門を代表とする。実際に米沢藩や熊本藩の改革を手本としつつ、尾張藩における名君と賢宰が求められた時代、これこそが石川香山に『陸宣公全集』の注釈を書かせ、人見璣邑にその重要性と有用性を気付かせた最も大きな要因であったといえよう。

第三節　藩政改革の理念と君主によるその受容

ここまで論じてきたように、人見璣邑が陸贄を天下に志のある忠臣と評し、出版を支援したことは、『陸宣公全集』が君臣双方の必読書であるとする価値観が当時の藩政府に認められていたのであろう。ただ、第三章で論じたように、陸贄の奏議を君主に読ませるということは、多分に君主に対してその君主としての反省を強烈に迫ることを意味する。このような特徴のある書物が、君主たる藩主側に現実的に受け入れられる用意はあったのだろうか。

（一）尾張藩主徳川宗睦の「名君」像

先述したように、尾張藩主宗睦は藩政改革を主導した名君として語られてきた。その明君としての宗睦の姿は、深田香実（名は正韶、字は子縄、通称は増蔵、一七七三―一八五〇）の『稽徳編』に付された「稽徳編附録」に語られている。『稽徳編』は第一〇代藩主徳川斉朝（一七九九―一八二七年）の侍読となった香実が、藩主の手本となる家康や歴代藩主の言行をまとめたものである。「稽徳編附録」はまた『名公御言行草稿』ともいい、文字通り名公宗睦の顕彰すべき言行を香実が草して一冊としたものでもある。[80]そもそも香実の伯父である深田厚斎が、藩主宗勝の侍臣、世子治休の侍臣兼伴読、また治興や治行の伴読を勤め、父の深田九皐も世子治休の奥番小納戸兼伴読、世子治興の庭足軽頭兼伴読を経、のち国奉行、書物奉行の諸職を歴任したのち、側用人に昇ったわけであるから、深田家は藩主や世子教育にあたるなど、常に彼らに近侍しており、「名公御言行」の情報に事欠かなかった。該書は、宗睦に関する明君録のひとつと考えていいだろう。なお、書かれたのは、香実の識にある天保六年（一八三五）正月までのことである。ちなみに、深田香実は石川香山の弟子である。

大国の君主として「御読書と武芸に御心を尽」した好学の姿や「何事にてもキッチリ」とした性格であること、「何事によらず少しにても御不審に思召事ハ直に御尋」になったこと、「常々人の迷惑難儀する事ハなるへきたけ省き故障なきやうに勤めさせよ」と「御通の仕方も心易く覚よく仕やすき様」と家臣に対する細々とした配慮、ある町人の訟事が長く未決であることを聞き、「訟事の決せさるハ必奸邪其中にあるものなり」と奉行を更迭し、御目付に処理させ、その英断によって「其訟分明に決し」た、という洞察力と決断力、「少しも怒を遷」さず「旧悪を咎め」ず、「善を扶けて人を救」い、また罪人の刑罰をも軽くし、背中にむち打つことを止めて、尻を打つようにしたという寛刑の精神が挙げられ、そして、最後に「御生涯御国政に甚御心を用ひ」、「あまた御改革ありし中」でも、「御家中を世録になし給たりし事」が「誠に莫大の御功業、果敢決断の御勇気」であり「有かたしとも猥ありかたき御仁徳なり」とある。

このように宗睦の名君たる所以が語られているのであるが、ここではとりわけ強調された名君の姿を取りあげてみる。まず明和四年の洪水に際しては、朝の御膳をとらず、「此大水に民多く流失し老少魚鼈の腹に葬り、生残し者も家を失ひ親族に離れ、さぞ斗方にくれつらん。近くは裡門の下まで溢れ来たれば、歴々の士共も皆苦しまん。是しかしながら吾過を天のせめ給ふなりとの給ひて御涙を」流し、人見弥右衛門と水野千之右衛門らをして治水に当たらせ、これによって以後洪水の被害はなくなったと、その「安民」の功績を特に称賛している。天明の飢饉に際しても、「甚御心を悩し」、水野らに「窮民の吟味を命じ」、「事急なるには直に米握飯給の類、金銀銭みな其の軽重に随ひて賜はり町医師共を四方に分ちて病人を救はせ給ふ。かかりしかは両家をはしめ老衆及び其余の士までも各采地の民を慇み救う者多かりけり」と、自ら率先して民の救難を命じた。このような宗睦の仁徳の君主としての姿は、よく知られた『御冥加普請之記並図』[81]に描かれた「明君様」の姿と重なり合う。そこには、天明三年秋の大雨に際し、「国内の災厄、寡人不徳の罪なりとて、大に歎」き、熱田神宮に「雨晴の祈誓」をかけて雨を止ませ、「神明の御徳によりて風雨のやみしは寔に難有御事ならすや、是則明君様下民を愛させ給ふ御仁徳による事なれバ恐れながらも此御礼奉申上たし」と、民によって「明君様を神様と崇め奉」られた姿が語られている[82]。

次に明君宗睦を称揚する面として、「稽徳編附録」は「諌を入れ給ふ事誠にすみやか」なることを挙げている。そこにはいくつかの逸話を載せているが、ここでは人見璣邑による諌言を引用しておく。

璣邑翁御側に在られしが、申上らるるは、君は火燵に居給ふて寒気御存あるまじ。彼等も私共も未明より起て沐浴して、寒風を衝て朝すれば、寒く存ずる也と申上らる。平生の直言すべて如此。

亥年水入の節（明和四年丁亥——著者）、下々の難儀を御覧あるべしとて御すゝめ申し、源明様御巡見被遊し時、よき場所に鳥の居たるを御覧じて、不図御弓を取寄せ、射にかゝらせ給ふ。人見弥右衛門進出て、今日は相成ませぬとて御留申上げければ、早引込給ひし御弓をさし置き給ひしとぞ。ケ様なる事ハ、今思ふより其場にさしかゝりてハ、申上げにくき事にして、又折角射留めんと思召して引込給ひしを、其儘にさし置き給ふハ、御供の衆への御見へもあしく、全体御内心には尤成りと思召せども、さし止みがたき人情なるに、直《タダチ》にやめ給ひしハ、君も君なり臣も臣なり、君臣合体の時とハかゝる事をや申すなるべし。深田翁話[83]。

明和四年の水害については、『天保会記鈔本』に、「かゝる大水なれば、御国民も大かたならざる難渋なれば、君として民の艱難を知り給はざるは、下情に通じ給はざるの一端也」と、人見璣邑が宗睦に入水の村々への巡回を提案したとあり(84)、その時のエピソードであろう。

明君宗睦が諫言を受け入れる姿が描かれているとともに、璣邑が如何に直言・諫言の臣としてすばらしい賢宰であったのか、ということも同時に語られている。それは「君も君なり臣も臣なり、君臣合体の時とはかかる事をや申すなるべし」というところに集約されていようし、「稽徳編附録」で宗睦の納諫を称揚した同じ箇所で「人見弥右衛門にハ甚気をつかへとも、身に益を得たる事多しとの給ひし。彼太宗の魏徴に於るか如し」と、宗睦を唐太宗に、璣邑を魏徴になぞらえるところにも明らかであろう。

この璣邑の諫言を受け入れた明君像は宗睦のみについて語られたのではなく、孝世子（治休）、昭世子（治興）兄弟にも同様の話が残されている。

世子御在国の年、一日、諸士の武芸を見給ひしに、頻りにねむらせ給ひける。御小納戸庵原新九郎守富、より〳〵にらみ奉りしかば、其持、手水に立たせて冷水をめされ、御面をあらハせられ、其後は眠り給はざりき。其諫を納め給ふ事、此類多しとぞ(85)。

世子いとけなくおハせし時、或日、雪降りつもりたるに、近臣に仰せて、雪中を走らせ興じ給ひけるに、人見弥右衛門、君にもはしらせ給へ、と手を引き参らせ、二三度走らしめけるに、足ひへ給ふよしにて休ませらる。其時、弥右衛門申上げけるハ、貴きも賤しきもつめたきあしは一ツ也。然れバ、か様の御慰み、向後思ひとまり給ふべし。と諫め奉りしに、其後すきと止み給ひしとぞ(86)。

このように、宗睦のみならず、治休・治興兄弟も「諫を納め」た明君の素質ある世子として語られた(87)。

さて、このような明君宗睦と賢臣璣邑とのエピソードは、天明寛政改革期特有の雰囲気として、後世までその美談が名古屋において語り継がれた。その伝承された物語を我々はここに見たのだが、『御冥加普請之記並図』が、「藩主の治世を謳歌し」た「御用書籍」(88)であったように、もちろんそれは虚構された美談や物語としての側面が強く、そのまま史実として受け入れる必要はない。我々がここで行わなければならないのは、これらの物語が、史実か否かを判断したり、虚構の表皮を取り去り、史実を抽出するような作業ではない。ここで明らかとなるのは、「諫を入れること」「君臣合体」「下情を知る」など、人見璣邑・細井平洲・石川香山が君主に要請してきた仁徳を宗睦や治休・治興兄弟が体得していたと語られ、それが美談とされたということである。明君宗睦像は、璣邑・平洲・香山が要請した明君像そのものである。「吾過を天のせめ給ふなり」と涙を流し、「国内の災厄、寡人不徳の罪なり」と身を省み、賢臣の諫言を受け入れるという、徹底的に自己規律する君主こそが、「神様」として民に崇拝される、このような明君像が明君録『稽徳編』や『御冥加普請之記並図』にも描かれたということは、この明君像を宗睦ら領主層も同時に懐いていた、ということを意味するのである。

(二)「自己規律」する君主たち――水戸藩主徳川治保と尾張藩世子の治休・治興――

では、次に自己規律する君主としての明君像を、どれほど領主層が自覚していたのかについて論じてみたい。そこで興味深いのが、次のエピソードである。(89)

明和六年(一七六九)八月四日、婚礼を済ませた第六代水戸藩主徳川治保が、その挨拶のために尾張藩市買(市谷)藩邸を訪問した時のエピソードで、その場に居合わせた人物は、水戸藩主徳川治保(一七五一―一八〇五、一九歳)、尾張藩世子徳川治休(一七五三―一七七三、一七歳、宗睦長子)、治休の弟徳川治興(一七五六―一七七六、一四歳、宗睦次男、治休の死後、世子となる)、人見璣邑(四一歳、御部屋御庭足軽頭御小納戸兼)、深田厚斎(治休の侍臣兼伴読）である。藩主宗睦は在国のために当日は不在であった。[90]尾張藩世子治休と水戸藩主徳川治保とは年齢も近く、御三家の尾張藩と水戸藩との関係から、兄弟のように仲が良く、しばしば学問について語り合ったという。[91]その治保が次のように語った。

御咄之中に、徂徠学抔我等は嫌ひ、朱子学にてなければ政事実行の用に不立、異見之学も其理可有候得共、学問の根の居り候上は可然候、未熟のうちは疑惑出来候而不宜候、孟子の、君視臣如土芥、臣視君如寇讐といふ語などを、異見の学は孟子を非り候得共、孟子は人君を重く責申候而申たる事にて、如土芥とて、臣たる者の実に寇讐の如く存する事は無之候、人主の方の心得は、加様に存し畏れ候得ば、おのづから身の慎になり、臣を視る事子の如くに成申候、全体人君たる者はウカと心得候而は成不申、職分むつかしきものにて、大名はイヤナルモノに候、と御笑ひ被遊候

ここに分かるのは、水戸藩主徳川治保が徂徠学を嫌い、朱子学でなければ「政事実行の用」に立たぬと考えていたこと、そして君主は常に身を慎まなければならないと考えていたということである。孟子が「人君を重く責」めたことを君主として肯定的に受け止めており、「人君たる者はウカ」としていてはいけない者、常に緊張感を持って身心を慎んでいることが重要である、という君主としての自覚と責任意識がそこにはある。「職分むつかしきものにて、大名はイヤナルモノに候」というのが、偽りなき治保の心情であったのだろう。

続けて、璣邑が「古先王聖人之旨、無論之事に御座候得共、近くは神祖之御言行を御規則に被遊候が肝要に御座候」と、君主の「御規則」について「西山様御言行」のことなどにも話が広がり「其余種々之御学問話」に及び、その後治保は、「打毬」を楽しんだり、晩飯に蕎を食べたりという時間を挟み、深田厚斎を召して『論語』学而篇「道千乗之国」章を講釈させ、『論語』中のことについて、いくつか質問をした。そして、

且中将様へ御咄に、人主は下情を知らねばならぬ事に候故、学問せねばならぬ事に候。扨仁と云もの肝要に候。家中を愛し領分の民を憐む、皆仁に在ることに候。其余御咄共有之、五ツ比帰御被遊候。

というように、水戸藩主治保が尾張藩世子治休に、君主としてのあるべき像（明君像）を教え諭した。この内容は、璣邑や平洲・香山[92]によるものかと思われるほど、彼らが君主に要請したものと共通している。つまり、君主に徹底的な反省内省を要請するのは、臣による下からの要請のみに限られたものではなく、領主間にも共有され、時に彼らの間で伝達された君主としての理念でもあったのである。

以上の逸話は、明和六年のことなので、石川香山が登用され、細井平洲が尾張に招聘されるよりずっと以前の話である。それだけ、尾張藩にはすでに香山や平洲の君臣論を受け入れるだけの土壌が形成されていたことを意味する。最後に、それを補強する逸話を一つ引用しておきたい。

昭世子（治興――著者）、嗣君に立たせられし後、御好みにて御短冊の間とて、六畳と三畳と二間、御座所の西の方に御作事命ぜられぬ。御立戸等ハ貴賤をゑらみ給ハず、詩歌書画の類ひを御張付になさせられ、自分逍遙亭と号せられき。其故ハ、君臣の間ハ厳重にして上下隔たりたるものなれば、此御間にてハ、我人同輩の御心にて親しく御物語をもなさせられ、下情をもしろしめされかしとの思召にて、かく御作事命ぜられ給ひたりしとぞ。惜しいかな、全く成就したりし比は、最早御病にかゝらせられ、さのミ其御間にて会合もおハせずして、逝去し給ひしとぞや[93]。

新たに世子となった治興は、君臣が「我人同輩の御心」で「親しく御物語」し、「下情をもしろしめ」すために、詩歌書画の類を張付けた「自分逍遙亭」と号する室を造った。注目すべきは、この「自分逍遙亭」という文芸の空間においてのみ、日常において上下身分の懸隔した君臣関係は、その上下関係をリセットし、「我人同輩」の横の関係となる、という点にある。もちろん上下の関係を、この特異な空間においてのみ、横の関係にするというのは、「下情を知る」という目的のためである。この発想は、先述した石川香山の「下情ヲ尽シ知ラシメ」るために「太子ノ内ハ民間ニ置、民ト雑処セシメ」る考えや、細井平洲の考えと合致する。

安永二年（一七七三）六月一四日の兄の治休（孝世子）の死去にともない、治興が世子となるのは、翌三年（一七七四）四月一一日のことで[95]、継いで治興が亡くなるのが、同五年（一七七六）七月一〇日のことなので[96]、このエピソードは、安永三年（一七七四）から同五年（一七七六）のことであり、やはり香山や平洲の意見を受けて「自分逍遙亭」を造ったのではない[97]。これはおそらく、人見璣邑の存在がやはり影響しているのであろうが、少なくとも、細井平洲や石川香山の意見を入れる前から、すでに彼らの君臣論が受け入れられる用意があったことを表している。すなわち、それはこの逸話がちょうど香山が『釈義』を上梓したのと同時期の出来事であったということからも、君主としての反省を迫り、徹底的な自己規律を要請する『陸宣公全集』という書物を、尾張の「君主」＝藩主側が受け入れ、利用する状況が整っていたことを意味する。この治興の発想と、『釈義』の出版は、やはり「名君賢宰型」の改革を模索していた尾張藩の政治的状況を背景にして生まれた同根の現象であったといえよう。

おわりに

ここまで長々と論じてきたので、最後に本章を要約しておきたい。すなわち第一節では、石川香山が『人主之職』で語った君主に対する理念と、『陸宣公全集』から読み取ることができるそれが、基本的に一致しており、臣には当代の陸贄のような名臣たるべきことを期待し、君にはそれを「忠良之臣」の言葉として受け止め、名君たることを要請する、このような目的によって、香山は『釈義』を著した。そして、第二節では、人見璣邑と細井平洲の思想を取りあげ、「賢臣」からの諫言に耳を傾け、「君臣合体」して改革に当たる「名君」出現の期待や、一国の安危に責任を持つ改革主体の「賢臣」の養成を目指す彼らの君臣論と、香山とのそれとが大筋で同じであることを確認し、人見璣邑が『釈義』出版の支援を行うなど、尾張の藩政改革を主導した彼らも香山の注釈を高く評価していたことを明らかにした。そして、第三節では、君主に対しその身の反省を迫り、自己規律することを要求する『陸宣公全集』が、当時の尾張藩主宗睦やその世子である治休・治興にも問題なく受け入れられる用意があったことを論じた。これが、『釈義』が藩費補助を受け、またのち増補改訂を経て明倫堂版として大々的に出版されるにいたった理由である。

このように、石川香山の『釈義』や『全集註』は尾張藩天明改革期における君臣論を象徴する書物であり、石川香山の私的関心により著わされた『陸宣公全集』の注釈は、「名君賢宰型」の改革を推進する尾張藩によって公的な書物となったのである。

〔注〕

（1）陸贄の奏議集は一般的に『陸宣公奏議』や『陸贄奏議』という書名で最もよく知られ、奏議に彼が草した詔令を加えて『陸宣公全集』や『陸贄集』とも呼ばれる。また詔令単行本を『翰苑集』とも呼ぶ。陸贄が後世に高い評価を受けたのは、奏議集『陸宣公奏議』であるが、石川香山が注釈を付けたのは詔令を含めた全集本であるため、本論では陸贄の著作を『陸宣公全集』と呼ぶこととする。『陸宣公全集』の書誌学的研究については、山城喜憲「陸宣公奏議諸本略解」（『斯道文庫論集』第一七輯、一九八〇）を参照。

(2) 王素点校『陸贄集』(北京、中華書局、二〇〇六)。

(3) 張佩芳「唐陸宣公翰苑集注序」『唐陸宣公翰苑集注』二四巻、京都大学文学部蔵、乾隆三三年序希音堂刊本。(『陸贄集』下、付録巻二、希音堂本張註序、頁八三二—八三三)。

佩自受書、即嗜公集、十余年来、不自分其不類、爰拠新旧唐書、通典、通鑑考其世、以詳其時事、其故事古語、間引他書、第釈事而不加義、倣李善註文選例也。

(4) 吉川幸次郎「学問のかたち」(『吉川幸次郎全集』第一七巻、東京、筑摩書房、一九六九)、頁二〇七。両者を比較した研究には、岡田武彦「戴震と日本古学派の思想」(『江戸期の儒学——朱王学の日本的展開』東京、木耳社、一九八四)、余英時「戴東原与伊藤仁斎」(『論戴震与章学誠』北京、三聯書店、二〇〇〇)などがある。

(5) 金谷治「日本考証学派の成立——大田錦城を中心として——」(源了圓編『江戸後期の比較文化研究』東京、ぺりかん社、一九九〇)。

(6) 吉田篤志「近世後期の考証学」(大倉精神文化研究所編『近世の精神生活』東京、続群書類聚完成会、一九九六)。

(7) 夫馬進「一七六五年洪大容の燕行と一七六四年朝鮮通信使——両者が体験した中国・日本の「情」を中心に」(『東洋史研究』第六七巻第三号、二〇〇八)。

(8) 『趨庭雑話』(『名古屋叢書』第二四巻、名古屋、名古屋市教育委員会、一九八三)、頁四一六。

世子の御前にて、石川忠次(香山)論語を講ぜしに、回也其庶乎屡空の章に至つて、四書精義の意を述べて、顔子の才徳をもてかくまで空匱に至れるは、畢竟、国君の不明也。されバ、人の上たらん身は、かゝる賢君を困窮させざる様にしたまふべき事肝要なる、と申上げければ、いと御意に叶ひ、御気色もうるはしかりけるとぞ。

(9) 石川香山『人主之職』一冊、蓬左文庫蔵、自筆本。

(10) 上杉治憲「伝国の詞」(『近世政道論』日本思想大系38、東京、岩波書店、一九七六)、頁二二八。

(11) 石川香山『人主之職』。

君一人ニシテ、万民庶物ヲ治コト不能ユヘ、又天ヨリ衆ニスクレ候智徳ノ人ヲ生付大ニ勝レ候人ニハ大ナルコトヲ予ヘテ為シメ、小キ勝レ候人ニハ小キコトヲ予ヘ為シメテ、君を佐ケテ天下ノ事ヲ治ム、是ニヲイテ天ニ代リテ其及サル所ヲ輔相《タスケ》、其過所ヲ裁制《ヘラシ》テ、万民庶物ヲシテ各其所ヲ得モテ生々ヲ遂シム、是ヲ天地ノ化育ヲ賛ト云ナリ。

（12）石川香山『人主之職』。

天ヨリ知慧材徳アル人ヲ生スルハ、万民庶物ヲ治シムルガタメナリ。シカルニ天自挙用玉フコト不能ユヘ、人主ヲシテ天ニ代リテ挙用シム、然レハ人主ノ職ハ人ノ観察《メキヽ》ヲ以テ第一トシ、大ナル知徳ノ者ハ大ナルコトニ任シ、小ナル知徳ノ者ハ、小ナルコトニ任シ、ソレ〳〵用ドコロニ当ンコトニ日夜御心ヲ尽サセ玉フベシ。サレハ書経ニモ無曠庶官、天工人其代之トノヘ玉ヘリ、凡諸臣ハ皆君ノ天職ニ代玉フヲタスクルモノナレハ、其器ナラヌモノヲ其職ニ置ケハ、其職ヲアケヲクト云ウモノナリ。……（中略）……人ノ目利ユキト、キタルヲ以テ明主ト云ヒ、人ノ目利タカヘルヲモテ暗主ト云。

（13）石川香山『人主之職』。

サレハ士ト云名モ、士ハ事ナリトテ、国土万民ヲ治ムルスシミチヲ学ヒワキマヘ候テ、君ニ事ヘテ天ヨリ命シ玉ヘル一事ヲ行フト云ワケニテ付シ名ナリ。

（14）石川香山『人主之職』。

人主及人臣天ニ代レル職分ヲ行ヒ尽シ玉ヘルハ、古ノ聖主賢臣ナリ。今所伝聖賢ノ道ハ其ノナリヲ余ナク書記シテ、末代君臣ノ亀鑑ニ垂レ示シ玉ヘルナリ。然レハ凡天ニ代レル職分ヲ治玉フ君天職ヲ行ニ志アル臣、一日モ聖賢ノ道ヲ忘放タセ玉フベカラズ。サレバ古ヨリ明主ノ国天下ヲ治玉フコト第一ニ学校ヲ取立人材ヲ成熟セシメテ挙用ヒ、天ヲ助ケテ万民庶物ヲシテ各其所ヲ得セシム。

（15）また、『勧学俗訓』（京都大学附属図書館蔵、寛政一二年刊本）にも同様に、「古より世の乱の根は下の情塞りとどきがたき所より起る事を明に察し玉ひて、惟下の情とどこをる事なく通ぜしめん事のみをはかり玉ふ」という。

（16）『礼記』孔子閒居。

孔子閒居、子夏侍。子夏曰、敢問詩云、凱弟君子、民之父母、何如斯可謂民之父母矣。孔子曰、夫民之父母乎、必達於礼楽之原、以致五至而行三無、以横於天下。四方有敗、必先知之。此之謂民之父母矣。

（17）『陸宣公全集釈義』巻之八、奏議、請遣使臣宣撫諸道遭水州県状。（『陸贄集』下、巻一七、中書奏議一、頁五五四）。

昔子夏問於孔子曰、何如斯可謂人之父母。孔子対曰、四方有敗、必先知之、斯可謂人之父母矣。蓋以君人之道、子育為心。雖深居九重、而慮周四表、雖恒処安楽、而憂及困窮。……（中略）……故時有凶害、而人無流亡、恃天聴之必聞、知上沢之必至。是以有母之愛、有父之尊。古之聖王、能以天下為一家、中国為一人、用此術也。

(18)『旧唐書』巻一三九、列伝第八九、陸贄。
八年四月、竇参得罪、以贄為中書侍郎、門下同平章事。贄久為邪党所擠、困而得位、意在不負恩奨、悉心報国、以天下事為己任。

(19)『陸宣公全集釈義』(巻之八、請許台省長官挙薦属吏状)で引用している。
また、香山はこれを『陸宣公全集釈義』巻之二、奉天論奏当今所切務状(『陸贄集』上、巻一二、奏草二、頁三六八)。

頃者窃聞輿議、頗究群情、四方則患於中外意乖、百辟又患於君臣道隔、郡国之志不達於朝廷、朝廷之誠不升於軒陛、上沢欠於下布、下情壅於上聞、実事不必知、知事不必実、上下否隔於其際、真偽雑糅於其間、聚怨囂囂、騰謗籍籍、欲無疑阻、其可得乎。

(20)石川香山「唐陸宣公全集釈義序」『陸宣公全集釈義』所収。
……而寒士不能償其所費、齎志擁膝者久矣。吾藩侍臣人見子魚・竹中華卿聞而憫之、与助成余志、促之上梓。

(21)人見璣邑「書陸宣公集釈義後」『陸宣公全集釈義』所収。
固然亦因此概察高明学術、超抜群類、則金鏡・陸集等注、亦必有発蒙惑者、異日得読敬教、巨卿謂高明亦是千里之物、但為高堂之養、欣如屈驥足、至孝者天之所福、後来為師一邦、範識群英、誠所望乎高明、懋哉。

(22)細井平洲『嚶鳴館遺稿』巻之一〇、復石川順夫(東海市史編さん委員会編『東海市史』資料編第三巻、東海、東海市、一九七一)。

(23)尾張藩の天明寛政の改革の概要については、『名古屋市史』政治編一(名古屋、名古屋市役所、一九一五)、『新修名古屋市史』第四巻、第一章、宗睦の襲封と政治の刷新(名古屋、名古屋市、一九九九)、頁三―四八。また、所三男「藩政改革と明治維新(尾張藩)」(『社会経済史学』第二二巻第五・六号、一九五七)、熊田雅彦「尾張藩天明改革の理念について」(『愛知学院大学文学部紀要』第二〇号、一九九〇)などを参照。

(24)『新修名古屋市史』第四巻、第一章第一節、宗春以後の政治状況、頁六―七。

(25)『新修名古屋市史』第四巻、第四章第一節、尾張平野と河川、第二節、体制再建の努力、頁二五五―二八一。

(26)所付代官制度については、『名古屋市史』政治編一、第二期第二章第八節第二款「庶政の改革」(頁一七三―一七七)に取り上げられている他、『新修名古屋市史』第一章第三節「農政改革と財政改革」に簡約にまとめてある。また、尾張藩政改革に関する研究で触れられるほか、専論としては、高木傭太郎「尾張藩天明改革と所付代官設置」(岸野俊彦編『尾張藩社会の総合研究』大坂、清文堂出版、二〇〇一)がある。

(27)『名古屋市史』学芸編、頁四九。

(28) 小川和也『牧民の思想――江戸の治者意識』第五章、代官の政治――天明期・『牧民忠告解』・尾張藩参政人見璣邑と大代官樋口好古(東京、平凡社、二〇〇八)を参照。

(29) 人見璣邑には、墓碑「人見璣邑之墓」及び「人見府君紀徳碑」があるが、この内容も非常に簡略であり、その事跡の概要を知ることしかできない。『芳躅集』天の巻(『名古屋叢書』第二五巻、名古屋、名古屋市教育委員会、一九六四)、頁二〇〇。

(30) 堀川柳人『人見璣邑』(名古屋、安藤次郎、一九三九)。

(31) 岸野俊彦『幕藩制社会における国学』第一章、徂徠学と宣長学の政治改革論の歴史的展開――尾張藩天明・寛政改革を中心に(東京、校倉書房、一九九八)、前掲註(28)小川著を参照。

(32)『名古屋市史』人物編一、頁二五一。

(33) 阿部直輔『尾藩世記』九、源明公〈宗睦〉(『名古屋叢書』三編第二巻、名古屋、名古屋市教育委員会、一九八七)、頁四〇七。

(34) 阿部直輔『尾藩世記』九、源明公〈宗睦〉、頁四〇七―四〇八。

(35) 阿部直輔『尾藩世記』九、源明公〈宗睦〉、頁四〇九。

(36) 細野要斎『葎の滴　諸家雑談』(『名古屋叢書』三編第一二巻、名古屋、名古屋教育委員会、一九八二)、頁一三四。

(37) 人見璣邑「人見弥右衛門上書」(『近世政道論』日本思想大系38、東京、岩波書店、一九七六)、頁一七一。

(38) 人見璣邑『康済録抄解』上、鶴舞中央図書館蔵。
天下ノ君ト云トモ、賢人君子ヲ選ヒ挙テ、大臣重職ニ置キ玉ハンコト、五人十人ニ過マシ、君誠ニ斯民ニ心アラハ、誠意ヲ以人臣ヲ登ケ庸ヒ玉フヘシ、サアラハ必賢臣仁人ヲ得玉フヘシ。聖主賢王ハ絶ル時アリトモ、下ニ賢明ノ人ナキト云世ハ、上古ヨリ今日ニ至テモナキコト也。下ニ賢明ハ必有ルコトナレドモ、君ニ誠ナキ故、登ケ庸ヒ玉ハヌ也……（中略）……。一二人ナリトモ、寡欲ニシテ遠キ慮アル君子ヲ挙テ、輔相トシ玉ヘハ、其一二人カ又各一二人ノ君子ヲ挙ルユヘ、次第ニ下ニ至ル程、人才多ナリ、大臣諸有司ソレ〳〵ノ職ヲ得レハ、寒飢ノ民モナク、罪人モナキ也。其本ハ、人君一二人ノ君子ヲ挙テ用ヒ玉フヨリ出来ル功也……。

（39）人見璣邑『人見桼文艸』巻五、栢植先生字君方説。

嘗観世之国君宰輔、浸揺太平之化、飽食暖衣、不修天職、奢靡之貴態、虐下之威権、吝嗇之節倹、至于風俗陵遅、民以瘁焉、則切歯不平、憤激悲壮之嘆、勃勃然発、傍若無人、亦唯直道自立、恒之六十年、有方哉。」

（40）熊本藩宝暦の改革については、大江志乃夫「初期藩政改革の歴史的意義――熊本藩宝暦の改革について――」（『思想』第三五六号、一九五四）、吉村豊雄「藩政改革像の再構築――熊本藩宝暦改革を中心に――」（『歴史評論』（特集、藩政改革の思想）、第七一七号、二〇一〇）を参照。

（41）前掲註（40）、吉村論文。

（42）「尊岳公子及熊侯・米侯・白川世子等、是皆当世之雋傑、四方之瞻仰」（人見璣邑『人見桼文艸』六、答小泉侯書）というように、細川重賢・上杉鷹山・松平定信を特に「当世之雋傑、四方之瞻仰」、つまり明君の代表として認識していた。ただ、尊岳公子とは誰のことかについては未考。また、細川重賢の明君としての評判の伝播については、磯田道史「藩政改革の伝播――熊本藩宝暦改革と水戸藩寛政改革――」（国際日本文化研究センター紀要『日本研究』第四〇号、二〇〇九）参照。

（43）高瀬代次郎氏によれば、人見璣邑が安永五年九月に庵原新九郎守高から借りて謄写した『上杉家政録』があり、そこに璣邑が書き込んだ感想があるという。筆者は、実物を見ることができなかったので、高瀬氏の引用されたものをそのまま引用しておく。『上杉家政録』中の執政竹俣当綱の言葉である。「一家の頭分たる其方如何心得違にて左様に申聞候哉。我等の恥と申すは群臣の上に立世禄の大臣とあがめられながら、一国の安危をも苦にせず、安楽として今日を渡るこそ末代迄の恥申すものなれ国の為に蓑笠を著し、鋤鍬を取事の恥にて不可有之、夫ゆゑに当時諸士の歴々御上の御為と存じ、太刀を取手に鋤鍬をさけ山野の泥によこす。是れ取りも直さず君の御為戦場に向ひ一命を投げ申候士の本心も見へ、是程見事成振舞可有之候哉。」この部分に璣邑の「此の一言にて賢大夫なることを知るべし、おもへばおもへば恥しき事ながらずや」との書付があるという。高瀬氏は『上杉家政録』の中でもこの部分が「最も璣邑の心を感動」させたといわれているように、璣邑は「一国の安危」に自覚と責任を持つ執政竹俣当綱の姿に執政大臣のあるべき姿をみたのである。高瀬代次郎『細井平洲』（東京、平洲会、一九一九）。また、米沢藩における上杉治憲明君像の形成や、竹俣当綱の思想などについては、小関悠一郎『〈明君〉の近世——学問・知識と藩政改革』（東京、吉川弘文館、二〇一二）を参照。

(44) 竹中彦左衛門『難波之塵』（『名古屋市史』政治編一、史料）、頁五四七。

(45) 人見璣邑「人見弥右衛門上書」『近世正道論』、頁一七四—一七五。

(46) 細井平洲の伝記および思想については、前掲註（43）、高瀬著を参照。

(47) 他にも、紀伊藩徳川治貞、人吉藩相良長寛、郡山藩柳沢信鴻、松山藩久松定国、延岡藩内藤政陽父子、出石藩（藩老）仙石久賢などとも交流したという。前掲註（43）、高瀬著。辻本雅史『近世教育思想史の研究』第二章、折衷学の教育思想——細井平洲を中心に（京都、思文閣出版、一九九〇）、頁八八。

(48) 前掲註（47）、辻本論文。

(49) 細井平洲『嚶鳴館遺草』巻之一、野芹、上、根本三個条（東海市史編さん委員会『東海市史』資料編第三巻、東海、愛知県東海、一九七九）、頁一八九。なお、以下の細井平洲の史料はすべて、『東海市史』資料編第三巻からの引用である。

（人君は）一国万民の天とならせ給へば、天の心を御心として、臣民の父母となり給はねばならぬが人君の道にて御座候。夫人の父母と申ものは、とにかくにも子供等を不便に存候て、我身の飢凍え候苦しみより、まづ子供等の飢凍え申ことを歎き悲しみ申候か、人の天性にて御座候。然ば人君の上にて一国臣民を子と思召候時は、御一人のみ御安楽に被為居べき御心は無之筈に御座候。

(50) 細井平洲『嚶鳴館遺草』巻之三、対人之問忠、頁二一七。

(51) 細井平洲「細井甚三郎内考」、頁二九三—二九四

家国の大政に至り候ては、迚も君御一人にて被為行候儀にても無御座、貴賤親疎となく大勢の御役人を以、被為執行候儀に御座候……。

(52) 細井平洲『嚶鳴館遺草』巻之二、政の大体、頁二〇五。

(53) 細井平洲『嚶鳴館遺草』巻之二、教学、頁二〇三—二〇四。

(54) 細井平洲『嚶鳴館遺草』巻之四、管子牧民国字解、頁二三八

ヨキ政ヲセントテハ、徳アル人ヲ用フル外ナシ。徳アル人トハ仁心アル人ノコト也。仁心トハオトナシキ心也。オトナシキ心ト云ハ、爵位ノ尊ニモホコラズ、一身ノ安楽ヲネガハズ、我身一ツハ死シテモ生テモ君ノ為民ノ為ニナリテ、一人ノ身ヲ以テ、万人ヲ済ハント思フ大器量ナル人ヲ云也。此徳アル人ニ尊爵ヲ与ヘ貴職ニソナヘテ、下知指図ヲサスルコト也。但シカヤウノ人ハ沢山ニモナキモノナレバ、一人二人ニテモエラビアゲテ万事ヲ司トラスル時ハ、ソレヨリシテハヨキガヨキヲ見立テ、ヒキタテテヨキ人ノ埋レカクルルコトナク、イツトナク諸方手ノ揃ウコト也。……（中略）……不徳ノ人ト云ハ不仁ナル人也。不仁ト云ハ、尊キ位ニ居レバ威勢権柄ニタカブリ、一身ノ栄花ヲノミ心ガケテ、君ノ為民ノ為ヲ思ハズ、人ハ倒レテモ己ヒトリハ立ツ心ニテ、手柄ヲ人ニサスルハ残念ニ思ヒ、我一人ノ功ヲ立ントノミ思ウテ、ナラヌコトモナルフリニテ、今日ヲヤリツクルモノ故ニ、タトヒ其人小才覚アリテ小リコウニ立廻ルト云トモ、只一人ギリノ知慮分別ニテ下ニ幾百人ノ忠臣謀士アリトイヘドモ一言モ出サレズ一事モ行ハレズ、サレバ百官百司ヲ備ヘテモ、ヒトリモ同様ニテ、ハテハテハ民ニウトマレ、国ヲトリミダスコト古今一般也。……（中略）……故ニ古ヨリ明王賢君ハマヅ第一ニ有徳ノ人ヲエラビアゲテ、国政ヲアヅケ玉フコト百王一同ノ法也。

(55) 細井平洲『嚶鳴館遺草』巻之五、つらつらぶみ、臣の巻、頁二六一。
(56) 細井平洲『嚶鳴館遺草』巻之三、対人之問忠、頁二一七。
(57) 細井平洲『嚶鳴館遺草』巻之三、対人之問忠、頁二一八。
(58) 細井平洲『嚶鳴館遺草』巻之五、つらつらぶみ、君の巻、頁二五四。
雇ふと申事は恥にはならぬ事と相見申候。先大きく申候はば、天地の妙用にても聖徳の天子を御雇ひ被成候て、陰陽造化の功を助けて御もらひ被成候。
(59) 細井平洲『嚶鳴館遺草』巻之五、つらつらぶみ、君の巻、頁二五四。
天子は諸侯を御雇ひ、四海を治め給ひ国主領主は家老諸役人を御雇ひ、領分の世話をさせられ、侍は鑓持仲間をやとひ、奉公の働を助けてもらひ申候。
(60) 細井平洲『嚶鳴館遺草』巻之五、つらつらぶみ、君の巻、頁二五四―二五五。
ちいさく申候はば人の心の蔵は一身の主に候得共、手足を雇ひつかみさすり、あるきはこびも仕候。其手足も大指計にては不参、中指小指の手伝ひを雇ひ不申候得ばなでさすりも叶ひ不申候。申て見候はば、尊き御方程雇ひを多く御入被成候事に御座候。……（中略）……さらば雇ひ候事は美事なることにて、恥辱にはならぬことと被存候。

(61) 細井平洲「細井甚三郎内考」、頁二九三―二九五。

(62) 細井平洲『嚶鳴館遺草』巻之五、つらつらぶみ、臣の巻、頁二六五。

(63) 細井平洲『嚶鳴館遺草』巻之五、つらつらぶみ、君の巻、頁二五〇。

(64) 細井平洲『嚶鳴館遺草』巻之五、つらつらぶみ、君の巻、頁二五二。

(65) 細井平洲『嚶鳴館遺草』巻之二、上は民の表、頁二〇一。

(66) 細井平洲「細井甚三郎内考」、頁二九三。

(67) 細井平洲「細井甚三郎内考」、頁二九五。

(68) 細井平洲『嚶鳴館遺草』巻之二、上は民の表、頁二〇一。

(69) 細井平洲『嚶鳴館遺草』巻之五、つらつらぶみ、臣の巻、頁二六二

一体の和を御志候はばまづ下諸役の人々へ心易く、物事御相談を御しかけ被成度候。相談と申時は貴賤上下の差別なく、人々了簡を申合候て、是非曲直無腹蔵論判いたし候事に候。

(70) 細井平洲『嚶鳴館遺草』巻之五、つらつらぶみ、臣の巻、頁二六三。

(71) 人見璣邑「書陸宣公集釈義後」『陸宣公全集釈義』附録。

経緯天下、錯綜人事、辞婉而正、義当而明。片言愛厥辟、隻字憂斯民、莫不曲尽事情、中於機会、其忠憤義烈之気、切々乎奮起百世之下……（中略）……。下焉者、知嘉其所好以事君、上焉者、能嘉其所好以臨民、功業之致、豈浅々乎、謂之陸家孝子可、抑謂之国家忠臣可。是挙也、幾文之徳矣、所及其遠哉。

「下焉」「上焉」は、『礼記』中庸を出典とし、それぞれ鄭玄の注に従って「臣」「君」と訳した。またこの一文は『人見桼文艸』巻五にも収録されている。

(72) 人見璣邑『人見桼文艸』巻五、与小泉侯書。

向本藩処士石川安貞者、釈陸宣公集上木、桼因岳某貢上一部、亦復謝一声已。

(73) 竹中彦左衛門「難波の塵」、頁五四七。

(74) 人見璣邑「書陸宣公集釈義後」『陸宣公全集釈義』附録。

(75) 人見璣邑『人見桼文艸』巻五、答順夫石川処士書。甚矣。夫順夫之好謙也。桼於陸集無功、然為有功。桼寧自欺乎。仮令有微功、鉛槧之末、所謂功狗也。与順夫率作興事、有始有卒、所謂功人也者。奚啻霄壌、韓彭之輩輪蕭相国久之。桼嘗題其書後曰、陸家孝子、国家忠臣。謂其文徳之継、自中被外也。順夫之功不在陸子下哉。

この書簡は、出版助成の件で璣邑に感謝の書簡を送った香山に対する、璣邑からの返答であろう。

(76) 石川香山は朱子学者として徂徠学を嫌悪していたが、人見璣邑は「凡テ山崎・浅見門流ノ学者ニハ箇様ノ固陋ガ多キゾ」（『人見桼随筆』巻之二）と、崎門派に対する学問的評価は著しく低い。

(77) わずかながらも、璣邑と香山との私的交流についても伺うことができる。たとえば、『人見桼詩稿』巻五「贈蕎粉于万松庵主人、是万松寺中之産」（鶴舞中央図書館蔵）に「万松寺裡自蕎花、却贈万松庵主家、憶昔同人乗月夕、菴前松樹影参差」とあり、その自注に「十七年前、与竹侍中・石順夫・浅元甫遇飲。菴主有烏麦麺之饗」とある。

(78) 尾張藩政改革における人見璣邑と徂徠学との関係については、前掲註（31）、岸野著、および青柳淳子「一八世紀後半における尾張藩の思潮と海保青陵」（『三田学会雑誌』第一〇五巻第一号、二〇一二）を参照尾。

(79) 大石学編『享保改革と社会変容』（日本の時代史16、東京、吉川弘文館、二〇〇三）所収の、大石学「享保改革と社会変容」、福田千鶴「近世中期の藩政」を参照。

(80) 『国書総目録』（岩波書店刊）のインターネット版「日本古典籍総合目録」では、「稽徳編附録」を宗睦小姓を勤めた舎人重巨の著作として著録されているが、嘉永二年二月三日の深田香実の識にもいうように、もともとは香実が「明公乃御言行見聞し奉りし事共を草して一冊」としたものである。その後、清原重巨にそれを見せたところ、「感歎して別に三冊を増補し、四巻となし、稽徳編附録と表題してかの家に蔵」した。しかしそれでは「かいやりすてんも、をしくて明公御言行草稿と題して家に」蔵しておくことにしたという。名古屋市蓬左文庫には、この香実自筆稿本の昭和一五年九月謄写本があり、書名は『明公御言行草稿』とされている。

(81) 『名古屋市史』政治編第一史料篇、頁五三八—五四三。

(82) 御冥加普請については、前掲註（23）、熊田論文、および『新修名古屋市史』、頁三四—三六を参照。

(83) 朝岡正章『袂草』巻之一七(『名古屋叢書』第二三巻、名古屋、名古屋教育委員会、一九六四)、頁二三一―二三二。
(84) 細野要斎『天保会記鈔本』巻二(『名古屋叢書』三編第一三巻、名古屋、名古屋教育委員会、一九八七)、頁一七一。
(85)『趨庭雑話』、頁四〇七。
(86)『趨庭雑話』、頁四〇九。
(87)『松涛棹筆』上、六(『名古屋叢書』三篇第九巻、名古屋、名古屋教育委員会、一九八六)、頁三二一
正韶曰、孝世子(治休)の御徳義は書籍にても口碑にも遺りて、いと〳〵ありかたき事のみ多し。天性の御徳義もありしハいふもさら也。この頃、近侍の臣徳を殊に撰ハせ玉ひて、人見弥右衛門をはじめ名高き人をもて、日夜陪侍せしめ玉ひしときけハ、薫陶の一助もなからさらむやとおもふまゝを、こゝにもしるしそふるになむ。
(88) 市橋鐸『続未刊書目解説下――文学編・風俗編・随筆編・雑纂編――』(文化財叢書第六八号、名古屋、名古屋市教育委員会、一九七六)、頁四九。
(89)『天保会記鈔』巻一、頁一一〇。
(90) その文末に「名公御進退のなきは、在国し給ひし年なれば也」とある。『尾藩世記』九(頁四〇五)によれば、同年四月一三日に江戸を出発して、五月三日に名古屋に到着。翌年三月一五日まで名古屋に滞在。
(91)『孝世子伝』(京都大学附属図書館蔵)。
(92) この場に居合わせた深田厚斎は、石川香山の師であることも非常に興味深い。
(93)『趨庭雑話』、頁四一四。
(94)『尾藩世記』九、頁四〇七
六月十四日、世子、薨す。謚して、紹隆院諒誉、哲源孝世子と称す。時、年二十一。建中寺ニ葬る。
(95)『尾藩世記』九、頁四〇七。
四月十一日、睦篤主を世子とす。時ニ、大樹、諱を賜ひ、治興と改めらる。
(96)『尾藩世記』九、頁四〇八。
七月十日、世子、薨す。年二十一。謚して天祐院徳誉至信源昭世子といふ。建中寺ニ葬る。
(97) また、治興は徂徠学を好み、徂徠学に近い璣邑の教えを受けたので、荻生徂徠『政談』にある「養老宴」や「布衣の

交」からの影響も考えられる。「養老宴」は「六、七十歳已上」の「御旗本の隠居・儒者・医者・出家・町人・百姓」の内から人選して、二の丸などで一月に一両度、料理や餅・酒・菓子などを出し、一両人を亭主にして「御城下の事をも、遠国の事をも、埒もなく、益体もなきことを咄させて」、下情を知る、というものであり、「布衣の交」とは、君主が徳ある者と、君臣関係を越えた朋友の交わりをすることである。荻生徂徠『政談』(東京、岩波書店、一九八七、頁三三七—三三九)を参照。

第八章　張佩芳『唐陸宣公翰苑集注』と乾隆帝の宰相論
――一八世紀後半における江戸期日本と清朝の政治文化（下）

はじめに

一八世紀後半、清朝乾隆年間の中国と、江戸期日本の尾張藩において、唐代の宰相陸贄の『陸宣公全集』の注釈書がほぼ時を同じくして著された。それが、張佩芳（一七三二―一七九三）の『唐陸宣公翰苑集注』二四巻（以下では、『翰苑集注』と略記）であり、また石川香山（一七三六―一八一〇）の『陸宣公全集釈義』二四巻（以下では、『釈義』と略記）と、その増補改訂版『陸宣公全集註』二四巻（以下では、『全集註』と略記）である。[1] 両者の注釈書は、張佩芳の注が乾隆三三年（一七六八）に、石川香山の『釈義』が安永三年（一七七四）に、『全集註』が寛政二年（一七九〇）に刊行され、著わされた時期が近いだけでなく、しかも両者の注釈内容やそのスタイルは非常に似ている。このように、日中において別々に、ほぼ同時に、同様の内容を持つ陸贄『陸宣公全集』に関する注釈書が出現した。

本書における関心は、両者の表面的な「暗合」、つまり学術的に似ている部分を強調することにあるのではなく、これらの書物の背景にある政治的環境や彼らの政治意識にある。そこで、前章では石川香山の政治思想を、一八世紀後半の藩主宗睦時代における藩政改革との関係で論じた。明らかとなったのは、主に次の三点である。第一に、石川香山は『釈義』や『人主之職』を著し、臣下には陸贄のような天下国家の統治に責任を持つ名臣となることを期待し、君主（藩主）には「忠良の臣」「名臣」を登用し、臣下とともに統治する「名君」たることを要請した。香山は『釈義』を通じて、陸贄の奏議を臣下のみならず、藩主にも読むことを求めている。第二に、このような石川香山の政治思想は、当時の藩政改革を主導していた参政の人見璣邑や明倫堂督学の細井平洲の主張する「名君賢宰型」の改革理念と合致しており、この様な理念を持つ彼らに石川香山の『釈義』は高く評価され、人見の推薦によって藩費補助を受け出版された。そして、第三に、藩主に対して「名君」たることを要請し、賢臣とともに改革を実行していくという理念は、藩主に対して諫言の受容などその行動の規制を要求するのであるが、宗睦やその世子、さらには水戸藩主徳川治保は君主として我が身を反省し、君臣が一致して政治に当たらなければならないことを自覚しており、彼ら領主層にも人見、細井、そして石川と同様の君臣理念が見られた。つまり、君主に対し厳しく反省を迫る『陸宣公全集』の理念も当時の尾張藩に公的に受入れられ、当時の「名君」宗睦を演出した藩政府の政治理念にとって、『陸宣公全集』が有用であったことを意味した。石川香山による『陸宣公全集』の注釈が登場した一八世紀後半の尾張藩は、このように「君臣合体」「明君賢宰」を理念とする君臣関係が語られた時代であった。

次に、本章ではここまで論じてきた石川香山の思想や尾張藩の政治的状況と中国清朝を比較するために、張佩芳と彼の注釈書を取りあげる。張佩芳については、管見の限り、研究と呼ぶべきものは全くない。張佩芳は何故『陸宣公全集』に注釈を付けたのか、彼はどのような環境に生きたのかについて問われたことは全くなく、まして日本の石川香山と比較しながら論じた研究は当然これまで存在しない。

そこで、我々はまず張佩芳の生涯と官歴の概略を確認し、次に彼が注釈を書いたその主観的動機について論じ、そして、彼が生きた清朝乾隆年間において『陸宣公全集』に込められた君臣理念を主張することが何を意味するのかについて論じ、最後に尾張藩の石川香山の事例と比較することで、一八世紀後半における日中の政治文化の差異とその歴史的意味について卑見を述べたいと思う。

第一節　張佩芳『唐陸宣公翰苑集注』の目的

まず、張佩芳の略歴をまとめておきたい。先述したように張佩芳はその名を広く知られた人物であるとは言い難く、その伝記についても、管見のかぎり伝記集の類では『光緒重修安徽通志』（巻一四九）にしか見いだすことができない。たとえば、『清史列伝』のような基本文献にも立伝されておらず、『陸宣公奏議』の注釈を著したということ以外、全く知られていない人物であるといってよい。[2] ただし、その略歴が全く不明であるということではなく、幸運にも張佩芳の文集『希音堂集』中に収録された「先大父泗州府君事輯」（以下では、「事輯」と略記）によって比較的詳細に知ることができる。[3] これは張佩芳の孫にあたる張穆（字は誦風、山西平定州人、一八〇五―一八四九）[4]が道光二六（一八四六）年に著した年譜である。張佩芳の死から約半世紀後に完成したものであるが、内容は墓誌をベースに、『希音堂集』に収録された張佩芳自身の文章や鄭虎文（一七一四―一七八四）、劉大櫆（一六九八―一七八〇）などといった交流のあった人々の文章を資料としており、その内容は概ね信用できる。

張佩芳は、雍正一〇年（一七三二）に山西省平定州に生まれる。八歳より科挙のための八股文を学び始める。二十四歳の時、胡天游（一六九六―一七五八）に「小友」と呼ばれ、その学才を認められた。胡天游は当時、その文章が「天下の奇作」と称された名文家で、四六文にすぐれ、また古文も韓愈を学び、古文の優劣を競うことができるのは、ただ桐城の劉大櫆のみであると豪語し、その他の者は冷笑して相手にもしなかった人物である。[5] 胡天游から学べることを学び尽くした張佩芳は、門戸を閉じて著述に専念し、「千載の志」を抱くようになった。そして、乾隆二一年（一七五六）、二五歳で郷試に合格した後、翌年二六歳で会試に合格、殿試では第三甲第六六名の順位であった。若くして科挙に合格したものの、直後は官職に任じられなかったので、乾隆二五年（一七六〇）二九歳で、郷里に帰り、平定州城の西南八里にある冠山での読書生活に入る。張穆によれば、張佩芳が『陸宣公翰苑集注』の編纂を開始したのは、この時のことである。(6) ようやく、乾隆三一年（一七六六）三五歳の時に徽州府歙県知県に命じられ、現地に赴き、地方官としての官僚生活をスタートさせる。その傍ら、鄭虎文や劉大櫆といった文人たちとの交流を深め、特に劉大櫆に請われて当地の問政書院で学生を集めて学を講じた。そして、歙県知県在任中の乾隆三三年（一七六八）に『陸宣公翰苑集注』を上梓する。乾隆三三年序刊（希音堂）の該書に序文を寄せたのが、鄭虎文と劉大櫆であること、また参訂を行ったのが当地の学人である汪肇龍・程瑤田・汪梧鳳・方榘であったことからして、張佩芳の注釈は歙県での知事在任中の交友関係が深く関係していることが分かる。そして、乾隆三五年には江南郷試の同考官に充てられ、乾隆三七年には廬州府合肥県知県、乾隆三九年には鳳陽府寿州知州、同年秋には再度、江南郷試の同考官に任じられ、そして乾隆四三年には地方官として最後の赴任地となった泗州の任に着き、乾隆四六年五〇歳で終養を願い出て、翌年認められ帰郷し、官僚としての生活を終えた。その後は読書と著述によって余生を送り、乾隆五八年（一七九三）六二歳で亡くなった。張佩芳の官僚としての人生は、平凡ながらも、堅実な地方官であったといえよう。(7) 張穆の「事輯」によれば、張佩芳の著作には、『陸宣公翰苑集注』二四巻、『希音堂文集』無巻数の他、(8)『公余雑録』三〇巻、『春秋世系』（尚未編定巻数）、『社倉攷』一巻、『平定州志攷誤』一巻、『三場百問』無巻数、『重修歙県志』二〇巻、(9)『黄山志』二巻がある。地方官としての業績では上記の地方志が現存するが、学者として後世に残した著作らしい著作は『陸宣公翰苑集注』だけである。

それでは、張佩芳『翰苑集注』とはどのような注釈書だろうか。彼による「凡例」には次のようにある。少し長いが、煩を厭わず引用しておく。

一、本書中の故事については調べることができるが、作者の意図は強いて明らかにすることはできない。李善注『文選』は、ただ経書や史書を引用するだけで、述作の意味を解釈していない。蘇東坡は李善注を称賛し、五臣註を譏りでたらめであると見なしている。[10] この書では、事実に拠って典故を明らかにし（「拠事徴典」）、妄りに意義を付け加えず（「不妄加義」）、李善註『文選』の例に遵うこととする。

一、すべて古事や古語を引用する際は、必ず書名を載せる。もし言葉の意味で明らかにし難いものがあれば、註疏を併せて引用する。

一、奏草や奏議は、すべて事情に従って君主に善を勧め、過を正し、君主を補佐するためのものであり（「因事献替」）、国家の統治の方法に関係がある（「有関治具」）。ここに〔その奏草や奏議の〕年月や事の顛末を考察するに際し、新旧『唐書』や『資治通鑑』『資治通鑑綱目』に依拠し、その下に詳細に註を付ける。制誥は昔の人のいわゆる駢儷体である。しかし、「興元赦文」（張佩芳『翰苑集注』巻一、奉天改元大赦制）は人口に膾炙しており、その他の改元、大礼、命官、宣慰で、徳宗が〔朱泚の乱によって奉天県に〕逃亡している時に作られたものは、もとより時勢が異なっている。ここにまたその時々の事実を引用して証拠とし、世を論じる者に考察できるようにしておく。

一、地理や職官の歴代沿革は同じではない。ここに『新唐書』を宗として、傍証に『通典』『文献通考』の「職官」（もしくは『職官分紀』？）、『輿地志』『括地志』諸書から取り、その本末を残らず調べる。唐以後のことについては、贅言しない。

一、『陸宣公集』は権徳輿が編輯したもので、「制誥」十巻、「奏草」七巻、「奏議」七巻である。宋代元祐年間に、蘇軾等が校正進呈した劄子には、ただ「奏議」十二巻を載せるだけである。陳后山〔陳師道のこと〕か。正しくは陳振孫──著者注〕もまた「いま存在しているのは、『翰苑集』十巻、『牓子集』十二巻である」と言っており、名目・巻数はそれぞれ異なる。ここに権徳輿の序文にいう編次を参照して、「制誥」を初めに置き、次に「奏草」、その次に「奏議」を置く。そして序文を巻首に収録し、また諸儒の議論も並べて収録し、〔読者の〕参考に備えることとする。[11]

一、経史子集には各々音釈があり、註疏家〔の注釈〕が最も詳細である。ここに一二を採録し、観覧の助けとする。

一、陸宣公の文章は本書以外にも散見する。例えば『資治通鑑』『資治通鑑綱目』『唐鑑』『文献通考』は注解が備わっており、特に『資治通鑑』と『資治通鑑綱目』の二書は最も詳細である。例えば胡三省の『資治通鑑音註』、王幼学の『資治通鑑綱目集覧』については、本書中でとても多く引用する。その他については、本文と互いに〔照らし合わせて〕啓発する議論を取る。もしただ文章の字句を比較して論じるだけのものなら、概ね敢えて収録はしない。

一、書籍を引用する時は、必ず〔当該箇所の〕最初から最後までを詳細に〔引用する〕。本文と関係しなければ、少し省略して簡要を旨とすることとする。

一、本書中に参考として卑見を述べる時は、「謹按」の二文字を入れて〔他の引用と〕区別する。

一、本文に圏点や鈎勒を用いるのは、先の明代に選刻された科挙参考書の陋習に始まる。ここに古本の体裁に従って妄りに〔そのようなものを〕加えないこととする。[12]

ここに張佩芳がいうように、『翰苑集注』の注釈書としてのモデルは李善注『文選』である。李善注にはその注釈方法を述べた、いわゆる自述注例がある。[13] これは李善が最も力を入れた、「引証」に関してであり、「引証の為の引文も釈義の為の引文も、正文作者以前のものを採るを原則」[14] とする。また、張佩芳が「凡例」にいう「事実に拠って典故を明らかにし、妄りに意義を付け加え」ない、というのも、李善注が「釈事而忘意」（『新唐書』巻二百二「文芸中、李邕」）や「唯只引事、不説意義」（『六臣註文選』「進五臣集註文選表」附勅）といったのを踏まえているのだろう。このように、李善注の例とは、自述注例のことであろう。

また、続けて「凡例」にいうように、そもそも、『陸宣公全集』の制誥は文体からいえば、駢文である。[15] 奏議についても趙翼は、陸贄の文を、まだ「駢偶の習」の枠内にあるというものの、韓愈・柳宗元の古文への風気を開く過渡的存在として位置づけている。[16] 陸贄の奏議や制誥は駢儷文によるそれの代表として学ばれてきたのである。[17] 周知のように、中国古典文のなかでも駢儷体は最も典拠を踏まえて作られた文体であり、本文やその語句が拠った典故出典を明らかにする作業は、駢儷文読解の第一歩である。とすれば、張佩芳が駢体である陸贄の本文に注釈を付けるに際して、そのモデルとして李善注『文選』を選択したのは自然なことであろう。

このように、「凡例」を読めば、張佩芳の注釈が李善注『文選』のスタイルに倣ったものであることが分かるが、この特徴は第六章で論じた、石川香山の注釈の特徴と同じである。そこで、「奉天改元大赦制」の事例から、少し両者の注釈を引用し、見比べておきたい。その冒頭には、「門下、致理興化、必在推誠、忘己済人、不吝改過。朕嗣守丕構、君臨万方、失守宗祧、越在草莽。」[18] の一文があり、両者のこれに関する注釈は次のとおりである。石川注は、寛政増補改訂版を用いる。

○〔本文〕　門下

〔張　注〕『唐書』「百官志」分注、竜朔二年、改門下省曰東台、武后垂拱元年、改門下省曰鸞台、開元元年曰黄門省。『通典』、門下省、後漢謂之侍中寺。『晋』志、曰給事黄門侍郎与侍中、倶管門下衆事、或謂之門下省。楊慎『丹鉛録』、晋詔首称綱紀、唐詔首称門下。

○〔本文〕致理興化

〔石川注〕致理、『旧唐』「徳宗紀」、作立政。

○〔本文〕丕構

〔張　注〕『通鑑本註』、丕、大也。構、立屋也。『書』「大誥」曰、若考作室、既底法、厥子乃弗肯堂、矧肯構。丕構之語本諸此。

〔石川注〕胡三省曰、丕、大也。書、大誥、若考作室、既底法、厥子乃弗肯堂、矧肯構。構、構立屋也。

○〔本文〕宗祧

〔張　注〕『通鑑本註』、宗者、百世不毀之廟。遠廟為祧。

○〔本文〕草莽

〔石川注〕『左』定四年、越在草莽。

このほんの僅かな事例からも窺うことができるように、全体的に張佩芳の注釈の方が、唐代の歴史的背景や、歴代の制度・文物に関する注釈に力を入れている。[19] 冒頭にある本文「門下」について、張佩芳は『新唐書』『通典』[20]『丹鉛（総）録』を引用して、その名称の変遷について明らかにしているが、石川香山は注を付けない。古語の意味については、本文「丕構」について、両者は『資治通鑑』胡三省の注から全く同じ箇所を引用して、その語の意味を明らかにしている。ただ、第六章でも言及したように、古語の意味の把握については、石川香山の注釈の方が詳細であり、本文「致理」「草莽」について、張佩芳は注を付けないが、石川香山はそれぞれ『旧唐書』や『左伝』を引用している。両者の注釈は、このように重心の置き所の違いはあるものの、その方法や用いた書籍とも同質である。

このように、両者の注釈は、本文の古語に即した考証学的成果であり、表面上は非常に似通っているのであるが、彼らがそれぞれの注釈書を著すことに至った主観的な動機や目的の点では大きな違いが見られる(21)。

張佩芳は、序文「唐陸宣公翰苑集注自序」で、まず「註」と「疏」の意義と功績を説いた後、続けて次のようにいう。

> 『唐陸宣公文集』、権徳輿が編集した制誥十巻、奏草七巻、中書奏議七巻は、『翰苑集』と名付けられている。現在の伝本はこれである。宋代の紹興二年、嵊県主簿の曄と諱する者が進呈した『奏議註』十五巻は、今ただその「表」が現存するのみで、註文は伝わらず、またその人物の姓も載せない。〔北宋〕元祐・〔南宋〕淳熙の頃、大臣は統治の方法に注意を払い、君主を導き正道に合致させようと、しばしば『奏議』を経筵で〔用いるよう〕進め、当時の君主もやはり心を寄せ〔陸贄を〕敬慕し、朝廷を退いた後も、数千言にわたり〔その言葉に〕耳を傾け倦むところがなく、ほとんど〔『尚書』の〕典謨訓誥と隆盛を競うほどであった。〔陸贄の〕その当時、徳宗が〔奉天に〕都落ちし、また山南〔梁州〕へ逃れるに際し、陸宣公は険しい山間の道にも天子に従い、常に事ごとに天子を助け〔政策を〕計画した。興元の詔が下り、聞く者で感激して奮い上がらないものはいなかった。一切の大礼、大赦、賑恤、優復、宣慰、招諭、遣将、命官など慌ただしい中で書き上げた書類も、すべて意を尽くし、時宜に適い、ついに天子の車は正道に返り、天子の位も平安にいたった。徳宗の失政と、失ったが回復することができた理由を見れば、王朝一代の興亡について知ることができる。

〔陸宣公は〕すでに宰相となるに及び、ますます学んだものを尽し、大計を画し、大疑を決し、国家を心から思う忠をもって不滅の議論を為し、物事の変化をはっきり察知し、古今から正しいものを取った。〔陸宣公の論〕は当時、全てが用いられたわけではないが、後世に至ってまでこれを実施すれば、治道に有益である。空文で世に現れている者に比較すれば、大いに異なっている。佩《わたくし》は読書を始めてからすぐに〔陸宣公の〕文集を好むようになり、ここ十数年来、自分の能力不足もわきまえず、『新唐書』『旧唐書』『通典』『通鑑』に拠って〔唐代の〕世を考え、そしてその時の事績を詳細にし、その故事や古語については、時に他書を引用し、ただ事実を解釈するのみで意義を加筆することはせず、李善注『文選』の例に倣うこととする。漢唐の時代より多くの儒家が専門的に著述することが踏襲されて現在に至り、詩賦詞章の学、陰陽占候の書物にも、すべてに注釈があり、その詳細博識を称賛されいている。しかしその中でも後世に伝え残すことができ、古の人と啓発し合えるものはおそらく少ないのである。とすれば、わたくしがこの注釈を為したのは、言葉を費やさないではいられなかったからであるが、けっして自信あってのことではない(22)。

張佩芳は、この書が治道に有益であることを言うが、ここには当今の政治や統治についての切実な緊迫感が全く見られない。この緊迫感というのは、第三章で見た南宋における士大夫の孝宗の統治に対する痛烈な批判であり、また第四章で見た尾張藩の石川香山の時勢に対する危機意識のような、時世を変革せんとするさし迫った感情を指す。そこには、同時に危機的状況の変革への意志と、国家統治における主体意識が見られた。しかし、注釈を著す動機として、張佩芳のこの序文には、同様の危機意識や変革への主体性を全く読み取ることはできない。

それは、『翰苑集注』に附された鄭虎文と劉大槐の序文も同様である。鄭虎文が明言するように、彼らの生きた乾隆という時代に対する認識は、むしろ「堯舜の世」という盛世に対する賛美であれ、決して危機の時代ではなかった。鄭虎文も、陸贄と李綱の二人だけが、唐宋時代における「王佐」の才能があった名臣であると考え、かつてはこの二人の文集を愛読していたが、年を取って、自身が世に用いられなくなった上に、病にかかって学問をやめてしまってからは、彼らの文集を読むこともなくなってしまったという。このような状況にあって、鄭虎文は張佩芳の注釈に出会い、その引用の「繁博」と、考証の「精密」を褒めているが、当時におけるこの注釈書の存在意義については、それほど重く見ていない。鄭虎文がいうには、当時、『陸宣公全集』という書物は、経生家の議論の対象にも、詞章家の言及の対象にもならず、奏議にもその文体を用いられず、帖括（八股文）にもその参考にされていない。この書を好み、読み、注を付けるようなことは、誰の対象にもならないという。当時、広く好み読まれ、そして注釈が付けられた書物は、詩や賦であり、古今の科挙試験のための詩賦（「古今試帖」「賦彙諸題」）である。そのため、張佩芳のこの業績は、「人の必ずしも読まないものを読み、人の必ずしも注釈を付けないものに注釈を付けた」ものであるという。[23] つまり、張佩芳の注釈は、石川香山の注釈とはことなり、時世に対する危機意識が高まり、世の学術や政治の抜本的な変革が求められた、そういう時代に応じて著されたものではなく、張佩芳の個人的な好みによって完成したものであるといえよう。[24]

また、宋代、特に南宋において、皇帝に読ませることを意識した注釈書やダイジェスト版が著され、孝宗の経筵において、それが熟読されたことを論じた（本書第三章を参照）。加えて前章で詳論したように、君主にも『陸宣公全集』を読ませることについては、石川香山のみならず、香山の注釈に意義を見出した人見璣邑にもその意図が見られた。しかし、張佩芳や鄭虎文、劉大櫆からは同様の意見を読み取ることはできない。

鄭虎文が、「有用の書を読み、経世済民を補佐し、盛世を助けんと欲する天下の者は、『宣公翰苑集注』から始めよ」[25]といい、劉大櫆が「〔この書は〕天下万世の人臣たる者をして、忠直の気持ちを懐き、主上に事えさせるものである」[26]というように、張佩芳が生きた「堯舜の世」に比肩される乾隆時代の盛世では、『陸宣公全集』はせいぜい士大夫官僚が忠良なる臣下となるための手本として期待されただけであって、皇帝に「座の隅に置き、古を以て鑑と為す」[27]ことを求め、ことさら反面教師としての徳宗を皇帝に突き付けるような時代ではなかった[28]。清朝乾隆年間に生きた張佩芳が、『陸宣公全集』に注釈を付けたその主観的動機は、明らかに南宋士大夫の経筵官とも、尾張藩の石川香山の事例とも異なっていた[29]。

それは、すでにこれよりも先に川陝督臣の年羹堯が校訂し、雍正帝に進呈したいわゆる「年本」に、雍正帝が寄せた序文に、「また思うに、督臣〔年羹業〕の〔この書を校訂した〕意図は、あらゆる人臣たる者に対し、朝夕〔この書を〕諷誦し、〔それによって学んだことを〕実践にあらわし、この書に書かれた事実を踏み行い〔各自の〕官職の務めを守り、〔この書に見る議論を〕役立てて政教の実施に当たることを求めることにあるのだろう」という。このように、「人臣」に求められたのは、直言によって君主を正道に導くことではなく、官職の務めを守り、政教の実施に当たることであり、言い換えれば、雍正帝によって現出された盛世の統治を補助することであろう[30]。そのため、年羹堯の一文に溢れているのも、雍正帝の「寵光」を受けたことに対する報恩の念である[31]。

ただし、士大夫官僚たちが皇帝に対して陸贄の奏議を読むことを勧め、君主としての反省を迫った宋代の事例を、張佩芳は史実としてももちろん理解していた。張佩芳は、『翰苑集注』において蘇軾「宋朝名臣進奏議劄子」、蕭燧等「淳熙講筵劄子」、郎曄「進唐陸宣公奏議表」を付録として掲載しており、これらを読めば、蘇軾が陸贄について「その才能はもとより王佐〔帝王の補佐〕たるにふさわしく、その学問は帝師〔帝王の教師〕たるにふさわしい。……〔中略〕……上は君主の心の非を正し、下は天下の志に通じています。……〔中略〕……もし徳宗に〔陸贄の〕その言葉を徹底的に〔政治に〕採用させることができていたなら、〔唐太宗の〕貞観の治を再現することができたのです」と称賛し、常に『陸宣公奏議』を手元に置き、何度も熟読することを求めたこと、「淳熙講筵劄子」によって南宋孝宗朝の経筵講義において陸贄奏議が読まれ、孝宗が徳宗を反面教師とし、同じような過ちを犯さないよう、諸臣に失政について上奏することを求めたこと、郎曄の注釈が皇帝の座隅に置くことを目的として書かれていたこと、すべて知ることができる。つまり、そこから「帝師」たる者の直諫により、「君心の非を格《ただ》」すこと、「天下を以て己の任」とする天下国家に対する気概を持つ士大夫とともに天下を統治すること、さらにはそのような名臣・名相を登用することが、統治の良否を左右すること、このようなことを、君主に対して知らしめることこそが、陸贄奏議を顕彰する宋代士大夫たちの目的であったことをそこから読み取ることは、さほど困難ではない。張佩芳・鄭虎文・劉大槐がこれを知りながら、何ら触れないというのは、やはりそこに、何らかの意思意図が働いていたと考えられる。この傾向は張佩芳の著作すべてに通じており、管見の限り、彼の文集から、そのような精神を鼓吹するための一文を見つけ出すことはできない[32]。これも、『陸宣公全集』にこめられた意図を別の書物でも饒舌に主張する石川香山の態度とは大きく異なる。

ただ一点例外がある。張穆は「事輯」中の乾隆三三年（一七六八）の案語で次のようにいっていることである。すなわち、『翰苑集』の注釈は歙県において「邑の学人」汪肇龍・程瑶田・汪梧鳳・方榘による参訂を経た後、出版に至るが、張佩芳が県令として合肥の任に転じた時（乾隆三七年、一七七二）、彼は御前にそれを進呈して乙夜の覧に供するため、別に「装飾精整」した浄写本を作った。しかし、その浄写本は進呈される機会を得ぬまま、家に蔵棄されつづけ、道光六年（一八二六）に陸贄が孔子廟に従祀されるに至っても、張佩芳の注釈について言及する者は誰もいなかった。他日もし南宋の淳熙邇英の故事に倣い、陸贄の奏議を用いて御前に進講するようなこととなれば、必ずやこの注釈が天子に嘉納されること疑いないという[33]。張穆によれば、張佩芳には『翰苑集注』を乾隆帝に進呈し、乙覧の書とする計画があったが、結局その機会に恵まれなかったというのである。だが、残念なことに張佩芳が本当にこのようなことを計画していたかを知る証拠を見つけ出せないので、それが事実であったか否かを確証することはできない。たとえ、本当にそのような計画があったとしても、乾隆帝に進呈されなかった、ということは間違いはない。しかも、張穆がこれを書いたのは、浄写本が作成されてからすでに七〇余年を経過した道光二六年（一八四六）のことであり、その時点においてもやはりまだその計画は達成されていない。それはなぜだろうか。もちろん張佩芳自身がその答えを明言しない限り、本当の理由をわれわれは知ることができないかもしれないが、次節では、なぜ宋代や日本の尾張藩の事例のように、張佩芳は当時の皇帝である乾隆帝に進呈しなかったのかということを考察してみたい。

第二節　乾隆帝の宰相論と尹嘉銓案

張佩芳が乾隆帝に『陸宣公全集』の注釈を進呈しなかった理由として考えられる最も穏当な答えは、乾隆帝の宰相論の中に見出すことができる。

蓋し「君徳の成就の責任を経筵に求める」というのは、よいだろう。しかし君徳の成就を期待するのは、それが天下の治乱に係るからではないのか。君徳が成れば天下は治まり、君徳が成らざれば天下は乱れる。これは古今の通論である。もし程頤の言葉に従うならば、君徳と天下の治乱とが別事と見做され、両者は漠然と相関しないこととなるが、一体そんなことがあるのか。そしてそれは宰相に係るとするが、宰相を任用するのは、人君でなくて一体誰がするのだ。人君たる者をただ深く高処に押し込め、自らその徳を修めるだけにしてしまい、〔君主は〕天下の治乱を宰相に任せ、己は口出ししないようにさせる。〔そんなことをすれば〕幸いに任用したのが韓琦・范仲淹のたぐいであっても、なお殿上での争論は免れないし、もし不幸にして任用したのが王安石・呂恵卿のたぐいだったなら、どうして天下が乱れないことがあろうか。そんなことはあってはならない。その上、宰相たる者をして、にわかに天下の治乱を己の任とさせ、人君を眼中になからしめる、そんなことは絶対にあってはならないことだ。[34]

ここで乾隆帝が問題にし、激高しているのは、程頤が哲宗の元祐元年（一〇八六）に提出した「論経筵第三劄子」の貼黄に「天下の重任は、ただ宰相と経筵のみです。天下の治乱は宰相に繫っており、君徳の成就の責任は経筵に求められます[35]」とあるのをめぐってである。乾隆帝は君主が宰相に政治運営を委任すること、宰相をはじめ、士大夫が「天下の治乱を以て己の任と為す」ことが、君主をなみするものであるとして、痛烈に批判したのである。この一文は、乾隆帝による君主独裁・専制体制を象徴するものとして、また乾隆帝自身の学問が程朱学から漢学へと推移していく過程で、宋学を貶めるに至る要因のひとつとして、たびたび先学に引用され、すでに知られるところのものである。[36]

宋人が陸贄を理想的忠臣とみなした、その忠臣としての要件とは、まさにここで乾隆帝が絶対にあってはならないとした宰相としての姿である。はたしてこう断言する乾隆帝に対して、淳熙邇英の故事に倣い『翰苑集』を進呈することなど、現実的に可能なのだろうか。天下の「君」、天下の「師」たることを自任する乾隆帝に「その才能は本より天子を補佐するほどのものであり、その学問は帝師たるにふさわしい」〔蘇軾〕といわれた陸贄の言葉に耳を傾け、帝王としての反省を迫ることなどできるだろうか。「天下の治乱は宰相に繫る」との程頤の言葉を嫌う乾隆帝に、「もし徳宗に〔陸贄の〕その言葉を徹底的に〔政治に〕採用させることができていたなら、〔唐太宗の〕貞観の治を再現することができたのです」という蘇軾の言葉を信用させることなどできるだろうか。はたして、乾隆帝の意に背き、さかしらに程頤や蘇軾の理想とする宰相論を主張すれば、どのような結果を招く恐れがあったのか。これらの疑問に対して、尹嘉銓という人物が招いた事件が、我々にその解答を与えてくれるであろう。

その事件については、『清代文字獄档』や『清代三朝史案』に収録された「尹嘉銓為父請謚並従祀文廟案」が詳細である他、『清史列伝』巻一八の尹嘉銓伝によってもその経緯を知ることが出来る。(38)

さて、この事件の発端は、乾隆四六年（一七八一）尹嘉銓が実父の尹会一（字は元孚、号は建余、直隷保定府人、一六九一―一七四八）のために賜謚を請い、同時に湯斌・范文程・李光地・顧八代・張伯行・尹会一の孔子廟への従祀を要請したことに始まる。(39)これは、父の尹会一が河南巡撫の任にある時、湯斌を孔子廟に従祀することを提案したが、実現しなかったため、その父の遺志を受け継いだものである。これが大いに乾隆帝の怒りを買い、尹嘉銓は刑部に送られ、家産一切が差し押さえられ、調査の対象となった。(40)具体的には大学士英廉が捜査した北京の居宅から「書大小三百十一套、散書一千五百三十九本、未装釘書籍一櫃、法帖冊頁六十五本、破字画五十八巻、書信一包計一百十三封、書板一千二百塊」が押収された。それがあまりにも膨大な量であったため、文義に通暁し、人となり周到にして慎重な翰林学士の王仲愚・汪如藻が派遣され、徹底的に「翻閲」されることとなった。(41)また、同時に郷里の博野県では尹会一の祀堂や祀祭田八四畝・義学田一頃などの不動産の他、「御賜書籍」を除いて、「大小四十六箱」分の書籍が没収された。現地に派遣された按察使郎若伊と口北道永保の報告によると、尹嘉銓には父祖以来伝わる書籍が非常に多く、加えて彼自身が抄録した文芸や、収蔵してきた詩詞も含まれていたという。(42)特に尹会一・尹嘉銓父子の著作中から「狂妄の字跡」「違碍の字句」が逐一、そして綿密に調べ上げられ、本人に対する取り調べが行われることとなる。(43)その尋問と供述内容とが残されているので、どのような内容が捜査当局によって「狂妄の字跡」「違碍の字句」とされたのかを見てみたい。ただ、尹嘉銓案の全貌を明らかにすることが本論の目的ではなく、多岐にわたるその内容をすべて紹介することはできないので、本論の関心に基づいて数点のみを挙げることとする。

それはまず、尹嘉銓が自著『近思録』四編の中で、湯斌・陸隴其・張伯行・尹会一の四人を顔淵・曽子・子思・孟子になぞらえているのではないか、それは「狂妄」ではないのかと迫ることから始まり（供一）、また『尹氏家譜』で「宗廟」「宗器」「入廟」「建廟」という文字を使っていること、母親の行状で母の死を「薨ず」としていることを取り上げ、これらは臣下が日常的に用いるべき文字ではないし（供三）、また尹嘉銓は古稀老人を自称しているが、前年に乾隆帝が七十を記念して「古稀説」を書き、それ以来古稀老人を称しているのであるから、それは「狂妄」であるとするなど（供一二）、その大半は尹嘉銓の思いもよらない内容であったであろう。特に、尹嘉銓は杜詩の「人生七十古来稀」からとって古稀老人と称したのであって、乾隆帝の「古稀説」については全く読んだこともなく今に至るまで知らなかったという。

このように、実に些細な瑕疵の追及から、次に見る重大な問題に関するものまで見られる。

供五

尹嘉銓に問う――お前は『近思録』の中で「天下大慮については、ただ下情が通じないことにだけ苦慮すべきである」といっているが、いま聖世の時代に遭遇し、民情も上達しないことはないのに、どうして下情の不通を慮ることがあるのか。お前がこのようにいっているのは、つまりどんな意味のあってのことか。事実に基づき述べよ。

尹嘉銓の自供――わたくしの言いました「天下大慮」とは元来おおよその一般論として述べたまでで、現在我が皇上は民草の苦痛をも洞察されており、下情の通じないところは全くございません。わたくしはこの言葉で、現今の時勢をことさら議論しようとしたのでは毛頭ありませんし、特に意見があるわけでもありません。しかしながら、わたくしが書物の中で妄りに議論を起こしたということは、わたくしの不心得の致すところですので、もはや何の弁解もありません。(44)

供六

尹嘉銓に問う――高士奇の行私納賄については皆が知るところであり、高は提督から抜擢されて大学士となったので称賛されるような政治的功績など全くない。その他の蔣廷錫・張廷玉・鄂爾泰・史貽直なども、何で古の名臣に比定することができるのだ。お前が書いた『名臣言行録』には、まとめて入れられているが、これはいったいどういう意味だ。お前の父親に至っては、巡撫・侍郎をやったが、やはり何の功績もなかったのに、名臣の内に入っている。これはお前に狂妄のところが多いからではないのか。(45)

供十二

尹嘉銓に問う――お前が書いた『多病徒伝』に「子は帝者の師たらんと欲す」などいう言葉があるが、お前は一体どんな人間で、敢えて公然と帝師を以て自任しようとしているのだ。まさか力量を知らずに師傅になろうと思っているわけでもあるまい。こんな狂った言葉は一体どんな意見なのか。事実に基づき述べよ。(46)

この取り調べにおいて、何が罪とされたのか、という点に注目するので、後二者については、尹嘉銓の自供部分を省略した。「供五」では、尹嘉銓が「下情不通」という事態を「天下の大慮」としただけであって、確かに一般論としては何ら問題はない。では何に問題があるのか、それは盛世（聖世）に対する時勢批判である。ここに、盛世そのものに対して疑問を投げかけることすら許されない、当時の状況を見ることができる。時勢批判として「下情不通」を主張することは許されないのである。それは「下情不通」のみではなく、古人に名を借りて当今の時勢を批判することそのものが罪とされていた。[47] そして、「供六」では清朝の高士奇・蒋廷錫・張廷玉・鄂爾泰・史貽直を「名臣」として称賛することが問題とされた。むしろ、彼らを「名臣」としたことが、ではなく、清朝の臣を「名臣」としたことに問題があったというべきだろう。また、「供一三」では「お前は『名臣言行録』を作ったが、我が朝に奸臣無く、また名臣もいないことを知らないはずはない[48]」という。この認識は乾隆帝の意見を反映しているようなので、詳細は後述する。「供一二」では、「帝師」を自任することが問題とされている。これは先述したように、乾隆帝が天下の「君」、天下の「師」たることを自任していることに関わるからである。

そして、ここで取り上げたいのが、尹嘉銓の著作の中にあった「大学士・協弁大学士を相国と為す」という一文、および尹嘉銓の『名臣言行録』という著作に対する乾隆帝の意見（明闢尹嘉銓標榜之罪論）である。

尹嘉銓の各著作中に、「大学士・協弁大学士を相国と為す」とある。宰相の名称は、明代洪武の時に廃止されて以来、ずっと置かれないままである。その後大学士を置き、我が朝もその例を踏襲し改めることはしていない。しかしその職務は単に票擬承旨を掌るだけであり、古のいわゆる「秉鈞執政の宰相」（政権を握り、政治を行う宰相）のようなものではない。まして我が朝では歴代聖天子が相継ぎ君主が一人で統治してきた（乾綱独攬）のである。〔それに対して〕百数十年以来、大学士で私心を懐く者が一人もいなかったといえるだろうか。それにもかかわらず、総じて〔大学士が〕権力を擅にし法を曲げ、君主の柄を奪うという事態には未だ至っていない。大学士は宰相とその名を異にするが、〔宰相の〕職務はある。明末の厳嵩は大学士にして、当時の朝政に綱紀を失わしめ、威福を盗み弄び、今に至っても奸相と呼ばれている。してみると、政柄を握っているのか否かというのは、宰相や大学士という名称に係るのではなく、人君たる者が統治できているのか否かのみに在ることが分かる。人君たる者がしっかりとここに太阿を握り、威柄を奪われないようにすれば、内閣に位を得たとしても、従順に奉職し、朝班の整列で先頭に立つにすぎない。我が皇祖聖祖仁皇帝・皇考世宗憲皇帝、そして朕も自ら臨御すること四六年間、時として敬天・愛民・勤政を心に懐かなかったことはないのに、その上何故に大学士の参与を借りてこなければならないのか。

今、尹嘉銓がどのような文脈で「大学士・協弁大学士を相国と為す」と論じたのかは、よく分からないが、乾隆帝が問題としたのは、国家における宰相の位置づけである。一見、尹嘉銓が大学士を宰相とするのに対して、それを否定することが、乾隆帝の目的に見えるが、実はそうではない。厳嵩の例が示しているように、大学士であっても天下の威福の権を握ることが可能で、実際に奸相と呼ばれていたように、政柄の権を握っているのかどうかは、宰相や大学士といった名称と本質的には関係ない。如何なる者が天子として君臨しているかが問題なのであって、敬天・愛民・勤政を心に懐いた聖天子が君主として統治している限り、もはや大学士の政事参与など必要ない、というのが、乾隆帝の意見である。そして、ここに先にもみた程頤の宰相論が再びやり玉に挙げられる。

昔程子が「天下の治乱は宰相に係る」と言ったが、これはただ当時の力の無い朝廷について言っているだけである。もし国家の治乱が専ら宰相によって左右されるとすれば、君主たる者は、まるで木偶の棒や旗あしではないか。しかも宰相を任用するのは、人君でなくて一体誰だ。人君たる者をただ深く高処に押し込め、天下の治乱を宰相に与えてしまう、そんなことはあってはならないし、宰相たる者をして、にわかに天下の治乱を己の任とさせ、人君を眼中になからしめる、こんなことも絶対にあってはならない。

先述の内容をほぼそのままここにも見ることができることを確認しておきたい。次に、乾隆帝は尹嘉銓が『名臣言行録』と名付けて、勝手に清朝の官僚の品評をしていることを咎め、そもそも名臣というのは、社稷を安んじる程の勲功を立てた者にだけ名付けられるべきだといい、独特の議論を展開する。

しかし、社稷が名臣を待ってようやく安んじるというのでは、すでに国家の福ではない。ましてや前代を歴観すれば、忠良なる者は指を屈して数える程しかいないにもかかわらず、奸佞なる者は踵を接して絶えず現れる。してみれば、名臣とは得難いものであることが分かる。朕が思うに、本朝は綱紀整い、名臣も無ければまた奸臣もいない。なぜかというと、君主の大権が上に在る（乾綱在上）からである。朝廷に名臣や奸臣がいる、という事態を招かないことこそ、社稷の福である。〔それなのに〕かえって尹嘉銓は『名臣言行録』と称して、本朝の人物を妄りに並べ立てて、誤った品評を加えている。……要するに、人君がきっぱりと天を敬し民を愛し政治に勤めることができれば、自ずから万事が調和し（庶事惟和）、百官も事を興す（百工熙載）のである。そうでなければ、賢相がいたとしても、政事に何の裨益があろうか。(49)

ここに明らかなように、乾隆帝にとっては名臣・賢臣ですら皇帝の補助的な存在にすぎない。むしろ、名臣が登場し活躍する時代は、彼にとって「社稷の福」ではない。清朝は奸臣も名臣も登場しない、聖天子の時代なのであるから、名臣の功績を書き連ねた『名臣言行録』という書物は、その存在すら許されるものではなかったのである。後世、「国家の害・清流の禍」とならないためにも、尹嘉銓を厳罰に処さなければならなかった。(50) このような君臣論は乾隆帝という個人の独創に出たというよりも、満洲的な君臣論の展開の中で形成されたと見なす方がよいであろう。例えば雍正帝が「御製朋党論」で「朕惟うに天は尊く地は卑し、而して君臣の分定まる。人臣たる者は義として当に惟だ君あるのみを知るべく、惟だ君あるのみを知れば、則ち其の情、固結して解くべからず、而して能く君と好悪を同じくせん。夫れ是れをこれ一徳一心にして上下交わる、と謂う」[51]と、ここには臣下の君主に対する絶対的服従と、「皇帝と一体化して実務に勉励」[52]することの要請が見られる。乾隆帝の宰相論・名臣論も、この論理の延長線上に位置づければ、無理なく理解できるだろう。

さて、このように尹嘉銓の案を見るに、「天下を以て己の任と為す」こと、名臣の出現を求めること、帝王の師を自任すること、下情を知ることを君主に求めること、古人を借りて時世を批判することなどが、すべて審問の対象となっていた。特に名臣・賢臣といった宰相に関することが、如何に乾隆年間にデリケートな問題であったかを見た。だが、このような罪状は、尹嘉銓が罪に問われる原因となった、尹会一の諡や従祀と本質的には関係ないはずである。尹嘉銓案の発端となった賜諡と従祀を妄りに求めたことに対する審問が大学士三宝らによって行われたのが、乾隆四六年三月のことであって[53]、尹嘉銓の著作が洗いざらい調べ上げられたのは、それより後の四月以降のことである。

要するに、尹嘉銓の時勢認識や政治思想、そして『名臣言行録』そのものにしても、尹会一の諡と従祀要請がきっかけとなって、はじめて禁忌に触れるとされたのであって、もともとそれ自体が取り締まりの対象になっていたわけではない。言い換えれば、賜諡と従祀を申請しなければ、尹嘉銓の『名臣言行録』が罪に問われることもなかっただろう。この事実がより当時の知識人の政府に対する猜疑心と不安感を駆り立てた。一旦、帝の怒りに触れるや、徹底的に著書や蔵書が調査され、「狂妄の字跡」「違碍の字句」が抽出され、罪状に数え上げられる。これこそ、文字の獄といわれる所以であろうが、このような中にあって、「さわらぬ神にたたりなし、近代史、現代史には手をふれぬが賢明、天下国家は論ずるだけ野暮」[54]と、国政に関する不用意な著述や発言を極力慎もうとする精神状態が生まれるのも当然であろう(55)。

　このような時代に張佩芳は『翰苑集』の注釈を世に問うたのである。尾張藩の石川香山とはことなり、張佩芳らの序文から時勢に対する危機意識や、国家改造に対する意気込みが感じられず、また張佩芳が作成したという浄写本が道光年間に至るまで上呈されることなく、ひっそりと家蔵され続けたという理由は、ここに求められるだろう。蘇軾等宋代人の序文と同じ精神を、清朝人の張佩芳がことさらに鼓吹することは、間違いなく時に何らかのきっかけによって禁忌に触れ、罪に問われる恐れのあることであったのである。

　時系列からすれば、張佩芳の注釈が出版された後に尹嘉銓の案が発生したのであるから、もちろん尹嘉銓の案を承けて、張佩芳がそのように自省的行動に出たのではない。直接、張佩芳の精神に何が影響を与えたのかは分からないが、「乾綱独断、すなわち本朝の家法(56)」と即位以来、臣下と「公同酌議(57)」することを拒否してきた乾隆帝の時代にあって、尹嘉銓を待たずとも、すでに自ら名臣たらんと天下国家に対する責任感や気概を吐露することに何らかの警戒心が人々の間に広まっていたとしてもおかしくないであろう。

　このような乾隆年間にあっては、『陸宣公全集』という書物は、鄭虎文がその序でいうように、盛世を助け、経世済民を補佐する忠良の臣を養成する書物として喧伝するのが精一杯だったのである。ここに、尾張藩儒石川香山の注釈と、清朝の張佩芳の注釈とが、表面的には「暗合」するものの、その書物を生み出すに至った時世や政治に対する認識が大きく相違していることが明らかとなったであろう。さらには両者の相違が、彼らを一介の学者として育んだ一八世紀後半の日本と清朝における政治文化の相違でもあるといえよう。

おわりに

前章と本章とにわたり、石川香山と張佩芳の注釈が日中双方において、どのような時代背景の下、何を目的として登場してきたのかを、当時の政治状況と関連づけて論じることで、一八世紀後半における日中の政治文化の相違を明らかにしてきた。最後に、一八世紀後半におけるこの相違が、次の一九世紀において日中それぞれが「近代」へと歩みを進めていくその道程に、どのような影響をあたえることとなったのか、ということについて卑見を論じ、締めくくることとしたい。

まず、我々は前章において君臣が「我人同輩」の横の関係で結びつき、「下情をもしろしめ」すために、尾張藩世子治興が「自分逍遙亭」なる一室を建造したことを見た。これが、揖斐氏のいう「文人サロン」において封建的身分を超越したところに人々が交わり、文芸について談論・議論する、そういう日常とは異質な空間にヒントを得たところに発想されたのではないか、ということもすでに述べた。このような空間において君臣が交わって政治的議論を盛んにする、この発想が領主層によって主導されたことに、我々は新しい時代の到来を予感できないだろうか。だが、惜しいかな、治興の夭逝によって、この試みは結局挫折してしまう。その後、尾張藩において治興の試みが受け継がれたのか否か、遺憾ながら分からない。ただ、確実にいえるのは、彼が実施しようとした試みが、幕藩体制下の日本において消滅することなく他藩で実現され、そこにも君臣関係を上下の結びつきから横の結びつきへと置き換え、政治的問題を自由闊達に議論・討論しようとする精神がしっかりと受け継がれていた、ということである。これについては、近年前田勉氏によって非常に興味深い研究が発表されたので、前田氏の研究に基づいて、本論と関係するところを述べてみたい[58]。

その具体例が、幕末の佐賀藩における『唐鑑』会読である。この会読は、藩主鍋島直正（一八一五—一八七一）

と世子、重臣数人と弘道館助教の原田小四郎や久米邦武・原田敬太郎などの二三歳以下の優秀生を参加者として、藩校弘道館において毎月一回実施された。前田氏によれば、この会読の特徴は、議論に際して「主君と家臣との間でも対等であるべき」ことが共通認識とされたことにある。というのも、そもそも会読という読書会は、一八世紀以降に徂徠学派を中心に広まった学習形態のことであるが[59]、そこには、「対等な関係」で結びつけられた者同士が集いあい、自由に議論・討論する一種の「公共空間」が形成されていたという（頁四九）。佐賀藩の『唐鑑』会読の事例は、このような会読の空間に、藩主が参加したことと、さらに「単に『唐鑑』という歴史書を読解しあうだけではなく、当時の政治的な課題にたいする議論になっていた」（頁五二）というところに、その特徴がある。すなわち、この『唐鑑』会読の現場では、会読という方法を借りて、君臣が「対等な関係」で時世や政治問題を議論し合うことが、実際に行われていたのである。日常「（藩主の）面前では低頭平身して其の顔容を見る能はなかつたが、会読には列座の国老は素より、国主世子に直面して言論を交換するので、公の真面目に接するを得た[60]」という会読参加者の一人、久米邦武の回想が、何よりもその雰囲気を伝えている。

この『唐鑑』会読開催の主旨が、まさに尾張藩世子治興の「自分逍遙亭」の発想と一致していることに、我々は気付かされる。ここで考えなければならないのが、治興の考えが直接、佐賀藩に伝達したのかというような理解ではなく、そのような空間を創造しようとする発想の下には、全く同じ政治文化の精神があったのではなかったか、という仮説である。この仮説に内実を与えていく作業には、幕末における「公議公論」の重視から切り込んでいくべきであろう[61]。

そして、このような佐賀藩の事例にみる会読が現実的に行われた時代を背景として、「上は君公を始として大夫・士の子弟に至る迄、暇まあれば打まじわりて学を講じ、或は人々身心の病痛を儆戒し、或は当時の人情・政事の得失を討論し、或は異端邪説詞章記誦の非を弁明し、或は読書会業経史の義を講習し、徳義を養ひ知識を明にするを本意といた」すこと[62]を説き、「公議公論」形成を主張した横井小楠や吉田松陰の思想が生まれたのである。この横井の一文は、非常によく知られているが、これが尾張藩世子治興の構想と基本的なところで一致してることに、注目すべきであろう。横井小楠の「国是七条」にいう「大いに言路を開き、天下と公共の政を為す」が、かの「五箇条の御誓文」にいう「広ク会議ヲ興シ万機公論ニ決スヘシ」という考えを「誘発」したこと[63]、はたまた「欧米の議会制度」という「外来の新奇な知識が、学者ならぬ幕府や諸藩の当局者によって、早速に注目され、公議政体論として具体化されていったこと、しかもその公議政体論が、さまざまな政治的立場の対立を超えて、この時期における将来の政治体制についてのほとんど唯一の構想であるかのように、共通の支持を得た」ことの大きな要因として、幕末における「「公論」尊重の風潮」がすでに広まっていたこと[64]、を先学の研究が教えてくれる。

石川香山が生きた一八世紀後半における尾張藩と、近代を目前にした幕末における「「公論」尊重の風潮」が、はたしてどれほどの内実を伴って直結するのか、この問題に対する考察は、後考に期す他はないが、ただ少なくとも人見璣邑や細井平洲によって主導された改革理念や名君像として語られた宗睦や治興ら領主層の「下情」重視の自覚と、近代を準備した幕末の「「公論」尊重の風潮」とが、全く異質な精神構造のところに出来した現象であったとは到底考えられない。

要するに、石川香山の生きた一八世紀後半の尾張藩における政治文化の様態が、横井ら「公議政体」樹立の思想となんらかの連続性を予感させるのであるから、実はもう石川香山らは、近代日本と地続きの上に立っていた、そういう立脚点の上に、石川香山は『陸宣公全集』に注釈を付けたのである、と理解することができるのである。

では、清朝においてはどうか。高翔氏は雍正・乾隆の君主独裁に立ち向かった人物として尹会一の外、謝済世・崔述・陸生楠・唐孫鎬を考察された結果、このような時代における彼ら「英雄的人物」の登場は「歴史的奇跡である」と述べられ、そしてその後の中国は「自由」や「民主」に向かって、長くて困難な過程を経、さらには巨大で深刻な苦痛と失望を耐え忍ばなければならなかったと論じられた(65)。

確かに、日本では「欧米の議会制度」を学び「公議政体論」を導入するにスムーズであったのに対し、清朝において議会制度が問題となるのは、通説では光緒一〇年代（一八八四―一八九三年）、特にその後半期以来のことである(66)。清朝において、議会制度が議題とされた時、やはりここでも「君民一体」「上下一心」「言路開通」「下情を通じる」ことをキーワードとした議論がなされていた(67)。康有為も「君主がその尊厳と間隔を取り去って、臣下をしてその言を前に尽くし、天下をしてその才を上に献ずることが出来るようにすべき」ことを「変法の前提条件(68)」として説いた。この流れの中から立憲構想が議論されるのであり、清朝最末期の国会速開運動の中にあって張謇が依然として「専制政体」の批判として公論公議を要求しなければならなかったことについても、周知のとおりである(69)。

このように、その後の日中の展開を見てみるに、一九世紀において両国とも欧米由来の議会制度の導入如何をめぐる問題に取り組まなければならなくなるのだが、それに対する意識や政策的議論の本格的登場、その両国の間にある時間的な遅速の差の原因は、つきつめれば一八世紀後半における政治文化の相違に求められるのではないか。そして、この日中の相違が、石川香山と張佩芳の注釈をめぐる人々の意識とこの書の境遇の差異として表出したのではないか、というのが本論の結論である。

〔注〕

（1）本論で用いたテキストについては次の通り。
張佩芳『唐陸宣公翰苑集注』二四巻、京都大学文学部蔵、乾隆三三年序希音堂刊本。

石川香山『陸宣公全集釈義』二四巻、京都大学文学部蔵、安永三年京都風月荘左衛門等刊本。

石川香山『陸宣公全集註』二四巻、寛政二年序名古屋永楽屋東四郎等刊本（『和刻本漢籍文集』第一輯、東京、汲古書院、一九七七）。

（2）山城喜憲氏も「張佩芳、字は蓀圃。伝未詳。」としている。山城喜憲「陸宣公奏議諸本略解」（『斯道文庫論集』第一七輯、一九八〇）。

（3）張穆「先大父泗川府君事輯」『希音堂集』（京都大学人文科学研究所蔵、道光二七年刊本）。張穆『月斎文集』巻八にもほぼ同文が収録されている（京都大学人文科学研究所蔵、咸豊八年門人青陽呉履敬等刊本）。

（4）張穆『月斎文集』には族姪の張継文の編輯になる「石州年譜」が附されている。

（5）『清史列伝』巻七一、文苑伝二、胡天游。
　胡天游、字稚威、浙江山陰人。少有異才、於書無所不窺。……方是時、四方文士雲集京師、毎稠人広坐、天游輒援筆数千言、落紙如飛、縦横奥博、見者嗟服。於文工四六、得燕許之遺。所作若文種廟銘、……論者謂皆天下奇作。

張穆「先大父泗州府君事輯」二十年乙亥二十四歳条。

　已而代牛主講院者、為山陰胡徴君稚威、徴君恥世俗学、治古文、自方昌黎、謂惟桐城劉耕南先生可与抗手、余皆目笑之。時客於蒲、蒲之人無能受其学者、独亟称君呼為小友。……君既尽得其所学、帰而閉戸事著述、慨然有千載之志。

（6）張穆「先大父泗州府君事輯」二十五年庚申二十九歳条。
　謹案、府君既成進士、帰里即謀為陸宣公翰苑集注、至是読書冠山、遂依文排纂、付諸従学者写之。今艸稿之蔵於家者、尚十数巨冊、丹黄塗乙爛然可観。

（7）張佩芳の官僚としての事績や働きについては、『希音堂集』巻四に収録されている「上鳳廬道乞釆買免税書」「論泗州水勢書」などの記事に見ることができる。例えば、次の記事に見るように幕友とともに地方行政における文書の山と日々格闘していたようである。

張佩芳『希音堂集』巻四、王平周寿序。

吾友王君平周、少習挙子業、為博士弟子、既以家貧棄去、為律例之学、遨遊十余年、已乃税跡於皖、一時名声籍籍。丙申、余遨至寿州、又偕至泗凡五年、寿号繁区、積案如山。君手披筆覧悉中肯綮。其在泗亦然。於人咸多君熟於律令、而余尤重其為人。余之遷泗州也、謀乞假終養、同僚皆力阻、君独勧行……。

(8) 張穆「事輯」では、『希音堂文集』を「無巻数」とするが、本論で用いた道光二七年刊本は、目録では八巻であるが、巻七と巻八は「未刻」とされ、本文は巻六まで収録されている。

(9) これは、張佩芳修、劉大櫆纂『歙縣志』二〇巻首一巻、乾隆三六年刊本として現存する。『中國方志叢書』華中地方、安徽省（台北、成文出版社、一九七〇）に影印されているのはこれである。この地方志の編纂事業も劉大櫆らとの共同によってなされたようである。

(10) 蘇軾の五臣注批判については、『蘇軾文集』巻六七、書文選後、「五臣註文選、蓋荒陋愚儒也」。また、『容斎随筆』巻一、五臣注文選、「東坡詆五臣注文選、以為荒陋。……乃是全不知有史策、而凶妄注書、所謂小児強解事也。唯李善注得之」、『郡斎読書志』巻二〇、『五臣註文選』三〇巻、「右唐呂延祚集注。延祚以李善上引経史、不釈述作意義、集呂延済、劉良、張詵、呂向、李周翰五人注、延祚不与焉。復為三十卷。開元六年、延祚上之、名曰五臣註」とある。

(11) 陳振孫『直斎書録解題』巻一六、別集類上（徐小蛮・顧美華点校本、上海古籍出版社、一九八七）、頁四七四。

唐宰相嘉興陸贄敬輿撰。權徳輿為序、称制誥集十三巻、奏草七巻、中書奏議七巻。今所存者、翰苑集十巻、牓子集十二巻。序又称別集文、賦、表、状十五巻、今不伝。

張佩芳「凡例」にいう「權序」の二字は衍字。

(12) 張佩芳『唐陸宣公翰苑集注』凡例。

一、書之事典可考、而作者之旨意不可強明。李善註文選、止引経史、不釈述作意義。東坡嘗称之、而詆五臣註為荒陋。茲集拠事徵典、不妄加義、遵李善注文選例也。

一、凡引古事古語、必載書名。其有語義難明者、並其註疏採入。

一、奏草・奏議、皆因事献替、有関治具。爰考年月事因、拠新旧二史・通鑑・綱目、詳註其下。制誥昔人所謂駢体也。然興元赦文膾炙人口、其他改元大礼命官宣慰、作於徳宗播遷之日、時勢固自不同。茲亦援据時事、俾論世者得以考焉。

一、地理、職官、歴代沿革不同。茲以唐書為宗。旁採通典・通考職官・輿地・括地諸書、悉其源流、唐以後不復贅。

一、公集権徳輿所叙次、制誥十巻、奏草七巻、奏議七巻。宋元祐中、蘇軾等校正進呈劄子、止載奏議十二巻。陳后山又言、「(権序)、所存者、翰苑集十巻、牓子集十二巻」、名目巻数互異。茲照権序編次首制、次奏草、次奏議、録序文巻首、其諸儒議論亦並附入以備参考。

一、経史子集、各有音釈、註疏家尤詳。茲略採一二以資観覧。

一、公文散見於他書、如通鑑・綱目・唐鑑・文献通考、註解略備而通鑑・綱目二書尤詳。如胡三省之音註、王幼学之集覧、集中採用頗多。其他則取議論与本文相発明、若止校論文詞概不敢収。

一、引用書籍、必詳首尾、其与本文不相関渉、則稍加削節以従簡要。

一、集中有参以己見者、則以謹按二字別之。

一、書有圏点鈎勒、始自前明選刻時文陋習。茲遵古本体製不敢妄加。

(13) 李善注に散見する注例は、清朝の張雲璈『選学膠言』(巻一、注例説)や銭泰吉『曝書雑記』(下、文選李注義例)以来、先学によって収集されている。富永一登「『文選』李善注の特質」(『文選李善注の研究』東京、研文出版、一九九九)を参照。

(14) 斯波六郎「李善文選注引文義例考」(『日本中国学会報』第二集、一九五一)。

(15) また、朱子も次のようにいう。

『朱子語類』巻一三九、論文上、第三条。

制誥、昔人所謂駢体也。

(16) 趙翼『廿二史劄記』巻二〇、唐古文不始于韓柳。

又如陸宣公奏議、雖亦不脱駢偶之習、而指切事情、繊微畢到、其気又渾灝流転、行乎其所不得不行、此豈可以駢偶少之。此皆在愈之前、固已有早開風気者矣。

(17) 呉澄『呉文正公集』巻一一、陸宣公奏議増註序。また、謝武雄『陸宣公之言論及其文学』第四章第二節、宣公駢文対後世之影響（台北、嘉新水泥公司文化基金会、一九七五）を参照。

(18) 張佩芳注では、巻一に収録されている。石川香山『陸宣公全集註』（寛政増補改訂版）では、巻一五に収録されている。

(19) 張佩芳は「惟蓄書数万巻、尤喜読史、以為可以鏡得失観成敗」といわれるように、元来、史書を読むことを好んだということも関係しているだろう。張佩芳『希音堂集』所収、墓志。

(20) ここでは「門下省」以下「謂之門下省」までが『通典』（巻二一、職官三、門下省）からの引用。『晋書』（巻二四、職官志）には「給事黄門侍郎、秦官也。漢已後並因之、与侍中倶管門下衆事、無員。及晋、置員四人」とあり、直接『晋書』からの引用ではない。

(21) これに加え、学問傾向も大きく異なる。石川香山は熱心な朱子学者であるが、張佩芳は宋学（朱子学）や陽明学を好まなかったようである。そもそも、張佩芳は宋明理学に関する議論そのものをあまり残していない。

張穆「先大父泗州府君事輯」乾隆三十六年辛卯四十歳条。

濰韓君夢周、理堂文集、贈張君蓀圃序、……余与蓀圃交最篤、不可以無言。蓀圃為人閎博疏達、以学術自植、而談笑間頗厭薄宋儒、以蓀圃読書致専精。其於宋儒之書、必深究而窺其不足矣。夫学而不志於聖人之道、則已。如志於聖人之道、則未有不由宋儒者也。

張佩芳『希音堂集』巻五、寿州循理書院碑記。

為良知之説者、則曰耳自天聡、目自天明、六経皆糟粕也。百家皆綴肬也。任其所之而冥行焉、必流為小人之無忌憚。嗚呼、心学興而学者厭棄先儒窮理格物之説、競趨於簡便、無復有通経学古、思為有用之学以副当世任使。此世道人心之所繫、不可以不弁。

(22) 張佩芳「唐陸宣公翰苑集注自序」『唐陸宣公翰苑集注』所収。

唐陸宣公文集、権文公徳輿所叙次、制誥十巻、奏草七巻、中書奏議七巻、名翰苑集、今伝本是已。宋紹興（熙）二年、嵊県主簿諱華（曄）者、進奏議注十五巻、今独其表存而注不伝、亦不載其姓。当元祐淳熙之間、大臣留心治具、引君当道、屡以奏議勧進講筵、而其主亦用傾心嚮慕、至以退朝之後、傾聴数千言不為倦厭、幾幾典謨訓誥比隆矣。当斯時、徳宗播遷、山南再幸、公間関扈従、随時賛画。興元詔下、聞者無不感奮。一切大礼、大赦、賑恤、優復、宣慰、招諭、遣将、命官、倉卒填委、咸尽事情、中機会、卒之鑾輿反正、国祚以安。観于徳宗之所以失、与其失而復得者、一代之興亡可考也。及既為相、廼益殫所学、区大計、決大疑、以体国之忠、為不刊之論、洞察時変、折衷古今。雖当時不能尽用、迨其後皆可見諸施行、而有裨于治道、視夫以空文自見者、迥不侔矣。佩自授（受）書即嗜公集、十余年来、不自分其不類、爰據新旧唐書、通典、通鑑考其世、以詳其時事、其故事古語、間引他書、第釈事而不加義、倣李善注文選例也。自漢唐諸儒専門著述沿至于今、詩賦詞章之学、陰陽占候之書、皆有註釈、称詳博矣、然其可伝于後而足与古人発明者蓋鮮。然則余之為是、其不能無費辞也与、而又何敢自信哉。

(23) 鄭虎文「唐陸宣公翰苑集注序」『唐陸宣公翰苑集注』所収。

余観唐宋中興名臣有王佐才、而未竟所用者、陸宣公・李忠定公二人而已。曽愛読其集、謂足壮胆識益神智、出入、輒以自随。今、老矣。無所復用於世、又病廃学二書、束而不観者已数歳。今来新安得見歙侯張君蒸圃所注宣公翰苑集注、徴引繁博、考核精密、於唐事尤詳焉。顧念是集非経生家弁囿之所聚、詞章家漁猟之所及、上之奏議、無所用其体、下之帖括、無所資其助。夫孰従而好之読之注之哉。今之所好所読所注者、或詩或賦或古今試帖或賦彙諸題、撏撦剿販、用為剽窃之具、而小夫俗儒人手一編、珍為鴻宝、雖六経諸史、未尽寓目、其他則又何説、而君顧読人之所不必読、注人之所不必注、果好其文与、抑不徒好其文与。

(24) 張佩芳『希音堂集』巻五、希音堂記。

余自始帰至今幾十年、生計漸乏、視聴漸耗、自知無能為役、在歙日購書数千巻、暇則諷誦以自遣、類次生平所為文書数十巻、既鮮師友与之商榷、人又不以為然、繕写以蔵於家。蓋吾之所有者惟此爾。抑又聞韓子曰、不有得於今、必有得於古。不有得於身、必有得於後。夫求其自得而不敢謂其無不得古之人類。然余奚為独異。嗚乎、此所以名吾堂也与。

(25) 鄭虎文「唐陸宣公翰苑集注序」。

君今以盛年遭際堯舜之世、膺民社称循良駸駸乎向用矣。志宣公之志、学宣公之学、而遇又過之、不可謂非厚幸。……因為之序以告天下欲読有用之書、儲経済以翊休運者、請自宣公翰苑集注始。

なお、鄭虎文『呑松閣集』巻二六（大阪府立中之島図書館蔵、清嘉慶一八年刊本）にも同文の序を収録している。

(26) 劉大櫆「陸宣公文集序」『唐陸宣公翰苑集註釈』所収。

蓋将教天下万世之為人臣、莫不懐忠直以事其上也。

また、『劉大櫆集』巻二にも同文が収録されている。

(27) 郎曄「経進唐陸宣公奏議表」『陸贄集』下（北京、中華書局、二〇〇六）、頁八二二。
伏望皇帝陛下置座之隅、以古為鑑。廓日月之明、断制庶政、恢江海之量、容納衆言。監瓜果而賞不妄加、念兵食而将不軽用。斯皆治道之急務、固亦聖主所優。

(28) ただし、それは乾隆帝が読まなかったということを意味するのではない。乾隆帝も読書の一環として『陸宣公奏議』を読んでいたということは、次の史料から明らかである。『天禄琳瑯書目後編』巻一「御題唐陸宣公集」「題宋版陸宣公奏議」、「熟読東坡進奏篇／欣看議疏陸家宣／行間字裏通時事／曲譬直陳総道詮／一部允当置棐几／万言猶喜見初鐫／梁洋失及忠州遣／措舎何殊天与淵」。「癸卯仲秋、御筆」。「元揭傒斯蔵本」。

(29) この違いは、石川注（寛政版）と張注の「凡例」にいうように、「制誥」と「奏議」の並べ方に象徴的に表われている。本来、張佩芳もいうように、編集の順番は、「制誥」が前にあり、「奏議」「奏草」は後に置かれるべきであるが、石川香山は、世務に切実である、つまり当今の政治的実務に切実重要であるため、「奏議」「奏草」を前に置き、「制誥」を後に配置し直した。
石川香山『陸宣公全集註』凡例（寛政増補版）。
一、此集以制誥為前、以奏議奏草為後、以其切於世務、移議草于前、制誥于後。窃学不守旧典糟粕也。

(30) 雍正帝「雍正序」『陸贄集』下、頁八二三。
亦以督臣之意、欲凡為人臣者、朝夕諷誦、見諸躬行、踵其事以守官、資其議以敷政。体国経世之謨、安上治民之略、悉於是乎在、其為功顧不偉哉。

(31) 年羹業「年羹業恭紀」『陸贄集』下、頁八二四。
陸氏一集所言、皆切治平、懐此葵忱、敢用上献。詎期重以宸章、微言提要、金泥芝検、日麗星輝。非独臣渥被寵光、力図報効、陸贄身後邀栄、亦感勒於九原矣。

(32) 張佩芳『希音堂集』。

(33) 張穆「先大父泗州府君事輯」三十三年戊子三十七歳条。
謹案府君注翰苑集成、抵歙任復引其邑之学人汪君肇龍・程君瑶田・汪君梧鳳・方君榘参訂之、乃登剞劂、調任合肥、倩善書者、別写浄本装飾精整、以備進御徹乙夜覧、蔵棄於家、未遘其会。逮道光六年、御史呉傑疏請以陸公従祀孔子廟廷、特旨兪允於東廡、隋臣王通之次、儒林盛事、千載一時、而未有以府君書為言者。夫陸公之書、本仁祖義、切実的当。当時即儗之賈生、而蘇范諸賢所為勧進講筵者、尤以其委曲開譬善、因事理回悟主心、所謂能自得師。即如臣主之同時也、得府君之注而其学之正之醇乃益顕。孟子曰、我非堯舜之道、不敢陳於王前。陸公有焉。異時倘放淳熙邇英故事、以此書進講、則府君之注、必為当宁所采納、殆可無疑也夫。

(34) 乾隆帝『清高宗御制詩文全集』御制文二集、巻一九、書程頤論経筵劄子後。

蓋君徳成就責経筵、是矣。然期君徳之成就、非以繋天下之治乱乎。君徳成則天下治、君徳不成則天下乱。此古今之通論也。若如頤所言、是視君徳与天下之治乱為二事、漠不相関者、豈可乎。而以繋之宰相、夫用宰相者、非人君其誰為之。使為人君者但深居高処、自修其徳、惟以天下之治乱付之宰相、己不過問。幸而所用若韓范、猶不免上殿之相争。設不幸而所用若王呂、天下豈有不乱者。此不可也。且使為宰相者、居然以天下之治乱為己任、而目無其君、此尤大不可也。

(35) 程頤『河南程氏文集』巻六、論経筵第三劄子、貼黄、『二程集』上冊、頁五三九—五四〇。

臣窃意朝廷循沿旧体、只以経筵為一美事。臣以為、天下重任、唯宰相与経筵、天下治乱繋宰相、君徳成就責経筵。由此言之、安得不以為重。

(36) 曹聚仁『中国学術思想史随筆』（北京、生活・読書・新知三聯書店、一九九四）。夏長朴「乾隆皇帝与漢宋之学」（彭林編『清代経学与文化』北京、北京大学出版社、二〇〇五）、頁一五六—一九二。李帆『清代理学史』中巻、第一章、清中期的文化政策与文化学術的総体走向（国家清史編纂委員会研究叢刊、広州、広東教育出版社、二〇〇七）、頁一五—一七、など。

(37) 楊晋龍「『四庫全書』訂正析論——原因与批判的探求」（『両岸四庫学——第一届中国文献学学術研討会論文集』台北、学生書局、一九九八）。また、前掲注(36)、夏長朴論文。

(38) 杜景華「尹嘉銓文字獄案」（張書才・杜景華主編『清代文字獄案』北京、紫禁城出版社、一九九一、頁二四八—二五三）は、これらの史料によって、その事件の概略を述べたものである。また、郭成康・林鉄鈞『清朝文字獄』（北京、群衆出版社、一九九〇）も参照。

(39)「尹嘉銓奏為父請謚折」(乾隆四六年三月一八日)、『清代三朝史案』下（揚州、江蘇広陵古籍刻印社、一九九三）、頁一二一—二二二、『清代文字獄档（増訂本）』（上海、上海書店出版社、二〇一一）、頁三四九—四〇四。

大理寺卿臣尹嘉銓跪奏、窃臣伏読上諭養心殿暖閣恭懸皇祖聖訓有孝為百行之首、不孝之人断不可用、朕毎日敬仰天語煌煌、実為万世準則、欽此。此誠聖朝孝治天下之大経大法、我皇上御極以来、世徳作求、常以維持風化為先、務興賢作孝、備載於御制詩初集内、尹会一孝其母而母亦賢、年七十余告請終養、詩以賜之。……頒発刻本宣昭中外、凡在読書修行者、莫不観感興起。臣為尹会一之子、時思是彝是訓尤不能忘、伏念臣父籍隷保定之博野、葬於故郷三十余年、久已論定、而幽光猶待時発、今幸翠華西巡、経臨保定、過化存神、行慶施恵、仰祈特恩、俯照陸隴其格外予謚之例、即依御制詩内字様賜之謚法、用昭聖主寿考作人、久道化成之巨典、実堪垂為万世準則、匪独臣家之私栄也……。奉朱批、与謚乃国家定典、豈可妄求。此奏本当交部治罪、念汝為父私情姑免之、若再不安分家居、汝罪不可逭矣。欽此。

「尹嘉銓奏請将伊父従祀文廟折」(乾隆四六年三月一八日)。

大理寺卿臣尹嘉銓跪奏、窃惟臣父尹会一前在河南巡撫任内考核湯斌之徳行政事、実与陸隴其并称無愧、題請従祀文廟、廷臣議駁以為湯斌品行雖賢、終不若陸隴其之著作如林、不准従祀。臣父以遠臣不敢再涜聖聰、然時時垂涕語臣、示以従祀諸人、元儒有四、明儒有六、我朝大儒首推湯・陸、陸之文学固愈於湯、湯之徳政実賢於陸、今也取陸而遺湯、似与聖門四科先徳行、而後文学之意有間、況当盛世重熙累洽之後、雅化作人、名臣輩出、堪以増祀者、尚不乏人、而従祀者只有一陸隴其、尚未及元明諸儒之衆多、終属欠典、小子識之。臣承庭訓四十年来不敢愆忘、昔者蒙恩特用部曹、曽充会典館纂修五載、得以遍観八旗及各省通志諸書、詳考国史、見得范文程・李光地・顧八代・張伯行、行実皆在湯斌之亜、均堪従祀、至於臣父尹会一、既蒙御制詩章褒嘉称孝、既在徳行之科、自可従祀、非臣所敢請也。伏乞皇上特降諭旨施行。謹奏。奉朱批、竟大肆狂吠、不可恕矣。欽此。

(40)「軍機処擬旨交英廉就近在京査弁奏」(乾隆四六年三月一八日)。

現在袁守侗已派臬司郎若伊、口北道永保押帯伊子前往博野、将尹嘉銓鎖拿解交刑部治罪并査抄家産外、臣等遵旨擬写寄信諭旨交英廉就近在京査弁、謹奏。

(41)「英廉奏査抄尹嘉銓京寓片」(乾隆四六年三月二二日)。

再、三月二十日寅刻接奏行在軍機処寄到諭旨、昨因尹嘉銓妄奏為伊父請謚并請従祀孔廟二摺実属大肆狂吠、已降旨革去頂帯拿交刑部治罪、一面令袁守侗派員査抄伊博野原籍資財、并令英廉査抄伊在京家産矣。尹嘉銓如此肆無忌憚、恐其平日竟有妄行撰著之事、英廉于査抄時其資産物件尚在其次、至伊家如果有狂妄字跡・詩冊及書信等件、務須留心捜検、拠実奏出、除一面諭知袁守侗外、着再由六百里伝諭英廉知之。欽此、欽遵。臣査尹嘉銓家中各屋捜査、有書大小三百十一套、散書一千五百三十九本、未装釘書籍一櫃、法帖冊頁六十五本、破字画五十八巻、書信一包計一百十三封、書板一千二百塊、誠如聖諭、恐此内有狂妄字跡・詩冊、不可不逐細査閲、臣当将各屋所有一切書籍倶移貯一室之内、使其便於検閲。但書籍甚繁、非一時即能査清、必須逐一細加翻閲、始不致或有疏漏。臣已専派翰林王仲愚・汪如藻、伊等通暁文義、人亦詳慎、亦曽査弁過書籍之事、臣督同該員等逐細検査、并令臣衙門主事玉成会同弁理、俟査明有狂妄字跡別行具奏、合并声明。謹奏。

(42) 「袁守侗奏査抄尹嘉銓家産書籍摺」（乾隆四六年三月二五日）。

直隷総督臣袁守侗跪奏、為奏聞事。窃臣遵旨将原任大理寺卿尹嘉銓拿交刑部治罪并査封家産、当即欽遵飭委按察使郎若伊、口北道永保前往該員本籍博野県査弁去後、茲拠該司道等稟称、遵於本月十九日馳抵博野、詢得尹嘉銓向係在京居住、遇爾下郷与伊子同居、遵即伝旨将尹嘉銓鎖拿、交永平府理事同知達明阿、署新雄営都司彭国英押解進京訖、随将伊子住房荘房地畝及内存一切物件、逐一点明開単封固、交県看守、内尹嘉銓名下有伊父尹会一祀堂一所、除祭器之外有随祀祭田八十四畝零、又有義学田一頃、係乾隆十一年伊父尹会一所捐、有県巻碑記可考、向係県学生員李瀚、徐喩義等収租支給義学束脩、又尹嘉銓代伊妻父李浚公贖祀堂一所、価銀八百八十両、坐落祁州城内、現在刊立碑記、供有李姓木主、并無外人租住、又伊弟原任詹事府主簿尹啓銓住房一所計五十二間半、係乾隆三十年分居、有分単可査、一并査封、統候請旨遵行、此外又訪有祁州典売房地并蠡県与張思問等伙開義興当、所存本利亦一并査明、滙開清単恭呈御覧。再、拠該司道等稟称、尹嘉銓自祖父以来伝書既多、伊又長鈔録時人文芸、収蔵近代詩詞、現在各房内均有存書雑乱参差、巻帙不斉、而庁房書室貯書尤多、該司道二人一時不能詳細検閲、除将御賜書籍別行敬謹装貯外、其余各書共装大小四十六箱、逐一親加封固、只字不遺、解赴省城派員分弁等語。臣即飛飭保定府同知裘肇師、委用知県陶淑曁在省査弁遺書之委員等随同臬司郎若伊、口北道永保詳加検査、并再行細訪此外有無隠漏財産別行具奏外、謹先将該司道等稟報情形及査封過家産什物数目繕摺奏聞、伏乞皇上睿鑑。謹奏。三月二十六日奉朱批、覧、欽此。

(43) 「袁守侗奏査過尹嘉銓収蔵書籍及刻版解京摺」（乾隆四六年四月一一日）。

臣査尹嘉銓父子平日自負読書、原不無好名妄作、今所著各書臣因遵旨解京帰案弁理未及細加校閲、然即抛委員等簽内如近思録四編以尹会一・張伯行擬比孔門四子、又尹母行状内称父母死為薨、又随五草択言第一巻内、有後世孝友多不見用於世、即用世而立身之大端又難言之、又云今群臣非八人之比、乃使之遍居八人之官、而望功業之成不可得也、又随五草第二巻内、有固不務講学之名以賈禍、亦不避講学之名以免禍、各等語、非妄自尊崇即毀謗時事、実属狂悖。

(44) 「尹嘉銓供単二」供五（乾隆四六年四月一五日）。

問尹嘉銓、你近思録内称、天下大慮、惟下情不通為可慮、如今遭逢聖世、民情無不上達、有何不通可慮之処、你説此話究竟有何意見、抛実供来。抛供、我説的天下大慮、原是大概泛論的話、如今我皇上洞悉民隠、並無下情不通之処、我這両句話並非議論如今的時勢、亦非別有意見、然我書内妄生議論就是我的該死処、還有何弁。

(45) 「尹嘉銓供単二」供六。

問、高士奇的行私納賄人人多知道的、即高其位由提督擢為大学士並無政蹟可称、其余蒋廷錫・張廷玉、鄂爾泰・史貽直等亦豈能比古名臣、你所做名臣言行録内如何一併列入、是何意思。至你父親雖做過巡撫・侍郎、也没有什麼功績、也列入名臣内、這不多是你的狂妄麼。

(46) 「尹嘉銓供単二」供一二。

問、你所做多病徒伝内有云、二欲為帝者師等語、你是何等様人、敢公然欲以帝師自待、難道你竟不知分量欲做師傅麼。這等狂妄之詞是何意見、抛実供来。

(47) 「尹嘉銓供単二」供一一。

問尹嘉銓、你所做的各書内這些狂妄悖謬之処你也無可置弁的了、但你平日編造這些説話、或借引古人以譏諷時事、或妄自尊大要模倣聖賢、究竟是何等肺腑、況当今時勢有何可以妄肆議論之処。

(48) 「尹嘉銓供単二」供一三（乾隆四六年四月一七日）。

問、你做名臣言行録、豈不知道我朝無奸臣、亦無名臣……。

(49) 「明闢尹嘉銓標榜之罪論」（乾隆四六年四月一八日）。

奉上諭、尹嘉銓所著各書内称大学士・協弁大学士為相国、夫宰相之名自明洪武時、已廃而不設、其後置大学士、我朝亦相沿不改、然其職僅票擬承旨、非如古所謂秉鈞執政之宰相也、況我朝列聖相承、乾綱独攬、百数十年以来大学士中、豈無一人行私者、然総未至擅権骫法能移主柄也、大学士之於宰相雖殊其名、而其職自在、如明季厳嵩豈非大学士、而其時朝政不綱、窃弄威福、至今称為奸相、可見政柄之属与不属不係乎宰相・大学士之名、在為人君者之能理政与否耳、為人君者果能太阿在握、威柄不移、則備位綸扉不過委蛇奉職、領袖班聯、如我皇祖聖祖仁皇帝、皇考世宗憲皇帝暨朕躬臨御四十六年以来、無時不以敬天愛民勤政為念、復有何事籍為大学士者之参賛乎。即如傅恒任大学士最久、亦僅以藎沈勤職自効、今伊身後十余年、朕於庶務豈致廃而不理乎。昔程子云、天下之治乱繫宰相、此只可就彼時朝政闒冗者而言、若以国家治乱専倚宰相、則為之君者不幾如木偶旒綴乎。且用宰相者、非人君其誰為之。使為人君者深居高処、以天下之治乱付之宰相、大不可、使為宰相者居然以天下之治乱為己任、而目無其君、尤大不可也。至協弁大学士職本尚書、不過如御史裏行・学士裏行之類、献諛者亦称之為相国、献諛者已可深鄙、而自為協弁者亦儼然以相国自居、不更可嗤乎。従前傅恒於乾隆十三年扈従東巡、因行在令其暫攝協弁事務、其時直隷布政使辰垣遂以大学士称之、伊深以為愧、如此庶為知恥識大体之人、而此外諸臣恐未必皆然矣。乃尹嘉銓概称為相国、意在諛媚而陰邀称誉、其心実不可問。至名臣之称、必其勛業能安社稷方為無愧、然社稷待名臣而安之、已非国家之福。況歴観前代忠良屈指可数、而奸佞則接踵不絶、可見名臣不易得矣。朕以為本朝紀綱整粛、無名臣亦無奸臣、何則。乾綱在上、不致朝廷有名臣、奸臣、亦社稷之福耳。乃尹嘉銓竟敢標列本朝名臣言行録、妄為臚列、謬致品評、若不明辟其非、則将来流而為標榜、甚而為門戸、為朋党、豈不為国家之害、清流之禍乎。総之、人君果能敬天愛民勤政、自能庶事惟和、百工熙載、否則雖有賢相、亦何裨政事。我国家世世子孫能以朕心為心、整綱維而勤宵旰、庶幾永凝庥命、垂裕万年、所謂無疆惟休、亦無疆惟恤、可弗凛歟。将此申論中外知之、欽此。

(50) すべての審理が終わった乾隆四八年一二月、尹嘉銓に対して凌遅処死の判決がでたが、帝恩により処絞立決に減刑された。その家族も恩により連座は免れたものの、家産すべてを没収されるに至り、尹嘉銓の案は終結した。

(51) 宮崎市定『政治論集』(東京、朝日新聞社、一九七一)、頁二三八。

(52) 谷井俊仁「一心一徳考——清朝における政治的正当性の論理——」(『東洋史研究』第六三巻第四号、二〇〇五)、頁一〇三。

(53) 「三宝等奏審訊尹嘉銓二摺供情摺」(乾隆四六年三月二八日)。
詰問、尹嘉銓你為父求請賜謚従祀、以為如此尽孝可以留名、豈不知誰非人子、若人人要尽孝、都可以私情干越大典麼。你心裏又必想着、因此得罪仍不失為孝子、這都是你的私心想古来配享孔廟的很多、那個是他的児子給他請的。況你父親尹会一果然若好、天下自有公論、豈是你自求得的呢。又供、我上此両摺只是妄想尽人子之心、遂不想到朝廷大典不是做子孫干求得的、総是我命運已尽、天奪其魄、致為此喪心病狂之挙、只求将我従重治罪、還有何弁処呢。

(54) 島田虔次「文運栄える乾・嘉」(『中国の伝統思想』東京、みすず書房、二〇〇一、初出は、『世界の歴史』第九巻、東京、中央公論社、一九六一)、頁七七。

(55) 李祖陶『邁堂文略』巻一、与楊蓉諸明府書、「一渉筆惟恐触碍于天下国家」、『清代三朝史案』上、胡中藻賢磨生詩鈔案・富勒渾奏梁詩正謹慎畏懼擢、「従不以字跡与人交往、即偶有無用稿紙、亦必焚毀」、などからその様子を窺うことが出来る。

(56) 『乾隆朝東華録』巻二八。

乾綱独断、乃本朝家法。自皇祖皇考以来、一切用人聴言、大権従無旁仮。即左右親信大臣、亦未有能栄辱人、生死人者。蓋与其権移于下、而作威作福、肆行無忌、何若操之自上、而当寛而寛、当厳而厳。此朕所恪守前規、不敢稍懈者。

(57) 『乾隆帝起居注』乾隆三年四月二〇日。

嗣後在内部院、在外各直省所弁一切瑣屑細務、不必尽煩叡覧。其無益於治道、或有傷於治体者、請円会九卿、外飭督撫、公同酌議、可裁減者裁減、宜禁革者禁革。如果事関重大、方請断自上裁。……若如李賢経所奏、将諸事委之臣僚、而朕高居九重之上、端拱無為、則廃弛叢脞之弊必不能免、不但心有未安、即揆之于理亦断乎其不可也。

(58) 前田勉『江戸後期の思想空間』(東京、ぺりかん社、二〇〇九)。また、前田氏の会読に関する一連の研究については、『江戸の読書会――会読の思想史――』(東京、平凡社、二〇一二)を参照。

(59) 会読に関する研究には、前田氏の研究の他にも、武田勘治『近世日本学習方法の研究』(東京、講談社、一九六九)、鈴木博雄「近世私塾の史的考察――元禄―享保期の私塾を中心として――」(『横浜国立大学教育紀要』第一号、一九六二)、古田東朔「江戸期の学習方式」(『日本育英会研究紀要』第二号、一九六四)、石川謙『学校の発達――特に徳川幕府直轄の学校における組織形態の発達』(東京、岩崎書店、一九五一)、同『日本学校史の研究』(東京、小学館、一九六〇)などがある。

(60) 久米邦武『久米博士九十年回顧録』（東京、早稲田大学出版部、一九三四年、宗高書房、一九八五復刻）、頁四二六。この史料もすでに前田論文に引用されている。

(61) 前田氏が「藩主—家臣の上下の厳格な階層秩序を超えることは、幕末の名君と知られる鍋島閑叟という英邁な藩主にはできたかもしれないが、例外的な現象であった」（頁五二）と論じられているように、普遍的な現象ではなかったようである。

(62) 横井小楠「学校問答書」（嘉永五年三月）（佐藤昌介・植手通有・山口宗之校注『渡邊崋山・高野長英・佐久間象山・横井小楠・橋本左内』日本思想大系55（東京、岩波書店、一九七一）、頁四三一。

(63) 源了圓「横井小楠の国家観」（『環——歴史・環境・文明』vol.5、二〇〇一）、頁二七五。横井小楠の「公論」に関する研究は膨大にあるが、ここでは、源了圓「横井小楠における学問・教育・政治——「講学」と公議・公論思想の形成の問題をめぐって」（『季刊日本思想史』第三七号、一九九一）、源了圓氏の横井小楠に関する多くの研究は、『横井小楠研究』（東京、藤原書店、二〇一三）にまとめられている。また、苅部直「「不思議の世界」の公共哲学——横井小楠における「公論」」（佐々木毅・金泰昌編『二一世紀公共哲学の地平』公共哲学一〇、東京、東京大学出版会、二〇〇二）、同「「利欲世界」と「公共之政」」（『国家学会雑誌』第一〇四巻一・二号、一九九一）、のち、『歴史という皮膚』東京、岩波書店、二〇一一）を参照。またその伝記については、松浦玲『横井小楠——儒学的正義とは何か——〈増補版〉』（東京、朝日新聞社、二〇〇〇）を挙げておく。

(64) 尾藤正英「明治維新と武士——「公論」の理念による維新像再構成の試み——」（『思想』一九八五年第九号、一九八五、のち、『江戸時代とはなにか——日本史上の近世と近代』東京、岩波書店、一九九二）、頁一八三、頁数は後者による。

(65) 高翔『近代的初曙——一八世紀中国観念変遷与社会発展』第四章、政治観念的変革（北京、社会科学文献出版社、二〇〇〇）、頁四九〇。

(66) 小野川秀美『清末政治思想研究』第二章、清末変法論の成立（東京、みすず書房、一九六九）、頁五三。

(67) 小野泰教「清末士大夫の見た西洋議会制——いかにして理想の君民関係を築くか」（小島毅編『東アジアの王権と宗教』東京、勉誠出版、二〇一二）。

(68) 前掲註(66)、小野川著、頁一〇一。

(69) 野村浩一『近代中国の政治文化——民権・立憲・皇権』第一章、辛亥革命の政治文化(東京、岩波書店、二〇〇七)、頁七六—八一。

あとがき

本書は、二〇一一年に京都大学に提出した学位請求論文「近世東アジアの政治文化――朱子学を中心に――」を修正・加筆したものである。

これまでの研究生活を語るのは、研究者として未熟な筆者には僭越なことであるが、本書を終えるにあたって、多くのお世話になった方々へのお礼をかねて駄文を連ね、ささやかな研究生活を振り返ることをお許しいただきたい。

今、改めて気づかされるのは、この一〇年間、本当に自由気ままに研究を続けてきたということと、多くの幸運に恵まれていたということである。その証左が、本書の構成に表われている。ただ、興味の赴くままに進めてきた研究にも、本書序章でも述べたように、やはり一貫性というか、一つの問題意識を持って取り組んできたということにも、やはり同時に気づかされた。東アジアにおける「朱子学の時代」とは何であったのか、どのような時代であったのかという問いについて、この小著では十分には答えることができなかったところもあるが、「中国の」「朝鮮の」「日本の」という地域的枠組みの中ではなく、「近世東アジア世界」において、朱子学が担った歴史的役割や意義とは何であったのか、という問題についての一つの試論として論じたつもりである。また、本文中の多くの過誤や的外れな議論については、読者諸賢のご指正をお願いしたい。

本書は、第Ⅰ部で、朱子という誰もが知る知の巨人を主人公に取りあげている。それに対し第Ⅱ部では、石川香山や張佩芳というあまりメジャーではない人物に焦点をあてている。本書を締めくくるにあたって、なぜ石川香山について論文を書くことになったのか、その経緯を、少し長くなるが、書いておきたい。

わたしが石川香山の存在を知ったのは、やはり中華書局の『陸贄集』を読んだからである。島田虔次先生が石川香山の『資治通鑑證補』について、「『通鑑』を読む人にとっては、極めて有益なものだといわれているが、残念ながら未だ公刊せられていない」(『アジア歴史研究入門1　中国Ⅰ』、頁三九)と、香山に言及されていたことは、後から気がついた。本文で論じたように、『陸宣公奏議』が宋代に奏議の手本として読まれたことについては、木下鉄矢氏の論文を通して学んだ。そこで、宋代士大夫の多くが学んだ『陸宣公奏議』とはどのような書物なのかが気になり、手にしたわけである。ただ、本文を読み進めようと思っても、わたしにはその本文が難解で、スムーズに理解することができなかった。難解だからか、宋代の郎曄、清朝の張佩芳、尾張の石川香山の詳細な注釈が付いている。おそらく唐代史の専門家なら、陸贄の正文が重要であって、注釈にはあまり注意を払わないだろう。しかし、わたしには、注釈を付けた三人の方にこそ、興味を持った。

さらに、『陸贄集』下に収録されている序跋文を読めば、宋代では士大夫だけでなく、皇帝に対してもその読書が強く要請されており、君主にとっても読む価値のある書物として理解されていたことが分かり、本書第二章の「朱子学的君主論」につなげることができるのではないかと思った。

同時に、石川香山についても調べ始め、谷口明夫氏の研究によって、その生涯の概略を知ることができた。こうして、石川香山の尾張藩儒としての輪郭が浮かび上がってくると、なぜ『陸宣公奏議』に注釈を付けたのか、ということが気になってくる。この疑問に答えたのが、本書第四章から第七章の内容であるが、当初から研究論文として発表する見通しがあったわけではない。単なる趣味的な調べ物で、いわば寄り道のようなものであった。ところが、京都大学という恵まれた環境にいたことが幸いし、尾張藩研究の基本史料をまとめた『名古屋叢書』はもちろんのこと、江戸時代から明治後半にかけて名古屋で営業されていた貸本屋、大野屋惣八の旧蔵書、

「大惣本」が附属図書館に所蔵されており、読みたいと思った書籍の多くが文学部図書館や附属図書館で容易に見つかった。人文科学研究所では、張佩芳という決して有名ではない人物の文集、『希音堂集』六巻（道光二七年刊本）でさえ、当たり前のように見つかった。わざわざここで京都大学の研究環境の良さを喋々する必要もないだろうが、京都を離れ、山間の町に住む今となっては、改めてめぐまれた研究環境に身を置いていたことの幸運を実感させられる。

もちろん、必要な史料のすべてが京都で手に入ったわけではない。尾張藩研究の心臓部である名古屋の蓬左文庫や鶴舞中央図書館へは幾度となく足を運んだ。ほとんど趣味に近い調べ物で、そこまで行く必要があるのかとの思いもあったが、蓬左文庫所蔵の石川香山の自筆本だといわれる『人主之職』など興味深い史料を数多く閲覧することができ、しだいに、単なる調べ物から研究らしくなってきた。ただ、人見璣邑や細井平洲、岡田新川に関する史料は多く現存していたが、肝心の石川香山の文集などは戦災による喪失もあって、思った以上の収穫はなかった。

当時の関心の中心は、石川香山の『陸宣公全集釈義』と、河村家による『日本書紀』の注釈書である『書紀集解』との関係にあった。本書第六章で詳論したように、両書は注釈書としてその性質がきわめて似ている。しかし、先行研究では『書紀集解』に与えた影響として石川香山は全く語られないし、河村家と石川香山との関係も論じられていない。むしろ、これまでの研究を見る限り、朱子学者である石川香山の学術は、名古屋の代表的学術成果とは無縁であるかのようであった。

はたして石川香山と河村家との間に学術レベルでの交流や結びつきはあったのか、なかったのか、彼らの学術交流の状況から考えて、何らかの繋がりは十分考えられた。そして、ようやくたどり着いたのが、『稲葉通邦記』「景跡録」に記された会読の記録であった。石川香山が『書紀集解』に直接何らかの影響を与えたのかどうかという問題は、また別に詳細な分析が必要であるが、ほんのわずかな記録ではあるものの、「六典会」こそ、石川香山と河村家の『日本書紀』研究を繋ぐ証拠である。いわば、このミッシングリンクを埋める「六典会」の存在を知ったことによって、ようやく石川香山を一八世紀後半の名古屋学術の中に位置づけることができると思った。石川香山に関する研究を論文にしようと思ったのは、この時である。

そもそも、わたしが石川香山を知ったのは、『陸宣公奏議』の注釈者だからであり、宋代にはじまるその注釈史のひとコマとして、知りたかった。『陸宣公奏議』という書物が注目されたとき、そこにはどのような政治的状況が見られたのか、人々は如何なる目的のために読んだのか、このような問いを、中国史のみならず、「東アジア」の中で考えるのに、尾張藩はまず興味深い事例に思われた。加えて、これほどまで、石川香山にこだわってきたのは、何よりも彼が朱子学者であったからである。石川香山という人物は、日本思想史の文脈において、さして注目されるべき人物ではなかったし、おそらくこれからもそうだろう。だが、中国史からの視線で、石川香山と尾張藩学術史を勉強したことによって、日本の儒学や朱子学を、「日本思想史」という枠組みの中だけではなく、「近世東アジアの思想史」の中に位置づけることで、新たに見えてくるものがあるのではないか、ということに改めて気づかされたわけである。

次に、本書の構成とすでに発表した論文・口頭発表との関係を記しておく。今回、一冊にまとめるのに際し、体裁や表現、引用史料の訓読を現代語訳にするなど、表記上の統一を行った。その他、多くの過誤を訂正し、史料を追加するなど、加筆を行った部分も少なくない。ただ、論旨そのものは大きく変更していない。

序章　書き下ろし

第一章　「宋代道学士大夫の「狂」者曽点への憧れ――朱熹とその弟子との問答を中心にして――」（『東洋史研究』第六五巻第一号、二〇〇六）

第二章　「朱子学的君主論――主宰としての心――」（『中国思想史研究』第三〇号、二〇〇九）。

第三章　「南宋孝宗朝の経筵における『陸宣公奏議』の読まれ方」（中国社会文化学会、二〇一四年度大会、東京大学、二〇一四）口頭発表。

第四章　書き下ろし

第五章　書き下ろし

第六章　「石川香山『陸宣公全集釈義』と一八世紀後半における名古屋の古代学」（『日本思想史学』第四四号、二〇一二）。

第七章　「石川香山『陸宣公全集釈義』と尾張藩天明改革の時代――一八世紀後半における江戸期日本と清朝の政治文化（上）――」（『書物・出版と社会変容』第一三号、二〇一二）。

第八章　書き下ろし

次に、私を導いてくださった先生方や、温かく見守ってくださった方々に心よりお礼申し上げます。まず、島根大学法文学部では、松井嘉徳先生（現、京都女子大学）、林謙一郎先生（現、名古屋大学）、そして林先生の入れ替わりで来られた丸橋充拓先生に中国学の初歩から教えていただいた。今でも中国史を学ぶおもしろさの原点は、この時に受けた先生方の史料講読演習にあると思っている。松井先生の授業では、松江市が瀧川君山ゆかりの地ということもあり、『史記会注考証』が毎年のテキストであった。確か、二回生では「貨殖列伝」を読み、林先生の史料講読では『資治通鑑』を学んだ。当然、授業の予習は必須で、一週間の大半を予習に費やし、毎授業の前夜は研究室に残って徹夜で取り組んだ。いきなりの白文だから何が何だか分からない上に、これを引けと言われた『大漢和辞典』の解説さえ読めない。その程度の学力だから、一日の予習で一行や二行進むのが精一杯だった。その当時は、幸か不幸か（おそらく「幸」だったであろう）今のようにパソコンで何でも検索するという邪道（?）を知らなかったため、出典探しに最も多くの時間をかけ、おかげで多くの先秦諸子の書を「めくった」。「出典を調べて三〇年」（日原利国氏）とはいかないが、漢文を読み始めた頃に出典調べの大切さを教えていただき、その難しさを体験したことは、非常に貴重な財産となった。この経験がなければ、ひたすら出典を挙げた石川香山の注釈の意味やその漢学力の高さに気づくことはなかったであろう。

修士から進学した京都大学大学院では、夫馬進先生、杉山正明先生、吉本道雅先生、中砂明徳先生、高嶋航先生のご指導を受けた。文字通り末席を汚したに過ぎないが、講席に列なることで得た啓発と学恩は何ものにも代えがたい。特に、夫馬先生からは授業その他を通して、最も大きな学恩と影響を受け、博士論文の審査においても主査を務めていただき、その示教に接する機会を得たことは、実に望外の幸いだった。また、中国哲学史専修の池田秀三先生には、修士論文の審査で、宇佐美文理先生には、博士論文の審査で、貴重なご意見をいただくことができた。そして、人文科学研究所の金文京先生には、特別に『朱子語類』の読書会を開催していただいた。非常に多くの時間を割き、懇切丁寧に教えていただいたにも関わらず、不肖のわたしは、いまだによく読めず、誠に恥じ入るばかりである。本書に引用した『朱子語類』の訳文には多くの誤りがあると思うが、すべての責は教えを十分吸収しきれなかった私にある。先生方の学恩に深く感謝申し上げます。

大学院時代は、先輩・同輩とも人数が多く、精英ひしめく研究室は、まさに多士済々であった。このような中で、生来ののんきさと、もともと新来の外様だという気楽さから、好きなことを自由にやっていこうと、開き直るしかなかった。この気持ちがなければ、おそらく「朱子学」をやることもなかったと思う。これ以上お名前を挙げることはできないが、研究室の皆様をはじめ、お世話になった全ての方々にお礼申し上げます。

博士論文の提出によって、京都で自由に研究を続けてきたわたしも、いつまでものんびりとはしていられなくなった。そこで、二〇一一年四月、京都を離れ、この一〇年間とは全く違う新たな生活に入っていった。当然、史料や研究書を読む時間も、減らさざるを得ず、漢籍を繙くことは、完全に生活上の余技となった。

それでもやはり、わたしは何かと幸運だった。自宅からの徒歩通勤の道すがら目にするのは、柏原藩陣屋跡であり、その前に建つ小島省斎顕彰碑である。この丹波の柏原藩は、織田信長の弟・信包を藩祖とし、一時的な断絶の後、再び信長の次男・信雄の流れを汲む織田信休によって再興され、幕末まで織田家の統治が続いたことで有名な藩である。小島省斎とは、幕末に柏原藩の財政再建に奔走した藩儒であり、朱子学者である。そして、小島省斎によって設立され、大学頭林復斎の命名による藩校崇広館は、今現在、息子の通う崇広小学校としてその名を留めている。忙しい日常にあっても、毎朝、これらを通して、朱子学や江戸儒学に思いをはせることのできる柏原の地に赴任することができたのも、一つの幸いである。そのおかげで、何とか片足を研究の世界に残せているような気がする。

このような、状況にあって、昨年四月、中砂明徳先生に京都大学文学研究科における「優秀な課程博士論文の出版助成制度」に応募してみないかと声をかけていただいた。推薦書も書いていただき、審査を通過したのは誠に僥倖の限りであったが、それからが大変であった。本務に加え、公私にわたる世事に追われたことで、本書出版に向けての作業がなかなかはかどらず、中砂先生には本当にご心配をおかけしてしまった。出版に向けてのデッドラインが迫る中、短時間にもかかわらず、原稿の段階から事細かに見ていただき、多くの誤りを正すことができた。特に、お忙しい中、年末年始の時間を使って、初校にも目を通していただけたことは、本当にありがたかった。また、編集にあたっていただいた京都大学出版会の國方栄二氏にもお詫びをかねて、お礼を申し上げなければならない。原稿や校正の提出期限を守れず、編集スケジュールをどんどん狂わせていくわたしに、折角の著書だからと、励ましの言葉と時間的猶予を与えてくださったことに、心から感謝申し上げます。

本書の刊行にあたっては、京都大学の平成二六年度総長裁量経費（若手研究者に係る出版助成事業）による助成を受けることができた。併せてお礼申し上げます。

最後に、私事ながら、いつもわたしの「自由きまま」に振り回されている家族に感謝。四人兄弟の次男に生まれ、いつも一人で生きてきたような顔をするわたしに辟易しながらも、先の見えない大学院への進学など、いつも思うようにさせてくれた父母、そして兄妹に。また、妻と幼い双子を残したまま、フラッと中国へ長期留学に行ってしまったわたしに代わり、多くの支援と惜しみない愛情を息子たちに注いでくれた寺野家の人々に。そして、いつも笑顔いっぱいの三人の息子と、研究の道に進む前から最も身近にいて、常に最大の理解者でいてくれる妻・貴美子に感謝し、この書をささげることをお許しいただきたい。

二〇一五年二月

田中　秀樹

索　引

人名索引

あ行

か行

さ行

た行

な行

は行

ま行

や行

ら行

わ行

あ行

か行

さ行

た行

な行

は行

ま行

や行

ら行

わ行

あ行

か行

さ行

た行

な行

は行

ま行

や行

ら行

わ行

著者略歴

田中　秀樹（たなか　ひでき）
兵庫県立柏原高等学校　教諭

一九七八年　兵庫県三木市生まれ
二〇〇一年　島根大学法文学部卒業
二〇〇八年　京都大学大学院文学研究科博士後期課程指導認定退学
文学博士（京都大学）

主な論文

「宋代道学士大夫の「狂」者曾点への憧れ——朱熹とその弟子との問答を中心にして——」（『東洋史研究』第六五巻第一号、二〇〇六）
「朱子の「心は性情を統ぶ」解釈の一側面——メタファーとしての官僚制——」（『東亜文史論叢』二〇〇八—二）
「朱子学的君主論——主宰としての心——」（『中国思想史研究』第三〇号、二〇〇九）
「石川香山『陸宣公全集釈義』と一八世紀後半における名古屋の古代学」（『日本思想史学』第四四号、二〇一二）
「石川香山『陸宣公全集釈義』と尾張藩天明改革の時代——一八世紀後半における江戸期日本と清朝の政治文化（上）——」（『書物・出版と社会変容』第一三号、二〇一二）

プリミエ・コレクション　59
朱子学の時代——治者の〈主体〉形成の思想
二〇一五年三月三十一日　初版　第一刷発行
著　者　田《た》中《なか》秀《ひで》樹《き》
発行者　檜山爲次郎
発行所　京都大学学術出版会
〒606-8315　京都市左京区吉田近衛町六九京都大学吉田南構内
電話〇七五（七六一）六一八二　FAX〇七五（七六一）六一九〇
URL http://www.kyoto-up.or.jp/
印刷所　亜細亜印刷株式会社

ISBN978-4-87698-644-6　C3310